北京大学经济学教材系列 | 风险管理与保险学系列

Insurance Accounting

保险会计

朱南军 著

图书在版编目(CIP)数据

保险会计/朱南军著. —北京：北京大学出版社，2017.1
（北京大学经济学教材系列）
ISBN 978-7-301-28207-6

Ⅰ.①保… Ⅱ.①朱… Ⅲ.①保险业—会计—高等学校—教材 Ⅳ.①F840.32

中国版本图书馆 CIP 数据核字(2017)第 053728 号

书　　　名	保险会计 BAOXIAN KUAIJI
著作责任者	朱南军　著
责 任 编 辑	黄炜婷
标 准 书 号	ISBN 978-7-301-28207-6
出 版 发 行	北京大学出版社
地　　　址	北京市海淀区成府路 205 号　100871
网　　　址	http://www.pup.cn
微信公众号	北京大学经管书苑（pupembook）
电 子 邮 箱	编辑部 em@pup.cn　总编室 zpup@pup.cn
电　　　话	邮购部 010-62752015　发行部 010-62750672　编辑部 010-62752926
印 刷 者	北京虎彩文化传播有限公司
经 销 者	新华书店 787 毫米×1092 毫米　16 开本　25.5 印张　605 千字 2017 年 1 月第 1 版　2024 年 1 月第 3 次印刷
定　　　价	49.00 元

未经许可，不得以任何方式复制或抄袭本书之部分或全部内容。
版权所有，侵权必究
举报电话：010-62752024　电子邮箱：fd@pup.cn
图书如有印装质量问题，请与出版部联系，电话：010-62756370

编委会名单

丛书主编：孙祁祥

编　　委：（按汉语拼音排序）
　　　　　　董志勇　何小锋　林双林
　　　　　　平新乔　宋　敏　王跃生
　　　　　　叶静怡　章　政　郑　伟

总　　序

在经济全球化趋势不断强化和技术进步对经济活动的影响不断深化的时代,各种经济活动、相关关系和经济现象不是趋于简单化,而是变得越来越复杂,越来越具有嬗变性和多样性。如何对更纷繁、更复杂、更多彩的经济现象在理论上进行更透彻的理解和把握,科学地解释、有效地解决经济活动过程中已经存在的、即将面对的一系列问题,是现在和未来的各类经济工作者需要高度关注的重要课题。

北京大学经济学院作为国家教育部确定的"国家经济学基础人才培养基地"和"全国人才培养模式创新实验区",一直致力于不断地全面提升教学和科研水平,不断吸引和培养世界一流的入学学生及毕业生,不断地推出具有重大学术价值的科研成果,以创建世界一流的经济学院。而创建世界一流经济学院,一个必要条件就是培养世界一流的经济学人才。我们的目标是让学生能够得到系统的、科学的、严格的专业训练,系统而深入地掌握经济学学习和研究的基本方法、基本原理和最新动态,为他们能够科学地解释和有效地解决他们即将面对的现实经济问题奠定基础。

基于这种认识,北京大学经济学院在近年来深入总结了人才培养各个方面的经验教训,在全面考察和深入研究国内外著名经济院系本科生、硕士研究生、博士研究生的培养方案以及学科建设和课程设置经验的基础上,对本院学生的培养方案和课程设置等进行了全方位改革,并组织编撰了"北京大学经济学教材系列"。

编撰该系列教材的基本宗旨是:

第一,学科发展的国际经验与中国实际的有机结合。在教学的实践中我们深刻地认识到,任何一本国际顶尖的教材,都存在一个与中国经济实践有机结合的问题。某些基本原理和方法可能具有国际普适性,但对原理和方法的把握则必须与本土的经济活动相联系,必须把抽象的原理与本土鲜活的、丰富多彩的经济现象相联系。我们力争在该系列教材中,充分吸收国际范围内同类教材所承载的理论体系和方法论体系,在此基础上,切实运用中国案例进行解读和理解,使其成为能够解释和解决学生遇到的经济现象和经济问题的知识。

第二,"成熟的"理论、方法与最新研究成果的有机结合。教科书的内容必须是"成熟"或"相对成熟"的理论和方法,即具有一定"公认度"的理论和方法,不能是"一家之言",否则就不是教材,而是"专著"。从一定意义上说,教材是"成熟"或"相对成熟"的理论和方法的"汇编",所以,相对"滞后"于经济发展实际和理论研究的现状是教材的一个特点。然而,经济活动过程及其相关现象是不断变化着的,经济理论的研究也在时刻发生着变化,我们要告诉学生的不仅仅是那些已经成熟的东西,而且要培养学生把握学术发展最新动态的能力。因此,在系统介绍已有的理论体系和方法论基础的同时,本系列教材还向学生介绍了相关理论及其方法的创新点。

第三,"国际规范"与"中国特点"在写作范式上的有机结合。经济学在中国发展的"规范化""国际化""现代化"与"本土化"关系的处理,是多年来学术界讨论学科发展的一个焦点问题。本系列教材不可能对这一问题做出确定性的回答,但是在写作范式上,却争取做好这种结合。基本理论和方法的阐述坚持"规范化""国际化""现代化",而语言的表述则坚守"本土化",以适应本土师生的阅读习惯和文本解读方式。

本系列教材的作者均是我院主讲同门课程的教师,各教材也是他们在多年教案的基础上修订而成的。自2004年本系列教材推出以来至本次全面改版之前,共出版教材18本,其中有6本教材入选国家级规划教材("九五"至"十二五"),4本获选北京市精品教材及立项,多部教材成为该领域的经典,形成了良好的教学与学术影响,成为本科教材的品牌系列。

在北京大学经济学院成立100周年之际,为了更好地适应新时期的教学需要以及教材发展要求,我们特对本系列教材进行全面改版,并吸收近年来的优秀教材进入系列,以飨读者。当然,我们也深刻地认识到,教材建设是一个长期的动态过程,已出版教材总是会存在不够成熟的地方,总是会存在这样那样的缺陷。本系列教材出版以来,已有三分之一的教材至少改版一次。我们也真诚地期待能继续听到专家和读者的意见,以期使其不断地得到充实和完善。

十分感谢北京大学出版社的真诚合作和相关人员付出的艰辛劳动。感谢经济学院历届的学生们,你们为经济学院的教学工作做出了特有的贡献。

将此系列教材真诚地献给使用它们的老师和学生们!

北京大学经济学院教材编委会

2013年3月

前　言

会计既是一门国际通用的商业语言，又是一门专业化的商业语言，保险会计更是独具特色的行业会计之一。笔者自 2004 年在北京大学经济学院讲授保险会计课程至今，为了满足风险管理与保险学以及相关专业教学的需要，在多年教学研究与学习借鉴的基础上撰写了《保险会计》一书，旨在帮助学生学习、了解和掌握保险会计核算与财务报告的基本技术，为其后续的学业深造与职业发展奠定基础。

本书体现两大特点。一是系统、全面地阐释保险公司的会计核算与报告业务。本书共分为二十章，除了涵盖传统上的保险会计教材内容，如总论、承保业务、资金运用业务、财务会计报告编制与分析等，还特别针对近年来中国社会经济环境的变化与保险公司的业务发展，增加了投资型保险业务、投资性房地产、衍生金融工具、外币交易等内容。二是及时反映中国企业会计准则与相关税收法律法规的变化。2014 年以来，中国新发布和修订了一批会计准则；同时自 2016 年 5 月 1 日起，中国全面推开营改增试点工作，将包括保险业在内的金融业也纳入营改增试点范围，这些政策法规的变化都对保险公司的会计核算与财务报告产生了重大影响，本书内容与示例尽可能地充分反映上述变化。本书既可以作为大学教材提供给风险管理与保险学专业本科生和研究生学习使用，也可以作为专业书供保险及其他相关行业人士借鉴参考。

在本书的写作过程中，保险监管部门与企业相关人士提供了大量的参阅资料，在此表示感谢。他们是中国保监会财务会计部副主任郭菁博士、中国再保险集团公司财务管理部总经理凌飞博士、长城人寿保险公司周红光财务总监。感谢北京大学经济学院风险管理与保险学系的 2011 级研究生刘笑黎、2016 级研究生汪欣怡和谢丽燕三位同学，她们对本书的写作给予了大力帮助，否则本书难以顺利完成。同时，在本书的写作过程中，笔者还参阅了学界同行的优秀著述，获益匪浅，在此向社会各方表示最诚挚的谢意。最后，我还要感谢北京大学出版社的郝小楠编辑、黄炜婷编辑，是她们认真、专业与高效的工作才使得本书能够顺利出版。

限于作者水平，书中一定存在很多疏漏之处，衷心地恳请各界同仁能够不吝指正，提出宝贵意见，以便本书再版时加以完善。

朱南军
2016 年 12 月

目 录

第一章 保险会计总论 ……………………………………………………… (1)
   第一节 保险会计概述 …………………………………………………… (1)
   第二节 保险会计的发展历程 …………………………………………… (3)
   第三节 保险会计的基本理论 …………………………………………… (8)
   第四节 保险会计的基本构架 …………………………………………… (20)
   关键词 …………………………………………………………………… (22)
   本章小结 ………………………………………………………………… (22)
   思考与练习 ……………………………………………………………… (23)

第二章 原保险合同的确认 ………………………………………………… (24)
   第一节 保险合同的确认 ………………………………………………… (24)
   第二节 保险混合合同的分拆 …………………………………………… (29)
   第三节 保险合同的分类核算 …………………………………………… (30)
   关键词 …………………………………………………………………… (31)
   本章小结 ………………………………………………………………… (31)
   思考与练习 ……………………………………………………………… (31)

第三章 非寿险原保险业务 ………………………………………………… (32)
   第一节 非寿险原保险业务概述及核算要求 …………………………… (32)
   第二节 非寿险原保险业务保费收入的核算 …………………………… (35)
   第三节 非寿险原保险业务赔款支出的核算 …………………………… (41)
   第四节 非寿险原保险业务准备金的核算 ……………………………… (46)
   第五节 非寿险原保险新种类、新渠道业务的核算 …………………… (55)
   关键词 …………………………………………………………………… (61)
   本章小结 ………………………………………………………………… (62)
   思考与练习 ……………………………………………………………… (62)

第四章 寿险原保险业务 (63)
第一节 寿险原保险业务概述和核算要求 (63)
第二节 寿险原保险业务保费收入的核算 (66)
第三节 寿险原保险业务保险金给付的核算 (71)
第四节 寿险原保险其他业务的核算 (73)
第五节 寿险原保险责任准备金的核算 (77)
第六节 寿险原保险新种类、新渠道业务的核算 (82)
关键词 (85)

本章小结 (85)

思考与练习 (86)

第五章 投资型保险业务 (87)
第一节 分红保险的核算 (87)
第二节 投资连结保险的核算 (91)
第三节 万能寿险的核算 (96)
第四节 保户储金和保户投资金的核算 (98)
关键词 (101)

本章小结 (101)

思考与练习 (101)

第六章 再保险业务 (102)
第一节 再保险业务概述 (102)
第二节 分保业务账单 (108)
第三节 分出业务的核算 (110)
第四节 分入业务的核算 (122)
关键词 (130)

本章小结 (130)

思考与练习 (130)

第七章 外币交易 (131)
第一节 外币交易概述 (131)
第二节 外币统账制的核算 (134)
第三节 外币分账制的核算 (138)
关键词 (141)

本章小结 (141)

思考与练习 (141)

第八章　货币资金与应收款项 (142)
　　第一节　货币资金的核算 (142)
　　第二节　应收款项的核算 (150)
　　关键词 (161)
　　本章小结 (161)
　　思考与练习 (161)

第九章　金融资产 (162)
　　第一节　金融资产概述 (162)
　　第二节　以公允价值计量且其变动计入当期损益的金融资产的核算 (164)
　　第三节　持有至到期投资的核算 (168)
　　第四节　可供出售金融资产的核算 (176)
　　第五节　贷款的核算 (180)
　　第六节　金融资产之间重分类的处理 (181)
　　关键词 (182)
　　本章小结 (182)
　　思考与练习 (182)

第十章　衍生金融工具 (183)
　　第一节　衍生金融工具概述 (183)
　　第二节　衍生金融工具的核算 (186)
　　第三节　套期保值的核算 (188)
　　关键词 (194)
　　本章小结 (194)
　　思考与练习 (194)

第十一章　长期股权投资 (195)
　　第一节　长期股权投资概述 (195)
　　第二节　长期股权投资取得的核算 (197)
　　第三节　长期股权投资的后续计量 (200)
　　第四节　长期股权投资的减值和处置 (208)
　　关键词 (210)
　　本章小结 (210)
　　思考与练习 (210)

第十二章　固定资产、无形资产与其他长期资产 (211)
　　第一节　固定资产的核算 (211)

第二节　无形资产的核算 ………………………………………………………………(223)
　　第三节　长期待摊费用的核算 …………………………………………………………(228)
　　关键词 ……………………………………………………………………………………(229)
　　本章小结 …………………………………………………………………………………(229)
　　思考与练习 ………………………………………………………………………………(229)

第十三章　投资性房地产 …………………………………………………………………(230)
　　第一节　投资性房地产概述 ……………………………………………………………(230)
　　第二节　投资性房地产的确认与初始计量 ……………………………………………(232)
　　第三节　投资性房地产的后续计量 ……………………………………………………(233)
　　第四节　投资性房地产的转换 …………………………………………………………(237)
　　第五节　投资性房地产的处置 …………………………………………………………(239)
　　关键词 ……………………………………………………………………………………(240)
　　本章小结 …………………………………………………………………………………(240)
　　思考与练习 ………………………………………………………………………………(240)

第十四章　负债 ……………………………………………………………………………(241)
　　第一节　保险公司负债概述 ……………………………………………………………(241)
　　第二节　以公允价值计量且其变动计入当期损益的金融负债的核算 ………………(243)
　　第三节　流动负债的核算 ………………………………………………………………(245)
　　第四节　非流动负债的核算 ……………………………………………………………(249)
　　关键词 ……………………………………………………………………………………(259)
　　本章小结 …………………………………………………………………………………(259)
　　思考与练习 ………………………………………………………………………………(259)

第十五章　所有者权益 ……………………………………………………………………(260)
　　第一节　所有者权益核算概述 …………………………………………………………(260)
　　第二节　实收资本的核算 ………………………………………………………………(262)
　　第三节　其他权益工具的核算 …………………………………………………………(266)
　　第四节　资本公积的核算 ………………………………………………………………(269)
　　第五节　其他综合收益的核算 …………………………………………………………(276)
　　第六节　留存收益、一般风险准备的核算 ……………………………………………(278)
　　关键词 ……………………………………………………………………………………(280)
　　本章小结 …………………………………………………………………………………(280)
　　思考与练习 ………………………………………………………………………………(280)

第十六章 收入、费用和利润 ……………………………………………………… (281)

第一节 保险公司收入的核算 …………………………………………………… (281)

第二节 保险公司费用的核算 …………………………………………………… (283)

第三节 保险公司利润的核算 …………………………………………………… (297)

第四节 利润分配的核算 ………………………………………………………… (302)

关键词 ……………………………………………………………………………… (306)

本章小结 …………………………………………………………………………… (307)

思考与练习 ………………………………………………………………………… (307)

第十七章 财务会计报告编制 …………………………………………………… (308)

第一节 保险公司财务会计报告概述 …………………………………………… (308)

第二节 资产负债表 ……………………………………………………………… (313)

第三节 利润表 …………………………………………………………………… (320)

第四节 现金流量表 ……………………………………………………………… (324)

第五节 所有者权益变动表 ……………………………………………………… (334)

第六节 财务报表附注 …………………………………………………………… (338)

关键词 ……………………………………………………………………………… (349)

本章小结 …………………………………………………………………………… (349)

思考与练习 ………………………………………………………………………… (350)

第十八章 财务会计报告分析 …………………………………………………… (351)

第一节 保险公司财务会计报告分析概述 ……………………………………… (351)

第二节 保险公司财务状况的分析 ……………………………………………… (355)

第三节 保险公司经营成果的分析 ……………………………………………… (362)

第四节 保险公司财务会计报告综合分析 ……………………………………… (369)

关键词 ……………………………………………………………………………… (372)

本章小结 …………………………………………………………………………… (373)

思考与练习 ………………………………………………………………………… (373)

第十九章 资产负债表日后事项 ………………………………………………… (374)

第一节 资产负债表日后事项概述 ……………………………………………… (374)

第二节 调整事项的会计处理 …………………………………………………… (375)

第三节 非调整事项的会计处理 ………………………………………………… (377)

关键词 ……………………………………………………………………………… (378)

本章小结 …………………………………………………………………………… (378)

思考与练习 ………………………………………………………………………… (378)

第二十章　会计政策、会计估计变更和差错更正 ……………………………………（379）
　　第一节　会计政策及其变更 ………………………………………………（379）
　　第二节　会计估计及其变更 ………………………………………………（385）
　　第三节　前期差错及其更正 ………………………………………………（388）
　　关键词 ………………………………………………………………………（390）
　　本章小结 ……………………………………………………………………（390）
　　思考与练习 …………………………………………………………………（390）
参考文献 ……………………………………………………………………………（391）

第一章 保险会计总论

┃本章概要┃

　　本章主要介绍保险会计相比一般会计的共同点和特殊性、我国保险会计的发展历程、保险会计的基本理论及基本架构。保险会计服务于保险公司的投保人、投资者或股东、监管者等，对于提供投资决策信息、规范保险公司行为、提高整个行业的经济效益具有重要意义。

┃学习目标┃

1. 掌握保险会计相比一般会计的特殊性
2. 了解我国保险会计的发展历程
3. 理解保险会计的基本理论及框架

第一节　保险会计概述

　　保险会计是会计的一个分支，是将会计理论运用于保险公司，核算和监督保险公司的各项经济活动并提供相关会计信息的一门专业会计。一方面，保险会计具有一般会计的共性，以货币为主要计量单位，既是一个信息系统又是一种管理活动；另一方面，基于保险业的特殊性，保险会计又具有自身的特点。

　　我国保险业从 1980 年恢复至今，伴随改革开放的不断深入和国民经济的迅速发展，从无到有、从弱到强，取得了巨大的发展，保费收入与资产规模分别从 1980 年的 4.6 亿元和 14.52 亿元增长到 2016 年的 3.1 万亿元和 15.1 万亿元，保险公司数量从恢复之初的 1 家增加到 2016 年的 12 家保险集团控股公司、59 家财产保险公司、49 家寿险公司和 4 家再保险公司。此外，随着证券市场的进一步发展，多家保险公司陆续在中国内地、中国香港、境外发行股票上市。因此，提高会计信息的质量和透明度，保证会计信息真实可靠，对切实保证保单所有人和投资人的利益、促进保险业健康与可持续发展具有重大的意义。

　　保险公司是经营风险的特殊行业，其经营过程和结果有着明显的行业特色，因此研究保险会计必须先行了解保险业务性质的特殊性。保险行业的特殊性主要表现在以下几个方面：

　　1. 保险产品的特殊性

　　与一般制造企业不同，保险公司经营的是风险这种无形物质，保险产品在本质上是一种对未来可能的损失予以赔偿或给付的承诺，是一种特殊的无形商品。保险公司以大数法则为理论基础,承保大量独立的、性质相同的风险单位,形成风险池进行风险分散。具体来说,保险公司与投保人签订保险合同、收取保费,并承诺当被保险人在保单有效期内发生保单约定的保险事故时承担赔偿或给付的责任。依据大数法则,当承保的风险单位足够多时,保险事故发生的数量就稳定在一个固定值上,保险公司就实现了风险的分散,能够在以保费收入和投资收益支付赔款的同时实现盈利。

此外,保险产品根据经营特点可以明确分为寿险、非寿险和再保险三类。寿险主要包括普通人寿保险、年金保险、新型人寿保险、长期意外伤害保险和长期健康险;非寿险主要包括财产损失险、责任险,以及保险期限为1年或1年以下的人身意外伤害保险和短期健康保险;再保险专门面向保险人,承保其对外保险合同的一部分风险责任,是对原保险人的保险。

2. 保险业务具有分散性的特点,业务对象具有社会性的特点

保险产品的特殊性决定了保险公司需要大量业务以分散风险,因此保险业务在经营本质上具有分散性的特点,保险业务在业务对象上具有社会性的特点。另外,由于风险普遍存在,保险公司的经营范围涉及了社会生活的方方面面,保险公司的业务对象就涉及了广大的社会公众。从这两个角度来说,保险公司是一种"公众公司",它的发展和稳定涉及广大保户的切身利益,关系到社会的和谐。

3. 保险成本发生与收入补偿的顺序与一般行业相反,利润具有很强的预计性

一般制造行业先发生成本再确定产品价格,两者的差额即公司的利润;而保险行业正好相反。保险公司先精算定价、收取保费,一段时间后才支付保险金产生成本,即收入在某一时点确认后,成本支出是在未来一段时间内持续发生的。

由于保险行业的收入发生在前、成本发生在后,因此保险公司利润具有较强的预计性,各种准备金的计提对保险公司的利润具有重大的影响,尤其是收入与支出之间有较长时间差的寿险业务。

4. 利润具有一定的射幸性

由于保险产品的特殊性,虽然风险池基于大数法则能够分散风险,但保险事故的发生还是具有一定的偶然性和不确定性(尤其是财产保险,其受到巨灾和重大责任事故的影响很大),因此保险公司的利润具有一定的射幸性。

5. 资金运用在保险公司的经营中占据重要地位

与一般制造企业不同,保险公司的业务活动(包括保费收取和赔付支出)直接表现为货币资金的收付,大量的现金流转是保险业的一大特色。资金流转的过程中,保险公司(尤其是寿险公司)内会形成大量的可供投资的保险资金,如何合理地运用资金,在保证保险公司偿付能力的前提下获得更多的收益,这对保险公司尤为重要。在保证偿付能力的前提下,保险资金运用得好,保险公司就可以获得更高的利润,也更有余力通过降低保费、向保单持有人分红等手段来提高竞争力。

虽然保险行业较为特殊,但保险会计本质上仍是一种提供会计信息的管理活动,服务于保险公司的投保人、投资者或股东、监管者等。归纳来说,保险会计的作用和职能主要有以下几点:

1. 保险会计有助于提供对决策有用的信息,规范保险公司的行为

保险会计通过反映职能,提供有关保险公司财务状况、经营成果、现金流量和偿付能

力的信息,是包括投资者、投保人、监管者等在内的各相关方进行决策的依据。比如,作为保险公司的投资者,为了选择投资对象、衡量投资风险、做出投资决策,不仅要了解反映保险公司盈利能力和发展状况的财务指标,还要了解有关保险公司经营状况的信息;作为保险公司的投保人,为了选择信用更好、经营更稳定的保险人,须全面了解保险公司的经营状况和偿付能力;作为保险行业的监管者,为了维护投保人的利益,促进保险行业健康、稳定地发展,须及时了解保险公司的偿付能力和相关财务指标。这些都需要保险会计提供有助于他们进行决策的信息。

2. 保险会计有助于保险公司加强经营管理、提高经济效益

保险公司经营管理水平的高低直接影响着公司的经济效益、经营成果、竞争能力和发展前景,在一定程度上决定着公司的前途和命运。为了满足保险公司内部经营管理对会计信息的需要,现代保险会计已经渗透到内部经营管理的各个方面。比如,保险会计通过分析和利用保险公司财务状况、经营成果与现金流量方面的信息,可以全面、系统、总括地了解保险公司的经营活动、财务状况和经营成果,并在此基础上预测和分析其未来发展前景;通过发现过去经营活动中存在的问题,可以找出差距及原因,并提出改进措施;通过分解和落实预算,建立起内部经济责任制,可以做到目标明确、责任清晰、考核严格、赏罚分明;通过对各项日常经营活动的反映,可以建立保险公司内部风险控制系统,对保险公司面临的各项风险进行监督和控制。总之,保险会计通过真实地反映保险公司的财务信息,参与经营决策,为处理保险公司与各方面的关系、考核管理人员的经营业绩、落实内部管理责任奠定基础,有助于发挥会计工作在加强保险公司经营管理、提高经济效益方面的积极作用。

3. 保险会计有助于考核管理层经济责任的履行情况

保险公司接受了包括国家在内的投资者的投资,就有责任按照预定的发展目标和要求,合理利用资源,加强经营管理,提高经济效益,接受考核和评价。会计信息有助于评价保险公司的业绩,有助于考核管理层经济责任的履行情况。比如,对于保险公司的投资者来说,他们为了了解保险公司当年的经营活动成果和资产保值、增值情况,必须将利润表中的净利润与上年度进行对比,以便预测保险公司的盈利发展趋势;必须将公司与同行业进行对比,以便了解保险公司所处的行业位置,从而考核管理层经济责任的履行情况。

第二节　保险会计的发展历程

我国保险业可追溯到中华人民共和国成立之初,1959—1978年一度停办国内业务,濒临崩溃,直到1979年中国人民保险公司正式成立。1984年,中国人民保险公司正式独立出来,中国保险业迎来了快速发展的阶段。从独家经营、局部竞争直至市场主体丰富、外资进入保险市场,伴随着中国保险业的快速发展,保险会计理论开始引起各方面的重视,理论逐渐得到完善并在实践中不断发展。总的来看,我国保险会计制度经历了五个阶段。

一、《中国人民保险会计制度》时期(1984—1993年)

1984年,中国人民保险公司从中国人民银行独立出来,同年2月颁布了《中国人民保

险会计制度》。由于当时我国还是计划体制,保险业处于发展的初级阶段,许多保险业务特点没有体现在会计制度中,会计制度也缺乏相应细化的规定。因此,1989年12月中国人民保险总公司对此制度进行了修订,重新颁布了《中国人民保险会计制度》。

二、《保险企业会计制度》时期(1993—1998年)

随着改革开放的深入,明确"我国经济体制改革的目标是建立社会主义市场经济"这一改革新要求后,1993年2月24日,财政部结合保险行业的经营特点及管理要求,在《企业会计准则》的基础上颁布了《保险企业会计制度》,于1993年7月1日起施行。

三、《保险会计制度》时期(1998—2001年)

随着我国社会主义市场经济体制的不断完善,国内保险市场不断发展和壮大,1995年我国颁布实施了《保险法》,1998年成立了保险监督管理委员会,我国保险公司管理体制发生了重大变化,保险公司的保险业务由多业经营转向分业经营,保险资金的运用渠道受到了限制。为了适应这些新的变化,1998年12月8日,财政部对原制度进行了修改,颁布了《保险会计制度》,于1999年1月1日起施行。

四、《金融企业会计制度》时期(2001—2006年)

2001年11月27日,在新《会计法》《企业财务会计报告条例》《企业会计制度》颁布后,财政部颁布了《金融企业会计制度》,于2002年1月1日起在上市公司施行。该制度以《企业会计制度》为基础,借鉴国际会计惯例,充分考虑了股份制改革和上市企业的要求,集银行、证券、保险等会计制度于一体,分别对六个会计要素及有关金融业务和财务会计报告做出全面、系统的规定。

上述四个时期保险会计制度特点的总结和比较如表1-1所示。

表1-1 不同时期保险会计制度的特点

时期	1984—1993年	1993—1998年	1998—2001年	2001—2006年
制度名称	《中国人民保险会计制度》	《保险企业会计制度》	《保险会计制度》	《金融企业会计制度》
财务管理原则	计划管理原则,统一计划、分户经营、以收抵支、按盈提奖	经济核算原则,通过经济调节保证较少的资金占用和资金耗费,取得较高的经济效益		
会计制度	中国人民保险公司总公司统一制定,各级分公司遵照执行	由政府部门按照一定程序制定,具有一定的强制性,称为统一会计制度。企业也可以制定企业内部会计制度		
核算体制	按国内财产险、涉外财产险、出口信用险和寿险分别确定会计核算体制,独立核算	将非人身险业务、人身险业务与再保险业务分别进行会计核算,分别建账、分别核算损益	重新确定保险业务分类,分为财产保险业务、人寿保险业务和再保险业务,按险种分类核算。具体业务分类上,人身意外伤害险业务划入人寿保险公司,财产保险公司不得经营	

（续表）

时期	1984—1993 年	1993—1998 年	1998—2001 年	2001—2006 年
会计原则	实行收付实现制	实行权责发生制，提高财务核算的真实性和准确性		纳入实质重于形式的原则
资金管理	实行专款专用制度，资金由国家计划划拨，仅以专用基金形式给予企业少量财务权力	取消专款专用制度，实行企业资金统一管理、统筹运用，促进企业提高资金运用效益		
会计核算基础	会计恒等式采用"资金平衡理论"，资金占用总额＝资金来源总额	采用"资产＝负债＋所有者权益"会计恒等式。建立资本金核算体系，投资者除依法转让外不得抽走资本金，实行资本保全原则，固定资产的净损益及折旧直接计入当期损益		
记账法	从资金收付记账法、借贷记账法中任选一种	借贷记账法		
会计要素体系		确立六个会计要素，只规定会计记录和报告，本质上是规范簿记内容，并没有完全解决会计要素的确认和计量问题		对六个会计要素进行了严格界定，对确认、计量、记录和报告全过程做出规定，更加全面、严谨、规范，反映的会计信息更符合经济事实
会计科目设置	会计科目分为资产类、负债类、共同类和损益类，分别按照国内财产险、涉外财产险、出口信用险和人寿保险四种业务设置	会计科目分为资产类、负债类、所有者权益和损益类，明确规定科目及使用方法；在不影响会计核算要求、指标汇总及对外提供统一会计报表的前提下，保险企业可根据实际情况增减、合并某些科目，扩大科目使用的自主权	将原"递延资产"科目改为"长期待摊费用"科目。这是因为"递延资产"实际上是不能全部计入当期损益而是在以后会计年度分期摊销的待摊费用，它不能为公司带来经济利益，不符合资产的定义，所以不能作为一项资产	
业务核算	规定了保险基本业务的会计核算办法	规范保险企业基本业务的会计核算标准：保险企业应根据有关规定计提坏账准备、贷款呆账准备、投资风险准备，允许采用加速折旧法。对于外汇业务，既可采用外汇分账制，也可采用外汇统账制，采用外汇分账制的企业，应设置"外币兑换"科目	增加了保费收入的确认原则，以及存出资本保证金、提取保险保障基金的会计处理，调整了贷款、股权投资业务的会计处理。取消了除保户质押贷款以外的其他各类贷款业务、股票投资及其他股权投资业务的会计处理，增加了抵债物资的会计处理，修改了长期待摊费用的会计处理	各项准备金的提取采取国际通用办法；短期投资期末计价采用成本与市价孰低法；允许企业按照固定资产的使用情况计提折旧；将虚拟资产排除在资产负债表之外；开办费不得列入资产；要求计提坏账准备、短期投资跌价准备、长期投资减值准备、固定资产减值准备、无形资产减值准备、抵债资产减值准备等；明确规定了严格的利息收入条件，对于逾期贷款，应收利息转为表外核算的时间由1年缩短为90天

（续表）

时期	1984—1993年	1993—1998年	1998—2001年	2001—2006年
损益结算办法		信用险按照业务年度结算,业务年度为3年,其他各险种应按照会计年度结算	长期工程险、再保险等长期性财产保险按业务年度结算损益,保险公司根据业务性质确定业务年度年限,其他各类保险按会计年度结算	
会计报表	包括资产负债表、损益计算表及费用明细表、专用基金明细表、固定资产表、利润分配及税款解缴情况表等	采用国际通行会计报表体系,规定对外报表为资产负债表、损益表、财务状况变动表和利润分配表,具体说明报表的作用、各项内容和填列方法。企业可自行决定内部管理会计报表,扩大自主权	规范会计报表体系;将原按保险业务设置的损益表改为按保险公司设置的利润表;对各张报表的指标项目进行了相应调整;用现金流量表取代财务状况变动表,确立了现金流量表在财务报表中的重要地位	增加对外提供的会计报表,完善了会计信息披露;在原来四张报表的基础上增加了所有者权益变动表,充分考虑了上市公司投资者日益增长的信息需求;对会计报表附注进行了详细、严密的规范,提高了财务会计报告的信息含量和可理解性

五、《企业会计准则》时期(2006年至今)

随着市场经济体制的发展和完善,我国的会计制度也经历了巨大而深刻的改革。2006年财政部颁布的《企业会计准则》于2007年1月1日起在上市公司施行,鼓励其他企业执行,标志着与我国市场经济发展相适应、与国际惯例趋同化的新企业会计准则体系正式确立。新准则颁布后,上市保险公司执行《企业会计准则》,同时《金融企业会计制度》失效;非上市保险公司执行《保险会计制度》。2008年1月1日起,企业会计准则的实施范围被扩大,所有保险公司都必须执行《企业会计准则》。

自2014年最新修订后,《企业会计准则》包括1项基本准则和41项具体会计准则,与企业会计制度相比,新准则具有以下特点:

1. 具有广泛的指导作用

会计准则的目标主要是解决会计要素如何确认和计量,以及会计主体应当披露哪些方面的信息,主要是定性的规定,具有更广泛的指导作用。

2. 首次确认了有关保险业务的会计准则

《企业会计准则》包括了专门针对保险业务的会计准则,如《企业会计准则第25号——原保险合同》《企业会计准则第26号——再保险合同》,规范了保险人签发保险合同和再保险合同的会计处理与相关信息列报。

3. 引入公允价值计量的要求

新会计准则规定,对于非同一控制下的企业合并、部分金融工具、股份支付等都要求以公允价值计量;对于投资性房地产可以有条件地引入公允价值计量的模式;对于债务重组和非货币性交易,在符合一定的条件时,可以采用公允价值作为计量基础。旧会计准则基本以账面价值作为计量基础。

4. 规范了企业合并、合并报表等会计事项

在新会计准则出台之前,除了《合并会计报表暂行规定》,我国对于企业合并、合并报表这些重要的会计事项没有正式的会计准则,也很少有全面、具体的指引。特别是企业合并,不同企业对类似的交易可能采用不同的会计处理方法,在实务中容易出现混乱。《企业会计准则第20号——企业合并》和《企业会计准则第33号——合并财务报表》的出台,对这些重要会计事项的处理提供了更全面的规范和指引。

5. 规范了新的会计业务,原有的表外项目纳入表内核算

新会计准则要求将衍生金融工具纳入表内核算,而不仅仅是在表外披露;针对新出现的上市公司股权激励政策,新会计准则要求授予员工的股权和期权应计入利润表,并按公允价值计量。

6. 资产减值概念变化

《企业会计准则第8号——资产减值》引入了资产组的概念,提供了资产减值的具体操作指引。与旧会计准则规定在一定条件下允许资产减值转回不同,新准则规定固定资产、无形资产等的减值准备一经提取不得转回。需要注意的是,资产减值不能转回的规定并不适用于存货、应收账款、银行的贷款资产等。

7. 对披露的要求更为严格

新会计准则和新会计准则实施指南向会计主体提出了更多的披露要求,会计主体必须向财务报告使用者披露更相关的信息,体现了我国对会计信息相关性的重视。比如,新会计准则借鉴国际财务报告准则,引入了每股收益、分部报告等披露要求;针对金融工具,新会计准则要求披露所承担的金融风险的具体信息;针对会计政策和会计估计,新会计准则要求披露重要会计政策和重要会计估计的确定依据。

8. 直接提出了会计信息的质量要求

新基本准则将原会计制度中的"一般原则"改为"信息质量要求",并将会计原则修改为八个会计信息质量要求(可靠性、相关性、可理解性、可比性、实质重于形式、重要性、谨慎性和及时性);新会计准则将"权责发生制"作为企业会计确认、计量和报告的基础,不再作为一般原则;新会计准则取消了"配比原则"和"划分收益性支出和资本支出原则";新会计准则将"实际成本计价"原则作为会计计量属性,不再作为一般原则;新会计准则将原"可比性原则"和"一贯性原则"合并为"可比性"原则;新会计准则将《企业会计制度》中的"经济实质重于法律形式原则"纳入基本原则的范畴,强调了会计信息的相关性,弱化了可靠性。

9. A股和H股同时上市的保险公司,应采用相同的会计处理

为了进一步减少会计核算方法的差异,促进与国际会计准则的趋同,财政部在2008年发布的《企业会计准则解释第2号》(简称"解释2号")中规定同时在A股和H股上市的保险公司,除部分长期资产减值损失的转回与关联方披露两项差异外,对于同一交易事项,两份财务报告应采用相同的会计政策、运用相同的会计估计进行确认、计量和报告。

第三节　保险会计的基本理论

一、保险会计的基本假设

会计基本假设也称会计核算的基本前提，是保险会计确认、计量和报告的前提，是对会计核算所处时间、空间环境等做出的合理设定。会计基本假设包括会计主体假设、持续经营假设、会计分期假设和货币计量假设。

（一）会计主体假设

会计主体，是指企业会计确认、计量和报告的空间范围，企业编制的会计核算和财务报告就是反映这一特定对象的经济活动。明确界定会计主体是开展会计确认、计量和报告工作的重要前提，只有明确会计主体，才能划定会计所要处理的各项交易或事项的范围，才能将会计主体的交易或事项与会计主体所有者的交易或事项，以及其他会计主体的交易或事项区分开。

在会计主体假设下，企业应当对自身发生的交易或者事项进行会计确认、计量和报告，反映企业所从事的各项生产经营活动。

会计主体不同于法律主体。一般来说，法律主体必然是会计主体，企业作为一个法律主体，应当建立财务会计系统，独立反映其财务状况、经营成果和现金流量。但是，会计主体不一定是法律主体。例如，企业集团中的母公司拥有若干子公司，母、子公司虽然是不同的法律主体，但是母公司对子公司拥有控制权，为了全面反映企业集团的财务状况、经营成果和现金流量，有必要将企业集团作为一个会计主体，编制合并财务报表。在这种情况下，尽管企业集团不属于法律主体，但它却是会计主体。再如，由保险公司管理的投资连结保险、万能保险的投资账户资金，本质上不是保险公司收取的保费，而是保险公司受投保人委托投资管理的资产，不属于法律主体，但属于会计主体。

（二）持续经营假设

持续经营，是指在可以预见的将来，企业将按当前的规模和状态继续经营下去，既不会停业，也不会大规模削减业务。持续经营假设规定了会计工作的时间范围。

在持续经营假设下，会计确认、计量和报告应当以企业持续、正常的生产经营活动为前提，假设公司所持有的资产将按照预定的目的、在正常的经营过程中被耗用、转让或出售，企业所持有的债务也将在正常的经营活动中清偿。需要注意的是，一般公认会计准则使用持续经营假设，而保险监管会计使用准清算假设。它假设保险公司现在就能够以其现有的资产偿付其未来的债务，对资产的计价侧重于立即变现的价值，对准备金的提取更加保守。

企业在不能持续经营时就应当停止使用持续经营假设而实行清算会计，否则就不能客观地反映企业的财务状况、经营成果和现金流量，会误导会计信息使用者的经济决策。

（三）会计分期假设

会计分期，是指将企业持续经营的生产经营活动划分为一个个连续的、长短相同的期间,企业据以结算盈亏,按期编制财务报告,及时向财务报告使用者提供有关企业财务状况、经营成果和现金流量的信息。由于会计分期,才产生了当期与以前期间、以后期间的差别,才使不同类型的会计主体有了记账的基准,进而出现了折旧、摊销等会计处理方法。

在会计分期假设下,企业应当划分会计期间,分期结算账目和编制财务报告。会计期间通常分为年度和中期。中期,是指短于一个完整的会计年度的报告期间。我国保险公司一般采用日历年度作为会计年度,会计期间分为年度、半年度、季度和月度。

(四)货币计量假设

货币计量,是指会计主体在财务会计确认、计量和报告时以货币作为计量尺度,反映会计主体的生产经营活动。货币计量假设应用于币值稳定、通货膨胀率正常的情境下;如果出现恶性通货膨胀,保险公司应该实行通货膨胀会计。

在货币计量假设下,我国保险公司的核算应以人民币为记账本位币,公司的经营活动一律以人民币核算。以外币为主的保险公司,可以按规定以某种外币为记账本位币,但在编制和提供会计信息时应折合为人民币。

在有些情境下,统一采用货币计量有缺陷,某些影响企业财务状况和经营成果的因素(如企业经营战略、研发能力、市场竞争力等)往往难以用货币计量,但这些信息对于使用者决策也很重要,企业可以在财务报告中补充披露有关非财务信息以弥补上述缺陷。

二、保险会计基础

会计基础包括权责发生制和收付实现制。

权责发生制基础要求:凡是当期已经实现的收入和已经发生或应当负担的费用,无论款项是否收付,都应当作为当期的收入和费用,计入利润表;凡是不属于当期的收入和费用,即使款项已在当期收付,也不应当作为当期的收入和费用。收付实现制是与权责发生制相对应的一种会计基础,它是以收到或支付的现金作为确认收入和费用等项目的依据。

目前,我国企业会计的确认、计量和报告应当以权责发生制为基础。基于保险业务的特殊性,保险公司的一般做法是短期业务实行权责发生制,长期业务实行联合发生制(平时采用收付实现制,会计期末通过计提准备金回归到权责发生制)。

三、保险会计信息质量要求

会计信息质量要求是对企业财务报告提供高质量会计信息的基本规范,是使财务报告所提供的会计信息对信息使用者经济决策有用而应具备的基本特征。根据基本准则,它包括可靠性、相关性、可理解性、可比性、实质重于形式、重要性、谨慎性和及时性等。其中,可靠性、相关性、可理解性和可比性是会计信息的首要质量要求,是企业财务报告所提供的会计信息应具备的基本质量特征;实质重于形式、重要性、谨慎性和及时性是会计信息的次级质量要求,是对首要质量要求的补充和完善,尤其是在对某些特殊交易或者事项进行处理时,应该根据这些质量要求把握会计处理原则。

（一）可靠性

可靠性是高质量会计信息的重要基础和关键所在，企业应当以实际发生的交易或者事项为依据进行确认、计量和报告，如实反映符合确认和计量要求的各项会计要素及其他相关信息，保证会计信息真实可靠、内容完整。

为了贯彻可靠性要求，企业应当做到：(1) 以实际发生的交易或者事项为依据进行确认、计量，不得根据虚构的、没有发生的或者尚未发生的交易或者事项进行确认、计量和报告；(2) 在符合重要性和成本效益原则的前提下，保证会计信息（包括报表及其附注）保持完整，与使用者决策相关的有用信息都充分披露，不能随意遗漏或者减少；(3) 财务报告中的会计信息应当是中立的、无偏的，不得为了达到事先设定的结果或效果而选择或列示有关会计信息以影响决策和判断。例如，保险公司必须如实按照实际订立的保险合同、实际收到的保费确认收入，不得虚构保费收入。

（二）相关性

相关性要求企业提供的会计信息应当与投资者等财务报告使用者的经济决策需要相关，有助于投资者等财务报告使用者对企业过去、现在或者未来的情况做出评价或预测。具有一定相关性的会计信息才是有用的、有价值的。会计信息质量的相关性要求是以可靠性为基础的，会计信息应在可靠性的前提下尽可能地做到相关性。例如，相对于将资产划分为流动资产、固定资产，将保险公司的资产划分为投资性资产和经营性资产对信息使用者的决策更有价值与意义。

（三）可理解性

可理解性要求企业提供的会计信息应当清晰明了，便于投资者等财务报告使用者理解和使用。

企业提供会计信息的目的在于帮助使用者有效地利用会计信息做出经济决策，为了提高其有用性，会计信息应当清晰明了、易于理解，只能被少数人理解或运用的信息应不予提供。但同时需要注意的是，会计信息是一种专业性较强的信息产品，在强调可理解性要求的同时，还应假定使用者具有一定的有关企业经营活动和会计方面的知识，遵循成本收益原则，不能仅仅因为少数人在理解上有困难而将有关会计信息排除在外。

（四）可比性

可比性要求企业提供的会计信息应当相互可比。这主要包括以下两层含义：

1. 同一企业不同时期可比

为了便于财务报告使用者了解企业在不同时期的财务状况、经营成果和现金流量的变化趋势，会计信息质量的可比性要求同一企业不同时期发生的相同或相似的交易或者事项，应当采用一致的会计政策，不得随意变更。但是，如果按照规定或者在会计政策变更后可以提供更可靠、更相关的会计信息，就可以变更会计政策，并在附注中予以说明。

2. 不同企业相同会计期间可比

为了便于财务报告使用者评价不同企业的财务状况、经营成果和现金流量及其变动情况,会计信息质量的可比性要求同一业务类型的不同企业在同一会计期间发生的相同或相似的交易或者事项,应当采用统一规定的会计政策。需要注意的是,不同业务类型的保险公司之间不具有可比性,可以不采用一致的会计政策。

(五)实质重于形式

实质重于形式要求企业应当按照交易或者事项的经济实质进行会计确认、计量和报告,不能仅以交易或者事项的法律形式为依据。

例如,在企业合并中,经常会涉及对于"控制"的判断,有些合并,虽然投资企业只拥有被投资企业50%或50%以下股份但通过章程、协议等有权决定被投资企业财务和经营政策的,就不应当简单地以持股比例判断控制权,而应当根据实质重于形式的原则判断投资企业对被投资单位的控制程度。

再如,保险公司对于保费收入的确认,强调的是"保险合同成立并承担相应的保险责任"这一经济实质,而不是"保险合同成立"这一法律形式。如货物运输保险合同,通常在保险合同签订一段时间后才开始承担保险责任,在此情形下应在保单签发日确认预收保费,并在保单生效日转为保费收入。

(六)重要性

重要性要求企业提供的会计信息应当反映与企业财务状况、经营成果和现金流量有关的所有重要交易或者事项。对于重要程度不同的交易或事项,应当使用不同方式进行披露。

重要性的应用必须依赖职业判断,凡是省略或者错报会影响使用者做出决策的会计信息都属于具有重要性的会计信息。具体而言,企业应当根据其所处环境和实际情况,从性质和金额两方面加以判断,对决策影响较大或牵涉的金额较大的即为具有重要性的交易或事项。

(七)谨慎性

谨慎性要求企业对交易或者事项进行会计确认、计量和报告时保持应有的谨慎,不应高估资产或者收益、低估负债或者费用。

保险公司是经营风险的特殊行业,保险成本具有不确定性,保险责任具有连续性,其财务的稳健和安全涉及广大投保人的利益,所以保险公司在会计信息的处理方法上必须更加稳健保守。例如,寿险公司在评估准备金时,应该在死亡率上增加一安全边界,以保证准备金评估的谨慎性。

需要注意的是,谨慎性的应用不允许企业设置秘密准备,如果企业故意低估资产或者收入,抑或故意高估负债或者费用,将不符合会计信息的可靠性和相关性要求。

(八)及时性

及时性要求企业对于已经发生的交易或者事项,应当及时进行确认、计量和报告,不得提前或者延后。会计信息具有时效性,即使是可靠的、相关的会计信息,如果不及时提供,其对使用者的效用也会大大降低,因此及时性是会计信息相关性和可靠性的制约因素。企业必须在相关性和可靠性之间寻求一种平衡,以确定信息及时披露的时间。

在会计确认、计量和报告的过程中贯彻及时性应做到以下三点:(1)及时收集会计信息,在经济交易或者事项发生后,及时收集整理各种原始单据或者凭证;(2)及时处理会计信息,按照会计准则的规定,及时对经济交易或者事项进行确认或者计量,并编制财务报告;(3)及时传递会计信息,按照国家规定的有关时限,及时地将编制的财务报告传递给财务报告使用者,便于其及时使用和决策。

四、会计要素及其确认

会计要素是根据交易或者事项的经济特征所确定的财务会计对象的基本分类,能够使财务会计系统更加科学、严密。基本准则规定,会计要素按照其性质分为资产、负债、所有者权益、收入、费用和利润。其中,资产、负债和所有者权益要素侧重于反映企业的财务状况,收入、费用和利润要素侧重于反映企业的经营成果。

(一)资产的定义及其确认条件

1. 资产的定义

资产是指企业过去的交易或者事项形成的、由企业拥有或者控制的、预期会给企业带来经济利益的资源。

根据资产的定义,资产具有以下特征:(1)只有过去的交易或事项能够形成资产;(2)资产应当由企业享有所有权,或者虽不享有所有权但能被企业控制,如融资租赁方式租入的固定资产应属于企业的固定资产;(3)资产预期会直接或者间接导致现金和现金等价物流入企业,否则不能确认为资产。

2. 保险公司的资产

(1)保险公司的资产按流动性可以分为流动资产和非流动资产。流动资产是指预计在一个营业周期中变现、出售或耗用,或者主要出于交易目的而持有,或者预计自资产负债表日起一年内变现的资产,以及自资产负债表日起一年内交换其他资产或清偿负债能力不受限制的现金或现金等价物。保险公司的流动资产主要包括库存现金、银行存款、存出保证金、交易性金融资产、买入返售金融资产、拆出资金、各应收预付款项、保护质押贷款和低值易耗品等。非流动资产是指流动资产以外的资产。保险公司的非流动资产主要包括固定资产、长期股权投资、投资性房地产和无形资产等。这一资产分类方法在保险会计实务中的重要性在逐渐减弱。

(2)保险公司的资产按交易目的可以分为金融资产和非金融资产。金融资产是指一切可以在有组织的金融市场上进行交易、具有现实价格和未来估价的金融工具的总称。保险公司的金融资产包括货币资金、以公允价值计量且其变动计入当期损益的金融资产、持有至到期投资、贷款、应收款项和可供出售金融资产。非金融资产包括低值易耗品、固定资产、投资性房地产、无形资产和抵债资产等。

(3)保险公司的资产按持有目的可以分为投资资产和经营性资产。投资资产是指保险公司持有的、以获取投资收益为目的的资产,包括交易性金融资产、持有至到期投资、可供出售金融资产、定期银行存款、投资性房地产等。经营性资产是指保险公司持有的、以维持保险公司持续经营为目的的资产,包括现金、活期银行存款、应收款项、低值易耗品、固定资产、无形资产和抵债资产等。

3. 资产的确认条件

将一项资源确认为资产,除了要符合资产的定义,还应同时满足以下两个条件:

(1) 与该资源有关的经济利益很可能流入企业。在现实中,与资源有关的经济利益能否流入企业或者流入多少带有不确定性,因此资产的确认应与经济利益流入的不确定性程度的判断结合起来。只有当与资源有关的经济利益很可能流入企业,才能被确认为资产。

(2) 该资源的成本或者价值能够可靠地计量。只有当有关资源的成本或者价值能够可靠地计量时,资产才能予以确认。在某些情况下,保险公司取得由衍生金融工具形成的资产时没有发生实际成本或者发生的实际成本很小,如果其公允价值能够可靠地计量,也可认为符合资产可计量性的确认条件。

(二) 负债的定义及其确认条件

1. 负债的定义

负债是指企业过去的交易或者事项形成的、预期会导致经济利益流出企业的现时义务。根据定义,负债具有以下特征:(1) 负债是由企业过去的交易或者事项形成的,企业在未来发生的承诺、签订的合同等交易或者事项不形成负债;(2) 负债是企业承担的现时义务,这里所指的义务可以是法定义务(具有约束力的合同或者法律法规规定的义务),也可以是推定义务(根据企业的习惯做法、公开承诺或者政策而导致企业将承担的责任);(3) 负债预期会导致经济利益流出企业,否则不能被确认为负债。

2. 保险公司的负债

(1) 准备金。保险公司出售的商品为保单,一经签发保险公司就开始承担保险责任,也就形成了负债——准备金,这是保险公司负债最重要的组成部分。该负债具有不确定性,必须通过保险精算方法计算得出,主要包括未决赔款准备金、未到期责任准备金、寿险责任准备金和长期健康险责任准备金等。对于非寿险公司来说,由于保险期限与会计年度不一致、事故发生时间与赔付发生时间不一致,因此根据权责发生制,保险公司在出单并确认保费收入的同时须将不属于当期的保费以未到期责任准备金的形式确认负债,在期末还应该确认未决赔款准备金;对于寿险公司来说,由于采用均衡保费,因此每期都应当以寿险及长期健康险责任准备金的形式确认负债。

(2) 保险公司的负债按偿还期限可以分为流动负债和非流动负债。流动负债是指预计在一个正常营业周期中清偿,或者主要出于交易目的而持有,或者自资产负债表日起一年内(含一年)到期应予以清偿,或者企业无权自主地将清偿推迟至资产负债表日后一年以上的负债。保险公司的流动负债包括短期借款、存入保证金、拆入资金、卖出回购金融资产款、应付预收款项、未决赔款准备金、未到期责任准备金等。非流动负债是指流动负债以外的负债,包括长期借款、寿险责任准备金、长期健康险责任准备金、保户储金和长期应付款等。

(3) 保险公司的负债按交易目的可以分为金融负债和非金融负债。金融负债包括以公允价值计量且其变动计入当期损益的金融负债和其他金融负债。

3. 负债的确认条件

将一项现时义务确认为负债,除了应当符合负债的定义,还应当同时满足以下两个条件:

(1) 与该义务有关的经济利益很可能流出企业。由于履行义务所流出的经济利益带有不确定性,因此负债的确认应当与经济利益流出的不确定性程度的判断结合起来。只有当与现时义务有关的经济利益很可能流出企业时,才将其作为负债予以确认。

(2) 未来流出的经济利益的金额能够可靠地计量。保险公司的各项准备金必须依靠保险精算进行可靠的计量。

(三) 所有者权益的定义及其确认条件

1. 所有者权益的定义

所有者权益是指企业资产扣除负债后由所有者享有的剩余权益。所有者权益是所有者对企业资产的剩余索取权,它是企业资产扣除债权人权益后应由所有者享有的部分,既反映了所有者投入资本的保值增值情况,也体现了保护债权人权益的理念。

2. 保险公司的所有者权益

保险公司的所有者权益包括股本(或实收资本)、其他权益工具、资本公积、其他综合收益、盈余公积、一般风险准备和未分配利润。其中,一般风险准备是为了防范可能出现的经营风险、用于弥补特大自然灾害等带来的巨灾损失而应提取的一种准备。在提足各项责任准备金、向投资者分配利润之前,保险公司应依据董事会决议、按一定比例从税后利润中提取一般风险准备。一般风险准备必须专款专用,不得用于转增资本或向投资者分红。

3. 所有者权益的来源

所有者权益的来源包括所有者投入的资本、直接计入所有者权益的利得和损失、留存收益等。

(1) 所有者投入的资本,是指所有者投入企业的资本部分,既包括构成企业注册资本或者股本部分的金额,也包括投入资本超过注册资本或者股本部分的金额(即资本溢价或者股本溢价)。前者计入"股本"(或"实收资本")科目,后者计入"资本公积——资本溢价或股本溢价"科目。

(2) 直接计入所有者权益的利得和损失,是指不应计入当期损益、会导致所有者权益发生增减变动的、与所有者投入资本或者向所有者分配利润无关的利得或损失。利得(损失)是指由企业非日常活动形成的、会导致所有者权益增加(减少)的、与所有者投入资本(向投资者分配利润)无关的经济利益的流入(流出),包括直接计入所有者权益的和直接计入当期利润的两种。直接计入所有者权益的利得和损失主要包括可供出售金融资产的公允价值变动额、现金流量套期中套期工具公允价值变动额(有效套期部分)等。

(3) 留存收益,是指企业历年实现的净利润留存于企业的部分,主要包括累计计提的盈余公积和未分配利润。

4. 所有者权益的确认条件

所有者权益即为企业的净资产,是企业资产总额扣除债权人权益后的净额,因此所有者权益的确认、计量主要取决于资产、负债、收入、费用等其他会计要素的确认和计量。

通常,企业收入增加会导致资产的增加,相应地增加所有者权益;企业发生费用会导致负债增加,相应地减少所有者权益。因此,企业日常经营的好坏和资产负债的质量直接决定着企业所有者权益的增减变化与资本的保值增值。

(四) 收入的定义及其确认条件

1. 收入的定义

收入是指企业在日常活动中形成的、会导致所有者权益增加的、与所有者投入资本无关的经济利益的总流入。

根据定义,收入具有以下特征:(1) 收入是企业在日常活动中形成的,非日常活动(如处置固定资产的收益)就不能确认为收入而应确认为利得,保险公司的收入主要来自保费收入;(2) 收入会导致所有者权益增加,如保险公司向银行借入款项,尽管导致了经济利益的流入,但并不导致所有者权益增加,而是使企业承担了一项现时义务,不应将其确认为收入而应当确认为负债;(3) 收入是与所有者投入资本无关的经济利益的总流入,所有者投入资本带来的经济利益的流入应当直接确认为所有者权益。

2. 收入的确认条件

收入的确认除应当符合定义外,还应当至少符合以下条件之一才予以确认:(1) 与收入相关的经济利益应当很可能流入企业;(2) 经济利益流入企业的结果会导致资产的增加或者负债的减少;(3) 经济利益的流入金额能够可靠地计量。

(五) 成本费用的定义及其确认条件

1. 成本费用的定义

成本费用是指企业在日常活动中发生的、会导致所有者权益减少的、与向所有者分配利润无关的经济利益的总流出。费用是以某会计期间为归集对象,而成本是以某业务或产品为归集对象,成本是对象化的费用。

根据定义,成本费用具有以下特征:(1) 成本费用是企业在日常活动中形成的,非日常活动形成的经济利益的流出不能确认为成本费用,而应当计入损失;(2) 成本费用会导致所有者权益减少,否则不应确认为成本费用;(3) 成本费用是与向所有者分配利润无关的经济利益的总流出,企业向所有者分配利润也会导致经济利益的流出,但不应确认为成本费用,而是所有者权益的直接抵减项目。

2. 保险公司的成本费用

保险公司的成本费用包括保险业务成本和保险营业费用。

保险业务成本是保险公司在业务经营过程中发生的、与业务经营直接相关的支出,以及在日常活动中发生的、与保险业务有关的支出,包括赔付支出、手续费支出、死伤医疗给付、满期给付、年金给付、退保金、佣金支出、营业税金及附加、各种准备金的提取等。

保险营业费用亦称业务及管理费,是指保险公司在业务经营及管理工作中发生的各项费用,包括查勘费、差旅费、印刷费、房租费、低值易耗品摊销及修理费、业务活动费、职工工资、业务竞赛费、激励费、培训费、固定资产折旧费、无形资产摊销、长期待摊费用摊销、技术转让费、研究开发费、保险保障基金、诉讼费、公证费、评估费、广告费、同业公会会费、学会会费等。

3. 成本费用的确认条件

成本费用的确认除应当符合定义外,还应当至少符合以下条件之一才予以确认:(1) 与成本费用相关的经济利益应当很可能流出企业;(2) 经济利益流出企业的结果会导致资产的减少或者负债的增加;(3) 经济利益的流出金额能够可靠地计量。

(六) 利润的定义及其确认条件

1. 利润的定义

利润是指企业在一定会计期间的经营成果。通常情况下,如果企业实现了利润,表明企业的所有者权益将增加;反之,如果企业发生了亏损,表明企业的所有者权益将减少。利润是评价企业管理层业绩的指标之一,也是投资者等财务报告使用者决策时的重要参考。

2. 利润的来源构成及确认条件

利润包括收入减去费用后的净额、直接计入当期利润的利得和损失。前者反映企业日常活动的经营业绩,后者反映企业非日常活动的业绩。其中,直接计入当期利润的利得和损失是指应当计入当期损益、最终会引起所有者权益发生增减变动的、与所有者投入资本或者向所有者分配利润无关的利得或者损失。

利润的确认主要依赖于收入和费用及利得和损失的确认,其金额的确定也主要取决于收入、费用、利得、损失金额的计量。

3. 保险公司的利润

保险公司的利润主要由承保利润和投资利润构成,具有以下特点:

(1) 保险公司的利润具有较强的预计性。保险公司的保费收取在前,成本支出在后,这期间的利润是根据保险精算进行预计的。准备金估算中运用的大量假设、经验数据、贴现率和估算方法会直接影响利润的估算准确程度,所以保险公司的利润受主观因素影响很大,容易受到操纵。

(2) 保险公司的利润具有一定的射幸性。保险事故的发生具有一定的偶然性和不确定性,即使有大数法则起作用,保险公司的利润仍然具有一定的射幸性,巨灾和重大责任对保险公司尤其是产险公司利润的稳定性具有很大的影响。另外,对于寿险公司,利润还受到宏观经济周期、市场利率的影响。

(3) 寿险公司实现的利润不一定全部归属于公司所有者。由于寿险公司存在分红产品,必须将分红产品带来的净利润按照一定比例分给保单持有人,因此寿险公司的利润不一定全部归属于公司所有者。

(4) 寿险公司利润的实现具有较强的滞后性。寿险业务的期限一般较长,收入确认和成本发生之间存在较长的时间差,利润的实现具有较强的滞后性。

(5) 寿险公司成立初期或迅速发展阶段的利润一般为负。在寿险公司成立初期或迅速发展阶段,公司签发的新保单较多、首期的展业成本较高,还要提取各种准备金,这样就可能导致亏损。

(6) 非寿险公司的利润较不稳定。相对寿险,非寿险保险事故的发生不规则、预期损失与实际损失出入较大,若出现巨灾,就会导致利润出现巨大波动。

五、会计要素的计量属性及其应用原则

(一) 会计要素的计量属性

会计计量是为了将符合确认条件的会计要素登记入账并列报于财务报表而确定其金额的过程。企业应当按照规定的会计计量属性进行计量,确定相关金额。从会计角度来看,计量属性反映的是会计要素金额的确定基础,主要包括历史成本、重置成本、可变现净值、现值和公允价值等。其中,历史成本通常反映的是资产或者负债过去的价值;而重置成本、可变现净值、现值和公允价值通常反映的是资产或者负债的现时成本或现时价值,是与历史成本相对的计量属性。

1. 历史成本

历史成本又称实际成本,就是取得或制造某项财产物资时实际支付的现金或其他等价物。在历史成本计量下,资产按照其购置时支付的现金或者现金等价物的金额,或者按照购置资产时付出的对价的公允价值计量;负债按照因承担现时义务而实际收到的款项或者资产的金额,或者承担现时义务的合同金额,或者日常活动中为偿还负债预期要支付的现金或者现金等价物的金额计量。

2. 重置成本

重置成本又称现行成本,是指按照当前市场条件,重新取得同样一项资产所需支付的现金或现金等价物的金额。在重置成本计量下,资产按照现在购买相同或者相似资产所需支付的现金或者现金等价物的金额计量;负债按照现在偿付该项债务所需支付的现金或者现金等价物的金额计量。

3. 可变现净值

可变现净值是指在正常生产经营过程中,以资产预计售价减去进一步加工成本和预计销售费用以及相关税费后的净值。在可变现净值计量下,资产按照正常对外销售所能收到的现金或者现金等价物的金额扣减该资产至完工时估计要发生的成本、估计的销售费用以及相关税费后的金额计量。

4. 现值

现值是指对未来现金流量以恰当的折现率进行折现后的价值,是考虑货币时间价值的一种计量属性。在现值计量下,资产按照预计从其持续使用和最终处置中所取得的未来净现金流入量的折现金额计量;负债按照预计期限内所需偿还的未来净现金流出量的折现金额计量。

5. 公允价值

公允价值是指在公平交易中,熟悉情况的交易双方自愿进行资产交换或者债务清偿的金额。在公允价值计量下,资产和负债按照在公平交易中熟悉情况的交易双方自愿进行资产交换或者债务清偿的金额计量。

(二) 计量属性的应用原则

基本准则规定,企业在对会计要素进行计量时,一般应当采用历史成本,因为历史成本的数据容易获得且具有客观性,便于查核,具有很强的可验证性。需要注意的是,如果

资产已经发生了减值,其历史成本法确定的账面价值已经不能反映该资产未来可收回的金额,公司应该相应地计提资产减值准备。

另外,在保证所确定的会计要素金额能够取得并可靠计量的前提下,也可以采用重置成本、可变现净值、现值、公允价值等方法对会计要素进行计量,并在附注中披露相关信息。如果会计准则采用的是法定会计准则,则基于准清算假设,相当一部分资产的计价是不以历史成本为依据的。在实务中,重置成本多应用于盘盈固定资产的计量等;可变现净值通常应用于存货资产减值情形下的后续计量;公允价值多应用于交易性金融资产、直接指定为以公允价值计量且其变动计入当期损益的金融资产、可供出售金融资产、存在活跃市场且公允价值能够可靠计量的投资性房地产的后续计量;在应用公允价值时,当相关资产或者负债不存在活跃市场的报价或者不存在同类或者类似资产的活跃市场报价时,应采用估值技术确定公允价值,现值往往是比较普遍的一种估值方法,在这种情形下,公允价值就是以现值为基础确定的。

六、保险会计科目

(一) 会计科目的含义和分类

会计科目是对会计对象的具体内容进行的科学分类,通常把形式相似或用途一致的经济业务归集在一起,设置统一的会计科目进行核算。

按照经济内容,可以将保险公司的会计科目划分为以下五类:(1) 资产类科目,包括流动资产科目和非流动资产科目;(2) 负债类科目,包括流动负债科目和非流动负债科目;(3) 所有者权益类科目,反映保险公司资本金的科目;(4) 共同类科目,具有双重性质的科目;(5) 损益类科目,反映保险公司的收入、费用支出的科目。

按照提供信息的详细程度,可以将会计科目划分为以下三类:(1) 总分类科目,亦称"总账科目"或"一级科目",反映会计对象的具体内容;(2) 二级科目,亦称子目,信息的详细程度介于总分类科目和明细分类科目之间;(3) 明细分类科目,亦称明细科目,提供的资料最为详细。会计制度只规定一些必要的明细科目,其他明细科目可由保险公司根据实际需要设定。例如,"赔付支出"科目即为总分类科目,下面可以设置"赔款支出""满期给付""死伤医疗给付""年金给付"等二级科目,二级科目下还可以根据不同的险种设置明细分类科目。

(二) 保险会计科目表

为了保证会计核算指标和口径的一致性,便于会计指标的计算和对比,保险公司应该按照企业会计准则的规定设置会计科目。但是,保险公司在不违反企业会计准则中确认、计量和报告规定的前提下,可以根据本单位的实际情况自行增设、分拆、合并会计科目;对于不存在的交易或事项,可以不设置相关的会计科目。保险公司的会计科目表如表1-2所示。

表 1-2 会计科目表

顺序号	编号	会计科目名称	顺序号	编号	会计科目名称
资产类			56	1603	固定资产减值准备
1	1001	库存现金	57	1604	在建工程
2	1002	银行存款	58	1605	工程物资
5	1015	其他货币资金	59	1606	固定资产清理
7	1031	存出保证金	60	1611	融资租赁资产
8	1051	拆出资金	61	1612	未担保余值
9	1101	交易性金融资产	67	1701	无形资产
10	1111	买入返售金融资产	68	1702	累计摊销
11	1121	应收票据	69	1703	无形资产减值准备
12	1122	应收账款	70	1711	商誉
13	1123	预付账款	71	1801	长期待摊费用
14	1131	应收股利	72	1811	递延所得资产
15	1132	应收利息	73	1901	待处理财产损益
16	1211	**应收保户储金**	**负债类**		
17	1221	**应收代位追偿款**	74	2001	短期借款
18	1222	**应收分保账款**	75	2002	存入保证金
19	1223	**应收分保未到期责任准备金**	76	2003	拆入资金
20	1224	**应收分保保险责任准备金**	81	2101	交易性金融负债
21	1231	其他应收款	82	2111	卖出回购金融资产款
22	1241	坏账准备	83	2201	应付票据
24	1301	贷款	84	2202	应付账款
25	1302	贷款损失准备	85	2205	预收账款
26	1311	代理兑付证券	86	2211	应付职工薪酬
27	1321	代理业务资产	87	2221	应交税费
30	1403	原材料	88	2231	应付股利
31	1404	材料成本差异	89	2232	应付利息
36	1412	包装物及低值易耗品	90	2241	其他应付款
40	1442	抵债资产	91	2251	**应付保户红利**
41	1451	**损余物资**	92	2261	**应付分保账款**
42	1461	存货跌价准备	96	2314	代理业务负债
43	1501	待摊费用	97	2401	预提费用
44	1511	**独立账户资产**	98	2411	预计负债
45	1521	持有至到期投资	99	2501	递延收益
46	1522	持有至到期投资减值准备	100	2601	长期借款
47	1523	可供出售金融资产	101	2602	长期债券
48	1524	长期股权投资	102	2701	**未到期责任准备金**
49	1525	长期股权投资减值准备	103	2702	**保险责任准备金**
50	1526	投资性房地产	104	2711	**保户储金**
51	1531	长期应收款	105	2721	**独立账户负债**
52	1541	未实现融资收益	106	2801	长期应付款
53	1551	**存出资本保证金**	107	2802	未确认融资费用
54	1601	固定资产	108	2811	专项应付款
55	1602	累计折旧	109	2901	递延所得税负债

(续表)

顺序号	编号	会计科目名称	顺序号	编号	会计科目名称
共同类			138	6111	投资收益
111	3002	外汇买卖	139	6201	**摊回保险责任准备金**
112	3101	衍生工具	140	6202	**摊回赔付支出**
113	3201	套期工具	141	6203	**摊回分保费用**
114	3202	被套期项目	142	6301	营业外收入
所有者权益类			143	6401	主营业务成本
115	4001	实收资本	144	6402	其他业务支出
116	4002	资本公积	145	6405	营业税金及附加
117	4101	盈余公积	146	6411	利息支出
118	4102	一般风险准备	147	6421	手续费支出
119	4103	本年利润	148	6501	**提取未到期责任准备金**
120	4104	利润分配	149	6502	**提取保险责任准备金**
121	4201	库存股	150	6511	赔付支出
损益类			151	6521	保户红利支出
129	6001	主营业务收入	152	6531	退保金
130	6011	利息收入	153	6541	**分出保费**
131	6021	手续费收入	154	6542	**分保费用**
132	6031	**保费收入**	155	6601	业务及管理费
133	6032	**分保费收入**	159	6701	资产减值损失
135	6041	租赁收入	160	6711	营业外支出
136	6061	汇兑损益	161	6801	所得税
137	6101	公允价值变动损益	162	6901	以前年度损益调整

注：字体加粗的会计科目为保险公司专有的。

第四节 保险会计的基本构架

保险会计应采取双重规范、双重报告的模式，具体可分为两个层次：一是一般公认会计；二是监管（法定）会计。

一、一般公认会计与监管（法定）会计概述

一般公认会计（Generally Accepted Accounting Principles，GAAP）适用于各个不同行业的企业，包括从会计的基本概念、基本假设等基本原理到具体的会计记录和编制财务报表的程序与方法。一般公认会计的主要目是确保保险公司真实、公允地对外披露财务状况和经营成果，确保保险公司提供的财务信息与其他行业具有可比性。

监管（法定）会计（Statutory Accounting Principles，SAP）仅适用于保险行业，是站在监管部门的角度制定的会计确认、计量标准。监管（法定）会计的主要目的是能够对保险公司的资产、负债、收入、费用和利润进行更加谨慎的核算，以此监督保险公司的偿付能力，保护广大保单持有人的利益。

二、一般公认会计和监管(法定)会计的区别

一般公认会计和监管(法定)会计的区别主要表现在以下几个方面(见表1-3)：

表1-3 一般公认会计和监管会计的区别

项目	一般公认会计	监管会计
使用者	投资大众、一般债权人	偏重于代表投保大众的监管机构
使用目的	评估保险公司的经营成果和财务状况	评估保险公司的偿付能力,保护保单持有人的利益
信息内容	全面反映企业的经营成果和财务状况,尤其是获利能力,所以必须在资产负债表、利润表、现金流量表之间取得平衡	突出反映企业的偿付能力,侧重于资产负债表和现金流量表 有自己的监管会计报表
会计假设	采用持续经营假设,即假设公司一直持续、正常地经营,具有一定的客观性	重视当期经营,采用准清算假设,即假设保险公司可能停止销售新保单并必须兑付所有现有保单责任,对保险公司资产负债表的内容进行保守、谨慎的评估,评估过程带有一定的主观性
会计原则	权责发生制	权责发生制与收付实现制相结合
资产的确认	全部资产	认可资产,应符合以下三个标准：(1) 流动性,必须易于在短时间内变现,不动产投资、发放贷款的逾期利息等无流动性的资产不是认可资产；(2) 确定性,需要用于赔付时,必须能以其账面价值变现；(3) 监管机构拥有足够的信息判定其在必要时可用于赔付。认可资产和非认可资产的划分不是绝对的,现在的非认可资产有可能在下期变成认可资产
准备金的确认	保险准备金的提取由公司根据自身和业界的经验而定	准备金的提取由法律强制规定利率和死亡率的假设而决定,假设不反映公司的承保及投资经验,也忽略未来保单退保可能导致的损益
首期保单的取得成本	递延摊销(资本化处理)	全部作为当期费用予以确认
盈余	高	低

三、一般公认会计和监管会计的联系

1. 一般公认会计是监管会计的基础

一般说来,监管会计并不是完全意义上的会计准则,只是在一般公认会计准则基础上按监管会计要求进行的一种修改。因此,一般公认会计准则是监管会计准则的基础。

2. 一般公认会计与监管会计互为补充

保险公司按照一般公认会计准则确认资产、负债、收入、费用、利润,进而其编制的会计报表能够全面地反映保险公司的经营成果、财务状况和获利能力,便于投资者将保险公司与其他行业进行比较。保险公司按照监管会计调整的法定报表,从更稳健的视角反映保险公司的偿付能力和持续经营能力,与保险业收入在前、补偿成本在后带来的特殊风险相适应。因此,若要对保险公司有一个公正、稳健的评价,则应以具有可比性的一般公认会计原则下确认、计量和报告的结果为主,以监管会计准则下调整的法定报表为辅,

将两者结合分析。可见，一般公认会计与监管会计构成互为补充的关系。

四、保险会计准则运行模式

目前，我国的保险监管部门尚未建立监管会计准则，也未要求保险公司提供监管财务会计报告，只要求保险公司提供与其他行业具有可比性的一般性财务报告，同时定期披露偿付能力报告。随着我国保险业的快速发展，上市保险公司增多，制定保险业监管会计准则、定期提供监管财务会计报告势在必行。制定监管会计准则后，监管会计准则和一般公认会计准则的运行模式主要有以下三类：

1. 主辅相成模式

该种模式要求按一般公认会计准则进行日常会计核算，只是在会计期末按监管会计准则对一般公认会计准则的会计结果进行相应的调整，以调整后的结果编制监管会计报表。

2. 合二为一模式

该种模式要求监管机构综合一般公认会计准则和监管会计准则，制定一套不同于非保险企业所采用的特有的会计准则。这种模式具有运行成本低、节省人力资源等优点，但由于两者在会计假设、侧重点、服务对象等方面的巨大差异，具体操作很难兼顾，可能会产生偏颇。

3. 两者并行模式

该种模式要求从日常会计操作到期末报表编制都并行两种准则进行核算，其运行成本较高。

综合考虑，主辅相成模式可以较好地解决一般公认会计准则和监管会计准则的不同要求与运行成本之间的矛盾，现实操作性较强，也较适合我国目前的实际情况。因此，在未来我国保险会计体系健全并完善后，较适合采用主辅相成模式。

关键词

保险会计　发展历程　基本假设　保险会计基础　信息质量要求　会计要素
会计科目　一般公认会计　监管会计

本章小结

1. 保险会计既具有一般会计的共性，以货币为主要计量单位，又因保险行业的特殊性而具有自身的特点。

2. 我国保险会计的发展历程可以分为五个阶段，第一阶段是《中国人民保险会计制度》时期(1984—1993年)，第二阶段是《保险企业会计制度》时期(1993—1998年)，第三阶段是《保险会计制度》时期(1998—2001年)，第四阶段是《金融企业会计制度》时期(2001—2006年)，第五阶段是《企业会计准则》时期(2006年至今)。

3. 保险会计的基本假设是会计主体假设、持续经营假设、会计分期假设及货币计量假设。

4. 保险行业会计采取双重规范、双重报告的模式，具体可分为两个层次：一是一般公认会计；二是监管（法定）会计。一般公认会计既是监管会计的基础，又与后者互为补充。

思考与练习

1. 保险会计与一般会计的联系是什么？有何不同？

2. 我国保险会计在每个发展阶段有何特点？未来我国保险会计将朝着什么方向前进？

3. 一般公认会计与监管（法定）会计的区别在哪里？目前我国保险会计准则的运行模式是怎样的？

第二章　原保险合同的确认

▌本章概要▌

本章主要介绍保险合同重大保险风险测试的步骤。对于没有通过重大保险风险测试的合同来说,能够区分保险风险和非保险风险的,必须进行保险合同的分拆。此外,保险合同应按照不同的种类进行分类核算。在学习本章时,还应关注《企业会计准则第 25 号——原保险合同》。

延伸阅读
原保险合同准则

▌学习目标▌

1. 了解原保险保单和再保险保单的重大保险风险测试的步骤
2. 了解混合合同的分拆原则
3. 了解保险合同的分类方法

第一节　保险合同的确认

一、保险合同的确认——重大保险风险测试

根据《企业会计准则第 25 号——原保险合同》,保险合同指保险人与投保人约定保险权利义务关系,并承担源于被保险人保险风险的协议。保险人与投保人签订的合同是否属于保险合同,应当在单项合同的基础上,根据合同条款判断保险人是否承担了保险风险而定。2009 年,财政部《保险合同相关会计处理规定》要求认定保险合同时引入重大保险风险测试,只有转移了重大保险风险的保单才确认为保险合同。

《保险合同相关会计处理规定》同时规定,保险人应当以单项合同为基础,在合同初始确认日进行重大保险风险测试;对于保险风险同质的不同合同,可以以合同组合为基础进行重大保险风险测试。测试结果表明,发生合同约定的保险事故可能导致保险人支付重大附加利益的,即认定该保险风险重大,但不具有商业实质的除外。其中,合同不具有商业实质是指合同的签发对交易双方的经济利益没有可辨认的影响;附加利益是指保险人在发生保险事故时的支付额超过不发生保险事故时的支付额。

二、原保险保单的重大保险风险测试的步骤

(一)第一步,判断原保险保单是否转移保险风险

原保险保单转移的保险风险是指被保险人已经存在的风险,其表现形式有多种。例

如,可能对被保险人财产造成损害或毁坏的火灾的发生或不发生,被保险人能否生存到保单约定的年龄,被保险人是否会患上保单约定的重大疾病等。

如果保险人没有转移被保险人的保险风险,转移的是其他风险(如金融工具价格、商品价格、汇率、费用指数、信用等级、信用指数等可能发生变化的风险),则双方签订的合同不是保险合同。

一份保单可以在转移保险风险的基础上同时转移一种或几种其他风险,这样的保险合同属于混合保险合同;各种风险能够区分并独立计量的混合保险合同应当进行分拆核算。

例如,人寿保险合同既向投保人保证最低收益率(转移财务风险),又向投保人承诺死亡给付(转移保险风险),且死亡给付大大超过投保人的账户余额,则保险合同转移了保险风险,符合保险合同的要求;但如果死亡给付不超过投保人的账户余额,且投保人账户余额最终将返还给投保人,则保险风险实质上并未转移,不属于保险合同。

又如,某些第三方健康管理合同规定,承保人将承保的保费为投保人建立公共账户,发生保险事故时,承保人承担保险责任,但是保险金直接冲减公共账户余额,并以公共账户余额为限;保险合同满期时,承保人将被保险人公共账户的余额全部退还给投保人。这类合同并没有发生保险风险的转移,因此不属于保险合同。

(二)第二步,判断原保险保单的保险风险转移是否具有商业实质

如果发生保险事故可能导致保险人承担赔付保险金责任的,则认为该保险风险的转移具有商业实质。对于商业实质的判断必须考虑以下情形:

(1)如果某些情形发生的可能性非常微小,以至于保险公司在定价或承保时都不会考虑,则这种情形可以被认为不具有商业实质;

(2)概率小的收入并不一定不具有商业实质,如巨灾保险;

(3)如果原保险保单包含多项互斥的保险事故,保险人应根据合同设计的条款和经验数据等进行判断,选择合理的具有商业实质的保险事故进行重大保险风险测试。

(三)第三步,判断原保险保单转移的保险风险是否重大

判断保险风险是否重大的一般标准如下:

1. 非年金保单

对于非年金保单,以原保险保单保险风险比例衡量保险风险转移的显著程度。原保险保单保险风险比例的计算公式为:

$$\left(\frac{\text{保险事故发生情景下保险公司支付的金额}}{\text{保险事故不发生情景下保险公司支付的金额}}-1\right)\times 100\%$$

其中,分子是保险事故发生情景下保险人支付的保险金;分母是保险事故不发生情景下保险人支付的金额,即保险人支付给被保险人的退保金或满期给付金;对于非寿险保单来说为退保金或合同终止时保险人支付的金额。

当这一比例在保单存续期的一个或多个时点大于等于5%时,则该保单可以确认为转移了重大保险风险。实务中,非寿险保单通常显而易见地满足转移重大保险风险的条件,因此保险人往往可以不计算原保险保单保险风险比例,直接将大多数非寿险保单判定为保险合同。

例 2-1 2017年1月1日,甲保险公司与李某签订了一份趸缴10年期两全保险(分红型)原保险保单,被保险人为33岁男性公民,保单主要条款规定如下:

(1) 被保险人生存至保险期届满的年生效对应日,甲保险公司按基本保险金额给付满期保险金;

(2) 被保险人于本保单生效之日起1年内因疾病身故,甲保险公司按所交保险费给付身故保险金;被保险人于本保单生效之日起1年后因疾病身故,甲保险公司按基本保险金额给付身故保险金;

(3) 被保险人因意外伤害身故的,甲保险公司按基本保险金额的300%给付身故保险金;

(4) 根据被保险人的性别和年龄特征,该保单趸缴保险费1000元对应的基本保险金额为1175元,各保单年度的现金价值如表2-1所示。

表2-1 各保单年度的现金价值   单位:元

保单年度	1	2	3	4	5	6	7	8	9	10
现金价值(元)	0	944	970	997	1 024	1 053	1 082	1 112	1 143	1 175

本例中,甲保险公司采取以下步骤进行重大保险风险测试:

第一步,识别保险风险。本例中的原保险保单承担了被保险人因意外、疾病导致其身故的保险风险。

第二步,判断保险风险转移是否具有商业实质。本例中被保险人因意外、疾病导致身故的,保险公司按照保单约定支付保险金,因此该保险风险转移具有商业实质。在意外、疾病身故两种互斥的给付情形下,保险公司综合考虑发生概率和赔付金额后,判断疾病身故的保险风险转移更具商业实质。

第三步,计算各保单年度的保险风险比例。本例中保险事故发生情景下(即被保险人因疾病身故的),保险公司支付1倍基本保险金额的保险金;保险事故未发生情景下(如被保险人在保单期内选择退保的),保险公司按保单现金价值支付退保金;如被保险人持有保单至满期日的,保险公司按基本保险金额支付满期给付金,计算各保单年度的保险风险比例如表2-2所示。

表2-2 各保单年度的保险风险比例

保单年度	1	2	3	4	5	6	7	8	9	10
保险风险比例(%)	∞	24	21	18	15	12	9	6	3	0

本例中有8个保单年度的保险风险比例大于5%,满足转移重大保险风险的条件,因此应确认为保险合同。

例 2-2 2017年1月1日,甲保险公司与丁某签订一份年缴5年期定期寿险原保险保单,被保险人为33岁的女性公民,年缴保费为1500元,保险金额为50万元,保单主要条款规定如下:

(1) 被保险人于本保单生效之日起一年内因疾病身故,甲保险公司按所交保险费给付身故保险金;

(2) 被保险人因意外疾病、伤害或于本保单生效之日起一年后因疾病身故,甲保险公

司按保险金额给付身故保险金;

本例为年缴定期寿险保单,如果发生保单预定的保险事故,则保险公司将支付50万元的保险金;如果未发生保单预定的保险事故,则保险公司无须支付;且由于该保单为年缴定期寿险,保险期内现金价值很小甚至为0。因此,可以清楚地判断甲保险公司在保险事故发生情景下的支付金额大大超过保险事故未发生情景下的支付金额,该保单满足转移重大保险风险的条件,应确认为保险合同。

2. 年金保单

对于年金保单,转移的保险风险是否重大的判断较为复杂,通常情况下,长寿风险的转移是重大的。因此,在实务中可以简化处理,转移了长寿风险的通常可确认为保险合同。

例 2-3 2017年1月1日甲寿险公司与丁某签订一份不保证费率的期缴年金保单,年缴保费1 000元,被保险人为年龄35岁的男性,保单主要条款规定如下:

(1) 被保险人生存至约定的养老保险金领取年龄(60岁)的保单周年日,本公司按照被保险人选择的领取方式给付养老保险金:

A. 选择一次性领取养老保险金的,本公司按被保险人养老保险金开始领取日的交费账户累积金额一次性给付养老保险金,对被保险人的保险责任终止。

B. 选择按照转换日的年金费率将交费账户累积金额转换为年金领取的,且领取期限和领取标准固定的。

C. 选择按照转换日的年金费率将交费账户累积金额转换为年金领取的,且领取期限和领取标准不固定的。

(2) 身故保险金。被保险人于约定养老保险金领取年龄的保单周年日前身故,本公司按交费账户累积金额给付身故保险金,对该被保险人的保险责任终止。

本例为不保证年金费率的递延年金保单,保险公司在累积期内未承担长寿风险,因此不确认为保险合同。在未来转换日,如果被保险人选择C款转换方式将该保单转换为即期年金(即保险公司开始承担长寿风险),则在转换日应将该保单确认为保险合同。

3. 保单组

对于一组保单,保险人可以采取以下步骤判断是否转移重大保险风险:

第一步,对保单进行合理分组,将风险同质的保单归为一组。

第二步,从保单组合中选取足够数量的具有代表性的保单样本,保单样本的选取应当考虑保单分布状况和风险特征,如投保年龄、性别、缴费方式和缴费期限等。

第三步,如果所取样本中大多数保单(如50%以上)都转移了重大保险风险,则该组合中的所有保单均应确认为保险合同。

例 2-4 2017年,甲保险公司销售一款趸缴10年期两全保险(分红型)产品,实现保费5 000万元,产品主要条款规定如下:

(1) 被保险人生存至保险期届满的年生效对应日,本公司按基本保险金额给付满期保险金。

(2) 被保险人于保单生效之日起1年内因疾病身故,本公司按所交保险费给付身故保险金;被保险人于保单生效之日起1年后因疾病身故,本公司按基本保险金额给付身故保险金。

(3) 被保险人因意外伤害身故的,本公司按基本保险金额的300%给付身故保险金。

甲保险公司在财务报告日对该产品的重大保险风险测试步骤如下:

第一步,将该产品下的所有保单归为一组。

第二步,从保单组中抽取保单样本进行测试。根据2017年该产品的实际销售分布,按照被保险人的投保年龄(20—40岁)、性别(男或女)、缴费方式(期缴或趸缴)和缴费期限(5年期、10年期)等不同风险特征选取200个保单样本,并对每张保单单独进行重大保险风险测试。

第三步,如果抽取测试的样本中通过重大保险风险测试的保单件数大于100个,则可以认为该保单组的保单均转移重大保险风险,全部确认为保险合同。

三、再保险保单的重大保险风险测试的步骤

(一)第一步,判断再保险保单是否转移保险风险

对于再保险保单,转移保险风险是指再保险分入人支付分保赔款的金额和时间应取决于原保险合同已决赔款的支付金额和支付时间,并且直接地随着已决赔款金额和支付时间的变化而变化。如果再保险分入人支付分保赔款的金额或时间发生重大改变的可能性是微乎其微的,就认为该再保险保单没有转移保险风险,不确认为再保险合同。

例如,某再保险保单条款中包含推迟支付分出公司分保赔款的规定,使再保险分入人支付分保赔款的时间不随原保险合同已决赔款支付时间的变化而变化,则该再保险保单未转移保险风险。

(二)第二步,判断再保险保单的保险风险转移是否具有商业实质

对于再保险保单,如果再保险交易未对交易双方产生可辨认的经济影响,则该再保险保单不具有商业实质。

例如,某再保险保单规定再保险分入人应对分出人进行赔偿,但同时,再保险分出人又通过另一种保单直接或间接地、以其他形式赔偿再保险分入人,由于该项交易对交易双方没有实质的经济影响,因此该再保险保单不具有商业实质。

(三)第三步,判断再保险保单转移的保险风险是否重大

对于再保险保单,以再保险保单保险风险比例衡量保险风险转移的显著程度,其计算公式为:

$$\left(\frac{\Sigma 再保险分入人发生净损失情形下损失金额的现值 \times 发生概率}{再保险分入人预期保费收入的现值}\right) \times 100\%$$

再保险保单保险风险比例大于1%的,确认为再保险合同。

此外,判断再保险保单是否转移重大保险风险,必须全面理解再保险保单的实质及其他相关合同和协议;同时,保险人应当对每一种再保险保单单独进行重大保险风险测试。

例2-5 2016年,ABC再保险公司与XYZ原保险公司签订了一份超额赔款再保险保单,同意对XYZ原保险公司500万元以上的损失进行赔偿,并且规定了赔偿限额为100万元,ABC再保险公司收取再保险保费10万元。

本例中,ABC再保险公司重大保险风险测试步骤如下:

第一步,全面理解再保险业务的背景和实质,判断再保险保单是否转移保险风险。本例中,原保险人将500万元以上的赔款损失通过再保险保单转移给ABC再保险公司,是转移保险风险的再保险保单。

第二步,了解所有相关合同及协议,明确其商业目的和转移本质。本例中,通过对相关协议的了解和全面评估,如果再保险合同约定的保险事故发生,再保险分入人将按照合同条款对分出人进行赔偿;且通过审查,未发现再保险分出人通过另一种保单直接或间接地、以其他形式赔偿再保险分入人,判定该再保险保单具有商业实质。

第三步,计算保险风险比例。首先,对损失模型、赔付模式、贴现利率等做出合理的假设,根据以上假设对未来现金流进行随机模拟,得到再保险分入人与分出人之间所有现金流的净现值。本例中,ABC再保险公司根据经验数据模拟XYZ原保险公司损失金额及发生概率,并假定贴现利率为0,通过分析预测得到ABC再保险公司的损益的分布如表2-3所示。

表2-3 ABC再保险公司的预测损益分布

XYZ原保险公司损失金额(万元)	发生概率(%)	ABC再保险公司净损益(万元)
0	91.5	10
10	7.0	0
50	1.0	−40
100	0.5	−90

其次,计算再保险分入人收取的保费现金流的现值,本例中再保险人收取的保费是10万元。

最后,计算保险风险比例=$1.0\% \times 40/10 + 0.5\% \times 90/10 = 8.5\%$。

由于该保单的保险风险比例>1%,满足转移重大保险风险的条件,因此确认为再保险合同。

第二节 保险混合合同的分拆

保险混合合同是指既有保险风险又有非保险风险的合同,主要包括内含衍生金融工具的保险合同、含储蓄成分的保险合同、自由分红保险合同、财务担保与信用风险合同等,其中的内含衍生金融工具、投资成分和储蓄成分大多是非保险风险。内含衍生金融工具也称嵌入衍生工具,是指某些合约并不符合衍生工具的定义但包括衍生工具和主合约在内的混合金融工具,混合工具的部分现金流量以类似于单独存在的衍生金融的变动方式变动;含储蓄成分的保险合同是指既包括保险成分又包括储蓄成分的保险合同;自由分红保险合同是指同时嵌入了自由分红成分和保证成分,保险公司有权自主决定分派给保单持有人红利金额和红利分派时间的保险合同;财务担保及信用风险保险的法律形式可有多种,如财务担保、信用证、信用违约合同或保险合同等。我国的混合保险合同主要是指投资连结保险、分红保险和万能险等新型寿险。

对于保险混合合同应当分以下情况进行处理:

（1）保险风险部分和其他风险部分能够区分并且能够单独计量的，应当将保险风险部分和其他风险部分进行分拆。保险风险部分，确定为保险合同；其他风险部分，不应确定为保险合同。通常情况下，只有在保险人根据合同条款就可以清楚地区分保险风险部分和其他风险部分，并且分拆处理后能够提供有关保险人财务状况和经营成果等更可靠、更相关的会计信息时，保险人才可以将两者进行分拆。例如，投资连结保险合同与万能险保险合同承保了保险风险和其他风险，必须将合同分拆为保险合同和资金托管合同，投保人缴纳的保费中划入投资账户的部分不能作为保费收入进行确认。

（2）保险风险部分和其他风险部分不能够区分，或者虽能够区分但不能够单独计量的，如果保险风险重大，则应当将整个合同确定为保险合同；如果保险风险不重大，则不应当将整个合同确定为保险合同。例如，分红保险合同虽然承保了保险风险和其他风险，但由于无法进行单独计量且保险风险重大，因此一般将整个合同确认为保险合同，投保人缴纳的全部保费都作为保费收入予以确认。

第三节　保险合同的分类核算

根据保险人在原保险合同延长期内是否承担赔付保险金责任，应将原保险合同分为寿险原保险合同和非寿险原保险合同。原保险合同延长期，是指投保人自上一期保费到期日未交纳保费，保险人仍承担赔付保险金责任的期间，即宽限期。如果保险人在原保险合同延长期内承担赔付保险金责任，那么该原保险合同为寿险原保险合同；如果保险人在原保险合同延长期内不承担赔付保险金责任，那么该原保险合同为非寿险原保险合同。

对于寿险原保险合同而言，保险人通常采取均衡保费的方法收取保费，将投保人交纳的全部保费在整个交易期内均摊。在被保险人年轻时，死亡概率小，投保人交纳的保费比实际所需的多，多交的保费由保险人逐年积累；在被保险人年老时，死亡概率大，投保人当期缴纳的保费不足以支付当期赔付款，不足的部分由被保险人年轻时多交的保费予以弥补。这部分多交的保费加上每年产生的利息滚存累积的金额，就是保单现金价值。由于只有存在现金价值的保单才能在投保人后期未交保费时使用现金价值自动垫交保费，使保单在延长期内有效，因此具有现金价值的保单为寿险原保险合同，不具有现金价值的保单为非寿险原保险合同。

通常情况下，定期寿险、终身寿险、两全保险、年金保险、长期健康保险等属于寿险原保险合同；企业财产保险、家庭财产保险、工程保险、责任保险、信用保险、保证保险、机动车交通事故责任强制保险、船舶保险、货物运输保险、农业保险、短期健康保险和意外伤害保险等属于非寿险原保险合同。

由于健康险在形式上具有寿险的特点，在经营上、现金流上具有非寿险的特点，因此保监会对健康险制定了单独的管理办法。无论是经营健康险的人寿保险公司或健康保险公司还是经营短期健康险的产险公司，都应当遵循这些单独的管理办法。期限短于一年的短期意外险保险合同属于非寿险合同。对于以保单期限超过一年的长期意外险条款承保的保单，如果是趸缴保费、保险期限超过一年、在保险期内保险公司不能单方面调整保险费率的，属于寿险合同；如果是年缴保费、在保险期内保险公司可以单方面调整保险费率的，属于非寿险合同。

关键词

重大保险风险测试　混合合同　分类核算

本章小结

1. 只有经过重大保险风险测试,转移了重大保险风险的保单才能被确认为保险合同。

2. 保险风险部分和其他风险部分能够区分并且能够单独计量的,应当将保险风险部分和其他风险部分进行分拆;保险风险部分和其他风险部分不能够区分,或者虽能够区分但不能够单独计量的,如果保险风险重大,应当将整个合同确定为保险合同;如果保险风险不重大,不应当将整个合同确定为保险合同。

思考与练习

1. 试述重大保险风险测试的步骤。
2. 保险混合合同如何分拆?
3. 保险合同如何分类?

第三章 非寿险原保险业务

▌本章概要▌

　　本章主要围绕非寿险业务展开。第一节介绍了非寿险业务的特点、种类,以及与寿险业务在会计核算上的差异;第二节至第四节展示了在会计实务中非寿险业务的保费收入、赔款支出和准备金的核算;第五节补充了一些非寿险原保险业务新种类、新渠道业务的核算。

▌学习目标▌

1. 了解非寿险业务的特点、种类,以及与寿险业务在会计核算上的差异
2. 掌握非寿险业务保费收入、赔款支出和准备金的会计核算
3. 了解目前非寿险原保险业务的新种类、新渠道业务的核算

第一节　非寿险原保险业务概述及核算要求

一、非寿险原保险业务的特点

　　非寿险原保险业务为广义的财产保险业务,是保险人对被保险人的财产及其相关利益在发生保险责任范围内的灾害事故而遭受经济损失时给予补偿的保险。非寿险原保险业务具有以下特点:

　　(1)保险标的价值可以用货币衡量,并作为保险金额上限。非寿险以财产及其有关利益作为保险标的,保险标的必须可以用货币衡量其价值,所以非寿险获得保险保障的最高经济限额——保险金额必须在财产或者利益的实际价值以内;相反,寿险保险标的的价值无法用货币衡量,所以寿险的保险金额只能够根据投保人的保障需求和缴费能力确定。这一点是寿险与非寿险最重要的区别。

　　(2)保障功能体现为经济补偿功能。由于非寿险保险标的的价值可以用货币衡量,因此非寿险的保障功能表现为经济补偿,即按照实际损失的金额作为赔偿上限进行保险赔付;而寿险的保障功能则体现为经济给付,给付额度为合同规定的保险金额。需要注意的是,对被保险人的保险支出在寿险中称为给付,而在非寿险中称为赔付。

　　(3)非寿险适用分摊原则。当投保人基于同一保险标的、同一保险利益、同一保险事故分别与两个或者两个以上的保险公司订立了保险合同时,保险人就面临了重复投保的问题。基于非寿险的经济补偿原则,为保证被保险人得到的赔偿在总损失之内,赔款金额必须在各个保险人之间分摊。而寿险则不存在重复投保问题,发生保险事故时,各保

险人均按照各自的保险合同进行给付,不需要进行分摊。

(4) 短期性。非寿险主要以短期险为主,保险期限通常短于 1 年,只有少数险种(诸如安装工程险等)的保险期限会长于 1 年。而寿险主要以长期业务为主,保险期限通常长于 1 年。

(5) 非寿险通常不具有储蓄性质。除储金性两全保险[①]之外,大部分非寿险期限较短,不具有储蓄性质,累积的现金价值很低。而寿险期限较长,通常会累积很高的现金价值。

二、非寿险原保险业务的种类

非寿险原保险业务包括财产损失保险、责任保险、信用保险、保证保险、意外伤害保险和短期健康保险[②]等,其中财产损失保险又包括海上保险、货物运输保险、火灾保险、运输工具保险、工程保险和农业保险等。

(1) 海上保险。海上保险是以海上财产(如船舶、货物及与之有关的利益)作为保险标的的保险,主要包括海洋货物运输保险、海洋船舶保险和海上石油开发保险。

(2) 货物运输保险。货物运输保险是以运输途中的货物作为保险标的,保险人对因自然灾害和意外事故而造成的货物损失负赔偿责任的保险,主要包括海洋货物运输保险、陆上货物运输保险和航空货物运输保险。

(3) 火灾保险。火灾保险是以各种不动产、动产(如房屋、厂房及其设备和家具等)作为保险标的的一种保险,主要包括企业财产保险、机器设备损坏保险和家庭财产保险。

(4) 运输工具保险。运输工具保险是以各类运输工具(如飞机、汽车、船舶、火车等)作为保险标的的保险,主要包括汽车保险、飞机保险、船舶保险、铁路车辆保险等。

(5) 工程保险。工程保险是以建筑工程和安装工程中的各种财产,以及第三者的经济赔偿责任作为保险标的的保险。保险人主要承保由各种自然灾害、意外事故、"突然"和"不可预测"的外来原因,以及技术人员缺乏经验、疏忽、恶意行为等造成的物质损失与费用,主要包括建筑工程保险和安装工程保险。

(6) 农业保险。农业保险是以农业、种植业、养殖业中的各种农作物、牲畜和家禽作为保险标的的一种保险。保险人对农作物因水灾、旱灾、台风、霜冻、冰雹、病虫害等自然灾害而导致的减产或绝收承担赔偿责任,对各种牲畜、家禽因疾病或意外事故而死亡或伤残承担赔偿责任,主要包括种植业保险和养殖业保险。

(7) 责任保险。责任保险是指在被保险人依法应负损害赔偿责任时,由保险人承担赔偿责任的保险。责任保险以被保险人依法承担的保险责任为保险标的,以第三人请求被保险人赔偿为保险事故,其保险金额即被保险人赔偿给第三人的损失价值,主要包括公众责任保险、产品责任保险、雇主责任保险及职业责任保险。

(8) 信用保险。信用保险是以商品赊销和信用放款中的债务人信用作为保险标的,在债务人未能如约履行债务清偿责任而使债权人遭受损失时,由保险人向被保险人(即

---

① 储金性两全保险多见于家庭财产保险,典型的储金性两全保险无论保险期内是否出险,期满后都会退还储金。也就是将保费在保险期内的利息收入作为真正的为获得保障所支付的费用。

② 虽然意外伤害保险和短期健康保险是以人的生命安全作为保险标的,但是由于其保险期限较短,保险业务的核算与普通寿险业务有很大的区别,因此将其划为非寿险进行管理与核算;而长期意外伤害保险和长期健康保险则划为寿险进行管理与核算。

债权人)提供风险保障的一种保险,主要包括贷款信用保险、赊销信用保险、预付信用保险和个人贷款信用保险。

(9) 保证保险。保证保险是在被保证人的行为或不行为致使被保险人(权利人)遭受经济损失时,由保险人承担经济赔偿责任的保险,主要包括忠诚保证保险和履约保证保险。

(10) 意外伤害保险。意外伤害保险是指被保险人因意外伤害事故而造成死亡或伤残时,保险人依照合同约定给付保险金的一种保险,期限在1年或者1年以内,包括意外伤害死亡残疾保险、意外伤害医疗保险及意外伤害停工收入损失保险。

(11) 短期健康保险。健康保险是指为补偿被保险人在保险有效期间因疾病、分娩或意外伤害而接受治疗所发生的医疗费用,或者补偿被保险人因疾病、意外伤害或分娩而无法工作所产生的收入损失的一种保险。短期健康保险的保险期限在1年或者1年以内,包括普通医疗保险、综合医疗保险、补充医疗保险、特种医疗保险、失能收入保险、长期护理保险等。

三、非寿险原保险业务的核算特点

基于非寿险与寿险在业务特点上的差异,两者在会计核算上主要有以下差别:

1. 手续费及佣金的核算

寿险原保险业务有手续费支出及佣金支出,而非寿险原保险业务只有手续费支出。手续费支出是指保险公司支付给受其委托并在授权范围内代为办理保险业务的保险中介机构的手续费,佣金支出是指保险公司向专门推销寿险业务的个人代理人和经纪人公司支付的佣金。根据保险监管部门的要求,对于寿险原保险合同可以发生手续费和佣金支出,但是对于非寿险原保险合同只能发生手续费支出。

2. 退保金的核算

由于非寿险原保险业务多数为短期业务,退保支出直接冲减当期的保费收入。而寿险原保险业务多数期限较长,必须单独设置"退保金"科目核算退保金支出,发生在保单现金价值范围内的退保支出计入"退保金"科目,现金价值范围外的退保支出直接冲减当期的保费收入。

3. 准备金的提存

非寿险原保险业务未到期责任准备金的提取采用百分比估算法,假设保险责任在保险期限内是均匀分布的,再加入业务量一定时间内均匀分布的假设,形成系列估算方法:1/2毛保费法、1/8毛保费法、1/24毛保费法及1/365毛保费法。非寿险原保险业务未决赔款准备金是基于历史赔付数据和未来发展趋势预计进行估计的。而寿险责任准备金和长期健康保险责任准备金则是假设保险事故在保险期限内发生的概率与生命表一致,保险资金投资回报率与预定利率一致,再加入其他影响因素,通过保险精算得出。

此外,非寿险原保险业务的核算还具有以下几个特点:

1. 损余物资和代位追偿款业务的核算

由于非寿险的保障功能体现在经济补偿上,保险赔款以实际损失为上限,因此在非寿险的理赔中存在代位追偿和损余物资处理这两项特殊的业务。保险人因赔付保险金而取得的损余物资和代位追偿款,应按照同类或者类似资产的市场价格计算确定的金额确认为资产,直接冲减当期保险赔付成本。

2. 储金性两全保险的核算

对于储金性两全保险,应以储金产生的利息作为保费收入进行核算,计算利息的利率在签订保单时就确定了,与实际投资收益率无关。

四、非寿险原保险业务的核算要求

(1) 非寿险业务具有险种多、理赔及再保险业务量较大的特点。保险公司应按照核算体制和经营管理的要求,根据分支机构的设置情况,通过"内部往来"账户建立内部核算体系,科学、合理地组织会计核算,准确、及时地提供有关会计信息,更好地为经营管理服务。

(2) 在办理非寿险原保险业务时,保险公司应按照合同确定的保险金额和费率,正确计算保费并及时收取。在发生保险责任范围内的赔案时,应遵循"主动、迅速、准确、合理"的原则,按照保险合同的要求,及时、准确地计算赔款,并按时支付赔款,充分发挥经济补偿职能。

(3) 根据经营管理需求,对经营成果实行分险种核算,对发生的共同费用,应正确确定分摊标准,分摊后计入有关险种的经营成本。

第二节 非寿险原保险业务保费收入的核算

一、非寿险原保险业务保费收入的确认

(一) 原保险业务保费收入的确认条件

非寿险原保险业务保费收入的确认条件与寿险一致,保费收入必须同时满足以下条件才能予以确认:

(1) 原保险合同成立,保险公司开始承担相应的保险责任,即保单开始生效。

(2) 与原保险合同相关的经济利益很可能流入保险公司,即保险公司只有在有把握收取保费时才能确认保费收入。例如,某企业财险投保人 A 公司近期由于经营状况不佳已被列入破产清算,这时候保险公司没有把握能收到保费,本期就不应该确认保费收入。再如,对于赠予保险,由于并不会有利益流入公司,因此不应该确认保费收入,但是合同已经成立并生效,还是应该提取保单的责任准备金。

(3) 与原保险合同相关的收入能够可靠地计量。如果承保条件改变或者保险标的的保险价值改变,造成应收保费的金额难以确定,那么保险公司就不能确认保费收入。

(二) 非寿险原保险业务保费收入的确认金额

保费收入的金额主要是依据为转移保险风险所需支付的保险费用而确定的,并不是实际收到的保费收入的金额。对于大部分非寿险原保险业务,保险期限较短,在起保日起保险人就开始承担全部的保险责任,所以应该按照保险合同约定的保费总额确认保费收入;若保费是在保险期内分期支付的,则应按各期应收总额确认保费收入,日后保费交纳时再进行冲减。非寿险保费收入金额的确定有以下特例:

（1）储金性两全保险。保户储金具有保险和储蓄的双重性质,保险期满,无论是否发生保险事故,储金都会返还给保单所有人,储金性两全保险(如家财两全保险、人身意外两全保险)支付的保费实际是储金在保险期内的利息。因此,保费收入应按照利息金额进行确认,而投保人交纳的储金是保险公司的一项负债,计入保户储金科目,通过储金专户[①]进行投资。用于确定当期保费的收益率是签订保单时的预定收益率,并不受实际投资状况的影响,两者的差额计入利息收入,期末计入当期损益。

（2）长期工程险。由于公司承担的保险责任会随着工程进度而不断改变,因此保费收入也应同时进行调整。

（三）非寿险原保险业务保费收入的确认时间

根据实质重于形式的原则,由于承保人在保单生效日开始承担保险责任,因此非寿险原保险合同的保费收入应该在保单生效日予以确认,不考虑保费的交纳时间和保单的签订时间。一般情况下,保单签订的同时合同就生效了,保费收入在合同签订时确认。非寿险保费收入的确认时间有以下特例：

（1）在实际中存在保单签发日与保单生效日不同的情况。例如,货物运输保险合同,通常在保险合同签订一段时间后才开始承担保险责任。对于这类情况,保险公司应在保单签发日确认预收保费,并在保单生效日转为保费收入。

（2）对于储金性两全保险,由于保费收入是储金产生的利息,因此保费收入在每期期末实现利息收入时进行确认。

二、非寿险原保险保费收入的业务程序

投保人向保险公司投保时,应填写投保单。外勤人员收到投保单后应详细审核投保单的各项内容,同时进行检验;内勤人员收到投保单后应认真审核,审核无误后填制保险单。

交费时,应由内勤人员填制缴费凭证一式三联交付投保人,投保人凭此向出纳人员交款。保费收据填写要规范,保费收据后面要附保险单副本或复印件。

出纳人员在收到投保人交来的现金或银行支票和内勤人员填制的保费收据后,应在保费收据上加盖专用收讫章并签名。第一联"保费收据"交投保人收执;第二联"收据副本"退给内勤人员登记"××险分户卡";第三联"收据存根"连同银行存款解缴回单一并送交会计部门,会计人员据以办理会计手续。

每日对外营业结束前,会计部门收到业务部门汇总编制的保费日报表、保费收据存根及银行存款收账通知等附件,应对有关单证的内容进行审查,审查无误后即可编制记账凭证,办理入账手续。

三、科目设置

为了核算非寿险原保险业务的保费收入,保险公司应该设置"保费收入""应收保费""预收保费""保户储金""应交税费"等科目。

---

① 储金专户并非独立资产账户,保险公司破产时应作为公司资产进行处置,具有一定的风险。

1. "保费收入"科目

"保费收入"科目用于核算保险公司根据原保险合同确认的原保险合同保费收入。保险业务以储金利息收入作为保费收入的,也在该科目核算。该科目属于损益类科目,贷方登记本期实现的保费收入和保险业务储金实现的利息收入,借方登记发生退保费和续保时的折扣与无赔款优待及期末结转"本年利润"科目的数额,结转后该科目无余额。该科目应按保险合同和险种设置明细科目。

2. "应收保费"科目

"应收保费"科目用于核算保险公司按照原保险合同约定应向投保人收取但尚未收到的保险费。该科目属于资产类科目,借方登记公司发生的应收保费及已确认坏账并转销的应收保费又收回的金额,贷方登记收回的应收保费及确认为坏账而冲销的应收保费,余额在借方,反映公司尚未收回的保险费。该科目应按投保人设置明细科目。

3. "预收保费"科目

"预收保费"科目用于核算保险公司在保险合同成立并开始承担保险责任前向投保人预收的保险费。该科目属于负债类科目,贷方登记预收的保费,借方登记保险责任生效、保费收入实现时结转保费收入的金额,余额在贷方,反映公司向投保人预收的保险费。该科目应按投保人设置明细科目。

4. "保户储金"科目

"保户储金"科目用于核算保险公司收到投保人以储金本金增值作为保费收入的储金。该科目属于负债类科目,贷方登记收到保户的储金,借方登记返还的储金,期末余额在贷方,反映保户交存的尚未返还的储金。该科目应按储金类型、投保人及险种设置明细科目。

5. "应交税费"科目

2016年3月24日财政部和国家税务总局共同颁布了"关于全面推开营业税改征增值税试点的通知"(财税〔2016〕36号),规定了"营改增"剩余行业(包括保险行业)的增值税税率及相关增值税政策,并于2016年5月1日正式实施。

为了核算保险公司应交增值税的发生、抵扣、缴纳、退税及转出等情况,在"应交税费"下设置应交增值税、预缴增值税、待抵扣进项税额、待认证进项税额、待转销项税额、未交增值税明细账。"应交税费——应交增值税"明细账还应设置专栏,借方包括进项税额、减免税款、已交税金、转出未交增值税,贷方包括销项税额、简易征收、进项税额转出、出口退税及转出多交增值税。

目前,保险公司应交增值税具体账务处理包括以下各项:

(1)销项税额的核算。销项税额是指纳税人发生应税行为、按照销售额和增值税税率计算并收取的增值税税额。计算公式为:

销项税额 = 销售额(应税收入) × 税率

如果保险公司对保险产品或应税收入采取合并定价的方法,销售额(或应税收入)包含增值税,则:

含税销售额(应税收入) = 销售额 × (1 + 税率)

保险公司目前的增值税涉税业务(行为)主要包括承保业务、贷款业务、金融商品交易、销售不动产等。

(2)进项税额的核算。进项税额是指纳税人购进货物、加工修理修配劳务、服务、无形资产或者不动产而支付或者负担的增值税税额。保险公司目前涉及增值税进项税额的项目主要包括赔付支出、业务及管理费、手续费支出、资产类采购或取得等。

除了进项税额和销项税额,应交增值税涉及的账务处理还包括进项税额转出的核算、出口退税的核算、转出未交增值税的核算等。

由于"营改增"更多的是账务处理的变动,对保险公司会计的理解影响不大,因此只在本章第四节的例3-24中展示"营改增"后增值税征收的账务处理。更加全面的关于"营改增"后征税方法和税率的变动可以参见财税〔2016〕36号文件。

四、账务处理

如果签发保单的同时保单生效,则保险公司应确认保费收入,借记"库存现金""银行存款"等科目,贷记"保费收入"科目。如果保费并未全额交纳或者采用分期支付的方式,则保险公司应先确认应收保费,按已经交纳的保费借记"库存现金""银行存款"等科目,按尚未交纳的保费借记"应收保费"科目,按全部保费收入贷记"保费收入"科目;实际收到保费时,保险公司应借记"库存现金""银行存款"等科目,贷记"应收保费"科目。

保费收入应于保单生效时确认,如果之前已经收到保费,则保险公司应于收到保费时借记"库存现金""银行存款"等科目,贷记"预收保费"科目。保单生效时,保险公司应确认保费收入,借记"预收保费"科目,贷记"保费收入"科目。

保险公司收到保户交纳的储金后,应该将其存入银行的储金专户进行投资,借记"银行存款——储金专户"科目,贷记"保户储金"科目。计息日,保险公司应该按照合同约定的投资收益率将利息确定为保费收入,借记"应收利息"科目,贷记"保费收入"科目。保险到期时,保险公司应该按照储金专户的金额,借记"银行存款——活期户"科目,贷记"银行存款——储金专户"科目。退回储金时,保险公司应该按照退回金额借记"保户储金"科目,贷记"银行存款"科目。

保险合同成立后,在保有效期内,投保人要求加保时,保险公司应该按照其追加的保费借记"银行存款"等科目,贷记"保费收入"科目。

投保人中途退保或者部分退保时,保险公司应该按照退保金直接冲减当期保费收入,借记"保费收入"科目,贷记"银行存款"等科目。若投保人还有拖欠的应收保费,则保险公司应该按照应收保费的金额贷记"应收保费"科目,按退保金额借记"保费收入"科目,并按两者的差额贷记"银行存款"等科目。如果退保时保险公司还未开始承担保险责任,则应该按照手续费贷记"其他收入"科目,按照预收保费金额借记"预收保费"科目,并按两者的差额贷记"银行存款"等科目。

五、核算举例

例3-1 某人在A保险公司投保意外伤害保险,在签单时以现金一次缴清一年的保费100元,保单即日起生效。会计分录如下:

借:库存现金 100
  贷:保费收入——意外伤害保险 100

例 3-2 2016 年 1 月 1 日,M 公司在 A 保险公司投保企业财产险,保单签订时开始生效,保费总额为 120 000 元,M 公司采用分月支付的方式,每月初向 A 保险公司支付保费 10 000 元。M 公司当即支付第一个月保费 10 000 元。会计分录如下:

(1) 保单签订并支付第一个月保费时

借:银行存款　　　　　　　　　　　　　　　　　　　　　　　10 000
　　应收保费——企业财产险——M 公司　　　　　　　　　　110 000
　　贷:保费收入——企业财产险　　　　　　　　　　　　　　　120 000

(2) 之后 11 个月每月初收到保费收入时

借:银行存款　　　　　　　　　　　　　　　　　　　　　　　10 000
　　贷:应收保费——企业财产险——M 公司　　　　　　　　　　10 000

例 3-3 某投保人刘某向 A 保险公司投保了车辆损失险,在保险尚未到期时刘某提前用现金续交下年保费 3 000 元。会计分录如下:

(1) 收到预付保费时

借:库存现金　　　　　　　　　　　　　　　　　　　　　　　3 000
　　贷:预收保费——刘某　　　　　　　　　　　　　　　　　　3 000

(2) 当本期保单到期、下期保单开始生效时

借:预收保费——刘某　　　　　　　　　　　　　　　　　　　3 000
　　贷:保费收入——车辆损失险　　　　　　　　　　　　　　　3 000

例 3-4 M 公司向 A 保险公司投保了货物运输保险,以支票交纳保费 70 000 元,该保单于下月 1 日生效,保险公司开始承担保险责任。会计分录如下:

(1) 签订保单收到保费时

借:银行存款　　　　　　　　　　　　　　　　　　　　　　　70 000
　　贷:预收保费——M 公司　　　　　　　　　　　　　　　　　70 000

(2) 下月 1 号实现保费收入

借:预收保费——M 公司　　　　　　　　　　　　　　　　　　70 000
　　贷:保费收入——货物运输保险　　　　　　　　　　　　　　70 000

例 3-5 2014 年年初,投保人张某向 A 保险公司投保 3 年期的人身意外两全险,共交纳保户储金 40 000 元,合同规定 3 年以后只归还本金。保险公司预定年收益率为 3%,不计算复利。会计分录如下:

(1) 收到保户储金,存入银行储金专户时

借:银行存款——储金专户　　　　　　　　　　　　　　　　　40 000
　　贷:保户储金——人身意外两全险——张某　　　　　　　　　40 000

(2) 每年年末,按预定利率计算保户储金每年应收利息 1 200 元

借:应收利息　　　　　　　　　　　　　　　　　　　　　　　1 200
　　贷:保费收入——人身意外两全险　　　　　　　　　　　　　1 200

(3) 第三年保单到期时,将银行存款的储金专户转为活期存款,支付给保单所有人

借:银行存款——活期户　　　　　　　　　　　　　　　　　　40 000
　　贷:银行存款——储金专户　　　　　　　　　　　　　　　　40 000

借：保户储金——人身意外两全险——张某　　　　　　　　　40 000
　　　　贷：银行存款——活期户　　　　　　　　　　　　　　　　　　40 000

例 3-6　某公司在 A 保险公司投保了财险综合险，通过资产重估发现保险标的的保险金额有了明显的上升，按保险费率应追加保费 90 000 元，以支票支付。会计分录如下：
　　借：银行存款　　　　　　　　　　　　　　　　　　　　　　　90 000
　　　　贷：保费收入——财险综合险　　　　　　　　　　　　　　　　90 000

例 3-7　2016 年 7 月 27 日，M 公司在 A 保险公司投保货物运输险，并于保单签订时交纳全部保费 3 000 元，以现金支付，保单于 8 月 7 日开始生效。出于经营原因，M 公司取消了此次货物运输计划，并于 8 月 2 日向 A 保险公司申请退保。扣除手续费 100 元，保险公司应支付退保费 2 900 元，以支票支付。会计分录如下：
（1）签订合同时
　　借：库存现金　　　　　　　　　　　　　　　　　　　　　　　3 000
　　　　贷：预收保费——M 公司　　　　　　　　　　　　　　　　　 3 000
（2）退保时
　　借：预收保费——M 公司　　　　　　　　　　　　　　　　　　 3 000
　　　　贷：银行存款　　　　　　　　　　　　　　　　　　　　　　 2 900
　　　　　　其他收入——手续费收入　　　　　　　　　　　　　　　　 100

例 3-8　M 公司为一下属工厂在 A 保险公司投保了企业财产险，由于政府出台新的环保政策，该工厂即将停业，遂向保险公司申请退保。年初，该公司支付保费 60 000 元，公司于 3 月 1 日申请退保。会计分录如下：
（1）年初
　　借：银行存款　　　　　　　　　　　　　　　　　　　　　　　60 000
　　　　贷：保费收入——企业财产险　　　　　　　　　　　　　　　60 000
（2）3 月 1 日退保
应退保费为：60 000÷12×10＝50 000（元）
　　借：保费收入——企业财产险　　　　　　　　　　　　　　　　50 000
　　　　贷：银行存款　　　　　　　　　　　　　　　　　　　　　　50 000

如果年初该公司只向 A 保险公司支付了 40 000 元，退保时该公司仍有 20 000 元的保费没有支付，则会计分录如下：
（1）年初
　　借：银行存款　　　　　　　　　　　　　　　　　　　　　　　40 000
　　　　应收保费——M 公司　　　　　　　　　　　　　　　　　　20 000
　　　　贷：保费收入——企业财产险　　　　　　　　　　　　　　　60 000
（2）3 月 1 日退保
　　借：保费收入——企业财产险　　　　　　　　　　　　　　　　50 000
　　　　贷：银行存款　　　　　　　　　　　　　　　　　　　　　　30 000
　　　　　　应收保费——M 公司　　　　　　　　　　　　　　　　20 000

第三节 非寿险原保险业务赔款支出的核算

一、非寿险原保险业务赔款支出的内容

赔款支出是指短期保险(包括财产险、短期意外伤害险、短期健康险等)业务因合同约定的保险标的遭受损失或发生意外伤害、疾病而按照保险合同约定支付给保单所有人的偿付保险事故损失的赔款,以及处理保险事故的相关费用支出。

赔款支出主要包括直接赔款、直接理赔查勘费用和间接理赔查勘费用。

(1) 直接赔款是指根据保险合同约定、支付给被保险人或者受益人的赔款,应在实际支付时确认,直接计入相关险种的赔款支出。

(2) 直接理赔查勘费用是指保险事故查勘理赔过程中能够准确地分配到赔案的相关费用,如专家费、律师和诉讼费、公估费、损失检验费及其他直接费用。直接理赔查勘费用应该在实际发生时直接计入相关险种的赔款支出。

(3) 间接理赔查勘费用是指保险事故查勘理赔过程中与查勘定损直接相关但无法准确划分到赔案的费用,如车辆使用费、差旅费、调查取证费及其他相关费用。间接理赔查勘费用应该按每期赔案数量或者其他方法分摊计入相关险种的赔款支出。

另外,以下业务会冲减赔款支出:

(1) 损余物资处理。损余物资是指保险财产在保险事故之后的残余部分。损余物资一般应归被保险人,其价值应在赔款中直接予以扣除。如果被保险人不愿接受,保险公司可以按全额赔付,同时获得对损余物资的所有权,并将损余物资确认为资产冲减赔款支出,损余物资的入账价值按照同类或类似资产的市场价格确定。处置损余物资时,如果收到的金额与账面金额有差额,则应对当期的赔款支出进行调整。处置损余物资的收入大于账面金额的,应按差额冲减赔款支出。

(2) 获得代位追偿权。代位追偿权是指因第三者对保险标的的损害而造成保险事故的,保险人自向被保险人赔偿保险金之日起、在赔偿金额范围内代位行使被保险人对第三人请求赔偿的权利。获得代位追偿权且满足一定条件时,保险公司可以将其确认为资产,并直接冲减赔款支出。收到应收代位追偿款时,如果代位追偿款与账面金额有差额,则应对当期的赔款支出进行调整。收回的代位追偿款大于账面金额的,应按差额冲减赔款支出;收回的代位追偿款的金额超出保险赔付金额的,则应将差额归还被保险人。

(3) 追回错赔、骗赔款。错赔、骗赔款被发现并追回后,应按照实际收回的金额直接冲减相关险种的赔付支出。

二、理赔的业务程序

保险理赔是指在保险财产遭受保险责任范围内的灾害事故而造成损失时,保险人根据保险合同的规定、对被保险人履行经济补偿义务所进行的工作,体现了保险的经济补偿职能。同时,赔款支出作为保险公司最主要的费用项目,保险理赔也是保险公司控制成本、实现盈利的关键环节,保险公司必须进行重点管理和控制,在理赔时必须做到程序严格、手续完备、凭证齐全,防止出现滥赔、骗赔、人情赔的现象。具体而言,理赔业务程序主要包括以下几个方面:

(1) 受理案件。这包括接受索赔报案时的报案登记、核对保单、报告案情和登记立案工作。

(2) 现场勘查。确认事故发生在保单责任期限内、估计属于保单责任范围内的事故之后,理赔人员应亲赴现场,了解事故发生的原因与经过,并估算其损失的程度。

(3) 责任审核。对赔案是否属于保险责任范围内进行确认,包括保单真伪审核,责任期限核实(以防倒签单)、保险利益、近因、代位追偿等事项的核对,最后得出赔偿范围的结论。

(4) 赔款计算。受损财产经过施救、保护、整理后,由被保险人提供财产损失清单和费用支出的原始单据,再由理赔人员根据现场掌握的情况逐项核实,最后依据损失补偿原则及相关限额确定赔款金额。

(5) 赔款结案。保险公司应该在发出领取保险金通知单 10 日内向被保险人支付赔款,否则必须向投保方支付滞赔金。

三、科目设置

为了核算非寿险原保险业务的赔款支出,保险公司应设置"赔款支出""预付赔款""应付赔款""应收代位追偿款""损余物资"等科目。

1. "赔款支出"科目

保险公司应设置"赔款支出"科目核算保险公司支付的原保险合同赔款款项和再保险合同赔款款项,包括赔款支出、满期给付、年金给付、死伤医疗给付和分保赔款支出等。另外,保险公司也可以分别设置"赔款支出""满期给付""年金给付""死伤医疗给付"和"分保赔款支出"科目。

本章使用"赔款支出"科目核算非寿险的赔款支出。该科目属于损益类科目,借方登记发生的赔款支出、"预付赔款"科目的转销数和发生的理赔查勘费,贷方登记代位追偿款和损余物资的冲减额、错赔骗赔的追回款及期末结转"本年利润"科目的数额,结转后该科目无余额。该科目应按保险合同和险种设置明细科目。

2. "预付赔款"科目

"预付赔款"科目用于核算保险公司在处理各种理赔案件过程中、按照保险合同约定预先支付的赔款及公司分入分保业务预付的赔款。该科目属于资产类科目,借方登记预付赔款,贷方登记结案后转出的赔款支出,期末借方余额反映实际预付的赔款。该科目应按险种或者分保分出人设置明细科目。

3. "应付赔款"科目

"应付赔款"科目用于核算保险公司应付而未付的赔款。该科目属于负债类科目,其借方登记实际支付给保户的赔款,贷方登记应付而未付给保户的赔款,期末余额在贷方,反映尚未支付的赔款金额。

4. "应收代位追偿款"科目

"应收代位追偿款"科目用于核算保险公司按照原保险合同的约定承担赔偿保险金责任后确认的应收代位追偿款。该科目属于资产类科目,借方登记应收的代位追偿款,贷方登记已经收回的应收代位追偿款,余额在借方,反映公司尚未收回的代位追偿款。该科目应按照被追偿单位或个人设置明细科目。

5. "损余物资"科目

"损余物资"科目用于核算保险公司按照原保险合同的约定承担赔偿保险责任后取得的损余物资的成本。该科目属于资产类科目,借方登记公司承担赔偿保险金责任后取得的损余物资,贷方登记处置损余物资所收到的金额,余额在借方,反映公司承担赔偿保险金责任后取得的损余物资成本。该科目应按照损余物资种类设置明细科目。损余物资发生减值的,可以单独设置"损余物资跌价准备"作为抵减科目。

四、账务处理

对于当时结案的赔款支出,保险公司应该按照实际的赔款金额,借记"赔款支出"科目,贷记"银行存款""库存现金"等科目。若赔款没有立即支付,则保险公司应在结案时借记"赔款支出"科目,贷记"应付赔付款"科目;待实际支付时,再借记"应付赔付款"科目,贷记"银行存款""库存现金"等科目。

在理赔的过程中,某些案件由于过于复杂等不能在当时或短时间内核实损失进行赔付,基于保险业的经济补偿职能,保险公司应该预先赔付一部分,待赔案结束后再补足。通常,保险公司预付赔款的比例不得超过估损金额的50%,且不能够跨年使用,结案率至少在85%以上。对于结案前预先支付的赔款,保险公司应该借记"预付赔款"科目,贷记"银行存款""库存现金"等科目;待结案时,保险公司应该按照累计支付的预付赔款,贷记"预付赔款"科目,按照应支付的赔款金额借记"赔款支出"科目,按其差额贷记"银行存款"等科目。

理赔查勘费用包括直接理赔查勘费用和间接理赔查勘费用,保险公司应该在发生理赔查勘费用时,直接借记"赔款支出"科目,贷记"银行存款""库存现金"等科目。

当保险公司通过理赔获得代位追偿权时,应该按照其估计的价值,借记"应收代位追偿款"科目,贷记"赔款支出"科目。若实际收到的追偿款少于估计,则保险公司应该按照实际收到的金额,借记"银行存款"等科目,贷记"应收代位追偿款"科目,按其差额借记"赔款支出"科目;若实际收到的赔偿款多于估计,则保险公司应该按照实际收到的金额,借记"银行存款"等科目,贷记"应收代位追偿款"科目,按其差额贷记"赔款支出"科目;若实际收到的赔偿款多于赔款支出,则保险公司应该按照实际收到的金额,借记"银行存款"等科目,贷记"应收代位追偿款"科目,按照应收代位追偿款与赔款支出的差额,贷记"赔款支出"科目,按照实际收到的代位追偿款与赔款支出的差额,贷记"其他应付款"科目;待实际向保单所有人返还的时候,借记"其他应付款"科目,贷记"银行存款"等科目。

对于保险标的出险后的损余物资,若该物资归保单所有人所有,则保险公司应该按照全额赔付金额与损余物资价值的差额支付赔款。若保单所有人放弃该物资而由保险公司所有,则保险公司应在接受该物资时,按照其市场价值借记"损余物资"科目,贷记"赔款支出"科目。损余物资后续的账务处理与保险公司获得代位追偿权的后续账务处理一致。

保险公司发现错赔、骗赔案件并追回赔款之后,应该按照追回的具体金额,借记"银行存款"等科目,贷记"赔款支出"科目。

五、核算举例

例3-9 某公司向A保险公司投保的一台机器因火灾出险,保险公司的会计部门收到业务部门交来的赔款计算书和有被保险人签章的赔款收据,应赔款100 000元,当即以支票支付。会计分录如下：

　　借：赔款支出——企业财产险　　　　　　　　　　　　　　100 000
　　　贷：银行存款　　　　　　　　　　　　　　　　　　　　　　　100 000

例 3-10　某旅游团向 A 保险公司投保了团体短期意外伤害险，保额为每人 200 000 元。在旅游过程中，陈某因意外事故受伤住院治疗，A 保险公司经核实后确认发生保单责任范围内的医疗费用 6 000 元，以现金支付。会计分录如下：

　　借：赔款支出——意外伤害险（团体）　　　　　　　　　　　6 000
　　　贷：库存现金　　　　　　　　　　　　　　　　　　　　　　　6 000

例 3-11　某公司向 A 保险公司投保了企业财产险，因火灾出险，A 保险公司聘请公估机构公估后确定应赔款 5 000 000 元，并向公估机构支付 50 000 元公估费，赔款和公估费均以支票支付。会计分录如下：

　　借：赔款支出——企业财产险　　　　　　　　　　　　　　5 050 000
　　　贷：银行存款　　　　　　　　　　　　　　　　　　　　　　5 050 000

例 3-12　A 保险公司本月用于理赔查勘的车辆使用费为 5 000 元，本月共有理赔案件 800 起，其中车险案件 500 起，家庭财产险案件 200 起，企业财产险案件 100 起。会计分录如下：

　　借：赔款支出——车险　　　　　　　　　　　　　　　　　3 125
　　　　　　　　——家庭财产险　　　　　　　　　　　　　　1 250
　　　　　　　　——企业财产险　　　　　　　　　　　　　　625
　　　贷：银行存款　　　　　　　　　　　　　　　　　　　　　　5 000

例 3-13　某工厂在 A 保险公司投保了企业财产险，洪水导致厂房倒塌，由于保险双方对实际损失存在争议，一时难以结案。为了帮助企业尽快恢复生产，A 保险公司先行赔付了 4 000 000 元，以支票支付。后经公估公司估算，确定了保险损失为 7 000 000 元，双方接受执行估算金额，A 保险公司再以支票支付 3 000 000 元补足赔款，并向公估公司支付 10 000 元公估费。会计分录如下：

（1）预付赔款时

　　借：预付赔款——企业财产险　　　　　　　　　　　　　　4 000 000
　　　贷：银行存款　　　　　　　　　　　　　　　　　　　　　　4 000 000

（2）结案时

　　借：赔款支出——企业财产险　　　　　　　　　　　　　　7 010 000
　　　贷：银行存款　　　　　　　　　　　　　　　　　　　　　　3 010 000
　　　　　预付赔款——企业财产险　　　　　　　　　　　　　　4 000 000

例 3-14　某公司向 A 保险公司为全体员工投保住院医疗险，保额为每人 40 000 元。保险期内，员工陈某患病住院治疗，经保险公司核实发生在保险责任范围内的医疗费 5 000 元，赔款尚未支付。会计分录如下：

（1）确认保险责任时

　　借：赔款支出——医疗险　　　　　　　　　　　　　　　　5 000
　　　贷：应付赔付款——陈某　　　　　　　　　　　　　　　　　5 000

(2) 实际支付赔款时

借:应付赔付款——陈某　　　　　　　　　　　　　　　　　　5 000
　　贷:银行存款　　　　　　　　　　　　　　　　　　　　　　　　5 000

例 3-15　X 公司向 A 保险公司投保的货物运输险发生事故,经 A 保险公司勘查核实后确认货物损失 1 000 000 元。经查证,船运公司对事故负有直接责任,预计须承担 700 000 元赔偿。保险公司在支付全部赔款后获得了向第三方追偿的权利,后收到追偿款 600 000 元。会计分录如下:

(1) 支付赔款时

借:赔款支出——货物运输险　　　　　　　　　　　　　　　 1 000 000
　　贷:银行存款　　　　　　　　　　　　　　　　　　　　　　　 1 000 000
借:应收代位追偿款　　　　　　　　　　　　　　　　　　　　　 700 000
　　贷:赔款支出——货物运输险　　　　　　　　　　　　　　　　 700 000

(2) 收到追偿款时

借:赔款支出——货物运输险　　　　　　　　　　　　　　　　 100 000
　　银行存款　　　　　　　　　　　　　　　　　　　　　　　　 600 000
　　贷:应收代位追偿款　　　　　　　　　　　　　　　　　　　　 700 000

若收到追偿款 800 000 元,则会计分录如下:

借:银行存款　　　　　　　　　　　　　　　　　　　　　　　 800 000
　　贷:应收代位追偿款　　　　　　　　　　　　　　　　　　　　 700 000
　　　　赔款支出——货物运输险　　　　　　　　　　　　　　　　 100 000

若收到追偿款 1 100 000 元,则会计分录如下:

借:银行存款　　　　　　　　　　　　　　　　　　　　　　 1 100 000
　　贷:应收代位追偿款　　　　　　　　　　　　　　　　　　　　 700 000
　　　　赔款支出——货物运输险　　　　　　　　　　　　　　　　 300 000
　　　　其他应付款——应付 X 公司　　　　　　　　　　　　　　 100 000
借:其他应付款——应付 X 公司　　　　　　　　　　　　　　　 100 000
　　贷:银行存款　　　　　　　　　　　　　　　　　　　　　　　 100 000

例 3-16　某公司货轮在海上出险,经计算货物损失为 5 000 000 元,损余物资归该公司所有,折价 800 000 元从赔款中扣除。会计分录如下:

借:赔款支出——海洋货物运输险　　　　　　　　　　　　　 4 200 000
　　贷:银行存款　　　　　　　　　　　　　　　　　　　　　　 4 200 000

例 3-17　例 3-16 中,若损余物资企业不接受,则由保险公司所有,按此类产品市场价格 800 000 元入账;此后又以 850 000 元将损余物资变卖。会计分录如下:

(1) 支付赔款时

借:赔款支出——海洋货物运输险　　　　　　　　　　　　　 5 000 000
　　贷:银行存款　　　　　　　　　　　　　　　　　　　　　　 5 000 000
借:损余物资　　　　　　　　　　　　　　　　　　　　　　　 800 000
　　贷:赔款支出——海洋货物运输险　　　　　　　　　　　　　　 800 000

(2) 变卖损余物资时
　　借:银行存款　　　　　　　　　　　　　　　　　　　　850 000
　　　贷:损余物资　　　　　　　　　　　　　　　　　　　　　800 000
　　　　赔款支出——海洋货物运输险　　　　　　　　　　　　　50 000
　　若变卖价格为700 000元,则会计分录如下:
　　借:银行存款　　　　　　　　　　　　　　　　　　　　700 000
　　　　赔款支出——海洋货物运输险　　　　　　　　　　　100 000
　　　贷:损余物资　　　　　　　　　　　　　　　　　　　　　800 000

例3-18　某机动车辆保险赔案赔付后,保险公司发现是一起错赔案件,由于理赔员工作失误多赔了3 000元。交涉后,客户以现金形式退回了多赔付的款项。会计分录如下:
　　借:库存现金　　　　　　　　　　　　　　　　　　　　　3 000
　　　贷:赔款支出——机动车辆险　　　　　　　　　　　　　　3 000

第四节　非寿险原保险业务准备金的核算

准备金的核算是保险公司会计不同于一般公司会计的一个重要方面。非寿险原保险业务准备金的提取主要涉及未到期责任准备金和未决赔款准备金。

一、保险合同准备金的计量原则

对于保险合同准备金应采用"三支柱"的计量原则,在未来负债现金流无偏估计现值的基础上再根据波动性附加风险调整,具体为以下三个方面:

(1) 对未来现金流的无偏估计。未来的现金流应包括保险合同承诺的保证利益、构成推定义务的非保证利益、必需的合理费用、保险费和其他收费、内嵌衍生工具产生的现金流等。无偏估计不同于最佳估计,不依赖于管理层的判断,是对所有可能出现结果进行的概率加权平均。

(2) 反映货币的时间价值。对于未来保险利益不受投资收益影响的保险合同,折现率应当根据与负债现金流出期限及风险相当的市场利率确定,可以以中央国债登记结算有限责任公司编制的750个工作日国债收益率曲线的移动平均为基准再加上合理的溢价确定,溢价幅度暂不得高于150个基点;对于未来保险利益随投资收益变化的保险合同(如分红保险——不分利差的分红保险除外),折现率应当根据对应资产组合预期产生的未来投资收益率确定。

(3) 包括风险边际和剩余边际。风险边际是指为了补偿市场参与者承担风险所需付出的机会成本或者风险对价,主要反映未来现金流的不确定性,后续计量时应采用评估时点的最新假设,具体评估方法包括资本成本法、分位数法、置信区间法、情景对比法等[①];剩余边际是指在已经考虑其他边际的基础上,为了达到首日不确认利得目的而存在

---

① 对于财产保险公司与再保险公司可以根据自身的数据测算并确定非寿险业务准备金的风险边际,但测算风险边际的方法限定为资本成本法和75%分位数法;风险边际与未来现金流现值的无偏估计的比例不得超出2.5%—15.0%,同时测算风险边际的方法和假设应在报表附注中详细披露。不具备数据基础进行测算的财产保险公司与再保险公司,非寿险业务准备金的风险边际应采用行业比例,未到期责任准备金的风险边际按照未来现金流现值无偏估计的3.0%确定,未决赔款准备金的风险边际按照未来现金流现值无偏估计的2.5%确定;对于寿险公司,出于现实的考虑,目前建议使用情景对比法。

的边际,后续计量时为首日剩余边际按直线摊销后的数额。首日利得等于保费收入减去市场一致的获取成本、未来合理估计负债及风险边际后的余额。

二、未到期责任准备金的核算

(一) 未到期责任准备金的内容与性质

未到期责任准备金亦称"未满期保险费准备金"或"未满期责任准备金",是指保险人为尚未终止的非寿险保险责任提取的准备金。

由于一般情况下保险合同的年度与会计年度不一致,保险期限也长短不一,因此在会计年度期末进行核算时,仍有很多当期的保单并没有到期,在下一会计年度中,保险公司仍须承担这些保单的保险风险及退保风险。基于权责发生制原则,保险公司不应将为尚未承担的风险收取的保费确认为当期的保费收入。因为在核算保费收入时,全部的当期保费都作为保费收入予以了确认,所以保险公司应通过提取未到期责任准备金的方式对保费收入进行调整。

(二) 未到期责任准备金的评估

1. 未到期责任准备金的评估思路

未到期责任准备金有两种评估方法:加法算法及减法算法。加法算法的公式如下:

$$未到期责任准备金 = 未来现金流无偏估计的现值 + 风险边际 + 剩余边际$$

加法算法就是准备金计量中"未来现金流""货币时间价值"和"边际因素"三大原则的体现。未来现金流是指保险合同产生的预期未来现金流出和预期未来现金流入的差额,即预期未净现金流出。货币时间价值原则要求在确定保险合同准备金时考虑货币时间价值的影响,影响重大的,要对相关未来现金流进行折现。判断货币时间价值影响是否重大的标准是计量单元整体负债的久期。① 边际因素包括风险边际和剩余边际,风险边际是为了补偿市场参与者承担风险所需付出的机会成本(或称风险对价),主要反映未来现金流的不确定性;剩余边际则是在已考虑其他边际的基础上,为达到首日不确认利得目的而存在的边际。

减法算法的公式如下:

$$未到期责任准备金 = (总保费 - 首日费用) \times 未到期天数/365$$

其中,首日费用是指签发保险合同所发生的增量成本(销售、承保和保单合同成立时发生的费用),不包括其他直接费用,仅限于手续费支出、营业税金及附加、保险保障基金、保险监管费、分保费用支出、支付给以销售代理方式管理的内部员工的手续费和佣金。

实务中主要采用减法算法对未到期责任准备金进行评估,并采用加法算法对其进行充足性测试。若加法算法评估的未到期责任准备金小于减法算法,则通过充足性测试;若加法算法评估的未到期责任准备金大于减法算法,则应该在减法算法评估的未到期责任准备金基础上加上保费不足准备金。保费不足准备金为两种算法评估值的差额。

---

① 久期也称持续期,它是以未来时间发生的现金流,按照目前的收益率折现为现值,再用每笔现值乘以现在距离该笔现金流发生时间点的时间年限,然后进行求和,并以这个总和除以债券目前的价格得到的。概括来说,就是债券各期现金流支付所需时间的加权平均值。

2. 未到期责任准备金的评估方法——减法算法

采用减法算法评估未到期责任准备金需要两个假设：保险责任在保险期内如何分摊；保险公司的业务量在会计年度内如何分布。目前一般假设保险责任在保险期内均匀分布，所以保费应在保险期内均匀分摊，即某一时间段应分摊的保费为总保费乘以这一时间占总保险期的比例。对于业务量在会计年度内的分布可放宽假设，形成一系列的估算方法（包括1/2毛保费法、1/8毛保费法、1/24毛保费法、1/365毛保费法），基于信息技术的发展，目前较多使用的是1/365毛保费法。另外，保险公司也可以根据风险分布的特殊性和历史经验，对保险责任和业务量的分布进行一些特殊的假设，即风险分布法。

（1）1/2毛保费法。该方法假设保险公司的业务在整个会计年度内均匀分布，即每天收取的保费收入相等。因此会计年度末，当年的保费收入还有50%没有到期，期末提取的未到期责任准备金为当期的总保费收入减去首日费用再乘以1/2。1/2毛保费法的优点是简便易行，但是因为假设条件与现实差距较大，所以准确度较低。

（2）1/8毛保费法、1/24毛保费法。1/8毛保费法假设保险公司的业务在每个季度内是均匀分布的，因此在会计年度末，四个季度的保费收入分别还有1/8、3/8、5/8、7/8没有到期。

未到期责任准备金＝（季度×2－1）÷8×（当季保费收入－当季总首日费用）

1/24毛保费法进一步放宽假设，假设保险公司的业务在每个月是均匀分布的，因此在会计年度末，第一个月的保费收入还有1/24没有到期，第二个月的保费收入还有3/24没有到期，以此类推……最后一个月的保费收入还有23/24没有到期。

未到期责任准备金＝（月度×2－1）÷24×（当季保费收入－当季总首日费用）

（3）1/365毛保费法。1/365毛保费法也称逐日计算法。这种方法并不假设保险公司的业务量分布，而是根据每日的保费收入逐一计算未到期责任准备金。

$$未到期责任准备金 = \sum_{i=1}^{365} \frac{i}{365} \times （第i日的保费收入－第i日的首日费用）$$

（三）科目设置

保险公司之所以要提取未到期责任准备金，是因为在确认保费收入时确认了为下一会计年度的保险责任收取的保费，即确认了额外的保费收入。未到期责任准备金的作用就是冲销多确认的保费收入对资产负债表和损益表的影响，未到期责任准备金的核算过程应该是一个与保费收入核算反向的过程。在核算保费收入时，保险公司确认保费收入的增加和银行存款的增加，即一个收入项的增加和一个资产项的增加。所以在核算未到期责任准备金时，保险公司应该确认一个费用项的增加和一个负债项的增加。为了核算未到期责任准备金，保险公司应该设置两个科目：损益类科目"提取未到期责任准备金"和负债类科目"未到期责任准备金"。

1."未到期责任准备金"科目

"未到期责任准备金"科目用于核算保险公司提取的非寿险原保险合同未到期责任准备金，以及再保险接受人提取的再保险合同分保未到期责任准备金。该科目属于负债类科目，贷方登记提取的未到期责任准备金数额，借方登记冲减的未到期责任准备金数额，期末余额在贷方，反映本期提存但尚未转回的未到期责任准备金。该科目应按照险种设置明细科目。

2. "提取未到期责任准备金"科目

"提取未到期责任准备金"科目用于核算保险公司提取的非寿险原保险合同未到期责任准备金和再保险合同分保未到期责任准备金。该科目属于损益类科目,借方登记提取的未到期责任准备金数额,贷方登记冲减已提取的未到期责任准备金数额,期末应将本科目余额转入"本年利润"科目,结转后该科目无余额。该科目应该按照保险合同和险种进行明细核算。

(四)账务处理

首先,在确认非寿险保费收入的当期,保险公司应按照保险精算确定的金额,提取未到期责任准备金作为当期保费的调整,借记"提取未到期责任准备金"科目,贷记"未到期责任准备金"科目。也就是在多确认保费收入虚增了资产和收入之后,确认成本费用的增加和负债的增加。

其次,在资产负债表日,保险公司应按照保险精算重新计算确定的未到期责任准备金金额与已提取的未到期责任准备金余额的差额,调整未到期责任准备金。如果需要增加未到期责任准备金,则借记"提取未到期责任准备金"科目,贷记"未到期责任准备金"科目。保险合同提前解除的,保险公司应冲回已经确认的保费收入并支付退保费,冲销相应的已经提取的未到期责任准备金。保险公司应按照相关未到期责任准备金余额,借记"未到期责任准备金"科目,贷记"提取未到期责任准备金"科目。

期末,保险公司应将"提取未到期责任准备金"科目余额结转到"本年利润"科目,按照"提取未到期责任准备金"的余额贷记"提取未到期责任准备金"科目,借记"本年利润"科目。

(五)核算举例

例 3-19 A 保险公司在 2017 年 3 月 1 日签订了一份家庭财产保险合同,保险期限为一年,收取保费为 1 400 元,首日费用为 200 元。使用 1/365 毛保费法计算这份保单在 3 月末和年末应计提的未到期责任准备金,假设该保单在首日和年末均通过未到期责任准备金充足性测试。

3 月末应计提的未到期责任准备金 $= (1\,400 - 200) \times \left(1 - \dfrac{31}{365}\right) = 1\,098(元)$

年末应计提的未到期责任准备金 $= (1\,400 - 200) \times \dfrac{31+28}{365} = 194(元)$

例 3-20 A 保险公司在 2016 年 10 月 1 日签订了一份短期意外伤害险,保险期限为 4 个月,到 2017 年 1 月 31 日满期。收取保费为 160 元,首日费用为 10 元。使用 1/365 毛保费法计算未到期责任准备金,各时点均通过充足性测试。1 月 15 日,保户要求退保,合同提前解除并支付退保费为 20 元。会计分录如下:

(1) 10 月 1 日确定保费收入
  借:库存现金   150
    贷:保费收入——短期意外伤害险   150
(2) 10 月 31 日提取未到期责任准备金

未到期责任准备金 $= (160 - 10) \times \dfrac{30+31+31}{31+30+31+31} = 112(元)$

借：提取未到期责任准备金——短期意外伤害险　　　　　　112
　　贷：未到期责任准备金——短期意外伤害险　　　　　　　　112

(3) 11月30日，按保险精算重新确定未到期责任准备金并进行调整

$$未到期责任准备金=(160-10)\times\frac{31+31}{31+30+31+31}=76(元)$$

借：未到期责任准备金——短期意外伤害险　　　　　　　　36
　　贷：提取未到期责任准备金——短期意外伤害险　　　　　　36

(4) 12月31日，按保险精算重新确定未到期责任准备金进行调整，并结转至"本年利润"

$$未到期责任准备金=(160-10)\times\frac{31}{31+30+31+31}=38(元)$$

借：未到期责任准备金——短期意外伤害险　　　　　　　　38
　　贷：提取未到期责任准备金——短期意外伤害险　　　　　　38
借：本年利润　　　　　　　　　　　　　　　　　　　　　38
　　贷：提取未到期责任准备金——短期意外伤害险　　　　　　38

(5) 2017年1月15日保户退保时

$$未到期责任准备金=(160-10)\times\frac{16}{31+30+31+31}=20(元)$$

借：未到期责任准备金——短期意外伤害险　　　　　　　　20
　　贷：提取未到期责任准备金——短期意外伤害险　　　　　　20
借：保费收入——短期意外伤害险　　　　　　　　　　　　20
　　贷：银行存款　　　　　　　　　　　　　　　　　　　　20

三、未决赔款准备金的核算

(一) 未决赔款准备金的内容与性质

未决赔款准备金是指保险公司对保险事故已发生但尚未完成赔付的索赔案件提取的准备金。依据实质重于形式的原则，只要索赔案件在会计期末之前发生，赔款成本及理赔费用就要计入当期的成本费用，同时增加负债。但是一部分案件虽然在会计期末之前发生但却没有在会计期末之前进行实际的赔付，对这类案件就要提取未决赔款准备金作为未来赔付的一种资金准备，期末按估计保险赔款额入账。保险公司一般需要为以下四种情况提取未决赔款准备金：

(1) 未决赔案是指在准备金评估日已经报案，但保险公司与索赔人就索赔案件是否属于保险责任范围、赔款金额等问题尚未达成协议的案件。

(2) 已决未赔付案件是指在准备金评估日已经报案，并且赔案已经理算完毕、确定应赔付的金额但尚未支付赔款或者尚未支付全部赔款的案件。

(3) 已发生未报案案件是指在准备金评估日保险事故已经发生，但是被保险人还没有进行报案的案件。

(4) 理赔费用是指保险人为保险事故已发生但尚未结案的赔案(即上述未决赔案和已发生未报案的案件)可能支付的理赔费用，包括直接理赔费用和间接理赔费用。

（二）未决赔款准备金的评估方法

1. 未决赔款准备金的评估思路

对未决赔案、已决未赔付案件、已发生未报案案件和理赔费用要分别估计未决赔案准备金、已决未赔付案件准备金、已发生未报案案件准备金和理赔费用准备金。对于每一类准备金，保险公司应采用中国保监会允许的方法分别进行估计；然后根据客观、真实情况赋予不同方法下评估金额不同的权重，据此计算期望值；再根据计量单位的平均久期情况对现金流进行贴现；最后加上风险边际和剩余边际。

2. 未决赔案准备金的评估方法

未决赔案准备金主要有以下三种评估方法：

（1）逐案估计法。此方法首先由理赔人员逐一估计每一起索赔案件的赔款额，然后计入理赔档案，会计期末将其汇总再进行一定修正，得出最终的准备金提取额。这种方法相对简单但工作量很大，适用于索赔金额波动幅度很大以致难以估算平均赔付额的非寿险业务，如火灾保险、信用保险、巨灾保险等。

（2）案均赔款法。此方法先根据公司以往的经验赔付数据估算每起赔案的赔付均值，再根据赔付金额变动趋势进行一定的调整，再乘以未决赔案的总量。这种方法适用于索赔案数量较多、索赔金额波动幅度不大、金额较小的险种（如汽车保险），缺点在于估计的案均赔款与实际的案均赔款可能有较大的差异。

（3）赔付率法。此方法先选择某一时期作为参考期，用参考期的赔付率估计本期的最终赔付金额；再从中扣除已经支付的赔款和理赔费用，即得到应计提的未决赔案准备金和相应的理赔费用支出。这种方法较为简单，适用于业务质量稳定、索赔金额波动幅度不大的险种，缺点在于估计的赔付率与实际的赔付率可能有较大的差异。

3. 已决未赔付案件准备金

由于已决未赔付案件未来的赔付是确定的数值，因此只要采用逐案估计法，将每起赔案的赔付加总即可。另外为便于财务监督管理，《保险公司财务制度》规定，对这类赔案提取的准备金最高不超过当期已提保险赔款或给付金额的100%。

4. 已发生未报案赔款准备金

此类赔款准备金的估计比较复杂，一般以过去的经验数据为基础，再根据各种因素的变化趋势进行修正，如出现单位索赔次数、金额、理赔费用的增减、索赔程序的变更等。具体的方法包括链梯法、案均赔款法、准备金进展法、B-F法等。另外为便于财务监督管理，《保险公司财务制度》规定，这类赔案提取的准备金最高不能超过当年实际赔款支出额的4%。

5. 理赔费用准备金

对于直接理赔费用，一般应采取逐案估计法估算须预提的准备金。对于间接理赔费用，一般采用比率分摊法提取准备金，即以当期计提的未决赔案准备金和已发生未报案案件的准备金为基础，乘以理赔费用率，得出应计提的间接理赔费用准备金。理赔费用率等于理赔费用与赔款支出的比率，它的估算依赖于公司以往理赔费用的经验数据。

(三) 科目设置

保险公司之所以要提取未决赔款准备金,是因为一部分在本会计期内发生的赔案并没有在本会计期内进行实际赔付,依据实质重于形式的原则,应该通过提取未决赔款准备金来确认相应的赔付成本费用及负债的增加。在核算未决赔款准备金时,保险公司应设置负债类科目"保险责任准备金"和损益类科目"提取保险责任准备金",并分别设置明细科目"保险责任准备金——未决赔款准备金"和"提取保险责任准备金——提取未决赔款准备金"。

1. "保险责任准备金"科目

"保险责任准备金"科目用于核算保险公司提取的原保险合同保险责任准备金,包括未决赔款准备金、寿险责任准备金、长期健康险责任准备金;再保险接受人提取的再保险合同保险责任准备金也在该科目进行核算。该科目属于负债类科目,贷方登记提取的保险责任准备金数额,借方登记冲减的保险责任准备金数额,期末余额在贷方,反映保险公司保险责任准备金的金额。该科目应按照保险责任准备金类别、原保险合同或再保险合同进行明细核算。

2. "提取保险责任准备金"科目

"提取保险责任准备金"科目用于核算保险公司提取的原保险合同保险责任准备金,包括提取的未决赔款准备金、寿险责任准备金及长期健康险责任准备金;再保险接受人提取的再保险合同责任准备金也在该科目进行核算。该科目为损益类科目,借方登记提取的保险责任准备金数额,贷方登记冲减已提取的保险责任准备金数额,期末应将该科目余额转入"本年利润"科目,结转后该科目没有余额。该科目应按照保险责任准备金类别、险种和保险合同进行明细核算。

(四) 账务处理

首先,非寿险保险事故发生的当期,对于没有进行实际赔付的案件,保险公司应与实际赔付的案件一样确认成本费用的增加和负债的增加。保险公司应按照保险精算确定的未决赔款准备金金额,借记"提取保险责任准备金——提取未决赔款准备金"科目,贷记"保险责任准备金——未决赔款准备金"科目。

其次,在确定支付赔付款金额或实际发生理赔费用的当期,保险公司应按照相应未决赔款准备金余额进行冲回,借记"保险责任准备金——未决赔款准备金"科目,贷记"提取保险责任准备金——提取未决赔款准备金"科目。

再次,对未决赔款准备金进行充足性测试时,保险公司应按补提的未决赔款准备金金额,借记"提取保险责任准备金——提取未决赔款准备金"科目,贷记"保险责任准备金——未决赔款准备金"科目。

期末,保险公司应将"提取保险责任准备金——提取未到期责任准备金"科目余额结转到"本年利润"科目,贷记"提取保险责任准备金——提取未到期责任准备金"科目,借记"本年利润"科目。

(五)核算举例

例3-21 2016年年末,A保险公司经过精算得出应提取已发生未报案赔款准备金2 000 000元,已知公司已经提取已发生未报案赔款准备金1 700 000元。会计分录如下:

借:提取保险责任准备金——提取未决赔款准备金——已发生未报案赔款准备金
  300 000
　贷:保险责任准备金——未决赔款准备金——已发生未报案赔款准备金
  300 000
借:本年利润 2 000 000
　贷:提取保险责任准备金——提取未决赔款准备金——已发生未报案赔款准备金
  2 000 000

例3-22 2016年5月,A保险公司经过精算得出应提取的未决赔案准备金2 500 000元,已发生未报案赔款准备金1 000 000元,已经提取的未决赔案准备金2 000 000元,已经提取的已发生未报案赔款准备金1 200 000元。理赔费用按照未决赔案准备金和已发生未报案赔款准备金的2.5%提取,已经提取的理赔费用准备金50 000元。会计分录如下:

借:提取保险责任准备金——提取未决赔款准备金——未决赔案准备金
  500 000
　贷:保险责任准备金——未决赔款准备金——未决赔案准备金　500 000
借:保险责任准备金——未决赔款准备金——已发生未报案赔款准备金
  200 000
　贷:提取保险责任准备金——提取未决赔款准备金——已发生未报案赔款准备金
  200 000

应提取的理赔费用准备金为87 500元[(2 500 000+1 000 000)×2.5%],按差额37 500元进行调整

借:提取保险责任准备金——提取未决赔款准备金——理赔费用准备金
  37 500
　贷:保险责任准备金——未决赔款准备金——理赔费用准备金　37 500

例3-23 承例3-22,2016年6月有客户报告5月发生的索赔案件,结案后公司支付赔款9 000元,理赔费用200元。会计分录如下:

借:保险责任准备金——未决赔款准备金——已发生未报案赔款准备金
  9 000
　　　　　　　　　　　　　　　——理赔费用准备金　200
　贷:提取保险责任准备金——提取未决赔款准备金——已发生未报案赔款准备金
  9 000
　　　　　　　　　　　　　　　——理赔费用准备金　200

例3-24 2016年5月22日,A保险公司与B企业签订了一份保险合同,对B企业仓库的一批存货进行投保,保险期限为1年,保险金额为1 000万元,A保险公司开出的增值税专用发票上注明保费为100万元,增值税税额为6万元,于合同生效当日一次性

收取。经精算后确定,A 保险公司应提取未到期责任准备金 80 万元。2016 年 9 月 30 日,由于 C 公司火灾殃及 B 企业仓库,造成 B 企业投保的存货大部分损毁。10 月初,A 保险公司定损后确认理赔金额为 800 万元,并于 10 月 25 日结案赔付,同时收回损毁的存货并享有对 C 公司的代位追偿权。预估损毁存货残值为 100 万元,代位追偿可收回 600 万元。11 月末,A 保险公司转让存货收入为 110 万元(含税),依照 3% 征收率减按 2% 征收增值税。12 月,A 保险公司从 C 公司收回补偿款为 500 万元。A 保险公司应编制会计分录如下(单位:万元):

(1) 2016 年 5 月 22 日,A 保险公司确认保费收入并提取准备金

借:银行存款　　　　　　　　　　　　　　　　　　　　　　106
　贷:保费收入——企业财产险　　　　　　　　　　　　　　　　100
　　　应交税费——应交增值费(销项税额)　　　　　　　　　　　6
借:提取未到期责任准备金——企业财产险　　　　　　　　　　80
　贷:未到期责任准备金——企业财产险　　　　　　　　　　　　80

(2) 10 月初,提取未决赔款准备金 800 万元

借:提取保险责任准备金——提取未决赔款准备金　　　　　　800
　贷:保险责任准备金——未决赔款准备金　　　　　　　　　　　800

(3) 10 月 25 日,结案赔付,收回损余物资并确认代位追偿权

借:赔付支出——直接赔款——企业财产险　　　　　　　　　800
　贷:银行存款　　　　　　　　　　　　　　　　　　　　　　　800

冲回未决赔款准备金:

借:保险责任准备金——未决赔款准备金　　　　　　　　　　800
　贷:提取保险责任准备金——提取未决赔款准备金　　　　　　　800

收回损余物资:

借:损余物资　　　　　　　　　　　　　　　　　　　　　　100
　贷:赔付支出——物资折价——企业财产险　　　　　　　　　　100

确认应收代位追偿款:

借:应收代位追偿款——C 公司　　　　　　　　　　　　　　600
　贷:赔付支出——代位追偿款——企业财产险　　　　　　　　　600

(4) 11 月末转让存货

借:银行存款　　　　　　　　　　　　　　　　　　　　　　110
　贷:损余物资　　　　　　　　　　　　　　　　　　　　　　　100
　　　应交税费——应交增值税(简易征收)　　　　　　　　　　　2
　　　赔付支出——物资折价——企业财产险　　　　　　　　　　8

(5) 12 月从 C 公司收回补偿款

借:银行存款　　　　　　　　　　　　　　　　　　　　　　500
　　赔付支出——代位追偿款——企业财产险　　　　　　　　　100
　贷:应收代位追偿款——C 公司　　　　　　　　　　　　　　　600

第五节 非寿险原保险新种类、新渠道业务的核算

一、联保、共保业务的核算

(一)联保、共保业务的概念

保险公司与本系统内保险机构共同承保同一保险标的、共同承担风险的保险业务称为联保业务,与系统外保险机构共同承保同一保险标的、共同承担风险的保险业务称为共保业务。

(二)联保、共保业务的操作原则和方式

1. 联保业务的操作原则和方式

保险公司对分支机构实行独立核算管理时,为了规避个别巨额标的的损失对承保分支机构的不确定影响而实行内部联保。联保是保险公司稳定分支机构经营的有效途径,普遍应用于实务。联保业务又细分为同类标的联保和不同类标的加权综合联保。

(1) 同类标的联保。此类联保的标的类别相同,其风险程度自然也相同,给风险基金带来的风险与标的的保险金额成正比,各分支机构的联保责任份额就是其参加联保的标的保险金额在所有参加联保的标的保险总额中所占的比例。虽然此类联保下各分支机构的总责任限额、保费总额都没有发生变化,但是降低了单个分支机构遭受巨额损失的概率,分散了保险风险。

例 3-25 甲、乙、丙公司都是 A 保险公司的子公司。甲公司有三个标的参加联保,总保险金额为 5 000 万元;乙公司有两个标的参加联保,总保险金额为 3 000 万元;丙公司有一个标的参加联保,总保险金额为 2 000 万元。已知参加联保的标的类别相同,则各子公司承担的责任份额为:

甲公司:5 000÷10 000=50%

乙公司:3 000÷10 000=30%

丙公司:2 000÷10 000=20%

(2) 不同类标的加权综合联保。不同类型的保险标的的联保情况要复杂一些。尽管保险金额相同,但不同类型的保险标的对风险基金的威胁程度也不相同,如果简单地按照参加联保标的的保险金额的比例承担责任,不仅对提供盈利水平较高的保险标的的分支机构不公平,还可能激励分支机构只将容易出险的标的进行联保,从而使联保失去分散巨额风险的作用。因此,在对不同类别的保险标的进行联保时应该考虑其风险程度的差异,具体方法有按照损失期望值的比例、按照毛保费进行责任分摊等,由于操作不易,在实务中极少使用。

2. 共保业务的操作原则和方式

根据中国保监会《财产保险公司保险条款和保险费率管理办法》对共保业务下保险条款和保险费率的管理规定,其他保险公司可以直接使用首席承保人经保监会审批或报备的保险条款和保险费率,无须另行申请。

规范的共保业务应符合以下要求:被保险人同意由多个保险人进行共保;共保人共

同签发保单,或者由主承保人签发保单,同时附共保协议;主承保人向其他共保人收取的手续费应与分保手续费的平均水平有显著的差别。

(1) 一次性共保合约。两个或两个以上保险公司使用同一保险合同、对同一保险标的的同一保险责任进行的保险,一般由保险标的所在地的一家承保主要份额的保险公司作为主出单,向被保险人提供保单、发票及后续服务,保险费则由主出单方或经纪公司划拨给各保险公司。这里需要强调的是,一家保险公司的不同分支机构(或业务经营部门)不能同时参与同一共保。

例 3-26 2016 年 10 月 2 日,乙省甲市地铁 1 号线运营保险项目由 A、B、C、D 四家保险公司进行共保:

首席承保人:A 财产保险股份有限公司甲市分公司
共保人:B 财产保险股份有限公司乙省分公司
共保人:C 财产保险股份有限公司甲市支公司
共保人:D 财产保险股份有限公司乙省分公司

(2) 长效的共保方式——共保体。保险共保体由多方参与,共同分担较大范围内的风险或特大风险标的。共保体一般按照"政府推动＋共保经营"的经营组织模式,依据共保体章程约定的比例分摊保费、承担风险、享受政策优惠及提供保险业务,具体有农险共保体、安全生产责任共保体、航空险共保体等。

(三) 联保、共保业务的会计处理

联保、共保业务根据各保险机构承担份额的不同分为主承保人和非主承保人,主承保人即负责签发保单的一方。

1. 主承保人业务的会计处理

在符合保费收入确认条件但尚未收到保费时,主承保人按照自身承担的份额,借记"应收保费"科目,贷记"保费收入"科目。

实际收取保费时,主承保方按照自身承担的份额确认冲销应收保费科目,借记"库存现金""银行存款"等科目,贷记"应收保费"科目;对于收取的应支付给其他共保方的保费,应借记"银行存款"科目,贷记"应付保费"科目,实际支付代收保费时再进行冲减。

如果联保、共保协议明确规定,主承保人要代非主承保人开具保费发票,主承保人可开具全额发票,但必须向非主承保人取得其对应份额的保费发票。

主承保人若须向非主承保人收取出单手续费,则借记"银行存款"科目,贷记"其他业务收入——出单费"科目,并向非主承保人开具由税务机关监制的服务类发票。

2. 非主承保人业务的会计处理

非主承保人收到承保通知后,应根据自身承担的份额借记"应收保费"科目,贷记"保费收入"科目;收到主承保人划转的保费后,冲销应收保费科目。

如果联保、共保协议明确规定,主承保人要代非主承保人开具保费发票,则主承保人开具全额发票后,非主承保人要向主承保人开具自身承担份额的保费发票。

对于向主承保人支付的出单手续费,非主承保人应记入"其他业务成本——出单费"科目。

二、政策性保险业务的核算

(一) 政策性农业保险业务

1. 政策性农业保险业务概述

政策性农业保险是指保险公司与政府合作，采取财政补贴、政府代办、合作开办、共保体等方式开办的特殊农业保险。保险公司在农村地区开办的农用机械、房屋保险及其他常规商业保险不属于政策性农业保险业务范畴。

2. 政策性农业保险业务的会计处理

(1) 对于政策性农业保险业务，保险公司应设置险种专项进行核算。政策性农业保险业务险种专项分中央政策性和地方政策性两大类，保险公司应严格按照国家财政部和中国保监会规定的政策性农业保险统计类别进行设置。

(2) 与再保险业务收支有关的损益类科目的核算要求。与分出业务收支相关的分出保费、摊回分保赔款、摊回分保费用、提取分保未到期责任准备金、提取分保未决赔款准备金等科目应当记入对应险种，相应的应收/应付分保账款、分保未到期责任准备金、分保未决赔款准备金等科目也应当直接记入险种。

与分入业务收支相关的各科目同理记入对应险种。

(3) 对于采取共保体或政府代办形式开办并委托保险公司进行会计核算的政策性农业保险，可以单独设置账簿进行独立核算。对于采取联办、共保等方式开办的政策性农业保险，应当按照保险公司享有的份额记入各损益科目，账务处理与一般保险业务一致。

(4) 对于和政府或其他保险公司发生的、与政策性农业保险相关的业务往来的会计处理，应通过"其他应收款——其他应收暂付款"和"其他应付款——其他应付暂收款"科目进行核算。

(5) 对于政府明确规定费用包干比例或额度的政策性农业保险，日常与政策性农业保险有关的费用应当据实列支，年末未列足且有明确用途的费用可按照包干的比例或额度进行计提。计提费用通过"其他应付款"科目进行核算。

(6) 收到政府无偿拨付的政策性农业保险补贴资金时，应记入"营业外收入——专项补贴收入"科目核算。例如，补贴资金为政府指定用途，应先记入"其他应付款——其他应付暂收款"科目，实际支出时予以转出并记入相关损益类科目，如有结余再转入"营业外收入——专项补贴收入"科目。

(7) 对于不确定保费收入和赔款支出的政府代办业务，保险公司收取的代办费应记入"其他业务收入——代办业务收入"科目，相关费用支出记入"其他业务成本——代办业务支出"科目。

(二) 出口信用保险

出口信用保险业务是国家批准的免税险种，投保单位在签订保险合同后还能申请较大比例的政府补贴。短期出口信用保险业务在财务核算上具有在合同期限内保费收入确认的不确定性、合同项下保单未了保险责任期限的不确定性、未决赔款理赔周期长等特点，如果在一个会计年度内核算其损益，则将导致较大的波动性，无法稳健地反映保险业务的经营状况。

出口信用保险承保的对象是出口企业的应收账款,承保风险主要是人为造成的商业信用风险和政治风险。保险人会帮助投保客户进行贸易方资信调查,了解贸易方的还款意愿和能力,同时向客户收取一定的资信调查费(这部分费用投保单位一般会得到较大比例的政府补助),保险公司核算资信调查收入时记入"其他业务收入"科目。

三、交叉销售保险业务的核算

交叉销售是一种发现顾客多种需求并满足其多种需求的营销方式,即在同一客户身上开拓更多需求,横向开发产品市场。一般在同一金融保险集团或战略联盟所属人寿保险、健康保险、养老保险和财产保险之间开展交叉销售保险业务。

对于此类业务的会计处理,保险公司代理寿险及健康险业务取得手续费时,应借记"银行存款",贷记"其他业务收入——手续费收入""应交税费——应交增值税(销项税额)",由于不承担保险责任,不计保费收入;将收到的手续费扣除增值税及附加和个人所得税后,向所属销售人员支付其代理寿险、健康险业务手续费时,应借记"其他业务成本",贷记"应交税费——代扣增值税及附加""应交税费——代扣个人所得税"并轧平项目"银行存款";产险、寿险按协议成立互动部,保险公司收取寿险、健康险及互动部租用本公司的职场租金时,应借记"银行存款",贷记"其他业务收入——租金收入""应交税费——应交增值税(销项税额)";保险公司(包括互动部)代理寿险、健康险业务创立初期取得的销售费用及费用补贴收入时,应借记"银行存款",贷记"其他应付款——其他应付暂收款"。

例3-27 A保险公司成立互动部,代理B寿险公司寿险业务,本月收取手续费为60 000元(含税),增值税税率为6%,其中40 000元扣除4 500元增值税及附加、1 000元个人所得税后支付给本公司营销员。此外,本月向B寿险公司收取职场租金为10 000元,销售费用及费用补贴为8 000元,当月用于职场培训支付5 000元。A保险公司应编制会计分录如下:

(1) 取得手续费时

借:银行存款　　　　　　　　　　　　　　　　　　　　　　60 000
　　贷:其他业务收入——手续费收入　　　　　　　　　　　　56 603.77
　　　　应交税费——应交增值税(销项税额)　　　　　　　　 3 396.23

(2) 向营销员支付其代理寿险手续费时

借:其他业务成本　　　　　　　　　　　　　　　　　　　　40 000
　　贷:应交税费——代扣增值税及附加　　　　　　　　　　　 4 500
　　　　　　　　——代扣个人所得税　　　　　　　　　　　　 1 000
　　　　银行存款　　　　　　　　　　　　　　　　　　　　　34 500

(3) 收取职场租金时

借:银行存款　　　　　　　　　　　　　　　　　　　　　　10 000
　　贷:其他业务收入——租金收入　　　　　　　　　　　　　 9 009.01
　　　　应交税费——应交增值税(销项税额)　　　　　　　　　 990.99

(4) 收取销售费用及费用补贴收入时

借:银行存款 8 000
　　贷:其他应付款——其他应付暂收款 8 000

(5) 支付职场培训费时

借:其他应付款——其他应付暂收款 5 000
　　贷:银行存款 5 000

四、保险卡业务的核算

保险卡作为一种特殊的保险凭证,具有确定的面值和保险金额,客户可以根据自身需要,通过网络、电话、柜台等多种渠道自主完成保险产品的选择和保险合同的签订。保险卡既有一张卡对应一款具体产品,保险责任、保额、保费相对固定;又有一张卡对应多款保险产品,可以进行产品组合,购买所涉及产品库中任何一种或多种产品。

对于保险卡业务的会计处理,在销售保险卡时,按销售金额记入"预收保费";保险卡注册成功、保险合同生效时,按销售金额确认保险卡业务的保费收入,同时冲减预收保费;保险卡逾期两年仍未注册的,保险合同失效,按销售金额记入"其他业务收入"科目,同时冲减预收保费。

五、赠予业务的核算

赠予业务是指出于扩大销售或公益性目的,在销售保险合同的同时向投保人赠送其他保险合同的业务。赠予业务分促销性赠予和公益性捐赠。

1. 促销性赠予

促销性赠予视同商业折扣,应当分别全额确认销售的保险合同、赠予的保险合同的保费收入,分险种分别借记"应收保费"科目,贷记"保费收入"科目。再将赠予保险合同的保费收入按相同的金额确认为承保费用,在销售的保险合同和赠予的保险合同之间按比例分摊,分险种分别计入当期损益,借记"业务及管理费"科目,贷记"应收保费"科目。

例 3-28　A 保险公司向 B 企业销售企业财产险,保费 50 万元,同时赠送一份 1 年期团体意外伤害险,保费 2 万元。赠予保险费用按保费收入分摊。A 保险公司应编制会计分录如下:

(1) 销售和赠予保险合同时

借:应收保费——企业财产险——B 企业 500 000
　　　　　　——意外伤害险——B 企业 20 000
　　贷:保费收入——企业财产险 500 000
　　　　　　　　——意外伤害险 20 000
借:业务及管理费——企业财产险——其他费用 19 230.77
　　　　　　　　——意外伤害险——其他费用 769.23
　　贷:应收保费——意外伤害险——B 企业 20 000

(2) 收到企业财产险保费时

借:银行存款 500 000
　　贷:应收保费——企业财产险——B 企业 500 000

2. 公益性捐赠

在发生公益性捐赠时,保险公司应当按照业务系统流转的数据、收据或发票、其他内部赠予审批材料,核对确认后依据赠予保单保费金额,借记"营业外支出"科目,贷记"保费收入"科目。在赠予保单保险人发生保险事故时,应借记"赔付支出"科目,贷记"应付赔付款""银行存款"等科目。

例3-29 2016年奥运会,A保险公司向国家体操队无偿赞助团体意外伤害险100万元,取得国家认可的从事公益事业社会团体开具的专用收据或发票,此部分赞助在计算公司应纳税所得额时予以全部扣除。在保险期间,国家体操队一名运动员发生小型意外,保险公司支付保险金5 000元。A保险公司应编制会计分录如下:

(1) 捐赠保险合同时

借:营业外支出——捐赠支出	1 000 000
贷:保费收入——团体意外伤害险	1 000 000

(2) 支付保险金时

借:赔付支出——直接赔款——团体意外伤害险	5 000
贷:银行存款	5 000

六、授予客户奖励积分的核算

在某些情况下,保险公司在销售保险产品的同时会授予客户奖励积分。这一方面可以调动客户投保的积极性,另一方面可以形成联合销售效应,带动其他保险产品的销售。例如,客户累计投保某个险种达到一定金额,保险公司即授予客户一定的奖励积分,该奖励积分可用于兑换保险公司提供的免费或折扣后的保险产品。

对于此类业务的会计处理,保险公司在销售产品时,应当将销售所得的款项或应收款项在本次产品销售产生的收入与奖励积分的公允价值之间进行分配,将所得的款项或应收款项扣除奖励积分公允价值的部分确认为收入,奖励积分公允价值则确认为递延收益。奖励积分公允价值为单独销售可取得的金额。若奖励积分公允价值不能直接获得,则保险公司可以参考被兑换奖励物品的公允价值或利用其他估值技术合理估计。

获得奖励积分的客户在满足条件时可以取得保险公司的产品。在客户使用奖励积分时,保险公司应将原计入递延收益的与所兑换积分相关的部分确认为收入。确认为收入的金额应当以被兑换用于换取奖励的积分数额占预期将兑换用于换取奖励的积分总额的比例为基础计算确定。保险公司因提供奖励积分而发生的不可避免成本超过已收和应收对价时,应按照《企业会计准则第13号——或有事项》有关亏损合同的规定处理。

例3-30 A保险公司开展积分兑换业务,1元保费累计1个积分,积分则按照100积分=1元的比例兑换礼品。2016年9月1日,某客户购买商业车险,保费10 000元,确定积分10 000分,可兑换100元礼品。该客户于当年11月11日将积分全部使用。A保险公司应编制会计分录如下:

(1) 销售商业车险时

借:银行存款	10 000	
贷:保费收入		9 900
递延收益		100

（2）客户使用积分时

借：递延收益　　　　　　　　　　　　　　　　　　　　　　100

　　贷：保费收入　　　　　　　　　　　　　　　　　　　　　100

七、通赔业务的核算

通赔业务是指保险公司所属机构承保的车辆或其他标的在承保地公司所在地以外的地方出险，由异地分支公司代为查勘、定损和赔付的业务。通赔业务分为省间通赔和省内通赔。

对于通赔业务的会计处理，保险公司应设置"代付赔付款"科目核算其为系统内分支机构间垫付的赔款，以及为其他保险公司垫付的赔款。"代付赔付款"科目属于资产类科目，借方登记代付的赔付款，贷方登记收回或冲销的代付赔付款。该科目应设"系统内（通赔业务）"和"其他"二级科目，并按委托公司设置明细账。

通赔业务中，出险地公司代为支付赔款并在省间通赔系统中确认出险地流转结束，应借记"代付赔付款——系统内（通赔业务）"科目，贷记"银行存款"科目；省间通赔系统出险地流转结束后，赔案信息回写至新车险理赔系统并显示为"核赔通过"，核赔通过信息应由承保地财务人员在收付费系统手工接收，并确认代付赔付款金额，借记"赔付支出——直接赔款"科目，贷记"代付赔付款——系统内（通赔业务）"科目，期末"代付赔付款"科目应该轧平。

八、机动车延长保修责任保险业务的核算

机动车延长保修责任保险业务（以下简称"机动车延保"）是在机动车超过原厂保修期后的延长保修期内，当机动车发生机械故障或电气故障时，保险人按照保险合同的约定对机动车的修复、更换费用予以赔偿的保险。

机动车延保是近年来针对国内汽车行业新的发展趋势及对机动车延保服务的市场需求而新兴的高端责任保险业务。该保险产品以机动车生产商、机动车经销商、机动车服务提供商（包括专业延保服务提供商和汽修厂）、机动车交易官方管理机构指定的二手车交易市场等为被保险人，对其在保险期内向机动车购买人或车主签发延长保修服务合同的机动车，在原厂保修期结束后延长的质量保修期内发生延长保修服务合同所定义的机械故障或电气故障而必须修复或更换零部件时，根据延长保修合同约定的延保零部件范围应由被保险人负责修复或更换的，保险人根据保险合同的约定对被保险人的修复或更换责任予以赔偿。

对于机动车延保业务的会计处理，由于承保风险始于原厂保修期结束之后，根据实质重于形式原则，所有的保费也应该在原厂保修期结束后确认，保险公司在收取保费时应先确认为预收保费，待延保期开始之后按照1/365毛保费法形成已赚保费。

关键词

非寿险原保险业务　保费收入　增值税　赔付支出　损余物资　代位追偿款
未到期责任准备金　未决赔款准备金　联保业务　共保业务　政策性保险业务
交叉销售　保险卡　赠予业务　通赔业务　机动车延长保修责任保险业务

本章小结

1. 非寿险原保险业务为广义的财产保险业务,是保险人对被保险人的财产及其相关利益在发生保险责任范围内的灾害事故而遭受经济损失时给予补偿的保险。非寿险原保险业务的特点在于保险标的价值可以用货币衡量、保障功能体现为经济补偿功能、适用分摊原则、短期性及非储蓄性。

2. 非寿险原保险业务保费收入的确认条件与寿险一致,满足保单开始生效、与原保险合同相关的经济利益很可能流入保险公司,以及与原保险合同相关的收入能够可靠地计量这三个条件。

3. 赔款支出是指短期保险业务因合同约定的保险标的遭受损失或发生意外伤害、疾病而按照保险合同约定支付给保单所有人的偿付保险事故损失的赔款,以及处理保险事故的相关费用支出,主要包括直接赔款、直接理赔查勘费用和间接理赔查勘费用。

4. 保险合同准备金的计量原则为:对未来现金流进行无偏估计、反映货币的时间价值、加入风险边际和剩余边际。

思考与练习

1. 非寿险原保险业务核算的特点和要求是什么?
2. 非寿险原保险业务保费收入的确认条件是什么?
3. "应交税费——应交增值税"科目是如何运行的?
4. 请简要叙述未到期责任准备金、未决赔款准备金的内容和提取方法。
5. 非寿险业务的赔款支出是怎样核算的?

第四章 寿险原保险业务

┃本章概要┃

　　本章主要围绕寿险原保险业务展开。第一节介绍了寿险原保险业务的定义、特点、分类及核算要求；第二节、第三节向读者展示了会计实务中寿险原保险业务的保费收入、保险金给付是怎样核算的；第四节介绍了寿险原保险业务中的保单质押贷款业务、加保和退保的核算；第五节展示了寿险责任准备金与长期健康险责任准备金的核算；第六节补充介绍了一些寿险原保险业务新种类、新渠道业务的核算。

┃学习目标┃

　　1. 掌握寿险原保险业务的特点及核算要求
　　2. 掌握寿险原保险业务保费收入、保险金给付、保单质押贷款业务、加保和退保业务及准备金的核算方法
　　3. 了解目前寿险原保险业务的一些新种类、新渠道业务

第一节　寿险原保险业务概述和核算要求

一、寿险原保险业务概述

　　寿险是以人的生命和身体为保险标的，以被保险人的生、死、病、残作为保险事故的保险业务，包括传统寿险、新型寿险和长期健康险（保险期限在1年以上）。

　　传统寿险包括死亡保险、两全保险和年金保险。新型寿险将传统寿险的保障功能与投资功能融为一体，包括分红保险[①]、投资连结保险和万能寿险。另外，意外伤害保险和健康险虽然也是以人的生命和身体作为保险标的，但是从保险业务的实质上来讲，只有长期健康险与寿险的性质较为一致，所以只将长期健康险划为寿险进行核算，而意外伤害保险和短期健康险均划为非寿险业务进行核算。本章主要涉及传统寿险和长期健康险的核算，对于新型寿险的核算将在下一章中具体说明。

　　寿险原保险业务主要有以下特点：
　　（1）保险标的价值无法货币化，保障功能体现为经济给付。由于寿险是以人的生命和身体作为保险标的，无法用货币衡量价值，因此在签订保险合同时必须按照被保险人的保障需求和投保人的支付能力确定保险金额。保险事故发生时，保险公司应按照合同

---

　①　分红保险尽管在国内面世的时间不长，但是在国外已经有二百多年的发展历史，属于传统寿险。

约定的保险金额进行定额给付,保障功能体现为经济给付。

(2) 不存在超额投保、重复投保、代位追偿的问题。因为寿险的可保利益无法用货币衡量,所以寿险不存在超额投保和重复保险的问题。另外,代位追偿原则也不适用于寿险,即使保险事故是由第三方造成的、被保险人或受益人能够向第三方提出索赔,保险公司也要正常向被保险人或受益人给付,并不能获得代位追偿的权利。

(3) 长期性和储蓄性。寿险主要以长期险为主,保险期限通常长于1年,保费收入和保险金的给付相对于非寿险较为稳定。另外,寿险的保险资金累积的时间长、金额大、现金价值高,保单所有人可以在现金价值的范围内进行抵押贷款、抵缴保费,退保时可获得已累积的现金价值,具有一定的储蓄性质。

二、寿险原保险业务的分类

(一) 人寿保险

人寿保险是保险公司承诺当被保险人死亡或保险合同到期时进行保险金给付的保险,主要包括定期寿险、终身寿险和两全保险。定期寿险也称定期死亡保险,它是一种以被保险人在规定期限内发生死亡事故为前提而由保险人负责给付保险金的人寿保险。终身寿险又称终身死亡保险,它是一种不定期的死亡保险,只要保单有效,被保险人无论何时死亡,保险人都要给付保险金。两全保险是指被保险人在保险期内无论是死亡还是生存到保险期满,保险人都给付保险金的保险。

(二) 年金保险

年金保险是指保险金的给付采取年金这种形式的生存保险,从被保险人达到领取年金的年龄开始领取保险金,直到领取人死亡或规定期限终了。年金保险一般为养老保险,能够防范个人因高寿而耗尽财产的风险。

(三) 健康保险

健康保险是为补偿被保险人在保险有效期内因疾病、分娩或意外伤害而接受治疗所发生的医疗费用,或者补偿被保险人因疾病、意外伤害导致伤残或分娩而无法工作所发生的收入损失的一类保险。

(四) 新型寿险

新型寿险产品将传统寿险的保障功能与投资功能结合在一起,包括分红保险、投资连结保险和万能保险。其中,分红保险在国际惯例中一般被划为传统寿险,但是由于在我国出现较晚,被归入新型寿险。新型寿险与传统寿险相比所具有的一个特点是其保费、保额或者现金价值等大多是可以变动的。

三、寿险原保险业务的核算特点

根据寿险原保险业务的特点和经营管理要求,寿险原保险业务与非寿险原保险业务在核算上有很多差异,除前面介绍的区别外,寿险原保险业务的核算还具有以下特点:

1. 责任准备金评估和保险精算具有重要作用

寿险原保险业务的责任准备金主要是为未到期的保险责任而提取的准备金,具有累积时间长、金额大的特点,其核算的准确性会直接影响公司经营损益的计算和偿付能力的评估,所以责任准备金的评估在寿险原保险业务的核算中具有非常重要的作用。

2. 超额利润由死差益、利差益和费差益构成

寿险保单的价格是建立在"收支相等"的基础上通过精算得出的,保费收入现值等于未来保险金给付现值,所以如果定价合理的话,在理论上寿险公司并不会获得超过预定利润率的利润。但是因为在计算保费时,预定的死亡率、费用率和利息率都加入了一定的安全边界,实际经营中也会产生一定的死差益、利差益和费差益而形成超额利润。寿险公司在进行利源分析时,应该分别计算出死差益、利差益和费差益的大小。

3. 提供保单质押贷款业务

由于寿险原保险业务的保险期限较长,具有一定的储蓄性质,保险期内会累积较高的现金价值,因此保险公司可在现金价值的金额范围内向保单所有人提供保单质押贷款业务;相反,由于非寿险原保险业务的期限较短、现金价值很低,因此一般不提供保单质押贷款业务。

4. 分红保险给付保单红利

对于分红保险,保单所有人可以和保险人一同分享保险人实际经营成果优于定价假设的盈余,保险人会向保单所有人分配合同利率和实际利率不同而产生的利差益、合同死亡率与实际死亡率不同而产生的死差益、合同费用率与实际费用率不同而产生的费差益。

四、寿险原保险业务的核算要求

寿险原保险业务的核算应该遵循以下基本要求:

1. 注重风险控制

寿险原保险业务是一种具有长期性、储蓄投资性质的业务,寿险公司的负债占总资产的90%以上,实质上是一种负债经营。寿险公司的负债具有广泛的社会性和预测性,对安全性的要求较高,因此对经营的各个环节实行有效的风险控制是寿险公司日常管理工作的主要目标,也是贯穿会计核算的指导要求。

2. 最大限度地保护被保险人和保单持有人的利益

最大限度地保护被保险人利益的原则主要包括三个方面的含义:一是保险公司应努力实现利润,保持公司经营的稳定性;二是保险公司应保证长期资产的安全、完整和增值;三是保险公司应及时、准确地支付保险金,保护被保险人的利益。

3. 按险种进行明细核算,正确计算经营成果

由于寿险保险业务具有的保障性、储蓄性双重性质,各险种均必须单独核算损益、考核绩效,因此保险公司应按险种对寿险保险业务进行分类核算。对于一些共同费用,保险公司要正确地选择分摊标准,及时计入各类有关险种的经营成本中,以便准确核算经营成果。

第二节 寿险原保险业务保费收入的核算

一、寿险原保险业务保费收入的核算

（一）寿险原保险业务保费收入的构成

寿险原保险业务保费收入主要由纯保费和附加保费构成。

纯保费是以预定死亡率、利率为基础计算的保险费，未包括保险业务经营中所需的业务费用——用于支付将保险合同规定的风险转移给保险人的费用。由于寿险原保险合同主要以人的生命和身体作为保险标的，每年的保费会随着每一年龄的死亡率或发病率的不同而变化，被称为自然保费。但是寿险原保险业务通常采用水平费率（每年需要缴纳的保费是一样的）或者 n 年缴清的方法，这样就会存在所缴保费与自然保费的一个差额，被称为储蓄保险费。一般来说，对于普通寿险，水平费率一开始高于自然费率，随后逐渐低于自然费率。

附加保费是业务费用的来源，根据预订费用率得出。寿险的首期费用较高，费用构成比较复杂，有些费用只在第一期存在（如签单费用），有些费用则在整个保险期间都存在（如保单管理费用），有些费用为固定的常数（如体检费用），有些费用则为保费或者保险金额的一定比例（佣金与保费成一定比例，理赔费用与保险金额成一定比例）。

（二）寿险原保险业务保费收入的确认

寿险保费收入的确认原则与非寿险基本一致：保费收入的确认条件包括保险合同成立并承担相应的保险责任、与保险合同有关的经济利益很可能流入，以及与保险合同相关的收入和成本能够可靠地计量；保费收入的确认金额主要是依据为转移保险风险所需支付的保险费用而确定的，并不是实际收到的保费收入的金额；保费收入的确认时间为开始承担保险责任的时点。其中，关于保费收入确认的金额和时间有以下问题必须注意：

1. 暂收保费

寿险原保险业务在进行核保、保险人签发保单、保单生效之前投保人往往已经缴纳了首期保费，基于保费应在开始承担保险责任时予以确认这一原则，先收到的首期保费应先确认为暂收保费，待保单生效后再转为保费收入。如果保单没有通过核保，保险人不同意承保，则应退回保费，冲销暂收保费。

2. 趸缴保费和期缴保费

在确认寿险原保险保费收入的金额时应该首先判断寿险原保险保费的缴纳方式是趸缴（一次性缴纳全部保费）还是期缴。对于趸缴的保费，由于保费缴纳后保险公司开始承担全部的保险责任，因此一次性确认全部保费收入。对于期缴的保费，由于每一期保险公司承担的保险责任是以投保人在宽限期①内缴纳的保费为前提的，因此保费收入分

---

① 宽限期是指自首次缴付保险费以后，每次保险费到期日起 60 天内为宽限期，此间缴付逾期保险费并不计收利息。如果被保险人在宽限期内死亡，保险合同仍有效，保险人承担保险责任并支付保险金，支付的保险金扣除应缴的当期保险费。

别在每一期的缴费日期进行确认并计提应收保费。如果投保人在宽限期内没有缴纳保费而导致保单失效,则保险公司应冲回已经确认的保费。当失效保单由于投保人补缴所欠保费和相应的利息而恢复效力后,应该将补缴的保费确认为保费收入,将补缴的利息确认为利息收入。此外,对于期缴保费的寿险原保险业务,投保人也可以选择一次性缴纳多期保费,但由于此时保险人并没有开始承担下一期的保险责任,因此不能确认为保费收入,只能确认为预收保费。

3. 自动垫缴保费条款

自动垫缴保费条款是指当保单已经具备一定的现金价值时,若投保人在规定的缴费日至宽限期结束尚未缴纳保费,则保险公司应使用保单现金价值先行垫缴保费以保证保单持续有效,并对垫缴保费的金额收取利息。保险公司应设置资产类科目"垫缴保费",在宽限期到期时对已经确认的应收保费进行冲减,在收到投保人实际缴纳的保费时再冲减垫缴保费并确认利息收入。

4. 追溯保单

追溯保单是指保险合同的生效日早于保险合同的签订日期,这种情况多见于团体保险。追溯保单的保费收入应于保险合同签订时进行确认,如果在签订保险合同前保险人已经收到了保费,则应先确认为暂收保费。

二、寿险原保险业务保费收入的业务程序

寿险投保人的首期保费一般是直接向保险公司缴纳现金或通过银行划账,续期保费一般是由投保人在规定的交费时间内、直接向保险公司交纳或将保费存入银行由保险人通过银行划收。

对于个险业务,保险公司收到现金保费时,应当立即交由出纳人员收款,随即在三联式的"交费凭证簿"上加盖"现金收讫"章及经办人员名章。交费凭证一式三联:一联"保费收据"交保户收执;一联"收据副本"交业务部门留作登记卡片;一联"收据存根"连同银行存款解缴回单一并交会计部门,会计部门据此办理会计手续。

对于团险业务,由保险公司与代办单位建立代收保费的关系,由单位指定经办人员代收代交,并以"非现金结算方式"将保费划入保险公司。

每日对外营业结束后,业务部门都要向会计部门报送"保费日报表"(日结单)及所附的"交费凭证"、银行存款解缴回单等;会计部门必须对有关单证的内容进行审查,无误后编制记账凭证,办理入账手续。

三、科目设置和账务处理

(一)科目设置

与非寿险原保险保费收入的核算类似,为了核算寿险原保险业务的保费收入,保险公司应分别设置"保费收入""应收保费""预收保费"等科目。另外,保险公司还应设置"暂收保费""垫缴保费"科目。

1. "暂收保费"科目

"暂收保费"科目用于核算保险公司在承担相应保险责任前收到的保费收入。该科

目属于负债类科目,贷方登记暂收的投保人缴纳的保费,借方登记开始承担保险责任后转出的保费收入,余额在贷方,反映公司尚未转为保费收入的暂收保费。该科目应该按照保户设置明细科目。

2."垫缴保费"科目

"垫缴保费"科目用于核算按照自动垫缴保费条款使用保单现金价值垫缴的保费收入。该科目属于资产类科目,借方登记垫缴的保费收入,贷方登记收回的垫缴保费,余额在借方,反映公司尚未收回的垫缴保费余额。该科目应该按照保户设置明细科目。

(二)账务处理

对于投保人在保单订立前缴纳的首期保费,保险公司应贷记"暂收保费"科目,借记"库存现金""银行存款"等科目。待合同成立时,借记"暂收保费"科目,贷记"保费收入"科目;如果保险人拒绝承保,应将暂收的保费退回,借记"暂收保费"科目,贷记"库存现金""银行存款"等科目。

对于期缴保单,如果投保人预缴了各期保费,保险公司应先借记"库存现金""银行存款"等科目,贷记"预收保费"科目;然后在每个缴费日,按照应缴纳的保费金额,贷记"预收保费"科目,借记"保费收入"科目。

对于期缴保单的续期保费,进入宽限期后,保险公司应该按照应收保费金额借记"应收保费"科目,贷记"保费收入"科目;待投保人缴纳保费后,借记"库存现金""银行存款"等科目,贷记"应收保费"科目。如果投保人没有在宽限期内缴纳保费,但保单含有自动垫缴保费条款且保单现金价值充足,则保险公司应该借记"垫缴保费"科目,贷记"应收保费"科目;日后投保人补缴保费时,保险公司应借记"库存现金""银行存款"等科目,贷记"垫缴保费""利息收入"科目。如果投保人没有在宽限期内缴纳保费,且保单现金价值不足以垫缴保费,则保险公司应借记"保费收入"科目,贷记"应收保费"科目,并确定保单终止;日后投保人补缴保费保单复效时,保险公司应借记"库存现金""银行存款"等科目,贷记"保费收入"和"利息收入"科目。

对于追溯保单,在合同签订之前已收取了相关保费的,保险公司应借记"银行存款"科目,贷记"暂收保费"科目;在保单成立时再借记"暂收保费"科目,贷记"保费收入"科目。

四、核算举例

例 4-1 2016 年 10 月 1 日,A 保险公司与 B 公司签订了团体补充医疗保险,保单即日生效。投保对象为该公司全体员工共 120 人,每人当年保费为 500 元,保险期限为 3 年,B 公司逐缴保费。10 月 4 日,A 保险公司收到银行的转账通知单。会计分录如下:

(1)10 月 1 日

借:应收保费——B 公司　　　　　　　　　　　　　　　60 000
　　贷:保费收入——医疗保险(团体)　　　　　　　　　　　60 000

(2)10 月 4 日

借:银行存款　　　　　　　　　　　　　　　　　　　　60 000
　　贷:应收保费——B 公司　　　　　　　　　　　　　　　60 000

例 4-2　2016 年 7 月 26 日,李某在 A 保险公司投保两全寿险,趸缴保费 50 000 元,支票支付。经过核保部门核保,8 月 1 日 A 保险公司同意承保并签发保单,保单即日生效。会计分录如下:

(1) 7 月 26 日

借:银行存款　　　　　　　　　　　　　　　　　　　50 000
　　贷:暂收保费——李某　　　　　　　　　　　　　　　　　50 000

(2) 8 月 1 日

借:暂收保费——李某　　　　　　　　　　　　　　　50 000
　　贷:保费收入——两全保险　　　　　　　　　　　　　　　50 000

如果经过保险公司的核保,由于李某不符合 A 保险公司的可保风险条件而拒绝承保,并以支票形式退回全部缴纳的保费,则会计分录如下:

借:暂收保费——李某　　　　　　　　　　　　　　　50 000
　　贷:银行存款　　　　　　　　　　　　　　　　　　　　　50 000

例 4-3　2016 年 9 月 27 日,陈某在 A 保险公司投保 3 年期定期寿险,年缴保费 480 元,陈某当即现金支付首期保费,简易核保后 A 保险公司于当天同意承保并签发保单,保单即日生效。会计分录如下:

借:库存现金　　　　　　　　　　　　　　　　　　　480
　　贷:保费收入——3 年期定期寿险　　　　　　　　　　　　480

例 4-4　2016 年 9 月 27 日,陈某在 A 保险公司投保 3 年期定期寿险,月缴保费 40 元,陈某当即现金支付首年全部保费 480 元。经过核保后,10 月 1 日 A 保险公司同意承保并签发保单,保单于 10 月 1 日生效。会计分录如下:

(1) 9 月 27 日

借:库存现金　　　　　　　　　　　　　　　　　　　480
　　贷:暂收保费——陈某　　　　　　　　　　　　　　　　　480

(2) 10 月 1 日

借:暂收保费——陈某　　　　　　　　　　　　　　　480
　　贷:保费收入——3 年期定期寿险　　　　　　　　　　　　40
　　　　预收保费——陈某　　　　　　　　　　　　　　　　440

(3) 以后 11 个月每月月初

借:预收保费——陈某　　　　　　　　　　　　　　　40
　　贷:保费收入——3 年期定期寿险　　　　　　　　　　　　40

例 4-5　2015 年 8 月 19 日,王某在 A 保险公司投保终身寿险,保费 3 年期缴,每年 1 000 元,王某当日支付现金 1 000 元作为首期保费,经过简易核保后保险公司于当日同意承保并签发保单。2016 年 8 月 19 日开始缴纳第二期保费,宽限期 60 天,2016 年 10 月 18 日止。王某在 9 月 20 日现金缴纳保费 1 000 元。会计分录如下:

(1) 2015 年 8 月 19 日

借:库存现金　　　　　　　　　　　　　　　　　　　1 000
　　贷:保费收入——终身寿险　　　　　　　　　　　　　　　1 000

(2) 2016 年 8 月 19 日
借：应收保费——王某　　　　　　　　　　　　　　　1 000
　　贷：保费收入——终身寿险　　　　　　　　　　　　　　　1 000
(3) 2016 年 9 月 20 日
借：库存现金　　　　　　　　　　　　　　　　　　　1 000
　　贷：应收保费——王某　　　　　　　　　　　　　　　　　1 000

若王某没有在宽限期内缴纳保费，保单终止，2017 年 1 月 15 日，王某补缴保费 1 000 元及利息费用 15 元，保单复效。会计分录如下：

(4) 2016 年 10 月 18 日
借：保费收入——终身寿险　　　　　　　　　　　　　1 000
　　贷：应收保费——王某　　　　　　　　　　　　　　　　　1 000
(5) 2017 年 1 月 15 日
借：库存现金　　　　　　　　　　　　　　　　　　　1 015
　　贷：保费收入——终身寿险　　　　　　　　　　　　　　　1 000
　　　　利息收入　　　　　　　　　　　　　　　　　　　　　　15

例 4-6　2008 年 10 月 15 日，赵某在 A 保险公司购买 10 年期缴的年金保险，每年缴费 10 000 元，2015 年赵某出于资金周转原因而无法缴纳保费，60 天宽限期过后，12 月 14 日根据自动垫缴条款，保险公司使用保单现金价值垫缴保费 10 000 元。6 个月后，2016 年 6 月 14 日赵某缴纳保费和利息，利率为 3%，按月复利计算。会计分录如下：

(1) 2015 年 10 月 15 日
借：应收保费——赵某　　　　　　　　　　　　　　　10 000
　　贷：保费收入——年金保险　　　　　　　　　　　　　　　10 000
(2) 2015 年 12 月 14 日
借：垫缴保费——赵某　　　　　　　　　　　　　　　10 000
　　贷：应收保费——赵某　　　　　　　　　　　　　　　　　10 000
(3) 2016 年 6 月 14 日

赵某应支付的利息费用为 151 元[$10\,000\times(1+3\%\div12)^6-10\,000$]。

借：银行存款　　　　　　　　　　　　　　　　　　　10 151
　　贷：垫缴保费——赵某　　　　　　　　　　　　　　　　　10 000
　　　　利息收入　　　　　　　　　　　　　　　　　　　　　151

例 4-7　2017 年 2 月 1 日，A 保险公司与 B 公司签订了团体补充医疗保险合同，为了争取这份保险业务，A 保险公司同意保险合同从 1 月 1 日开始生效，即对该公司员工在 1 月份发生的医疗费用也进行给付。保费年缴，每年保费 1 000 000 元，B 公司在 1 月 15 日预先缴纳了 500 000 元的保费。会计分录如下：

(1) 2017 年 1 月 15 日
借：银行存款　　　　　　　　　　　　　　　　　　　500 000
　　贷：暂收保费——B 公司　　　　　　　　　　　　　　　　500 000
(2) 2017 年 2 月 1 日
借：暂收保费——B 公司　　　　　　　　　　　　　　500 000
　　应收保费——B 公司　　　　　　　　　　　　　　500 000
　　贷：保费收入——医疗保险（团体）　　　　　　　　　　　1 000 000

第三节 寿险原保险业务保险金给付的核算

一、寿险原保险业务保险金给付的概念和类型

由于寿险原保险业务的保障功能体现在经济给付而非经济赔偿上,因此寿险的赔付支出称作保险金给付,保险公司在保险期满或期中支付保险金,以及对保险期内发生保险责任范围内的事故按合同规定给付保险金。保险金给付一般分为满期给付、死伤医疗给付和年金给付。

满期给付是指保险公司在寿险原保险合同期满时,按照保险合同的约定一次性或分多次向被保险人或受益人支付的保险金。例如生死两全保险,若被保险人在保险期满时仍生存,则保险公司将给付生存保险金。

死伤医疗给付包括死亡给付、伤残给付和医疗给付,三者分别是指在寿险原保险合同保险期内,属于保险责任范围,被保险人发生死亡事故、伤残事故或医疗事故时,保险公司应该按照合同条款向被保险人或受益人支付的保险金。

年金给付是指在寿险原保险合同的保险期限内,被保险人生存至规定的年龄后,保险公司按照合同向被保险人或其受益人支付的保险金。

二、科目设置和账务处理

(一)科目设置

寿险原保险业务的保险金给付可以与非寿险业务的保险赔款共同使用损益类科目"赔付支出"进行核算,借方登记保险金给付的实际支出金额,贷方登记发现错赔、骗赔的收回金额,期末将余额结转至"本年利润"科目。该科目按照保险合同和险种设置明细科目。

另外,核算寿险原保险业务时,寿险公司也可单独设置科目"满期给付""死伤医疗给付""年金给付"进行核算,其中"死伤医疗给付"科目可拆分为"死亡给付""伤残给付""医疗给付"三个科目进行核算。具体科目的设置可以根据公司的业务类型和业务量进行确定。这些科目均为损益类科目,记账方法与"赔付支出"科目一致。

本书使用"满期给付""死伤医疗给付""年金给付"三个科目进行核算,在"死伤医疗给付"科目下设置"死亡给付""伤残给付""医疗给付"三个明细科目,并进一步按险种设置明细科目。

(二)账务处理

寿险原保险业务保险金给付的核算与非寿险业务保险赔款的核算基本一致,当确认发生保险金给付时,借记"满期给付""死伤医疗给付"或"年金给付"科目,贷记"库存现金"或者"银行存款"科目,期末转入"本年利润"科目。另外,寿险原保险业务保险金给付的核算必须注意以下几点:

(1)若给付保险金时,保单正处于缴费的宽限期,则保险公司应从保险金中扣除当期应收的保费进行给付。账务上,按照应给付的保险金借记赔付的科目,按照实际给付的

金额贷记"库存现金"或"银行存款",同时贷记"应收保费"科目。

(2) 若给付保险金时,存在未还清的保单质押贷款,则保险公司应将未还清的贷款和相应的利息从保险金中扣除。账务上,按照应给付的保险金借记赔付的科目,按照实际给付的金额贷记"库存现金"或"银行存款",同时贷记"保户质押贷款"和"利息收入"科目。

(3) 若给付保险金时,存在保户预缴的保费,则保险公司应将其退还给保单所有人,在按照保单约定的保险金给付金额借记赔付科目的同时,按照应退还的保费借记"预收保费",按照实际支付的金额贷记"库存现金"或"银行存款"科目。

三、核算举例

例 4-8 陈某在 A 保险公司购买的两全保险于 2016 年 10 月 15 日到期,经确认陈某在保险到期时仍然生存,按合同规定 A 保险公司应给付保险金 300 000 元,并以支票支付。会计分录如下:

借:满期给付——两全保险　　　　　　　　　　　　　　300 000
　　贷:银行存款　　　　　　　　　　　　　　　　　　　　300 000

例 4-9 某公司为全体员工在 A 保险公司购买了团体重大疾病保险,在保险期内,该公司员工王某发生保险责任范围内的重大疾病,住院期间发生医疗费用 200 000 元。按照保险合同的规定,A 保险公司同意给付医疗费用的 80%(160 000 元),以支票支付。会计分录如下:

借:死伤医疗给付——医疗给付——重大疾病保险　　　160 000
　　贷:银行存款　　　　　　　　　　　　　　　　　　　　160 000

例 4-10 周某在 A 保险公司购买了终身寿险,保费 5 年缴,每年交费 5 000 元。在第二个交费年度的缴费宽限期内尚未缴纳保费时,周某发生意外事故死亡。按照保险合同的规定,保险公司向其保单受益人给付保险金 1 000 000 元。会计分录如下:

(1) 第二年交费日

借:应收保费——周某　　　　　　　　　　　　　　　　5 000
　　贷:保费收入——终身寿险　　　　　　　　　　　　　　5 000

(2) 给付保险金时

借:死伤医疗给付——死亡给付——终身寿险　　　　　1 000 000
　　贷:银行存款　　　　　　　　　　　　　　　　　　　　995 000
　　　　应收保费——周某　　　　　　　　　　　　　　　　5 000

例 4-11 2016 年 4 月 1 日,刘某在 A 保险公司购买了一份定期寿险,月缴保费 30 元,刘某在保单签订时用现金预交了一年的保费。5 月 6 日,刘某因意外事故死亡,按保险合同约定 A 保险公司于 5 月 10 日通过银行转账给付保险金 100 000 元及预收的保费。会计分录如下:

(1) 2016 年 4 月 1 日

借:库存现金　　　　　　　　　　　　　　　　　　　　　360
　　贷:保费收入　　　　　　　　　　　　　　　　　　　　　30
　　　　预收保费　　　　　　　　　　　　　　　　　　　　　330

(2) 2016年5月1日

借:预收保费　　　　　　　　　　　　　　　　　　　　　　30
　　贷:保费收入　　　　　　　　　　　　　　　　　　　　　　　30

(3) 2016年5月10日

借:死伤疾病给付——死亡给付——定期寿险　　　　　　100 000
　　预收保费　　　　　　　　　　　　　　　　　　　　　　300
　　贷:银行存款　　　　　　　　　　　　　　　　　　　　　100 300

第四节　寿险原保险其他业务的核算

一、保单质押贷款业务的核算

(一) 保单质押贷款业务的内容

寿险原保险业务一个重要的特点就是具有储蓄性质。大部分寿险原保险合同会在保险期内累积大量的现金价值,保单所有人可以以保单的现金价值作为抵押向保险公司贷款,这就是保单质押贷款业务。保单质押贷款的金额不能超过保单的现金价值,贷款的利率应按照保险合同事先的约定计算。如果保单贷款和利息的总和等于或超过保单的现金价值,投保人应该在1个月内及时还款以保证保单的现金价值足以支付贷款的本息;否则保单失效。一般保单质押贷款金额不得超过保单现金价值的90%,借款期限不得超过6个月。

(二) 科目设置和账务处理

为了核算保单质押贷款业务,保险公司应设置"保户质押贷款"科目。该科目为资产类科目,用于核算保险公司在保单现金价值范围内向保户提供的贷款,借方登记保户在公司质押贷款的金额,贷方登记收回的保户质押贷款的金额,期末余额在借方,表示尚未收回的保单贷款。该科目应该按照保户设置明细科目。

当保险公司向保单所有人发放保单质押贷款时,相当于借给保单所有人一笔钱,在确认现金或银行存款减少的同时,保险公司获得了一项债权,应该确认一项资产"保户质押贷款"。在保单质押贷款期间,每期都要确认"保户质押贷款——应计利息"和"利息收入"。[1] 在保单所有人偿还贷款本息时,本金部分冲回"保户质押贷款",利息部分冲回"保户质押贷款——应计利息"并贷记当期的利息收入。如果保险金给付时仍有保单质押贷款尚未偿还,则应从保险金中扣除贷款本息后再进行给付。

---

[1]　与自动垫缴保费或保单复效可能带来的利息收入不同,此处的利息收入要逐月确认,因为保单质押贷款的利息收入是在贷款期间就可以预见到很有可能流入公司的收入,而前两种的利息收入无法预见流入公司的可能性大于50%。

（三）核算举例

例 4-12 刘某在 A 保险公司购买了终身寿险,趸缴保费 100 000 元。3 年后,刘某向保险公司申请在保单现金价值范围内进行保单贷款 80 000 元,保险公司同意发放,贷款期限 6 个月,年利率 6%,单利计息。6 个月后,刘某偿还本息。会计分录如下：

(1) 发放保单质押贷款时

借：保户质押贷款——刘某　　　　　　　　　　　　　　　80 000
　　贷：银行存款　　　　　　　　　　　　　　　　　　　　　　80 000

(2) 保单质押贷款期间

每期的利息费用为：$80\,000 \times \dfrac{6\%}{12} = 400$（元）

借：保户质押贷款——应计利息——刘某　　　　　　　　　400
　　贷：利息收入　　　　　　　　　　　　　　　　　　　　　　400

(3) 偿还保单质押贷款时

借：银行存款　　　　　　　　　　　　　　　　　　　　　82 400
　　贷：保户质押贷款——刘某　　　　　　　　　　　　　　　80 000
　　　　　——应计利息——刘某　　　　　　　　　　　　　 2 000
　　　　利息收入　　　　　　　　　　　　　　　　　　　　　400

例 4-13 张某在 A 保险公司购买年金养老保险,保费 10 年缴,20 年后开始给付第一笔养老金 30 000 元。在保单第 19 年,张某在现金价值范围内抵押贷款 20 000 元。3 个月后,到给付第一笔养老金时没有进行偿还,累积利息共 480 元,每个月 160 元。给付第一笔保险金的会计分录如下：

(1) 保单质押贷款时

借：保户质押贷款——本金——张某　　　　　　　　　　　20 000
　　贷：银行存款　　　　　　　　　　　　　　　　　　　　　　20 000

(2) 保单质押贷款期间

借：保户质押贷款——应计利息——张某　　　　　　　　　160
　　贷：利息收入　　　　　　　　　　　　　　　　　　　　　　160

(3) 保单第 20 年给付第一笔保险金

借：年金给付——年金养老保险　　　　　　　　　　　　　30 000
　　贷：银行存款　　　　　　　　　　　　　　　　　　　　　 9 520
　　　　保户质押贷款——张某　　　　　　　　　　　　　　　20 000
　　　　　——应计利息——张某　　　　　　　　　　　　　　320
　　　　利息收入　　　　　　　　　　　　　　　　　　　　　160

二、加保业务和退保业务的核算

（一）加保业务的核算

寿险的保险期限一般较长,保障需求或者支付能力的变化都有可能给投保人带来增量保额,即加保的需求。寿险原保险加保业务的核算与新投保业务保费收入的核算一致,并且应该在原寿险保单上进行批注。

(二)退保业务的核算

1. 犹豫期

按照《保险法》的规定,寿险合同会设有 10 天的犹豫期。也就是在保险合同签订生效后的前 10 天内,如果投保人向保险公司申请退保,保险公司应将收取的保费扣除必要的业务及管理费用(包括工本费、体检费等)后作为退保金退还给投保人。如果在保险合同生效 10 天后投保人才提出退保,保险公司按照合同规定的退保金额(一般为保单累积的现金价值)给付退保金,现金价值过低或者为负的按照合同规定确定退保金。

2. 犹豫期内的退保

对于在犹豫期内的退保,其核算方法与非寿险退保业务的核算方法一致,按照实际支付的退保金直接冲减当期的保费收入,借记"保费收入"科目,贷记"库存现金""银行存款"等相关科目。

3. 犹豫期外的退保

对于在犹豫期外的退保,寿险与非寿险的核算方法有很大的区别。由于寿险期限较长,退保支出不能直接冲减当期的保费收入,保险公司必须设立一个新的科目"退保金"进行核算。"退保金"科目用于核算寿险业务中保单所有人在犹豫期后申请退保的情况下保险公司的退保金支出。该科目是一个损益类科目,借方登记保单所有人申请退保时保险公司实际支付的退保金额,贷方登记期末结转至本年利润的金额,期末结转后该科目无余额。该科目应该按照险种设置明细科目。

犹豫期外退保发生时,保险公司应确认现金或者银行存款减少,同时确认退保金支出的增加,并在期末作为成本费用结转至本年利润中。由于保单的首期费用非常高,因此保单在生效前几期的现金价值都很低,甚至可能为负。如果保单所有人申请退保时保单累积的现金价值低于按照合同规定的退保金额,则只有在保单现金价值以内的退保金可以计入"退保金"账户,超过现金价值的部分要直接冲减当期保费。

犹豫期外退保的账务处理如下:

(1) 支付退保金时,保险公司应按照给付的退保金额借记"退保金"科目,贷记"库存现金""银行存款"等相关科目。

(2) 如果在支付退保金时,保单仍有保单质押贷款没有偿还,则保险公司应按照退保金扣除贷款本息进行实际支付。账务上,按照应给付的退保金借记"退保金"科目,按照实际给付的金额贷记"库存现金"或"银行存款"科目,同时贷记"保户质押贷款"和"利息收入"科目。

(3) 如果在支付退保金时,保单正处于缴费的宽限期,则保险公司应按照退保金给付并借记"退保金"科目,贷记"库存现金"或"银行存款"科目,同时对于已经确认的"保费收入"和"应收保费"进行冲回。

(4) 如果在支付退保金时,存在保户预缴的保费,则保险公司应将其退还给保单所有人。在按保单约定的金额借记"退保金"的同时,按应退还的保费借记"预收保费",按实际支付的金额贷记"库存现金"或"银行存款"。

(三) 核算举例

例 4-14　陈某在 A 保险公司投保两全保险,现金缴纳首期保费 20 000 元。经过核保,保险公司于 2016 年 4 月 7 日签发保单,合同生效。4 月 10 日,陈某向 A 保险公司提出退保申请,扣除体检费、工本费等后保险公司以支票转账支付退保金 19 850 元。会计分录如下:

(1) 4 月 7 日

借:库存现金　　　　　　　　　　　　　　　　　　　　　　　　　20 000
　贷:保费收入——两全保险　　　　　　　　　　　　　　　　　　　　20 000

(2) 4 月 10 日

借:保费收入——两全保险　　　　　　　　　　　　　　　　　　　　19 850
　贷:银行存款　　　　　　　　　　　　　　　　　　　　　　　　　19 850

若陈某在 4 月 20 日提出退保申请,此时保单现金价值为 500 元,按照合同规定,首年退保金为首期保费的 10%(2 000 元),以现金支付。会计分录如下:

借:退保金——两全保险　　　　　　　　　　　　　　　　　　　　　　500
　保费收入——两全保险　　　　　　　　　　　　　　　　　　　　　1 500
　贷:银行存款　　　　　　　　　　　　　　　　　　　　　　　　　2 000

例 4-15　李某在 A 保险公司购买了终身寿险,保费 5 年缴,每年缴纳 10 000 元。保单第 3 年,李某向保险公司提出退保申请,经保险公司业务部门核算,应支付给李某保单现金价值 27 000 元作为退保费用,保单还有未支付的保单质押贷款 10 000 元及利息 500 元。会计分录如下:

借:退保金——终身寿险　　　　　　　　　　　　　　　　　　　　　27 000
　贷:银行存款　　　　　　　　　　　　　　　　　　　　　　　　　16 500
　　保户质押贷款　　　　　　　　　　　　　　　　　　　　　　　　10 000
　　利息收入　　　　　　　　　　　　　　　　　　　　　　　　　　　500

例 4-16　赵某在 A 保险公司购买了年金养老保险,保费 10 年缴,每年缴纳 30 000 元。在缴纳 5 年的保费后,在第 6 年保费缴纳宽限期内赵某提出了退保申请,退保金为保单现金价值 170 000 元。会计分录如下:

(1) 第 6 年保费缴纳日

借:应收保费——赵某　　　　　　　　　　　　　　　　　　　　　　30 000
　贷:保费收入——年金养老保险　　　　　　　　　　　　　　　　　　30 000

(2) 退保时

借:保费收入——年金养老保险　　　　　　　　　　　　　　　　　　30 000
　贷:应收保费——赵某　　　　　　　　　　　　　　　　　　　　　　30 000
借:退保金——年金养老保险　　　　　　　　　　　　　　　　　　　170 000
　贷:银行存款　　　　　　　　　　　　　　　　　　　　　　　　　170 000

例 4-17　刘某在 A 保险公司购买了重大疾病保险,保费按月缴,每月 50 元,刘某首期缴纳了全年保费共 600 元现金。半个月后,刘某向保险公司提出了退保申请,保单现金价值为 0,经过保险公司业务部门的核定应该退保 10 元,并退还预缴的保费 550 元。

会计分录如下：

（1）签订保单时

借：库存现金　　　　　　　　　　　　　　　　600
　　贷：保费收入——重大疾病保险　　　　　　　　　50
　　　　预收保费——刘某　　　　　　　　　　　　550

（2）退保时

借：保费收入——重大疾病保险　　　　　　　　10
　　预收保费——刘某　　　　　　　　　　　　550
　　贷：库存现金　　　　　　　　　　　　　　　　560

第五节　寿险原保险责任准备金的核算

寿险原保险责任准备金主要是为未到期的保险责任而提取的准备金。寿险原保险业务包括寿险与长期健康险，由于两者的风险不同，责任准备金的精算方法也不同，因此应分别核算寿险责任准备金和长期健康险责任准备金。

一、寿险责任准备金的内容与性质

寿险责任准备金是指保险人为尚未终止的人寿保险责任提取的责任准备金，是在核算时点上为了保证将来的保险金给付而必须准备的金额，用于确保人寿保险公司对其承保的保险责任拥有足够的偿付能力，是人寿保险业务对保单所有人的负债，也是人寿保险公司最重要的负债之一。

寿险原保险业务的保险金给付分为死伤医疗给付、满期给付和年金给付。其中，死伤医疗给付在整个保险期内都可能发生，保险责任分散在整个保险期间；而满期给付和年金给付则是在特定时点承担保险金给付的责任。基于这一差异，为了死伤医疗给付所提取的寿险责任准备金具有责任准备金的性质，而为了满期给付和年金给付所提取的寿险责任准备金则具有偿付准备金的性质。

（一）责任准备金的性质——死伤医疗给付

为了未来的死伤医疗给付而提取的寿险责任准备金主要有以下两个来源：

（1）缴费方式。理论上对于死伤医疗保险责任，每个保险年度都要按照保额与保险事故发生的概率缴纳一定的保费，随着年龄的增长，死伤医疗给付等保险事故发生的概率会不断增大，所以在保险期内每个保险年度需要缴纳的保费是递增的，称为自然费率。但是现实中，如果采用自然费率，随着保费的逐年提高，很多保单所有人可能在最需要保险的时候却因保费太高而无力缴纳保费，从而使保单失效。因此，保险公司为了将保费与投保人支付能力相匹配，大多采用水平费率（每年缴纳保费的金额相同）或趸缴保费的方法。在水平费率或趸缴保费的情形下，保单前些年度缴纳的高于自然费率的保费累积下来后用于承担未来的保险责任，所以保险公司不应将其计入当期损益，而应通过提取寿险责任准备金进行调整。

(2) 保险期间与会计期间不同。由于保险期间与会计期间不一致，因此当期确认的保费收入的一部分是为了下一会计年度内的保险责任而支付的，基于权责发生制，这部分保费收入并不能进入当期损益，必须提取寿险责任准备金进行调整。这部分寿险责任准备金与非寿险原保险业务未到期责任准备金的性质相同。

基于这两种原因提取的寿险责任准备金在本质上都是源于会计期内承担的保险责任与收取的保费不匹配，此类寿险责任准备金具有责任准备金的性质。

(二) 偿付准备金的性质——满期给付和年金给付

满期给付和年金给付与非寿险原保险业务的保险金赔付差别很大。这两类保险金给付的特点是，在保险缴费期间进行资金的累积，在保险满期或年金给付时再将已经累积的资金进行返还。保险公司在确认保费收入的当期并不承担这两类保险金给付的责任，只在未来某一时点或某些时点必须承担，所以为这两类保险责任确认的保费收入都不能计入当期损益，必须通过提取寿险责任准备金进行调整，此类寿险责任准备金具有偿付准备金的性质。

二、寿险责任准备金的评估

(一) 寿险责任准备金的计量原则及评估思路

寿险责任准备金的评估非常复杂，影响因素很多，是寿险公司精算部门的一项重要工作。此处只简单介绍其评估的原则和整体思路。

寿险责任准备金的计量原则参见第二章中的保险合同准备金计量原则：首先对未来现金流进行无偏估计，其次使用贴现率对现金流进行折现，最后在此基础上加上风险边际和剩余边际。

未来现金流无偏估计的现值的评估方法与非寿险未到期责任准备金的减法评估方法相同，也要对保险责任在保险期内的分布和保险公司业务量的分布做出假设，以此估计现金流的金额及时间。其中，保险责任分布的假设参考寿险生命表，而保险业务分布的假设有较多的种类，包括年度均匀分布法、季度均匀分布法、月度均匀分布法及逐日估计法。另外，由于寿险原保险业务一般为长期的，寿险责任准备金的评估还要对保险期内的折现率水平做出假设。寿险公司的精算部门通常先根据生命表和折现率假设估计每种类型寿险业务在各个存续期需要提取的寿险责任准备金，再根据业务量分布假设将业务年度末的寿险责任准备金转化为会计年度末的寿险责任准备金。随着计算机技术的逐步发展，现在多数寿险公司都采用逐单提取寿险责任准备金的方法，在每个资产负债表日评估每份有效保单需要提取的寿险责任准备金。另外，需要特别注意的是，对未来红利支出的估计应当考虑未来投资收益、未来红利政策等方面的因素。

风险边际的评估建议采用情景法，此时"风险边际＝不利情景下的负债－合理估计负债"。其中，不利情景是指考虑死亡率的变动（对于定期寿险考虑死亡率上升，对于年金险通常考虑死亡率下降），考虑退保率的变动（退保率的变动方向应根据产品特征确定），考虑费用增加的情景，非分红险应采用和合理估计负债相同的折现率，分红险应考虑预期投资收益的变动。

（二）寿险责任准备金的种类

在实践中，基于不同的评估目的，保险公司会采用不同的计算基础和方法评估寿险责任准备金。

偿付能力准备金：为了确保保险公司偿付能力需要提取的准备金。通常采用保守的精算假设，即高估未来赔付或给付支出、高估未来费用支出、低估未来投资回报。

收益准备金：为了在公平交易的市场上给投资者提供一个可以与其他行业比较的收益水平而提取的准备金。通常采用较为现实的假设，使保险公司的收益能在未来保单年合理分配。

税收准备金：为了计算应税收入或应税收益而提取的准备金。由于偿付能力准备金是保险公司必须向保险监管机构报送的准备金数额，因此国际上很多国家的税收准备金等于偿付能力准备金。

三、科目设置及账务处理

保险公司之所以要提取寿险责任准备金，是因为当期收取的保费与承担的保险责任不匹配，不能将确认的全部保费收入计入当期损益。寿险责任准备金的作用就是冲销多确认的保费收入对利润表和资产负债表的影响。因为在确认保费收入时确认了一项收入和一项资产，所以寿险责任准备金的核算就要对应确认一项费用再确认一项负债。保险公司应设置两个科目——负债类科目"保险责任准备金"和损益类科目"提取保险责任准备金"，并分别设置明细科目"保险责任准备金——寿险责任准备金"和"提取保险责任准备金——提取寿险责任准备金"。

（一）科目设置

1. "保险责任准备金"科目

"保险责任准备金"科目用于核算保险公司提取的原保险合同保险责任准备金，包括未决赔款准备金、寿险责任准备金、长期健康险责任准备金，再保险接受人提取的再保险合同保险责任准备金也在该科目核算。该科目属于负债类科目，贷方登记提取的寿险责任准备金数额，借方登记冲减的寿险责任准备金数额，期末余额在贷方，反映公司的寿险责任准备金。该科目应按照保险责任准备金类别、原保险合同或再保险合同进行明细核算。公司也可单独设置"寿险责任准备金"和"长期健康险责任准备金"科目。

2. "提取保险责任准备金"科目

"提取保险责任准备金"科目用于核算保险公司提取的原保险合同保险责任准备金，包括提取的未决赔款准备金、提取的寿险责任准备金、提取的长期健康险责任准备金。再保险接受人提取的再保险合同责任准备金也在该科目核算。该科目为损益类科目，借方登记提取的寿险责任准备金数额，贷方登记冲减已提取的寿险责任准备金数额；期末应将余额转入"本年利润"科目，结转后该科目没有余额。该科目应按照保险责任准备金类别、险种和保险合同进行明细核算。公司也可以单独设置"提取寿险责任准备金"和"提取长期健康险责任准备金"科目。

（二）账务处理

保险公司确认寿险保费收入当期应按照保险精算确定寿险责任准备金，借记"提取保险责任准备金——提取寿险责任准备金"科目，贷记"保险责任准备金——寿险责任准备金"科目。

原保险合同保险人确认支付保险金当期，应冲减该保险合同已提取的寿险责任准备金。按保险责任准备金余额，借记"保险责任准备金——寿险责任准备金"科目，贷记"提取保险责任准备金——提取寿险责任准备金"科目；已经提取的寿险责任准备金与实际支付保险金的差额计入当期损益。

寿险原保险合同提前解除的，保险公司应按照相关的寿险责任准备金余额，借记"保险责任准备金——寿险责任准备金"科目，贷记"提取保险责任准备金——提取寿险责任准备金"科目；期末将"提取保险责任准备金——提取寿险责任准备金"科目余额结转至"本年利润"科目，结转后该科目没有余额。

四、核算举例

例 4-18 2016 年 12 月 31 日，A 保险公司精算部门计算本年度应该提取两全寿险责任准备金为 500 000 元，本年度已提取的寿险责任准备金为 450 000 元，12 月 31 日会计分录如下：

借：提取保险责任准备金——提取寿险责任准备金——两全寿险　50 000
　　贷：保险责任准备金——寿险责任准备金——两全寿险　　　　50 000
借：本年利润　　　　　　　　　　　　　　　　　　　　　　　500 000
　　贷：提取保险责任准备金——提取寿险责任准备金——两全寿险　500 000

例 4-19 2010 年 11 月 30 日，A 保险公司精算部门计算截至月底应提取终身寿险责任准备金为 120 000 元，本年度已提取终身寿险责任准备金为 100 000 元。12 月 31 日，A 保险公司精算部门计算本年度应提取的终身寿险责任准备金为 110 000 元。会计分录如下：

(1) 11 月 30 日

借：提取保险责任准备金——提取寿险责任准备金——终身寿险　20 000
　　贷：保险责任准备金——寿险责任准备金——终身寿险　　　　20 000

(2) 12 月 31 日

借：保险责任准备金——寿险责任准备金——终身寿险　　　　　10 000
　　贷：提取保险责任准备金——提取寿险责任准备金——终身寿险　10 000
借：本年利润　　　　　　　　　　　　　　　　　　　　　　　110 000
　　贷：提取保险责任准备金——提取寿险责任准备金——终身寿险　110 000

例 4-20 陈某在 A 保险公司投保了 10 年两全寿险，2016 年 8 月 1 日满期时陈某仍然生存，A 保险公司给付满期保险金。假设该保单已经提取的寿险责任准备金余额为 100 000 元。保险公司在支付满期保险金 100 000 元的同时冲减已经提取的寿险责任准备金。会计分录如下：

借:满期给付——两全寿险   100 000
　　贷:银行存款   100 000
借:保险责任准备金——寿险责任准备金——两全寿险   100 000
　　贷:提取保险责任准备金——提取寿险责任准备金——两全寿险   100 000

例 4-21　王某在 A 保险公司投保了终身寿险,2016 年 5 月 23 日王某因意外事故死亡,经保险公司核赔后确定支付保险金 1 000 000 元。此时,该保险合同计提的寿险责任准备金为 5 000 元。会计分录如下:

借:死伤医疗给付——死亡给付——终身寿险   1 000 000
　　贷:银行存款   1 000 000
借:保险责任准备金——寿险责任准备金——终身寿险   5 000
　　贷:提取保险责任准备金——提取寿险责任准备金——终身寿险   5 000

例 4-22　李某在 A 保险公司投保了年金保险,于 2016 年 9 月 5 日提出退保申请,9 月 8 日 A 保险公司按保单现金价值支付退保金 64 000 元,同时冲减该保单已经提取的寿险责任准备金 70 000 元。会计分录如下:

借:退保金——年金保险   64 000
　　贷:银行存款   64 000
借:保险责任准备金——寿险责任准备金——年金保险   70 000
　　贷:提取保险责任准备金——提取寿险责任准备金——年金保险   70 000

五、长期健康险责任准备金的核算

长期健康险责任准备金是指保险人为尚未终止的长期健康险保险责任提取的责任准备金。从保险精算的角度来看,长期健康险责任准备金的计算与寿险责任准备金大体相同,但是由于长期健康险是以人的健康为保险标的,计算准备金的基础不是死亡率而是发病率,概率的不确定性更大,因此具体的精算方法有一定的差异。从业务性质的角度来看,长期健康险是介于短期健康险和普通寿险之间的一种寿险业务,与两者都有一定的差别。为了便于保险监管,会计将长期健康险责任准备金独立于寿险责任准备金进行核算。

长期健康险责任准备金的核算使用负债类科目"保险责任准备金"和损益类科目"提取保险责任准备金",并设置明细科目"保险责任准备金——长期健康险责任准备金"和"提取保险责任准备金——提取长期健康险责任准备金"。具体的核算方法与寿险责任准备金一致。

例 4-23　2016 年 12 月 31 日,A 保险公司精算部门计算该年度应该提取的重大疾病保险责任准备金为 660 000 元,本年度已经提取的重大疾病保险责任准备金为 500 000元。会计分录如下:

借:提取保险责任准备金——提取长期健康险责任准备金——重大疾病保险
　　　　　　　　　　　　　　　　　　　　　　　　　　　　　　　160 000
　　贷:保险责任准备金——长期健康险责任准备金——重大疾病保险
　　　　　　　　　　　　　　　　　　　　　　　　　　　　　　　160 000

借：本年利润　　　　　　　　　　　　　　　　　　　　　660 000
　　贷：提取保险责任准备金——提取长期健康险责任准备金——重大疾病保险
　　　　　　　　　　　　　　　　　　　　　　　　　　　660 000

例 4-24　赵某在 A 保险公司投保了重大疾病保险，并于 2016 年 5 月 9 日申请退保，保险公司 12 日支付退保费 25 000 元，同时冲销已经计提的责任准备金 30 000 元。会计分录如下：

借：退保金——重大疾病保险　　　　　　　　　　　　　25 000
　　贷：银行存款　　　　　　　　　　　　　　　　　　　25 000
借：保险责任准备金——长期健康险责任准备金——重大疾病保险
　　　　　　　　　　　　　　　　　　　　　　　　　　　30 000
　　贷：提取保险责任准备金——提取长期健康险责任准备金——重大疾病保险
　　　　　　　　　　　　　　　　　　　　　　　　　　　30 000

第六节　寿险原保险新种类、新渠道业务的核算

一、共同保险业务的核算

寿险原保险合同共同保险业务（简称"共保业务"）实行首席共保人制度，由参与签订合同的所有共保人书面推荐一家保险公司作为首席共保人，其他保险公司则为参与共保人。共保业务实务由首席共保人全权处理。

（一）首席共保业务的会计处理

作为首席共保人，在收到投保人交来的保费时应全额收取，借记"银行存款"科目，按本公司实际承担部分贷记"保费收入"，按参与共保人承担部分贷记"其他应付款"或"应付保费"，待将相应份额划转至参与共保人指定账户时再进行冲减；对于发生的退保及理赔业务，首席共保人先代为进行保全、理赔并全额支付，贷记"银行存款"，并按公司实际承担部分借记"退保金"或"赔付支出"科目，按参与共保人承担部分借记"其他应收款"，待收到参与共保人划入的款项后再冲减；对于共保保单保险事故产生的直接费用支出，仍由首席共保人先行全额支付，按公司实际承担部分计入当期损益，按参与共保人承担部分计入其他应收款，待收到参与共保人划入的款项后再冲减；对于准备金的提取，首席共保人根据本公司按比例实际承担的保险责任，按照正常独立承保保单时准备金的提取方法进行核算。

（二）参与共保业务的会计处理

作为参与共保人，对于保费收入、退保及各项赔付、参与共保业务的直接费用支出和共保业务准备金的提取，都按照本公司应承担的份额，根据正常独立承保保单时的会计核算规则进行核算。

例 4-25　2016 年 3 月 1 日，甲公司投保一份 5 年期团体重大疾病险，由 A、B 两家保险公司共保，总保费为 100 万元。3 月 10 日保险合同成立。5 月 5 日，保户刘某因病住院，须支付保险金 5 万元。同日，保户赵某退保，须支付退保金 2 万元。已知合同约定

A保险公司为首席共保人,保费和赔付等相关费用按6:4在A、B两家保险公司间分配结算。

(1) A公司应编制会计分录如下:

① 收到甲公司保费时

借:银行存款	1 000 000	
贷:保费收入——团体重大疾病险		600 000
其他应付款——B保险公司		400 000

② 支付B保险公司保费时

借:其他应付款——B保险公司	400 000	
贷:银行存款		400 000

③ 支付刘某保险金和赵某退保金时

借:赔付支出——团体重大疾病险	30 000	
退保金——团体重大疾病险	12 000	
其他应收款——B保险公司	28 000	
贷:银行存款		70 000

④ 收到B保险公司应承担的保险金和退保金时

借:银行存款	28 000	
贷:其他应收款——B保险公司		28 000

(2) B公司应编制会计分录如下:

① 收到A保险公司发来的保费划转通知书及银行收账凭证时

借:银行存款	400 000	
贷:保费收入——团体重大疾病险		400 000

② 支付本公司应承担的保险金和退保金时

借:赔付支出——团体重大疾病险	20 000	
退保金——团体重大疾病险	8 000	
贷:银行存款		28 000

二、健康险专项业务

(一) 健康险专项业务概述

健康险专项业务是指与社会基本医疗保险相衔接的各类医疗保险业务,主要包括大病保险、新农合补充医疗保险、新农合基本医疗保险、城镇职工补充医疗保险、城镇职工基本医疗保险、城镇居民补充医疗保险、城镇居民基本医疗保险等。其中,大病保险包括城镇职工大病保险、城镇居民大病保险、新农合大病保险和城乡居民大病保险。

(二) 健康险专项业务的会计处理

健康险专项业务实行单独核算,根据险种设置明细,对损益类项目进行标识、提取,生成报表,单独反映健康险专项业务的损益情况。

对于与直接承保业务收支有关的损益的核算、与再保险业务收支有关的损益的核算与一般寿险产品无异,应注意除企业补充医疗保险外,健康险专项业务原则上不允许发生手续费。大病保险业务原则上不得列支广告费、礼品费、业务招待费等。

此外,健康险专项业务涉及风险调节基金的核算。根据《关于开展城乡居民大病保险工作的指导意见》(发改社会〔2012〕2605号)及中国保监会有关文件的规定,保险公司可以建立风险调节基金。公司应设置"应付风险调节基金"和"应收风险调节基金"科目进行核算。年末,分公司意外健康险部门应及时对赔付率及风险调节基金进行预估,当预估的赔付率低于合同约定的比例时,分公司应根据预估的风险调节基金对保费收入进行批减处理,借记"保费收入——退保费",贷记"应付风险调节基金"。同时,根据批减后的保费对未决赔款准备金进行相应调整。当预估的赔付率高于合同约定的比例时进行批增处理,借记"应收风险调节基金",贷记"保费收入"。保险合同终了时,分公司意外健康险部门应根据实际的赔付率重新计算风险调节基金,并根据最终的风险调节基金与预估的风险调节基金之间的差额对保费收入进行批增或批减处理。实际结算时,风险调节基金由保险公司账户划入政府专户时,应借记"应付风险调节基金",贷记"银行存款";由政府专户划入保险公司账户时,应借记"银行存款",贷记"应收风险调节基金"。预估风险调节基金应纳入分公司及产品线预估当年考核,且预估风险调节基金与最终风险调节基金的偏差率不应超过5%,超过部分等额扣罚分公司合同终了年度的考核口径利润。

三、激活卡卡折式保单的核算

激活卡卡折式保单简称"激活卡",是一种新型销售模式。客户购买激活卡后自行激活,保单生效。

激活卡的保单生效日可能早于或晚于保费到账日。若保单先生效保费后到账,在确认保单生效时,借记"应收保费",贷记"保费收入",保费到账后冲减应收保费;若保费先到账,则作为"暂收保费"处理。如果有效期结束后客户仍未激活卡,按照相关规定暂收保费就归保险公司所有,在有效期结束时确认为其他业务收入。

例4-26 2016年11月3日,A保险公司销售的一张激活卡被激活,系统内确认保单生效。3天后某两全保险保户的20 000元保费到账。会计分录如下:

(1) 11月3日激活卡被激活

借:应收保费——某保户　　　　　　　　　　　　　　　20 000
　　贷:保费收入——两全保险　　　　　　　　　　　　　　20 000

(2) 11月6日收到保费

借:银行存款　　　　　　　　　　　　　　　　　　　　20 000
　　贷:应收保费——某保户　　　　　　　　　　　　　　　20 000

若上例中11月3日A保险公司先收到某两全保险保户的20 000元保费,但该保户在激活卡有效期结束后仍未激活卡,则会计分录如下:

(3) 11月3日

借:银行存款　　　　　　　　　　　　　　　　　　　　20 000
　　贷:暂收保费——某保户　　　　　　　　　　　　　　　20 000

(4) 激活卡有效期结束时

借:暂收保费——某保户　　　　　　　　　　　　　　　20 000
　　贷:其他业务收入　　　　　　　　　　　　　　　　　　20 000

四、委托管理合同业务的核算

委托管理合同业务是指保险公司根据和客户的合同约定、接受客户委托、代理客户管理基金收付、不承担任何保险风险及投资风险并获得管理费收入的业务。

根据国家财政部、国家卫生部 2008 年 1 月联合颁布的《新型农村合作医疗基金财务制度》和中国保监会相关规定,保险公司参与承办的新型农村合作医疗等委托管理型的基本医疗保障服务均属于该类业务模式。对于此类业务的账务处理,保险公司应设置"代理业务负债"科目,贷方登记收到的委托管理业务款项,借方登记支付或退还的委托管理基金。该科目属于负债类科目,按客户设置明细账。保险公司从委托管理基金账户获得的管理手续费则记入"其他业务收入"科目。

例 4-27 2016 年 11 月 1 日,A 保险公司承办新型农村合作医疗等委托管理型业务,当日收到管理资金 20 000 元,并开设新农合专户。11 月 20 日 A 保险公司按合同约定从委托款项中支付 10 000 元,11 月 30 日计算账户利息 500 元,按合同约定支付给委托人 200 元,另从基金账户扣除管理费 100 元。会计分录如下:

(1) 收到委托管理业务款项时

借:银行存款	20 000	
贷:代理业务负债——某客户		20 000

(2) 根据合同规定从委托管理基金支付相关给付时

借:代理业务负债——某客户	10 000	
贷:银行存款		10 000

(3) 计算账户利息时

借:银行存款	500	
贷:代理业务负债——某客户		500

(4) 按合同的约定支付给委托人时

借:代理业务负债——某客户	200	
贷:银行存款		200

(5) 从基金账户扣除管理费时

借:代理业务负债——某客户	100	
贷:其他业务收入——账户管理费收入		100

关键词

寿险原保险业务　保费收入　保险金给付　保单质押贷款　加保　退保
寿险责任准备金　长期健康险责任准备金　共同保险　健康险专项业务
委托管理合同　激活卡

本章小结

1. 寿险原保险业务的保险标的价值无法货币化,保障功能体现为经济给付,因此不存在超额投保、重复投保、代位追偿的问题。寿险原保险业务具有长期性和储蓄性的特点。

2. 寿险原保险保费收入主要由纯保费和附加保费构成。纯保费是以预定死亡率、利率为基础计算的保险费，未包括保险业务经营中所需的业务费用——用于支付将保险合同规定的风险转移给保险人的费用。附加保费是业务费用的来源，根据预订费用率得出。

3. 寿险的赔付支出称作保险金给付，保险公司在保险期满或期中支付保险金，以及对保险期内发生保险责任范围内的事故按合同规定给付保险金。保险金给付一般分为满期给付、死伤医疗给付和年金给付。

4. 保单质押贷款业务是指保单所有人可以以保单的现金价值作为抵押向保险公司贷款，该业务源于寿险原保险合同的储蓄性质。

5. 寿险原保险准备金主要是为未到期的保险责任而提取的准备金。寿险原保险业务包括寿险与长期健康险，由于两者的风险不同，责任准备金的精算方法也不同，因此应分别核算寿险责任准备金和长期健康险责任准备金。

思考与练习

1. 寿险原保险业务的特点和核算要求有哪些？
2. 寿险原保险保费的构成是什么？
3. 寿险原保险保费收入是怎样核算的？有哪些具体要求？
4. 寿险原保险业务中的保单质押贷款及加保、退保是怎样核算的？
5. 说明满期给付、死亡给付、伤残给付、医疗给付、年金给付的核算内容。

第五章 投资型保险业务

┃本章概要┃

本章主要介绍了产险、寿险的一些投资型保险产品的核算。保险行业中常见的投资型保险业务有分红保险、投资连结保险、万能寿险,以及保户储金和保户投资金。其中,分红保险虽然承保了保险风险和其他风险,但由于无法对两种风险进行单独计量且保险风险重大,因此一般将整个合同确认为保险合同;而投资连结保险、万能寿险等产品的投资理财功能会更强一些。

┃学习目标┃

1. 掌握分红保险的概念和核算方法
2. 理解投资连结保险和万能寿险的差别与联系
3. 掌握投资连结保险和万能寿险投资账户的核算方法
4. 了解保户储金与保户投资金的运作方式

第一节 分红保险的核算

一、分红保险概述

(一) 分红保险的概念和特点

分红保险是指公司将实际经营成果优于定价假设的盈余按照一定比例向保单持有人进行分配的寿险产品。

由于寿险保费是在"收支相等"的假设上精算得出的,因此当实际经营情况与精算假设相同时,寿险公司并没有超额利润。但在实务中,由于相关精算假设中都加入了一定的安全边界,因此寿险公司可以从死差益、费差益、利差益三个方面获得超额利润。分红保险最重要的特点就是将这些超额利润分配给保单持有人,分红保险的保单持有人不但可以获得保险公司的保障,还可以分享保险公司的经营投资成果;而死差益、费差益、利差益也就构成了分红保险的红利来源。

(二) 分红保险保费收入的确认

分红保险属于混合保险合同。虽然分红保险承保了保险风险和其他风险,但由于无法对两种风险进行单独计量且保险风险重大,因此一般将整个合同确认为保险合同,投保人缴纳的全部保费都作为保费收入予以确认。

（三）分红保险专用资金账户

由于分红保险具有分配保险公司投资、经营成果的特点，因此保险公司必须对分红保险进行单独的会计核算，还要按照分红保险的不同险种进行独立核算，以便确定红利的金额和来源。保险公司应该为分红保险业务按险种设置分红专用资金账户，分红保险保费收入、保险金给付和投资收益分配等资金往来都直接计入该账户；期末，保险公司还应该按险种独立编制资产负债表、利润表和现金流量表。

需要注意的是，虽然分红保险应该设置专用资金账户进行独立核算，但是专用资金账户的作用在于方便计算出分红保险的盈余向保单持有人分配的份额；独立编制的资产负债表、利润表和现金流量表也是为了便于对分红保险的经营投资绩效进行评价，并不是真的单独进行会计核算。在会计核算中，分红保险与其他传统寿险一样，只是增加了红利支付的核算，以及应付红利准备金、未分配红利准备金的核算。

（四）红利的计算

红利的计算思路就是将分红保险专用资金账户进行单独核算，用保费收入和投资收益等全部收入减去保险赔付支出、佣金、管理费等费用支出，从而得出分红保险的可分配盈余，再按照分红比例计算出应分配给保单持有人的红利。保险公司还应进一步将可分配盈余细分为死差益、利差益和费差益，本书不再进一步说明。

1. 分红保险的收入

分红保险的收入包括分红保险的保费收入，以及运用分红保险资金所获得的投资收益。关于投资收益的确认有以下几点需要注意：

（1）对于与非分红险资金合并投资所获得的收益，应该按照投资金额的比重进行分配。

（2）对于拆借资金进行投资所获得的收益，应全部计入投资收益，但应同时确认相应的利息费用。

（3）对于分红保险内部合并投资所获得的收益，应按照各分红险种的责任准备金比重进行分配。

2. 分红保险的支出

分红保险的支出包括保险金的给付、佣金、管理费、利息费用、投资成本等。其中，因为分红保险采用固定费用率，所以佣金、管理费等支出直接计入分红保险业务成本，不涉及各险种分摊的问题。投资成本即运用分红保险资金中发生的各项投资费用，必须按照投资金额确定比重并在各分红保险险种之间分摊。拆借投资所支付的利息费用，则必须按照实际占用天数和公司规定的相关利率在各分红保险险种之间分摊。

3. 分红比例

分红比例是指分配给保单持有人的红利占公司可分配盈余的比例。中国保监会规定，保险公司每一会计年度向分红保单持有人实际分配盈余的比例不低于当年可分配盈余的70%。

二、红利支付的核算

(一) 红利计提的核算

1. 红利的计提

红利的计提是指在计算出分红保险可供分配的盈余之后,按照一定的比例提取盈余作为红利向保单持有人进行分配的过程。注意区别红利的计提与将公司的经营利润向股东分配股利。向股东分配股利是一种利润分配的行为,是通过权益类科目"利润分配——应付股利"和负债类科目"应付股利"核算的;而红利的计提是核算公司按照保险合同对保单持有人的一项负债,是当期损益的构成部分,应通过损益类科目和负债类科目核算。

2. 科目设置

为了核算红利的计提,保险公司应设置损益类科目"保单红利支出"和负债类科目"应付保单红利"。

(1) "保单红利支出"科目。"保单红利支出"科目用于核算保险公司按原保险合同约定支付给投保人的红利。该科目属于损益类科目,借方登记按原保险合同约定计提的应支付的保单红利,贷方登记期末结转至"本年利润"科目的数额,结转后该科目无余额。该科目应按照现金领取、累积生息、缴清增额保险、抵缴保费设置明细科目。

(2) "应付保单红利"科目。"应付保单红利"科目用于核算保险公司按原保险合同约定应付未付投保人的红利。该科目属于负债类科目,贷方登记按原保险合同约定计提的应支付的保单红利,借方登记向保险人支付的保单红利。该科目期末余额在贷方,反映保险公司应付未付投保人的红利。该科目可按投保人进行明细核算,也可以按照现金领取、累积生息、缴清增额保险、抵缴保费设置明细科目。

(3) "长期应付款"科目。"长期应付款"科目应下设"应付累积生息"二级科目,用于反映分红保险业务中采用累积生息方式给付红利情形下发生的本金和利息。

3. 账务处理

在确认计提保单红利时,保险公司应借记"保单红利支出"科目,贷记"应付保单红利"科目,即确认一项成本费用在期末转入"本年利润"科目,同时确认一项对保单持有人的负债,待实际支付红利时再冲销。保险公司应按照红利派发的方式在"保单红利支出"科目和"应付保单红利"科目下设置明细科目。

(二) 红利派发的核算

1. 红利派发的方式

分红保险红利派发的方式分为以下几种:

(1) 现金红利。现金红利是指通过现金形式直接向保单持有人派发红利。

(2) 红利累积生息。红利累积生息是指红利继续留存于保险公司,按照保险合同事先约定的方法每年确定一次累积生息的利率,保单持有人可以在保险期限内申请领取,也可以在合同终止时领取。

(3) 红利抵缴保费。红利抵缴保费是指使用红利抵缴下一期的保费,若抵缴后仍有余额,则可以用于抵缴以后各期应缴的保费,也可以按照合同的约定使用其他给付方式。

(4) 红利购买缴清增额保险。红利购买缴清增额保险是指使用红利作为趸缴保费,按照被保险人当时的年龄,购买同种保险以增加保额,获得更多的保险保障。

2. 账务处理

(1) 支付现金红利时,保险公司按实际支付的现金红利确认"库存现金""银行存款"的减少,同时冲销在计提红利时确认的"应付保单红利"。

(2) 支付累积生息红利时,保险公司应贷记"长期应付款——应付累积生息本金"科目,同时冲销"应付保单红利"科目。从实际支付红利时(确认"长期应付款"时)开始计息,累积生息利率按合同约定每期确定一次,期末贷记"长期应付款——应付累积生息利息"科目,同时借记"利息支出"科目。在实际支付累积本息时,按实际支付金额贷记"库存现金""银行存款"科目,借记"长期应付款"科目。

(3) 支付抵缴保费红利时,保险公司应将红利确认为公司的保费收入,贷记"保费收入"科目,借记"应付保单红利"科目。

(4) 支付购买缴清增额保险红利时,保险公司应将红利确认为公司的保费收入,贷记"保费收入"科目,借记"应付保单红利"科目。

三、核算举例

例 5-1 A 保险公司期末计算得出分红保险 M 的可分配盈余为 4 000 000 元,分红比例为 90%,红利全部采用现金领取方式。会计分录如下:

(1) 计提保单红利支出时

借:保单红利支出——分红保险 M   3 600 000

   贷:应付保单红利——现金领取   3 600 000

(2) 现金支付红利时

借:应付保单红利——现金领取   3 600 000

   贷:库存现金   3 600 000

例 5-2 陈某在 A 保险公司购买分红保险,保单年度末,保险公司计算出应支付给陈某红利为 1 000 元,红利支付采用累积生息方式,红利于 12 月 1 日支付。当年的累积利率为 3%,按月单利计算。会计分录如下:

(1) 计提保单红利支出时

借:保单红利支出——累积生息   1 000

   贷:应付保单红利——累积生息——陈某   1 000

(2) 12 月 1 日支付红利时

借:应付保单红利——累积生息——陈某   1 000

   贷:长期应付款——应付累积生息本金——陈某   1 000

(3) 12 月 31 日,累积利息为 2.5 元(1 000×3%÷12)

借:利息支出   2.5

   贷:长期应付款——应付累积生息利息——陈某   2.5

如果陈某在下年 1 月 1 日申请提取累积生息的本金和利息,则会计分录如下:

借:长期应付款——应付累积生息本金——陈某	1 000	
——应付累积生息利息——陈某	2.5	
贷:库存现金		1 002.5

例 5-3 李某在 A 保险公司购买分红保险,保单年度末,保险公司计算出应支付给李某红利为 400 元,红利支付采用抵缴保费的方式,并约定红利超过保费的部分采取累积生息的方法支付。如果李某当期的保费为 350 元,则会计分录如下:

(1) 计提保单红利支出时

借:保单红利支出——抵缴保费	350
——累积生息	50
贷:应付保单红利——抵缴保费——李某	350
累积生息——李某	50

(2) 实际支付红利时

借:应付保单红利——抵缴保费——李某	350
贷:保费收入	350
借:应付保单红利——累积生息——李某	50
贷:长期应付款——应付累积生息本金——李某	50

例 5-4 张某在 A 保险公司购买分红保险,保单年度末,保险公司计算出应支付给张某红利为 3 000 元,红利采用缴清增额方式支付。会计分录如下:

(1) 计提保单红利支出时

借:保单红利支出——缴清增额	3 000
贷:应付保单红利——缴清增额——张某	3 000

(2) 实际支付红利时

借:应付保单红利——缴清增额——张某	3 000
贷:保费收入	3 000

第二节 投资连结保险的核算

一、投资连结保险概述

(一) 投资连结保险的概念与特点

投资连结保险是指包含保障功能并至少在一个独立投资账户内拥有一定资产价值的保险产品,是一种将传统寿险的保障功能与投资理财功能相结合的新型寿险。

与传统寿险相比,投资连结保险具有以下特点:

(1) 投资账户独立核算,投保人可选择账户投向。投资连结保险中一个重要的概念就是独立投资账户单位。投保人缴纳的保费只有一部分是用于购买保险保障,其余部分则是用于购买独立投资账户单位,以便获得投资增值。投保人可以随时买入或者卖出独立投资账户单位,也可以使用独立投资账户余额抵缴保费。投资连结保险的投资账户属于独立账户资产,这是投资连结保险区别于传统寿险的最大特点。独立投资账户不具有保险保障的功能,本质上是一种代理理财的业务,会计上应该从保险业务整体中分离出来,设立独立账户单独列示,作为独立账户资产进行处理,投资风险都由保单持有人承担。因此,对于独立账户中的资产,保单持有人也可以随时选择卖掉投资账户单位提取现金或者用于抵缴保费。另外,保险公司一般会设置多个不同投资策略和风险程度的投资账户(如激进型、稳健型等)供投保人选择,投保人可以随时在各个账户之间转换资金。

(2) 无固定利率,收益不保证。传统寿险的投资收益率使用固定利率,由保险合同事先约定,保单持有人不承担投资风险。投资连结保险缴纳的保费分为保障和投资两个部分,保障部分收益率固定,投资风险由保险公司承担;而投资部分的资金虽然由保险公司负责投资运作,但是投资风险由保单持有人承担。

(3) 风险保费采用自然费率。风险保费是指投保人用于购买保险保障所缴纳的保费。投资连结保险每期所需缴纳的风险保费采用自然费率,即在保单有效期内随着保险事故发生概率的增大而逐渐增加保费。而传统寿险为了将保费与投保人的缴费能力匹配,一般采用水平费率。

(4) 保费固定,保额可变。投资连结保险每期缴纳的保费是固定的,但是由于风险费使用自然费率,投保人可以改变所缴保费中划入投资账户的金额以改变所缴纳的风险保费,进而改变投保金额(通常要保证一个最低限额)。

(5) 各项费用更加透明。由于保费必须在两个甚至更多的账户之间进行分摊,因此要明确地核算各项费用,保单持有人可以获得各项费用明细的信息,包括佣金、保险公司管理费用、风险保费、保单管理费、资产管理费、手续费等。

(二) 投资连结保险保费收入的确认及核算

投资连结保险属于混合保险合同,保险人既承保了保险风险也承保了其他风险,且两种风险能够区分并单独计量,所以必须将合同拆为保险合同和资金托管合同,投保人缴纳的保费中划入投资账户的部分不能确认为保费收入,只有为了转移保险风险而支付的风险保费才能确认为保费收入。

为了核算投资连结保险,保险公司应该设置独立投资账户,单独建账、单独管理。保费收入扣除初始费用之后应全部划入独立投资账户,然后将用于支付保险保障的风险保费从独立投资账户中划出,剩余资金即为用于投资的资金,独立于保险公司的资产进行核算。对于保险公司,风险保费从独立投资账户资产中划出之后应确认为保费收入,这部分的其他业务的核算方法与传统寿险一致。本节主要介绍如何核算独立投资账户资产。

(三) 投资连结保险的独立投资账户与分红保险专用资金账户的比较

投资连结保险的独立投资账户与分红保险专用资金账户都是分险种进行单独运作,单独核算投资收益和财务状况,不与其他险种资金或保险公司的自有资金混合运作(可以进行共同投资或资金拆借)。但是两者的差别在于:投资连结保险的独立投资账户是作为独立账户资产进行核算的;而分红保险专用资金账户只是为了核算应分配红利和资产负债的匹配而设置的,实际上还是作为公司的资产进行核算的。

(1) 投资连结保险的独立投资账户的投资风险由保单持有人承担,保险公司不保证收益;而分红保险专用资金账户的投资收益由保险公司保底,超过预定收益的部分以红利形式返还保单持有人。

（2）保险公司必须为投资连结保险的独立投资账户单独设立资金账户，且不以保险公司作为户头开户，所以独立投资账户不承担保险公司的经营风险，即使保险公司发生破产清算也不涉及这一部分的资产；相反，分红保险专用资金账户是以保险公司作为户头开户的，应该承担保险公司的经营风险。

二、独立投资账户的核算

投资连结保险的独立投资账户是作为独立账户资产进行核算的，可以理解为保险公司替保单持有人支付保费并对剩余资产进行投资。为了核算独立投资账户，保险公司必须设置"独立账户资产""独立账户负债"两个科目。"独立账户资产"科目代表资产的价值，"独立账户负债"科目代表资产的所有权为保单持有人，两者相等表示全部的资产归保单持有人所有。投资连结保险独立投资账户在核算上与保险公司其他资金进行相同业务的会计分录是一致的，差别只是在于其核算都是在"独立账户资产"和"独立账户负债"两个大科目下的相关明细科目进行的。

1."独立账户资产"科目

"独立账户资产"科目用于核算保险公司对分拆核算的投资连结产品中不属于风险保障部分所确认的独立账户资产价值。该科目属于资产类科目，借方登记向独立账户划入的资金、将独立账户进行投资的价值及独立账户估值增值，贷方登记支付独立账户资产的价值及独立账户估值减值，期末余额在借方，反映公司确认的独立账户资产价值。该科目应可按资产类别进行明细核算。

2."独立账户负债"科目

"独立账户负债"科目用于核算保险公司对分拆核算的投资连结产品中不属于风险保障部分所确认的独立账户负债。该科目属于负债类科目，贷方登记向独立账户划入的资金及独立账户估值增值，借方登记独立账户估值减值、按照独立账户计提的保险费和管理费及支付独立账户资产的价值，期末余额在贷方，反映公司确认的独立账户负债。该科目应按负债类别进行明细核算。

（一）销售投资连结保险产品的核算

销售投资连结保险、收取保费之后，保险公司应将扣除初始费用后的余额计入独立投资账户，借记"独立账户资产——银行存款及现金"科目，贷记"独立账户负债——某客户"科目，可以理解为保险公司替保单持有人建立其资产负债表，全部资产（负债）即为投入独立投资账户的金额。对于初始费用，保险公司应借记"银行存款"或"库存现金"科目，贷记"其他业务收入——初始费用"科目。保险公司应对合同进行分拆，将所收取的全部保费分拆为风险保障保费和用于投资的金额。按照风险保费的金额确认保险公司的保费收入，借记"银行存款"或者"库存现金"科目，贷记"保费收入"科目；同时，贷记"独立账户资产——银行存款及现金"科目，借记"独立账户负债——某客户"科目，即从独立账户资产中划出缴纳的风险保费，并减少对保单持有人的独立账户负债。

（二）独立账户资金投资的核算

保险公司进行独立账户投资时，相当于使用银行存款或者现金购买投资产品，如债券、股票等。所以,保险公司应该借记"独立账户资产——债券、股票等"科目,贷记"独立账户资产——银行存款及现金"科目。注意,如果所购买的投资产品的价款中含有已经宣布派发的股利或者债券的应计利息,则应将其确认为"独立账户资产——应收股利"或"独立账户资产——应计利息",并不确认为投资的股票或者债券的价值。

出售独立账户投资时,相当于卖出债券、股票等获得银行存款或者现金。所以,保险公司应借记"独立账户资产——银行存款及现金"科目,贷记"独立账户资产——债券、股票等"科目。注意,对于购买债券或者股票时确认的应收股利或利息,如果卖出时仍未派发,则保险公司应该从卖价中扣除,按照卖价与应收股利或利息的差额借记"独立账户资产——债券、股票等"科目,同时贷记"独立账户资产——应收股利"或"独立账户资产——应计利息"。

(三)独立账户资金投资估值的核算

由于保单持有人随时可以选择购买更多投资单位或者卖出部分投资单位,因此保险公司应该定期对独立投资账户单位进行估值(至少应每周进行一次估值)。估值时,独立投资账户中的资产应类似于交易性金融资产进行核算,即确认资产和负债的浮盈、浮亏,具体的估计原则如下:

(1)除开放式基金外的任何上市流通的有价证券,保险公司应以其在证券交易所挂牌的市价(平均价或收盘价)估值;估值日无交易的,以最近交易日的市价估值。对于开放式基金,保险公司应以其公告的基金单位净值估值。

(2)独立账户持有的处于募集期内的证券投资基金,保险公司应按其成本估值。

(3)若有确凿证据表明按上述方法进行估值不能客观地反映其公允价值,则保险公司应根据具体情况、按最能反映公允价值的价格估值。

估值后,对于浮盈和浮亏,保险公司必须同时确认资产和负债,在"独立账户资产"科目和"独立账户负债"科目下分别设置二级科目"估值",以反映资产和负债的增加或减少为浮盈或浮亏,并未真实实现。按照估值增值,借记"独立账户资产——估值"科目,贷记"独立账户负债——估值"科目;按照估值减值,借记"独立账户负债——估值"科目,贷记"独立账户资产——估值"科目。

当实现浮盈、浮亏时,保险公司应将"独立账户负债——估值"的相应金额转入"独立账户负债——某客户",同时将"独立账户资产——估值"转入"独立账户资产——银行存款及现金"。当期投资者申请部分领取时,领取金额应以"独立账户负债"科目中该客户明细账的金额为上限,不能领取"独立账户资产——估值"中的金额。

(四)投资管理费的核算

保险公司应对独立账户计提管理费,即保单持有人向保险公司支付资产管理费。资产管理费的账务处理类似于其他业务收入,保险公司应借记"银行存款"科目,贷记"其他业务收入——投资管理费"科目。对于独立账户,资产减少的同时对保单持有人的负债也相应减少,保险公司应借记"独立账户负债——某客户"科目,贷记"独立账户资产——银行存款及现金"科目。

（五）独立账户资金抵缴保费的核算

保单持有人可以使用独立账户中的资金缴纳保费，将独立账户中的资金划给保险公司作为保费收入。对保险公司来讲，收到保费应借记"银行存款"科目，贷记"保费收入"科目。对独立账户来讲，资产减少的同时对于保单持有人的负债也相应减少，保险公司应借记"独立账户负债——某客户"科目，贷记"独立账户资产——银行存款及现金"科目。

（六）独立账户资金提取的核算

保单持有人提取独立账户资金时，独立账户资产和负债同时减少，保险公司应借记"独立账户负债——某客户"科目，贷记"独立账户资产——银行存款及现金"科目。

三、核算举例

例 5-5 2016 年 7 月 5 日，刘某在 A 保险公司购买投资连结保险，缴纳首期保费为 6 000 元，保费按季度缴纳。经过合同分拆，确认保费收入为 400 元，初始费用为 100 元，用于购买投资账户单位为 5 500 元。会计分录如下：

借：银行存款	100
贷：其他业务收入——初始费用	100
借：独立账户资产——银行存款及现金	5 900
贷：独立账户负债——刘某	5 900
借：独立账户负债——刘某	400
贷：独立账户资产——银行存款及现金	400
借：银行存款	400
贷：保费收入——投资连结保险	400

例 5-6 承例 5-5，一个月后的 8 月 4 日，A 保险公司计算确定刘某的投资连结保险独立账户在这一个月中应向保险公司支付投资管理费为 30 元。会计分录如下：

借：独立账户负债——刘某	30
贷：独立账户资产——银行存款及现金	30
借：银行存款	30
贷：其他业务收入——投资管理费	30

例 5-7 承例 5-5，一个季度后的 10 月 4 日，刘某缴纳保费 6 000 元，希望将保额提高到原来的两倍，经过精算后风险保费提高到 900 元，其余资金用于购买投资账户单位。会计分录如下：

借：独立账户资产——银行存款及现金	6 000
贷：独立账户负债——刘某	6 000
借：独立账户负债——刘某	900
贷：独立账户资产——银行存款及现金	900
借：银行存款	900
贷：保费收入——投资连结保险	900

例 5-8 承例 5-7,10 月 28 日,刘某的独立投资账户中可使用的金额为 11 000 元,刘某申请提取 5 500 元,并用其中 500 元趸缴购买重大疾病附加险。会计分录如下:

借:独立账户负债——刘某　　　　　　　　　　　　　　　5 500
　　贷:独立账户资产——银行存款及现金　　　　　　　　　　5 500
借:银行存款　　　　　　　　　　　　　　　　　　　　　　500
　　贷:保费收入——重大疾病附加险　　　　　　　　　　　　500

例 5-9 2016 年 4 月 20 日,A 保险公司使用 M 投资连结保险的独立账户资金 2 000 000 元购买股票 100 000 股,每股 20 元,每股有 1 元已经宣告但尚未派发的股利。4 月 27 日为估值日,股票升值为 22 元/股;5 月 4 日为估值日,股票减值为 21 元/股;5 月 7 日,A 保险公司出售股票,每股 24 元,股利尚未派发。会计分录如下:

(1) 4 月 20 日

借:独立账户资产——股票　　　　　　　　　　　　　　1 900 000
　　　　　　　　——应收股利　　　　　　　　　　　　　100 000
　　贷:独立账户资产——银行存款及现金　　　　　　　　 2 000 000

(2) 4 月 27 日

借:独立账户资产——估值　　　　　　　　　　　　　　　200 000
　　贷:独立账户负债——估值　　　　　　　　　　　　　　200 000

(3) 5 月 4 日

借:独立账户负债——估值　　　　　　　　　　　　　　　100 000
　　贷:独立账户资产——估值　　　　　　　　　　　　　　100 000

(4) 5 月 7 日

借:独立账户资产——银行存款及现金　　　　　　　　　 2 400 000
　　贷:独立账户资产——股票　　　　　　　　　　　　　 1 900 000
　　　　　　　　　——应收股利　　　　　　　　　　　　　100 000
　　　　　　　　　——估值　　　　　　　　　　　　　　　100 000
　　　　独立账户负债——M 投资连结保险的客户　　　　　　300 000
借:独立账户负债——估值　　　　　　　　　　　　　　　100 000
　　贷:独立账户负债——M 投资连结保险的客户　　　　　　100 000

第三节　万能寿险的核算

一、万能寿险概述

万能寿险是指包含保险保障功能,至少在一个投资账户拥有一定资产价值并确保投保人享有账户余额的本金和一定利息的理财产品。万能寿险有以下特点:

(1) 投资账户独立核算。与投资连结保险类似,万能寿险合同具有保险保障和委托投资的双重性质,必须进行分拆。

(2) 保费灵活、保额可调。与投资连结保险固定保费不同,万能寿险的投保人可以根据不同时期的保障需求和支付能力调节保费,甚至在保单所累积的现金价值能够保证保单有效时可以选择停止缴纳保费。保险金额也可以按照保险合同的规定进行一定的调整。万能寿险缴费和保额的灵活性是其最大的特点,也是"万能"两字的体现。

(3) 保底条款。与投资连结保险不同的是,万能寿险投资收益有最低保证,投资账户资产的投资风险并非完全由保单持有人承担,保险公司对投资收益进行保底,替保单持有人承担超过保单预定金额的损失。这使得万能寿险比投资连结保险更加稳健。

二、万能寿险的会计处理

万能寿险投资账户资金通过负债类科目"保户储金及投资款"进行核算,并按险种设置明细账。在收到万能寿险保费时借记"银行存款",贷记"预收保费";合同生效时借记"预收保费",贷记"保费收入"(风险保费)、"其他业务收入"(初始费用),以及"保户储金及投资款";保险公司定期评估万能寿险保证利率和结算利率,确认应支付给客户的保底收益和超额收益,借记"其他业务支出",贷记"保户储金及投资款";发生业务支出(属于非保险风险部分)时,借记"保户储金及投资款",贷记"其他应付款",实际支付时借记"其他应付款",贷记"银行存款";发生退保时借记"保户储金及投资款",贷记"其他业务收入"(退保费用),以及"银行存款"。此外,使用万能寿险资金投资时如同自有资金投资,遵照金融资产核算规定,使用"交易性金融资产""持有至到期投资"等科目。

三、核算举例

例 5-10 张某在 A 保险公司购买万能寿险,缴纳首期保费为 3 000 元,其中初始费用为 300 元。经过精算确定,风险保费为 200 元,其余资金转入独立投资账户。会计分录如下:

借:银行存款	3 000
贷:其他业务收入——初始费用	300
保户储金及投资款	2 500
保费收入——万能寿险	200

例 5-11 承例 5-10,一年后,A 保险公司确认应支付给张某的保底收益和超额收益共 200 元,同时投资账户发生业务支出 100 元。会计分录如下:

借:其他业务支出	200
贷:保户储金及投资款	200
借:保户储金及投资款	100
贷:其他应付款	100

例 5-12 2016 年 3 月 10 日,A 保险公司使用万能寿险 N 投资账户资金 5 000 000 元购买 B 公司股票,市价 10 元/股,含有已宣告发放的现金股利 1 元。4 月 10 日收到现金股利。4 月 15 日,A 保险公司出售股票,价格为 11 元/股。会计分录如下:

(1) 3 月 10 日

借:交易性金融资产——成本	4 500 000
应收股利——B 公司	500 000
贷:保户储金及投资款	5 000 000

(2) 4 月 10 日

借:保户储金及投资款	500 000
贷:应收股利——B 公司	500 000

(3) 4月15日

借:保户储金及投资款　　　　　　　　　　　　　　　　　5 500 000
　　贷:交易性金融资产——成本　　　　　　　　　　　　　　4 500 000
　　　　　　　　　　——公允价值变动　　　　　　　　　　　1 000 000

第四节　保户储金和保户投资金的核算

一、保户储金的核算

保户储金是指保险公司以储金本金增值作为保费收入的保险业务收到的保户缴存的储金。保险期满时,无论保险事故是否发生,储金都应该返还保户。因此,从本质上说,保户储金本身不是保费收入,而是保险公司对保户的一项负债,具有保险和储蓄的双重性质。保险公司收到保户储金时,将其存入银行或进行其他投资,获得的利息收入或投资收益作为保费收入。

保险公司应设置"保户储金"科目核算公司收到的投保人以储金本金增值作为保费收入的储金。该科目属于负债类科目,贷方登记收到保户的储金,借方登记返还的储金,余额在贷方,反映保险公司尚未返还保户的储金。该科目应按储金类型、投保人及险种设置明细账。

例 5-13　2016年5月20日,保户谢某在A保险公司投保3年期家财两全险,缴存储金为50 000元。A保险公司将储金存入银行专户。预定年利率为1.5%,单利计息,3年后一次还本付息。A公司应编制会计分录如下:

(1) 收到保户储金时

借:银行存款——储金专户　　　　　　　　　　　　　　　　50 000
　　贷:保户储金——家财两全险——谢某　　　　　　　　　　50 000

(2) 按预定年利率计算应计利息,转作保费收入

借:应收利息　　　　　　　　　　　　　　　　　　　　　　　　750
　　贷:保费收入——家财两全险　　　　　　　　　　　　　　　750

(3) 3年后保单到期,专户存储的定期存单转为活期存款,归还保户储金

借:银行存款——活期户　　　　　　　　　　　　　　　　　52 250
　　贷:银行存款——储金专户　　　　　　　　　　　　　　　50 000
　　　　应收利息　　　　　　　　　　　　　　　　　　　　 1 500
　　　　保费收入——家财两全险　　　　　　　　　　　　　　　750
借:保户储金——家财两全险——谢某　　　　　　　　　　　50 000
　　贷:银行存款——活期户　　　　　　　　　　　　　　　　50 000

二、保户投资金的核算

保户投资金是指投资保障型的保险业务收到保户缴存的应返还的投资本金。相比保户储金,投资保障型的保险业务既有对保险标的的风险保障,也有投资回报。保险公司的保费从投资收益中获得。保险期满时,无论保险事故是否发生,保户都可获得投资金本金和投资收益。

（一）预定收益型保户投资金的核算

对于预定收益型保户投资金的核算，应设置"保户投资款"科目，该科目属于负债类科目，贷方登记保险公司收到保户缴存的投资金，借方登记返还的投资金，余额在贷方，反映保险公司尚未返还给保户的投资金。该科目应按险种、投保人设置明细账。

例 5-14 2016 年 10 月 1 日，保户汪某购买 A 保险公司 3 年期投资保障型家庭财产险。保险投资金为 20 000 元，年保费为 100 元。A 保险公司将保险投资金存入银行，年利率3%。本期 A 保险公司从投资账户中划转风险保费 40 元，并支付保户红利 200 元，提取账户管理费 150 元，从保户投资金中直接扣除。A 保险公司应编制会计分录如下：

（1）收到保户投资金时

借：银行存款　　　　　　　　　　　　　　　　　　20 000
　　贷：保户投资款——汪某　　　　　　　　　　　　　　20 000

（2）合同成立，确认总保费

借：应收利息——风险保费　　　　　　　　　　　　　300
　　贷：保费收入　　　　　　　　　　　　　　　　　　　300

（3）每月计算应付保户红利

借：应收利息——保户红利　　　　　　　　　　　　　50
　　贷：应付保单红利——汪某　　　　　　　　　　　　　50

（4）本期划转风险保费时

借：利息支出——风险保费支出　　　　　　　　　　　40
　　贷：应收利息——风险保费　　　　　　　　　　　　　40

（5）本期支付保户红利时

借：利息支出——保户红利支出　　　　　　　　　　　200
　　贷：应收利息——保户红利　　　　　　　　　　　　　200
借：应付保单红利——汪某　　　　　　　　　　　　　200
　　贷：银行存款　　　　　　　　　　　　　　　　　　　200

（6）提取账户管理费时

借：保户投资款——汪某　　　　　　　　　　　　　　150
　　贷：其他业务收入——管理费收入　　　　　　　　　　150

（7）期满返还保户投资金时

借：保户投资款——汪某　　　　　　　　　　　　　　20 000
　　贷：银行存款　　　　　　　　　　　　　　　　　　　20 000

（二）非预定收益型保户投资金的核算

对于非预定收益型保户投资金，类似寿险中的投资连结险，只是使用的会计科目不同。具体的会计处理方法如下：

（1）收取投资金时，应当按照规定备份保单净投资金和代收申购费金额，借记"银行存款"，贷记"其他应付款——投资金""其他应付款——代扣申购费"。

(2) 实际支付申购费时，借记"其他应付款——代扣申购费"，贷记"银行存款"。

(3) 保险合同生效时，由核算单位按每份保单计算总保费和确认相关申购期利息，借记"投资收益"，贷记"保费收入""其他应付款——投资金"。

(4) 保单起保日七日之内，分公司将"其他应付款——投资金"科目余额逐级上划总公司，借记"其他应付款——投资金"，贷记"系统往来"；总公司做相反的会计分录。

(5) 总公司按照规定日期，将本产品投资金及对应的"其他应付款——投资金"余额划转至资产管理人，借记"其他应付款——投资金"，贷记"银行存款"。

(6) 资产管理人按照收到的现金，借记"独立账户资产——银行存款及现金"，贷记"独立账户负债"。在实际进行投资时，借记"独立账户资产——股票或基金等"，贷记"独立账户资产——银行存款及现金"。后续相关独立账户资产投资的核算参照投资连结保险。

(7) 保单起保后，由总公司每季度末按照最后一个估值日公布的产品净值与规定的资产管理费及保险服务费计提比例，计算应提取的属于保险公司的投资收益，借记"其他应收款——资产管理公司"，贷记"投资收益"。次月，总公司根据分公司上月末所属份额，将投资收益逐级下划，借记"投资收益"，贷记"系统往来"；分公司做相反的会计分录。

(8) 总公司收到托管人支付的资产管理费及保险服务费时，应借记"银行存款"，贷记"其他应收款——资产管理公司"。

(9) 总公司收到托管人划回的退保及满期赎回资金及产品净值时，借记"银行存款"，贷记"其他应付款——投资金"；同时将"其他应付款——投资金"科目余额对应的资金按照相关规定逐级下划，借记"其他应付款——投资金"，贷记"银行存款"。分公司做相反的会计分录。

(10) 发生退保赎回和满期赎回时，按照赎回金额借记"其他应付款——投资金"，贷记"银行存款"。赎回期结束后，"其他应付款——投资金"科目应无余额。

例 5-15 2016 年 1 月 20 日，王某在 A 保险公司购买了一款投资型非寿险产品，为非预定收益型，缴纳首期保费为 5 000 元，保费按年度缴纳。经过合同分拆，确认其中保费收入为 500 元，初始费用为 200 元，用于购买投资账户单位为 4 300 元。会计分录如下：

借：银行存款　　　　　　　　　　　　　　　　　　　　　　　5 000
　　贷：其他应付款——投资金　　　　　　　　　　　　　　　4 300
　　　　保费收入　　　　　　　　　　　　　　　　　　　　　　500
　　　　其他业务收入——初始费用　　　　　　　　　　　　　　200

例 5-16 承例 5-15，第一季度末的 3 月 31 日，A 保险公司计算应提取的属于保险公司的投资收益为 100 元。会计分录如下：

借：其他应收款——资产管理公司　　　　　　　　　　　　　　100
　　贷：投资收益　　　　　　　　　　　　　　　　　　　　　100

例 5-17 承例 5-15，10 月 4 日，王某退保，此时投资账户余额为 4 700 元。会计分录如下：

借：其他应付款——投资金　　　　　　　　　　　　　　　　4 700
　　贷：银行存款　　　　　　　　　　　　　　　　　　　　4 700

关键词

投资型保险产品　分红保险　投资连结保险　万能寿险　保户储金　保户投资金　独立投资账户资产　独立投资账户负债

本章小结

1. 分红保险是指公司将实际经营成果优于定价假设的盈余、按照一定比例向保单持有人进行分配的寿险产品。分红保险的保单持有人不但可以获得保险公司的保障,还可以分享保险公司的经营投资成果,而死差益、费差益、利差益构成分红保险的红利来源。

2. 投资连结保险是指包含保障功能并至少在一个独立投资账户内拥有一定资产价值的保险产品,是一种将传统寿险的保障功能与投资理财功能相结合的新型寿险。

3. 与投资连结保险类似,万能寿险合同具有保险保障和委托投资的双重性质,必须进行分拆。但与投资连结保险不同的是,万能寿险的保费灵活、保额可调,而且保底投资收益。

4. 保户储金是指保险公司以储金本金增值作为保费收入的保险业务收到的保户缴存的储金。保户投资金是指投资保障型的保险业务收到保户缴存的应返还的投资本金。相比保户储金,投资保障型的保险业务既有对保险标的的风险保障,也有投资回报。

思考与练习

1. 简述分红保险业务的会计核算的基本规定和科目设置。
2. 投资连结保险和万能寿险的区别有哪些?
3. 保户储金和保护投资金的区别是什么?
4. 投资连结保险的独立投资账户怎样估值?

第六章　再保险业务

‖本章概要‖

　　本章围绕再保险业务的核算展开,简述了再保险的基本概念和作用、合同形式、业务方式及其与原保险的关系。本章的重点在于再保险分出业务和分入业务的会计核算,包括分出保费、存入分保保证金、分保费收入、存出分保保证金等重要项目。

‖学习目标‖

1. 了解再保险业务的基本概念和作用
2. 掌握再保险分出业务的核算内容和方法
3. 掌握再保险分入业务的核算内容和方法

第一节　再保险业务概述

一、再保险的概念和特点

1. 再保险的基本概念

　　再保险又称分保,是保险人将自己承担的风险责任的一部分或全部向其他保险人进行再投保的行为。再保险是对保险人的保险,是在全体保险人之间进行风险的分散。

　　在再保险业务中,习惯将分出承保风险的保险人称作原保险人或分出人,将接受分保业务的保险人称作再保险人、分入人或者分保接受人。对于分出业务的保险公司,必须向再保险分入人支付分保保费;对于分入业务的再保险公司,再保险赔付发生后,必须向原保险人摊付分保赔款。对于原保险人为获得承保业务而支付的佣金及经营管理费,再保险人应该按一定比例向原保险人进行支付,称作分保手续费或者分保佣金。如果再保险人又将接受的分保业务再分给其他保险人,这种合同称作转分保合同,双方分别称作转分保分出人和转分保接受人。另外,在有些情形中,再保险人还会从分保盈余中支付一定比例的佣金给分出人,作为对分出人经营成果良好、赔付率低的报酬,称作盈余佣金或纯益手续费。

2. 再保险的作用

　　(1) 分散风险。保险的本质是当大量同类型的保险风险汇聚时,基于大数法则,可以对实际的赔付金额进行较准确的预测。保险公司的经营风险为实际赔付与预期赔付的差额。再保险可以扩大风险池,让原保险公司承保的保险风险在更大范围内进行分散,从而更好地满足大数法则,降低保险公司的经营风险。再保险的这一作用对于承保巨灾风险等不符合可保条件的风险具有重要的意义。

（2）限制责任。通过再保险,原保险公司和再保险公司都可以根据自身的承保能力,确定自留保额和责任限额,控制各自承保的保险风险。

（3）扩大承保能力。承保能力是指原保险公司在当前自有资本金的状况下可以承担的最大保险金额。通过再保险,原保险公司可以对超过自身承保能力的大额业务进行承保,再将超额风险以再保险的形式转移到再保险公司。因此,再保险公司能帮助原保险人扩大承保能力,从而提升其业务拓展能力。

（4）形成巨额联合保险基金。由于再保险是对保险公司所承担风险的汇聚,因此通过再保险可以形成巨额的联合保险基金。在某些保险公司发生巨额赔付时,可以通过再保险由多家保险公司分摊保险赔付,以维持保险市场的稳定。

3. 再保险与原保险的关系

再保险业务是建立在原保险业务的基础上的,是在全体原保险人中进行风险分散,风险分散原理和定价方法与原保险业务一致。但是,再保险业务是一项独立的保险业务,再保险合同只对原保险人和再保险人具有约束力,而与原保险业务中的被保险人无关,具体表现为:一方面,再保险合同的再保险接受人与原保险合同的投保人和保险受益人之间不发生任何法律或者业务关系,再保险合同的再保险接受人无权向原保险合同的投保人收取保费,原保险合同的保险受益人无权直接向再保险合同的再保险接受人提出索赔要求;另一方面,原保险合同的保险人(再保险合同的再保险分出人)也不得以再保险接受人不对其履行补偿义务为借口,拒绝、减少或延迟履行其对保险受益人的赔偿或给付义务。

二、再保险的合同形式

再保险合同是指一个保险人(再保险分出人)分出一定的保费给另一个保险人(再保险接受人),再保险接受人对再保险分出人由原保险合同引起的赔付成本及其他相关费用进行补偿的保险合同。再保险合同包括四种形式:临时再保险合同、固定再保险合同、预约再保险合同和财务再保险合同。

1. 临时再保险合同

临时再保险合同又称临时分保,是指分出公司和分入公司临时商定是否分保及分保条件的再保险合同,再保险的分出人和分入人在签订临时再保险合同时都保留了充分的自由。临时再保险合同的优点是灵活性强、双方都有很大的选择余地;而它的缺点为:（1）原保险人必须在再保险业务安排完之后才能承保原保险业务,而临时再保险需要双方临时进行协商,耗费时间较长,待全部的临时分保业务协商好后很有可能失去原保险业务;（2）临时再保险合同必须逐笔安排业务,手续繁杂,增加费用。

这种合同形式适用于新开办或者不稳定的原保险业务、固定再保险合同中规定之外的或者不愿意放入固定再保险合同的业务,以及超过固定再保险合同限额或需要超赔的再保险业务。

2. 固定再保险合同

固定再保险合同又称合同分保,采用事先签订合同的方式使分出公司和分入公司自动履行再保险合同的权利与义务。固定再保险合同事先对分保的业务范围、地域范围、除外责任、合同限额和分保佣金进行规定,合同具有强制性,双方都没有自由选择的权利。与临时再保险合同相反,固定再保险合同的优点是不必逐笔安排,节省费用,操作简便快捷,不会失去原保险业务机会;而缺点是缺乏灵活性。

这种合同形式可以弥补临时再保险合同的不足,适用于长期稳定的原保险业务的再保险。

3. 预约再保险合同

预约再保险合同又称临时固定再保险合同,是介于临时分保与合同分保的一种再保险合同。通常的做法为:对于分出公司来说,在合同订明的业务种类与范围中的各项业务是否分出、分出多少可以自由决定;对于分入公司来说,对分出公司分出的业务只有接受的义务,不能拒绝。也就是说,对于再保险合同分出人没有强制性,而对于再保险合同分入人具有强制性,因此分出人必须向分入人支付更高的再保险费率。

预约再保险合同克服了临时再保险合同逐笔安排业务、手续繁杂、浪费时间的缺点,也克服了固定再保险合同缺乏灵活性的缺点,主要适用于某些特殊危险的业务,如火险和水险。

4. 财务再保险合同

财务再保险是指保险人与再保险人约定,保险人支付再保险费给再保险人,再保险人为保险人提供财务融通,并对保险人因风险所致损失负担赔偿责任的行为。本质上,就是原保险人把已有业务的利益或损失分给再保险人,由再保险人承担将来保险业务收益的风险。对于再保险人来说,一般财务再保险合同也要设定再保险人所承担累计责任风险的上限,并赋予再保险人在一定的条件下终止合同的权利。

财务再保险起源于美国的非寿险市场,原先是非寿险公司希望得到再保险公司的财务援助,降低因自然灾害发生、赔款支付过多而造成的公司财务亏损。20世纪90年代以后,人寿保险公司发现财务再保险也能够解决有关风险与资本的问题,于是将财务再保险观念应用在人寿保险业务的经营中。总体上,原保险人购买财务再保险主要是为了得到在某一时点上包括偿付能力在内的综合资金实力,保证其财务收支平衡,避免由于积累承保损失或其他经济因素变化所致的亏损或破产。与传统再保险相比,财务再保险虽然也是为保险公司提供风险转移的工具,但重点在于分担财务风险而非承保风险。实务中,财产再保险的方式多种多样,主要有比例再保险、追溯再保险及预期再保险等。

2012年7月,中国保监会发布《关于人身保险公司使用再保险改善偿付能力有关事项的通知(征求意见稿)》,明确提出寿险公司可以通过使用再保险来改善偿付能力,具体包括"年度可续保、共保和修正共保"三种形式。自此,我国保险公司可以通过财务再保险转移利差损、提高资金利用效率及适当地平衡利润。

三、再保险的业务方式

按照再保险分出人与再保险分入人对保险责任的分配方式,可以将再保险业务方式分为比例分保和非比例分保。

1. 比例分保

比例分保是指原保险人与再保险人以保险金额为基础,计算分出公司自留额及接受公司承保额的分保方式,主要包括成数分保和溢额分保。

(1) 成数分保。成数分保是指分出公司以保险金额为基础,将每个风险单位划出一个固定比例(一定成数)作为自留额,把其余的一定成数转让给分保接受人。保险费和保险赔款按统一比例在再保险分出人与分入人之间分摊。

(2) 溢额分保。溢额分保是指分出公司以保险金额为基础,将每个风险单位的一定额度作为自留额,把超过自留额(溢额)的部分转移给分入公司。分入公司按照所承担的溢额占总保险金额的比例收取分保费,并摊付分保赔款。

2. 非比例分保

非比例分保又称超额损失再保险,是一种以赔款为基础计算自留限额和分保责任限额的再保险,主要包括险位超赔分保、事故超赔分保和赔付率超赔分保。

(1) 险位超赔分保。险位超赔分保又称锁定损失超赔再保险,是以每一风险单位的赔款为基础,再按照成数或者限额的方法确定分出额。对于一次事故中险位超赔的赔款有以下两种计算方式:按照风险单位分别计算,没有限制;对每次事故总的赔款有限制,一般为险位限额的 2—3 倍。

(2) 事故超赔分保。事故超赔分保又称巨灾事故超赔再保险,是以一次巨灾事故中多个风险单位的累积赔款为基础计算赔款额的再保险,可以看作险位超赔再保险在空间上的扩展。关于责任的计算,关键在于如何对"一次事故"进行划分。对于持续时间较长的事故,按一次事故还是几次事故划分,在责任分摊上是不同的。例如,对于台风、洪水、地震等巨灾事故,再保险合同会以时间条款规定多长时间作为一次事故。

(3) 赔付率超赔分保。赔付率超赔分保又称累积超赔再保险,是以一定时期(如一年)的累积赔款为基础计算自留额和分出额的一种再保险,可以看作险位超赔再保险在时间上的延伸。当原保险赔款总额过高致使实际赔付率超过规定的赔付率时,超过部分由分入人摊付。其中,实际赔付率=(已发生实际赔款/满期保费)×100%。

非比例分保保费的计算比较复杂,分为变动再保险费制和固定再保险费制。在变动再保险费制下,再保险费与再保险分出公司的保险业务质量、业务数量等相关,适用于已拥有再保险业务经验的分出公司和分入公司。在固定再保险费制下,再保险费与再保险分出公司的业务质量无关,主要取决于再保险分出公司和分入公司之间协定的固定再保险费率,适用于承保的新业务或者以前没有办理过非比例再保险的业务。

3. 分保举例

例 6-1 A 保险公司与 B 再保险公司订立了 1 年期的再保险合同。一年中,A 保险公司共签订了 5 笔保单,支付了 3 笔赔款,具体信息如表 6-1、表 6-2 所示。

表 6-1 A 保险公司的原保险业务   单位:千元

承保	保险标的	保费收入	保险金额
保单 1	A 房产	10	1 000
保单 2	B 房产	75	7 500
保单 3	C 房产	45	4 500
保单 4	D 房产	90	9 000
保单 5	E 房产	70	7 000

表 6-2　A 保险公司的赔款业务　　　　　　　　　　　　　　　单位：千元

赔付	保险标的	危险事故	损失金额
赔款 1	B 房产	5 月 10 日暴雨	50
赔款 2	B 房产	6 月 20 日火灾	90
赔款 3	D 房产	6 月 20 日火灾（与赔款 2 为同一事故）	110

情况 1：再保险合同采用比例再保险中的成数再保险，分出比例为 60%。

A 保险公司支付的分出保费为：

(10 000＋75 000＋45 000＋90 000＋70 000)×60%＝174 000(元)

B 再保险公司支付的摊回赔款为：

(50 000＋90 000＋110 000)×60%＝150 000(元)

情况 2：再保险合同采用比例再保险中的溢额再保险，自留保险金额为 5 000 000 元。溢额再保险分出保费和摊回赔款的计算如表 6-3 所示。

表 6-3　溢额分保计算　　　　　　　　　　　　　　　　　单位：千元

	保费收入	保险金额	分出保险金额	分出比例(%)	分出保费	赔款金额	摊回赔款
保单 1	10	1 000	0	0.0	0	0	0
保单 2	75	7 500	2 500	33.3	25	140	47
保单 3	45	4 500	0	0.0	0	0	0
保单 4	90	9 000	4 000	44.4	40	110	49
保单 5	70	7 000	2 000	28.6	20	0	0
总计	290	29 000	8 500		85	250	96

情况 3：再保险合同采用非比例再保险中的险位超赔再保险，每一风险单位原保险公司的自负赔款责任为 60 000 元以下及 120 000 元以上的部分，一次事故中的赔款按风险单位分别计算。

险位超赔再保险摊回赔款的计算如下：

对于保单 2 来说，共发生损失 50 000＋90 000＝140 000 元，应由 A 保险公司自负的部分为 60 000 元以下及 120 000 元以上的部分，共计 60 000＋(140 000－120 000)＝80 000 元，应由 B 再保险公司摊回的赔款为 60 000 元。

对于保单 4 来说，共发生损失 110 000 元，应由 A 保险公司自负的部分为 60 000 元，应由 B 再保险公司摊回的赔款为 50 000 元。

情况 4：再保险合同采用非比例再保险中的事故超赔再保险，每一事故所发生的赔款中原保险公司的自负赔款责任为 60 000 元以下及 150 000 元以上的部分。

对于 5 月 10 日的暴雨事故，共发生损失 50 000 元，应全部由 A 保险公司自负。

对于 6 月 20 日的火灾事故，共发生损失 90 000＋110 000＝200 000 元，应由 A 保险公司自负的部分为 60 000 元以下及 150 000 元以上的部分，共计 60 000＋(200 000－150 000)＝110 000 元，应由 B 再保险公司摊回的赔款为 90 000 元。

情况 5：再保险合同采用赔付率超赔再保险，一个年度的赔付率中低于 70% 及超过 150% 的部分应由原保险公司自负。

$$\text{A 保险公司的赔付率} = \frac{50\,000 + 90\,000 + 110\,000}{10\,000 + 75\,000 + 45\,000 + 90\,000 + 70\,000} = 86.2\%$$

其中,A 保险公司应自负 70%,即

$$(10\,000 + 75\,000 + 45\,000 + 90\,000 + 70\,000) \times 70\% = 203\,000(元)$$

因为赔付率低于 150%,所以超过 70% 的部分均由 B 再保险公司支付,则摊回赔款为

$$(50\,000 + 90\,000 + 110\,000) - 203\,000 = 47\,000(元)$$

四、再保险业务核算的基本要求

1. 再保险业务与原保险业务独立核算

虽然再保险业务是建立在原保险业务的基础上的,但是两者是相互独立的合同,再保险业务的分出保费及摊回金额与原保险业务的保费收入及相关费用所反映的经济内容与实质不同,应该独立核算。

原保险保费收入是再保险分出人向投保人销售保单,并承担源自保险标的的保险风险责任所取得的收入;而分出保费则是再保险分出人向再保险接受人购买保险所付出的保费,不同于共同保险业务①各保险人之间对保费收入的分配。分出业务各项摊回金额是对再保险分出人由原保险引起的提取保险责任准备金、赔付成本及其他相关费用的补偿,而非对原保险合同受益人的直接赔偿或给付。因此,为了全面、真实地反映再保险分出人原保险业务和再保险业务的经济实质,再保险分出业务的分出保费不应直接计入原保险保费收入的借方进行抵减,再保险分出业务摊回准备金、摊回赔付成本、摊回分保费用不应直接计入原保险合同提取准备金、赔付成本、手续费佣金支出的贷方进行抵减,而应单独确认入账并在损益表中单独列报。

另外,在某些情境下,两家保险公司可能就不同的原保险合同互相进行再保险(即再保险分出人同时又是再保险分入人),这时就会形成相互的债权、债务,为了对业务进行真实、合理的反映,保险公司必须单独确认对对方的债权和债务,不能互相抵销。

2. 再保险业务的债权、债务要单独进行核算

对于同一笔再保险业务,无论是再保险分出人还是再保险接受人都可能同时产生应收分保账款和应付分保账款,双方都应该将其单独列示,不得互相抵销。但是,如果债权和债务的结算特点相同或者双方在合同中约定可以抵销,保险公司就可以按照抵销后的净额列示。

3. 再保险业务采用预估法进行核算

再保险合同的会计核算方法有两种:一是预估法,保险公司应在再保险业务相关的权利与义务发生时予以确认。例如,保险公司应在分出保费、摊回分保费用、摊回赔付成本等实际发生时确认,而不在发出分保账单时确认。二是账单法,保险公司应在再保

---

① 共同保险业务又称"共保",是指两个或两个以上保险人共同承保同一标的的同一危险、同一保险事故且保险金额不超过保险标的的价值。共保与再保险有以下差别:就分担风险而言,共同保险是风险的第一次分担,而再保险是风险的第二次分摊;就投保人与保险人之间的关系而言,在共同保险中,投保人与每个保险人之间有着直接的法律关系,而在再保险中投保人只与原保险人有着直接的法律关系,与再保险人无法律关系。因此,共保中的保费分摊是指投保人缴纳的保费在几个保险人中的分摊,而再保险中的分出保费是原保险人根据再保险合同向再保险人支付的保费。

业务相关收入、费用发出时或收到分保账单时予以确认。基于权责发生制,在会计实务中,再保险合同分出、分入业务均应采用预估法进行核算。

第二节 分保业务账单

一、分保业务账单的概念和格式

分保业务账单是保险人之间履行再保险合同约定、办理再保险业务和进行再保险资金结算的主要凭据。分保业务账单是再保险业务的原始凭证,一般由再保险分出人按季度编制。分保业务账单的借方登记再保险分入人应向分出人支付的项目,贷方登记再保险分出人应向分入人支付的项目;为了减少付款次数和不必要的付款费用,再保险双方通常按照借贷双方相抵后的余额进行支付。分保业务账单的一般格式如表6-4所示。

表6-4 分保业务账单的一般格式

借 方		贷 方	
项 目	金 额	项 目	金 额
分保赔款		分保费	
固定分保手续费		保费准备金返还	
浮动分保手续费		准备金利息	
纯益手续费			
经纪人手续费			
税款及杂项			
保费准备金扣存			
应付你方余额		应收你方余额	
合计		合计	
你方成分%		你方成分%	

二、分保业务账单的编制

1. 分保业务账单的内容

分保业务账单载明了分保业务活动,包括分保费、分保赔款、固定和浮动分保手续费、纯益手续费、经纪人手续费、税款及杂项、保费准备金扣存和返还准备金利息、余额。

(1) 分保费。分保费是指分保分出人根据分保业务计算的应向分保接受人分出的保费。当原保险单项下的保费分期收取时,分保费应分期支付。分保费的计算基础有入账保费、毛保费和净保费。

(2) 分保赔款。分保赔款分为已决和未决两种。已决分保赔款在分保业务账单的借方,未决赔款一般不计入借贷方,只在分保业务账单的备注中说明,作为一种参考提供给分保接受人。对于追回的错赔赔款,再保险分出人也要按再保险接受人的分保赔款返还,计入赔款追回款。

(3) 固定分保手续费。分保手续费也称分保佣金,是分保分出人为获得原保险业务所支付的手续费(或佣金)中应由分保接受人承担的份额。

(4) 浮动分保手续费。浮动分保手续费是根据分保分出人的赔付率情况对原手续费进行调整的手续费,其高低受到分出公司赔付率的影响,有助于激励分保分出人注重核保品质。例如,暂定手续费率为30%,对应的赔付率为65%,赔付率每高于或低于1个百分点,分保手续费就减少或增加0.5个百分点,但一般分保手续费都有上下限。

(5) 纯益手续费。纯益手续费又称盈余手续费,是指分保接受人同意在其利润的基础上付给分保分出人一定比例的报酬。纯益手续费的计算公式如下:

$$纯益手续费 = (收入项目合计 - 支出项目合计) \times 纯益手续费率$$

其中,收入项目、支出项目和纯益手续费率由合同规定。收入项目一般包括分保费收入和准备金利息收入等,支出项目一般包括分保费用支出、分保赔款支出及相关的其他税费等。

纯益手续费的计算期为按会计年度和按承保年度两种,计算基础为以赔付率为基础和以利润为基础两种。对于当年结清合同的纯益手续费账单,在年底合同结束后编制;对于当年不能结清合同的纯益手续费账单,一般在第二年年底编制,以后每年年底调整一次。

(6) 经纪人手续费。经纪人手续费是指分保业务由经纪公司安排,经纪公司收取的佣金中应由再保险分入人支付的部分。

(7) 税款及杂项。税款及杂项主要是指分保分出人按保费实际收入计算缴纳的营业税金及其他相关费用中、按照分保合同的规定应由分保接受人负担的部分。

(8) 保费准备金。保费准备金又称分保保证金,是根据分保合同、按分保费的一定比例、由分保分出公司从应付给分保接受人的保费中扣存的准备金。保费准备金的本质是未了责任的准备金,进入下一个账单期时,上一账单分出保费的保险责任到期,分出人应退还保费准备金,同时向接受人支付利息。保费准备金的目的在于一旦分保接受人的偿付能力出现问题,分保分出人就可以从所扣除的准备金中支付赔款或进行给付。针对这一业务,分保业务账单的借方和贷方分别设置保费准备金扣存、保费准备金返还与准备金利息项目。

(9) 准备金利息。准备金利息是指按分保合同规定的办法和商定利率,对扣存的保费准备金所计算的利息。在交换分保业务中,可经双方商定互免准备金利息。

(10) 余额。余额即分保业务账单中收支轧抵后表现在借方或者贷方的差额。因为分保业务账单的借贷方要平衡,所以应付给分保接受人的余额列在借方,应收分保接受人的余额列在贷方。

2. 分保业务账单的编制方法

分保业务账单有以下两种编制方法:

(1) 分保业务账单的每个项目都按分保接受人所接受的比例直接列出具体数字。例如,承保业务的总保费为10万元,某分保接受人A接受的比例为10%,那么在对分保接受人A的分保业务账单上的分保费为1万元。

(2) 对分保业务账单的每个项目都按照100%列示,同时列出某个分保接受人应接受的比例,然后计算该分保接受人应分担的金额。这种方法具有简化分保业务账单编制手续的特点,适用于几家再保险公司同时接受同一笔原保险业务的分保。

第三节 分出业务的核算

一、分出保费的核算

1. 分出保费的确认与调整

对于合约分保业务，再保险分出人应当在确认原保险合同保费收入的当期，按照相关再保险合同的约定确定分出保费，并计入当期损益。对于超额赔款再保险等非比例再保险合同，在原保险合同确定的当期只能根据保险合同确定预付分出保费金额，期末确定实际分出保费后对分出保费进行调整。再保险分出人应当在原保险合同提前解除的当期，按照相关再保险合同的约定，计算确定分出保费的调整金额，并计入当期损益。

对于临时分保业务，由于再保险合同是临时协商订立的，因此再保险合同的订立可能滞后于原保险合同。再保险分出人应在再保险合同成立时，按照再保险合同的约定计算分出保费，并计入当期损益。

预约分保业务分出保费的确认应参照临时分保业务进行处理。

2. 科目设置

为了核算再保险分出人向再保险接受人支付的分出保费，再保险分出人应该设置"分出保费"和"应付分保账款"科目。

"分出保费"科目为损益类科目，借方登记再保险分出人分出的保费，贷方登记期末结转至"本年利润"科目的金额，结转后该科目无余额。该科目应该按照险种设置明细科目。"应付分保账款"科目为负债类科目，反映应付分保账款的发生和支付情况，贷方登记分保业务中应付未付的款项，借方登记实际支付的数额和不必支付的金额，期末余额在贷方，反映再保险分出人（接受人）应付未付给再保险接受人（分出人）的款项。该科目应该按照再保险接受人（分出人）和再保险合同设置明细科目。

3. 账务处理

再保险分出人确认原保险合同保费收入的当期，应按照再保险合同的约定确定分出保费金额，借记"分出保费"科目，贷记"应付分保账款"科目。在原保险合同提前解除的当期，应按照再保险合同的约定确定分出保费的调整金额，借记"应付分保账款"科目，贷记"分出保费"科目。期末，应将"分出保费"科目余额结转至"本年利润"科目，结转后该科目无余额，分出保费的当期发生额应该单独列示在损益表中。

对于超赔再保险等非比例再保险合同，应按再保险合同的约定确定预付分出保费金额，借记"分出保费"科目，贷记"应付分保账款"科目。调整分出保费时，借记或贷记"分出保费"科目，贷记或借记"应付分保账款"科目。

4. 核算举例

例 6-2 A 保险公司与 B 再保险公司签订固定再保险合同，将合同规定范围内的原保险业务向 B 再保险公司办理分保。再保险合同自 2017 年 1 月 1 日起生效，保险责任期为 5 年。合同规定，分保比例为 20%，分保手续费为分出保费的 15%。1 月 15 日，A 保险公司签订了再保险合同范围内的原保险业务，收取保费收入为 100 000 元。该笔原保险业务在 3 月 15 日发生退保，按照合同约定，应冲销分出保费为 15 000 元。会计分录如下：

(1) 1月15日

借:分出保费　　　　　　　　　　　　　　　　　　　　　　20 000
　　贷:应付分保账款——B再保险公司　　　　　　　　　　　　　　20 000

(2) 3月15日

借:应付分保账款——B再保险公司　　　　　　　　　　　　　15 000
　　贷:分出保费　　　　　　　　　　　　　　　　　　　　　　　15 000

例 6-3　A保险公司与B再保险公司签订超额赔款再保险合同,当赔付超过10 000 000元时由B再保险公司对超出部分进行全额赔付。再保险合同自2016年1月1日起生效,保险责任期为1年。1月2日,A保险公司向B再保险公司发出的分保业务账单显示了一次性预付分保保费为3 000 000元。2016年12月31日,按照实际年度毛保费计算出A保险公司应向B再保险公司支付分出保费为4 500 000元。会计分录如下:

(1) 1月2日

借:分出保费　　　　　　　　　　　　　　　　　　　　　3 000 000
　　贷:应付分保账款——B再保险公司　　　　　　　　　　　　3 000 000

(2) 12月31日

借:分出保费　　　　　　　　　　　　　　　　　　　　　1 500 000
　　贷:应付分保账款——B再保险公司　　　　　　　　　　　　1 500 000

二、存入分保保证金的核算

1. 存入分保保证金的确认与调整

分保保证金是根据分保合同约定、按分保费的一定比例、由分保分出公司从应付给分保接受人的保费中扣存、应对分保接受人可能出现的偿付能力危机的资金,包括保费准备金和赔款准备金。再保险分出人发出分保业务账单时,确认存入分保保证金。每进入一个账单期,再保险分出人应退还上一期的分保保证金,同时向接受人支付利息。实务中,分保保证金一般留存期为12个月,在下年同期归还。

2. 科目设置

为了核算分保保证金的扣存和退还,再保险分出公司应设置"存入保证金""应付分保账款""利息支出"科目。其中,"存入保证金"科目属于负债类科目,贷方登记扣存的分保保证金,借方登记返还的分保保证金,期末余额在贷方,反映尚未返还的分保保证金。该科目应按照再保险接受人设置明细科目。

3. 账务处理

因为再保险分出人扣存和退还分保保证金的交易体现在分保业务账单中,所以再保险分出人应当在发出分保业务账单时,依据账单上的相关项目进行会计处理。按照分保业务账单中"保费准备金扣存"项目的金额,贷记"存入保证金"科目,借记"应付分保账款"科目;按照分保业务账单中"保费准备金返还"项目的金额,贷记"应付分保账款"科目,借记"存入保证金"科目;按照分保业务账单中"准备金利息"中分保保证金利息的金额,借记"利息支出"科目,贷记"应付分保账款"科目。

4. 核算举例

例 6-4 A 保险公司与 B 再保险公司签订固定再保险合同,将合同规定范围内的原保险业务向 B 再保险公司办理分保,再保险合同自 2016 年 1 月 1 日开始生效。合同规定,A 保险公司应从应付给 B 再保险公司的分保保费中扣存 60% 作为分保保证金,并按照 4% 支付利息,年单利计算。3 月 31 日,A 保险公司向 B 再保险公司发出第一季度分保业务账单,其中标明保费准备金扣存为 7 000 000 元。2016 年 6 月 30 日,A 保险公司向 B 再保险公司发出的分保业务账单中标明保费准备金返还为 7 000 000 元,准备金利息为 70 000 元。会计分录如下:

(1) 3 月 31 日

借:应付分保账款——B 再保险公司　　　　　　　　　　7 000 000
　　贷:存入保证金——B 再保险公司　　　　　　　　　　　7 000 000

(2) 6 月 30 日

借:存入保证金——B 再保险公司　　　　　　　　　　　7 000 000
　　贷:应付分保账款——B 再保险公司　　　　　　　　　　7 000 000
借:利息支出——B 再保险公司　　　　　　　　　　　　　70 000
　　贷:应付分保账款——B 再保险公司　　　　　　　　　　　70 000

三、摊回分保费用的核算

摊回分保费用主要包括摊回的分保手续费和纯益手续费。

1. 摊回分保手续费的确认和调整

摊回分保手续费是指再保险分出人在确认原保险合同保费收入的当期,按照相关再保险合同的约定应向再保险接受人摊回的手续费用,是再保险人对再保险分出人取得和经营原保险业务所发生费用的补偿。摊回分保手续费应计入当期损益。再保险分出人应当在原保险合同解除的当期,按照相关再保险合同的约定,计算确定摊回分保费用的调整金额,计入当期损益。

再保险分出人与再保险接受人约定采用浮动(或累进)分保手续费的方式下,由于在业务年度结束后才能准确计算分保手续费,因此在再保险分出人确认原保险合同保费收入的当期,应按照合理的方法预估应摊回的分保费用,计入当期损益。当再保险分出人依据合同规定能够计算确定实际分保手续费而调整分保手续费时,应将调整金额计入当期损益。

2. 纯益手续费的处理

纯益手续费又称盈余手续费,是指再保险接受人同意在其利润的基础上付给再保险分出人一定比例的报酬,只有再保险接受人按照合同约定形成利润且能够可靠计量时才给付,是再保险接受人对再保险分出人谨慎选择原保险业务而为其带来利润的一种"奖励"。分保手续费与纯益手续费均是对再保险分出人经营原保险业务的"额外"补偿,性质相似,所以两者的核算方式也类似。再保险分出人应当根据相关再保险合同的约定,在能够计算确定应向再保险接受人收取纯益手续费的当期,将纯益手续费作为摊回分保费用计入当期损益。实务中,保险人通常按照业务年度计算"纯益",而再保险合同的业务年度往往跨越若干个会计年度,因此应该在会计年度末对"纯益"进行预估,并在业务年度末准确计算"纯益"后进行调整。

3. 科目设置

为了核算再保险接受人向再保险分出人摊回的分保手续费及纯益手续费,再保险分出人应设置"摊回分保费用""应收分保账款"科目。

"摊回分保费用"科目为损益类科目,核算再保险接受人摊回的分保手续费和纯益手续费,贷方登记应由再保险接受人摊回的分保手续费和纯益手续费,借方登记期末结转至"本年利润"科目的金额,结转后该科目无余额。该科目应按照分保手续费、纯益手续费及各险种设置明细科目。

"应收分保账款"科目属于资产类科目,借方登记分保业务中应收未收的分保账款,贷方登记已经收回的分保账款,期末余额在借方,反映再保险分出人(接受人)应收未收再保险接受人(分出人)的款项。该科目应按照再保险接受人(分出人)和再保险合同设置明细科目。

4. 账务处理

再保险分出人在确认原保险合同保费收入的当期,应按照相关再保险合同的约定,计算确定再保险接受人摊回的分保费用,借记"应收分保账款"科目,贷记"摊回分保费用"科目。会计年度末,保险公司应按照相关再保险合同的约定预估的纯益手续费,借记"应收分保账款"科目,贷记"摊回分保费用"科目。在原保险合同提前解除的当期,应按照相关再保险合同的约定,计算确定摊回分保费用的调整金额,借记"摊回分保费用"科目,贷记"应收分保账款"科目。期末,应将"摊回分保费用"科目余额结转至"本年利润"科目,结转后该科目无余额。

对于纯益手续费,再保险合同业务年度末,再保险接受人应按照再保险合同准确计算出纯益手续费,并对预估入账的金额进行调整,按两者的差额借记或贷记"摊回分保费用"科目,贷记或借记"应收分保账款"科目。

5. 核算举例

例 6-5 承例 6-2,摊回分保费用=100 000×20%×15%=3 000 元,退保时,根据再保险合同的约定计算确定应减少摊回分保费用余额为 1 000 元。会计分录如下:

(1) 1 月 15 日

借:应收分保账款——B 再保险公司　　　　　　　　　　　　　　3 000
　　贷:摊回分保费用　　　　　　　　　　　　　　　　　　　　　　3 000

(2) 3 月 15 日

借:摊回分保费用　　　　　　　　　　　　　　　　　　　　　　1 000
　　贷:应收分保账款——B 再保险公司　　　　　　　　　　　　　　1 000

例 6-6 2015 年 4 月 1 日,A 保险公司与 B 再保险公司签订再保险合同,合同期为 2 年。2015 年 12 月 31 日,A 保险公司计算确认应收纯益手续费为 500 000 元,2016 年 12 月 31 日,A 保险公司计算确认应收纯益手续费为 360 000 元。2017 年 3 月 31 日(业务年度末),双方一致确认的实际纯益手续费为 750 000 元。会计分录如下:

(1) 2015 年 12 月 31 日

借:应收分保账款——B 再保险公司　　　　　　　　　　　　　500 000
　　贷:摊回分保费用　　　　　　　　　　　　　　　　　　　　　500 000

(2) 2016 年 12 月 31 日

借:应收分保账款——B 再保险公司　　　　　　　　　　　360 000
　　贷:摊回分保费用　　　　　　　　　　　　　　　　　　　360 000

(3) 2017 年 3 月 31 日

借:摊回分保费用　　　　　　　　　　　　　　　　　　　110 000
　　贷:应收分保账款——B 再保险公司　　　　　　　　　　110 000

四、应收分保保证金的核算

1. 应收分保保证金的确认和调整

(1) 应收分保保证金的确认。再保险分出人应当在提取原保险合同未决赔款准备金、寿险责任准备金、长期健康险责任准备金的当期,按照相关再保险合同的约定,计算确定应向再保险接受人摊回的相应准备金,确认为相应的应收分保保证金资产。

未决赔款准备金、寿险责任准备金、长期健康险责任准备金是对未来赔付所做的资金准备,是再保险分出人对原保险受益人的负债。按照再保险合同,再保险分出人可以预计未来赔付中的有一部分由再保险接受人进行赔付,这部分赔付是再保险分出人应收再保险接受人的资产。在确认以上保险准备金时,再保险分出人应按照预期从再保险接受人处获得补偿的金额,确认应收分保保证金资产,同时确认收入摊回保险责任准备金。

需要注意的是,由于再保险合同与原保险合同互相独立,应收分保保证金与相关原保险合同准备金不能相互抵销,再保险分出人应在资产负债表中全额列示原保险合同各项准备金,以全面、真实地反映其对原保险合同受益人的负债;同时,将各项应收分保保证金作为资产单独列示,以真实地反映其对再保险接受人应有的债权。

(2) 应收分保保证金的调整。再保险分出人对未决赔款准备金、寿险责任准备金、长期健康险责任准备金进行充足性测试而补提相关准备金时,应按照相关再保险合同的约定,计算确定相关应收分保保证金的增加额,调整增加相关应收分保保证金和摊回保险责任准备金的账面余额。

再保险分出人在确定支付赔付款金额或实际发生理赔费用而冲减原保险合同未决赔款准备金、寿险责任准备金、长期健康险责任准备金余额的当期,应按照相关再保险合同的约定,计算确定相关应收分保保证金的相应冲减额,冲减相关应收分保保证金和摊回保险责任准备金的账面余额。

2. 应收分保未到期责任准备金的确认和调整

(1) 应收分保未到期责任准备金的确认。在确认非寿险原保险合同保费收入的当期,再保险分出人作为保险人应提取未到期责任准备金负债;同时,作为再保险分出人应按照相关再保险合同的约定,确认相关的应收分保未到期责任准备金资产,冲减已经提取的未到期责任准备金。

提取未到期责任准备金的本质是对已确认的保费按未赚保费金额进行调整,当原保险合同存在相应的再保险合同时,未赚保费中就存在一部分已经通过分出保费分给了再保险接受人,应确认为应收分保未到期责任准备金,对当期分出保费进行调整,同时冲减"提取未到期责任准备金"。需要注意的是,与未决赔款准备金、寿险责任准备金、长期健康险责任准备金不同,未到期责任准备金的调整不是通过"保险责任准备金"而是通过

"提取未到期责任准备金"科目集中反映调整为已赚保费的当期原保险保费收入金额。提取未到期责任准备金(含分保未到期责任准备金)和确认应收分保未到期责任准备金的最终结果都是对当期保费收入的调整。

(2) 应收分保未到期责任准备金的调整。资产负债表日,再保险分出人作为原保险业务的保险人,应通过保险精算重新确定未到期责任准备金,并按照其与已提取的未到期责任准备金余额的差额调整未到期责任准备金;同时,再保险分出人应按照相关再保险合同的约定,计算确定应收分保未到期责任准备金的相应调整金额,调整应收分保未到期责任准备金和提取未到期责任准备金的账面余额。

再保险分出人应当在原保险合同提前解除而转销相关未到期责任准备金的当期,转销相关的应收分保未到期责任准备金。

3. 科目设置

为了核算应收分保未到期责任准备金和应收分保保证金,再保险分出人应设置"应收分保合同准备金""提取未到期责任准备金""摊回保险责任准备金"科目。

"应收分保合同准备金"科目用于核算再保险分出人应确认的应收分保未到期责任准备金,以及向再保险接受人摊回的保险责任准备金。该科目属于资产类科目,借方登记应收的分保合同准备金,贷方登记冲减的应收分保合同准备金,余额在借方,反映再保险分出人从事再保险业务确认的应收分保合同准备金余额。该科目应按照再保险接受人和再保险合同设置明细科目;再保险分出人也可以单独设置"应收分保未到期责任准备金""应收分保未决赔款准备金""应收分保寿险责任准备金""应收分保长期健康险责任准备金"等科目。

"摊回保险责任准备金"科目用于核算反映再保险分出人从事再保险业务、应向再保险接受人摊回的保险责任准备金。该科目属于损益类科目,贷方登记应向再保险接受人摊回的保险责任准备金,借方登记期末结转至"本年利润"科目的数额,结转后该科目无余额。该科目应按照保险责任准备金类别和险种设置明细科目;再保险分出人也可以单独设置"摊回未决赔款准备金""摊回寿险责任准备金""摊回长期健康险责任准备金"等科目。

4. 账务处理

(1) 再保险分出人在确认非寿险原保险合同保费收入的当期,应按照相关再保险合同的约定,计算相关应收分保未到期责任准备金金额,借记"应收分保合同准备金"科目,贷记"提取未到期责任准备金"科目。

资产负债表日,再保险分出人在调整原保险合同未到期责任准备金余额的同时,应按照相关再保险合同的约定,计算确定应收分保未到期责任准备金的调整金额,借记"提取未到期责任准备金"科目,贷记"应收分保合同准备金"科目。

(2) 再保险分出人在提取原保险合同未决赔款准备金、寿险责任准备金、长期健康险责任准备金的当期,应按照相关再保险合同的约定,计算确定应向再保险接受人摊回的保险责任准备金金额,借记"应收分保合同准备金"科目,贷记"摊回保险责任准备金"科目。

(3) 再保险分出人在确定支付赔付款项或实际发生理赔费用而冲减原保险合同相应未决赔款准备金、寿险责任准备金、长期健康险责任准备金的当期,应按照相关应收分保保险责任准备金的相应冲减金额,借记"摊回保险责任准备金"科目,贷记"应收分保合同准备金"科目。

(4) 在对原保险合同未决赔款准备金、寿险责任准备金、长期健康险责任准备金进行充足性测试而补提保险责任准备金时,再保险分出人应按照相关再保险合同的约定,计算确定应收分保保险责任准备金的相应增加额,借记"应收分保合同准备金"科目,贷记"摊回保险责任准备金"科目。

(5) 再保险分出人在原保险合同提前解除而转销相关未到期责任准备金余额的当期,借记"提取未到期责任准备金"科目,贷记"应收分保合同准备金"科目。

再保险分出人在原保险合同提前解除而转销相关寿险责任准备金、长期健康险责任准备金余额的当期,应按照相关应收分保保险责任准备金余额,借记"摊回保险责任准备金"科目,贷记"应收分保合同准备金"科目。

5. 核算举例

例 6-7 承例 6-2,1 月 15 日收到保费收入后,A 保险公司同时确认未到期责任准备金为 90 000 元,按照再保险合同的规定,应收分保未到期责任准备金为 18 000 元。3 月 15 日发生了保险事故,截至 3 月 31 日尚未结案,A 保险公司提取未决赔款准备金为 500 000 元,则应提取的应收分保未决赔款准备金为 500 000×20%=100 000 元。会计分录如下:

(1) 1 月 15 日

借:应收分保合同准备金——应收分保未到期责任准备金——B 再保险公司
                 18 000
 贷:提取未到期责任准备金   18 000

(2) 3 月 31 日

借:应收分保合同准备金——应收分保未决赔款准备金——B 再保险公司
                 100 000
 贷:摊回保险责任准备金——摊回未决赔款准备金 100 000

若 3 月 15 日未发生保险事故,而是发生退保,则转销未到期责任准备金余额为 75 000 元及应收分保未到期责任准备金余额为 15 000 元。会计分录如下:

借:提取未到期责任准备金   15 000
 贷:应收分保合同准备金——应收分保未到期责任准备金——B 再保险公司
                 15 000

例 6-8 A 保险公司与 B 再保险公司签订了再保险合同,在再保险合同规定的范围内,A 保险公司向 B 再保险公司分保。2016 年 12 月 31 日,经过精算,A 保险公司当年应提取的寿险责任准备金为 50 000 000 元,已提取 45 000 000 元,按再保险合同规定计算确定当年应从再保险接受人摊回的寿险责任准备金为 10 000 000 元,已摊回 9 000 000 元。2017 年 1 月 5 日发生退保,给付退保金为 60 000 元,同时冲减摊回寿险责任准备金为 12 000 元。会计分录如下:

(1) 2016 年 12 月 31 日

借:应收分保合同准备金——应收分保寿险责任准备金——B 再保险公司
                 1 000 000
 贷:摊回保险责任准备金——摊回寿险责任准备金 1 000 000

(2) 2017年1月5日
借:摊回保险责任准备金——摊回寿险责任准备金　　　　　　　12 000
　　贷:应收分保合同准备金——应收分保寿险责任准备金——B再保险公司
　　　　　　　　　　　　　　　　　　　　　　　　　　　　　12 000

五、摊回赔付成本的核算

1. 摊回赔付成本的确认和调整

再保险分出人应当在确定支付赔付款项或实际发生理赔费用并冲减原保险合同相应准备金的当期,按照相关再保险合同的约定,计算确定应向再保险接受人摊回的赔付成本,计入当期损益,并冲减相应的摊回准备金。摊回准备金和摊回赔付成本的区别在于:摊回准备金是确认准备金时预计由再保险接受人承担的部分,在确认保费收入提取各类准备金时确认;而摊回赔付成本是赔付实际发生后应由再保险接受人实际补偿的金额,应在确认实际赔付并冲减准备金时确认,同时冲减相应的摊回准备金。

再保险分出人应当在因取得和处置损余物资、确认和收到应收代位追偿款等而调整原保险合同赔付成本的当期,按照相关再保险合同的约定,计算确定摊回赔付成本的调整金额,计入当期损益。

对于超赔再保险等非比例再保险合同,再保险分出人应当在能够计算确定应向再保险接受人摊回的赔付成本时,确认应摊回的赔付成本,计入当期损益。

2. 预收摊回分保赔款

由于比例再保险合同分保业务账单是分期确认的,再保险分出人在发生大额索赔的情形下,可能会垫付很大金额的再保险份额的赔款。为了避免这种情况,有些再保险合同约定再保险分出人承保的每一份保单项下或者每一次事故的估计损失达到或超过合同约定的限额时,再保险分出人可要求再保险接受人预先支付分保份额对应的赔款,并在分保业务账单的贷方栏中增加"现金赔款(冲销)"项目。当期末再保险分出人发出分保业务账单时,将预收摊回分保赔款转销,确认应收分保账款的减少。

3. 科目设置

为了核算再保险分出人向再保险接受人摊回的赔付成本及再保险分出人预收的分保赔款,再保险分出人应设置"摊回赔付成本""预收赔付款""银行存款""应收分保账款"科目。

"摊回赔付成本"科目用于核算再保险分出人向再保险接受人摊回的赔付成本。该科目属于损益类科目,贷方登记应向再保险接受人摊回的赔付成本,借方登记期末结转至"本年利润"的数额,结转后该科目无余额。该科目应按照险种设置明细科目,也可以单独设置"摊回赔款支出""摊回年金给付""摊回满期给付""摊回死伤医疗给付"等科目。

"预收赔付款"科目用于核算再保险分出人预收的分保赔款。该科目属于负债类科目,贷方登记预收的分保赔款,借方登记转入的摊回分保赔款,期末余额在贷方,反映尚未转销的预收分保赔款。该科目应按照分入人设置明细科目。

4. 账务处理

(1) 再保险分出人在确定支付赔付款项金额或实际发生理赔费用而确认原保险合同赔付成本的当期,按照相关再保险合同的约定,计算确定应向再保险接受人摊回的赔付成本,借记"应收分保账款"科目,贷记"摊回赔付成本"科目。

(2) 再保险分出人因取得和处置损余物资、确认和收到代位追偿款等而调整原保险合同赔付成本的当期,按照相关再保险合同的约定,计算确定摊回赔付成本的调整金额,借记或贷记"摊回赔付成本"科目,贷记或借记"应收分保账款"科目。

(3) 对于超赔再保险等非比例再保险合同,计算确定应向再保险接受人摊回的赔付成本,按照摊回的赔付成本的金额,借记"应收分保账款"科目,贷记"摊回赔付成本"科目。

(4) 期末,应将"摊回赔付成本"余额结转至"本年利润"科目,结转后该科目无余额。

(5) 再保险分出人应在收到再保险接受人预付的摊回分保赔款时,借记"银行存款"科目,贷记"预收赔付款"科目。再保险分出人发出分保业务账单时,按照账单中转销的现金赔款金额,借记"预收赔付款"科目,贷记"应收分保账款"科目。

5. 核算举例

例 6-9 承例 6-7,4 月 27 日,A 保险公司确认赔付款 4 000 000 元,按再保险合同计算确定应由再保险接受人摊回赔付款 800 000 元。由于赔款金额较高,A 保险公司要求 B 再保险公司预先支付赔付款 800 000 元。在支付赔付款的同时,A 保险公司获得代位追偿权,暂估 400 000 元入账。下年 1 月 30 日,A 保险公司实际收回代位追偿款 600 000 元。会计分录如下:

(1) 冲销提取的未决赔款准备金和摊回未决赔款准备金

借:摊回保险责任准备金——摊回未决赔款准备金　　　　100 000
　　贷:应收分保合同准备金——应收分保未决赔款准备金——B 再保险公司
　　　　　　　　　　　　　　　　　　　　　　　　　　　100 000

(2) 确认赔款支出和摊回赔付成本

借:应收分保账款——B 再保险公司　　　　　　　　　　800 000
　　贷:摊回赔付成本　　　　　　　　　　　　　　　　　800 000

(3) 确认再保险接受人支付的预先赔付款

借:银行存款　　　　　　　　　　　　　　　　　　　　800 000
　　贷:预收赔付款——B 再保险公司　　　　　　　　　　800 000

(4) 发出分保业务账单时

借:预收赔付款——B 再保险公司　　　　　　　　　　　800 000
　　贷:应收分保账款——B 再保险公司　　　　　　　　　800 000

(5) 确认代位追偿权

借:摊回赔付成本　　　　　　　　　　　　　　　　　　 80 000
　　贷:应收分保账款——B 再保险公司　　　　　　　　　 80 000

(6) 实际收到代位追偿款

借:摊回赔付成本　　　　　　　　　　　　　　　　　　 40 000
　　贷:应收分保账款——B 再保险公司　　　　　　　　　 40 000

六、再保险合同损益的调整

再保险分出人应当在原保险合同提前解除的当期,按照相关再保险合同的约定,计算确定分出保费、摊回分保费用的调整金额,计入当期损益。当原保险合同提前解除时,原保险合同保险责任终止,依赖于原保险合同存在的对应的再保险责任也同时终止,按照权责发生制原则,再保险分出人应该在当期按照再保险合同的约定,计算被解除的原保险合同对应的应冲减的分出保费、应冲减的摊回分保费用。

再保险分出人应当在因取得和处置损余物资、确认和收到应收代位追偿款等而调整原保险合同赔付成本的当期,按照相关再保险合同的约定,计算确定摊回赔付成本的调整金额,计入当期损益。《企业会计准则第 25 号——原保险合同》规定,保险人承担赔偿保险金责任取得的损余物资,应当按照同类或类似资产的市场价格计算确定的金额确认为资产,并冲减当期赔付成本。摊回赔付成本是以原保险合同赔付成本为基础计算确定的,因此在原保险合同赔付成本减少的同时,应相应地冲减摊回赔付成本。

再保险分出人调整分出保费时应当将调整金额计入当期损益。再保险分出人在确认原保险合同保费收入的当期,计算确定再保险合同的各项损益。虽然已采用合同预定或尽量合理的方法对再保险合同损益进行了计算或估算,但在确定分保业务账单时,仍然可能因各种情况而导致账单数据与前期计算或估算数据不一致。再保险分出人应在与再保险接受人确定分保业务账单的当期,按照账单数据与前期计算或估算数据的差额,调整当期相关再保险合同的损益项目。

七、再保险合同形成的债权、债务

1. 再保险合同债权、债务的内容

再保险合同形成的债权主要包括应收分保账款、应收分保保证金;再保险合同形成的债务主要包括应付分保账款、存入分保保证金。另外,再保险分出人与再保险接受人之间的预付款行为会形成预付款资产或负债。

2. 再保险合同债权、债务的确认

再保险分出人应按照权责发生制原则确认由此形成的对再保险接受人的债权或债务。再保险分出人应在确认分出保费的同时,确认应付分保账款;在确认摊回分保费用和摊回赔款的同时,确认应收分保账款;在对原保险合同确认责任准备金负债的同时,确认应收分保保证金;在调整以上项目的同时,调整对应的再保险合同债权、债务。再保险分出人应在收到再保险接受人预付的摊回分保款时,确认预付款负债;在收到再保险接受人支付的分保保证金时,确认存入分保保证金;在向再保险接受人支付预付的分出保费时,确认预付款资产。

需要指出的是,预付分出保费主要发生在超赔业务中。超赔业务分出保费的主要组成部分 MDP(Minimum and Deposit Premium)保费是再保险分出人提前支付给再保险接受人的预付性质的分出保费。再保险分出人应在支付 MDP 保费时将其确认为预付款资产,并在每期按照超赔合同计算或估算当期分出保费时冲减此项预付款资产,冲减至零后再确认应付分保账款。

应收分保账款、应付分保账款、预付分出保费、预收摊回分保费用和存入分保保证金应区分不同的再保险接受人分别进行确认,不得将不同的再保险接受人的债权、债务合并确认,以保证债权、债务清晰、可靠和易于追踪管理。

再保险分出人与再保险接受人就相互间的再保险债权、债务进行实际结算时,再保险分出人应于完成结算的当期同时调整结算所涉及的、已确认在该再保险接受人名下的应收分保账款、应付分保账款、预付分出保费、预收摊回分保费用和存入分保保证金。实务中,当再保险分出人与再保险接受人某次结算的金额是双方部分债权和债务轧差后的净额时,再保险分出人应分别调整已确认的债权、债务,不得以净额直接调整其对再保险接受人的债权或债务。

应收分保账款若发生减值,则适用《企业会计准则第 22 号——金融工具确认和计量》和《企业会计准则第 37 号——金融工具列报》。

八、综合举例

例 6-10 A 保险公司与 B 再保险公司签订再保险合同,将企业财产险原保险业务向 B 再保险公司办理分保,再保险合同自 2010 年 1 月 1 日起生效。再保险合同规定,A 保险公司应将企业财产险原保险合同保费收入的 40% 作为分出保费,对分出保费可以扣存 60% 的分保保证金,分保手续费率为 25%,分保保证金的利率为 4%,按季度单利计算。3 月 1 日,A 保险公司签订了一份企业财产险保险合同,保费季度支付,首期保费收入为 200 000 元,所以分保费收入为 80 000 元,分保保证金为 48 000 元,分保手续费为 20 000 元。第一季度只有这一笔原保险业务。3 月 31 日,该笔企业财产险提取未到期责任准备金为 160 000 元,应由再保险接受人摊回的分保未到期责任准备金为 64 000 元。3 月 31 日,A 保险公司向 B 再保险公司发出第一季度分保业务账单,如表 6-5 所示。

表 6-5 第一季度分保业务账单　　　　　　　　　　　　　　　　单位:元

借方		贷方	
项目	金额	项目	金额
分保手续费	20 000	分保费	80 000
保费准备金扣存	48 000		
应付你方余额	12 000	应收你方余额	
你方成分%			
备注	未决赔款准备金:		

会计分录如下:

(1) 3 月 1 日,确认保费收入、分出保费、分保手续费

借:银行存款　　　　　　　　　　　　　　　　　　　　　200 000
　　贷:保费收入——企业财产险　　　　　　　　　　　　　　　200 000
借:分出保费　　　　　　　　　　　　　　　　　　　　　80 000
　　贷:应付分保账款——B 再保险公司　　　　　　　　　　　　80 000
借:应收分保账款——B 再保险公司　　　　　　　　　　　20 000
　　贷:摊回分保费用　　　　　　　　　　　　　　　　　　　　20 000

(2) 3 月 31 日,提取未到期责任准备金及摊回未到期责任准备金

借:提取未到期责任准备金——企业财产险　　　　　　　160 000
　　贷:未到期责任准备金——企业财产险　　　　　　　　　　160 000
借:应收分保合同准备金——应收分保未到期责任准备金——B 再保险公司
　　　　　　　　　　　　　　　　　　　　　　　　　　　64 000
　　贷:提取未到期责任准备金——企业财产险　　　　　　　　64 000

(3) 3月31日,发出分保业务账单

借:应付分保账款——B再保险公司　　　　　　　　　　　48 000
　　贷:存入保证金——B再保险公司　　　　　　　　　　　　48 000

(4) 结算分保业务账单时

应付分保账款=80 000-48 000=32 000元,应收分保账款为20 000元

借:应付分保账款——B再保险公司　　　　　　　　　　　32 000
　　贷:应收分保账款——B再保险公司　　　　　　　　　　　20 000
　　　　银行存款　　　　　　　　　　　　　　　　　　　　12 000

4月1日,上述企业财产险合同发生保险事故,A保险公司支付保险赔款为4 000 000元,按再保险合同的规定,应由再保险接受人摊回的赔款支出为1 600 000元。由于赔款金额较高,应A保险公司的要求,4月3日,B保险公司预先支付赔款支出为1 000 000元。6月1日,该企业财产险保险合同缴纳第二季度保费为200 000元(同上),分保费收入为80 000元,分保保证金为48 000元,分保手续费为20 000元。6月30日,由精算确定未到期责任准备金为160 000元(同上),应由再保险接受人摊回的分保未到期责任准备金为64 000元。6月30日,A保险公司向B再保险公司发出第二季度分保业务账单,如表6-6所示。

表6-6　第二季度分保业务账单　　　　　　　　　　　　　　　　　单位:元

借　　方		贷　　方	
项　目	金　额	项　目	金　额
分保手续费	20 000	分保费	80 000
分保赔款	1 600 000	保费准备金返还	48 000
保费准备金扣存	48 000	返还现金赔款	1 000 000
		准备金利息	4 800
应付你方余额		应收你方余额	535 200
你方成分%			
备　注	未决赔款准备金:		

会计分录如下:

(5) 4月1日,支付保险赔款,冲销未到期责任准备金和摊回的未到期责任准备金

借:赔款支出　　　　　　　　　　　　　　　　　　　　4 000 000
　　贷:银行存款　　　　　　　　　　　　　　　　　　　　4 000 000
借:未到期责任准备金——企业财产险　　　　　　　　　　160 000
　　贷:提取未到期责任准备金——企业财产险　　　　　　　160 000
借:提取未到期责任准备金——企业财产险　　　　　　　　64 000
　　贷:应收分保合同准备金——应收分保未到期责任准备金——B再保险公司
　　　　　　　　　　　　　　　　　　　　　　　　　　　64 000

(6) 4月3日,收到预付赔付款

借:银行存款　　　　　　　　　　　　　　　　　　　　1 000 000
　　贷:预收赔付款——B再保险公司　　　　　　　　　　　1 000 000

(7) 6月1日,确认保费收入、分出保费、分保手续费,与3月1日会计分录一致

(8) 6月30日,提取未到期责任准备金及摊回未到期责任准备金,与3月31日会计分录一致

(9) 4月30日、5月31日、6月30日,分别计提存入保证金的利息,每月计提1 600元

借:利息支出　　　　　　　　　　　　　　　　　　1 600
　　贷:应付分保账款——B再保险公司　　　　　　　　　　1 600

(10) 6月30日,发出分保业务账单时

借:预收赔付款——B再保险公司　　　　　　　　　1 000 000
　　贷:应收分保账款——B再保险公司　　　　　　　　　1 000 000
借:应付分保账款——B再保险公司　　　　　　　　　48 000
　　贷:存入保证金——B再保险公司　　　　　　　　　　48 000
借:存入保证金——B再保险公司　　　　　　　　　　48 000
　　贷:应付分保账款——B再保险公司　　　　　　　　　48 000

(11) 结算分保业务账单时

应付分保账款 = 80 000 - 48 000 + 48 000 + 4 800 = 84 800(元)
应收分保账款 = 20 000 + 1 600 000 - 1 000 000 = 620 000(元)

借:应付分保账款——B再保险公司　　　　　　　　　84 800
　　银行存款　　　　　　　　　　　　　　　　　　535 200
　　贷:应收分保账款——B再保险公司　　　　　　　　　620 000

第四节　分入业务的核算

一、分保费收入的核算

1. 分保费收入的确认

再保险接受人在分保费收入同时满足以下条件时予以确认:

(1) 再保险合同成立并承担相应保险责任。再保险合同的签订日与开始承担保险责任的日期可能一致,也可能不一致。再保险合同一般自签订日起成立,但自合同规定的起期日起才开始承担保险责任。

(2) 与再保险合同相关的经济利益很可能流入。对于再保险接受人而言,与再保险合同相关的经济利益即为分保费。如果再保险接受人能够确定分保费收回的可能性大于50%,则表明经济利益很可能流入。一般情况下,如果再保险分出人信用良好,能够按照合同规定如期发送分保业务账单,并按约定及时进行分保往来款项的结算,则意味着与再保险合同相关的经济利益很可能流入再保险接受人。

(3) 与再保险合同相关的收入能够可靠地计量。由于再保险合同一般只规定分保费及分保手续费的计算方法,分保费和分保手续费的具体金额往往要根据再保险分出人原保险合同的保费收入金额来计算确定。因此,再保险接受人在判断"与再保险合同相关的收入能够可靠地计量"条件时就产生了以下两种核算方法:

① 预估法。如果再保险接受人根据长期积累的经验和大量数据资料,能够在每一会计期对该期间的分保费收入金额做出合理的估计,则可以认为与再保险合同相关的收入

能够可靠地计量,在每一会计期初按照预估确认分保费收入,在期末收到分保业务账单时再按照账单标明的金额进行调整。

② 账单法。如果再保险接受人无法预估分保费收入,那么与再保险合同相关的收入就只有在再保险分出人发出分保业务账单时才能可靠地计量。在这种情况下,再保险接受人应当在收到分保业务账单时根据账单标明的金额确认分保费收入。账单法多适用于非比例分保再保险合同。

2. 分保费收入的预估方法

再保险业务会计处理的主要特点是业务数据的间接性、滞后性和不完整性。由于再保险接受人收到分出人提供账单的滞后性,使再保险接受人在满足分保费收入确认条件的当期,通常无法及时收到分出人提供的实际账单,此时再保险接受人应根据再保险合同的约定对当期分保费收入进行专业、合理的预估。分保费收入的预估通常是由保险公司的承保人员(Underwriter)完成的。

(1) 比例再保险合同。对于比例再保险合同,分保费收入依赖于分出公司的业务规模。在签订再保险合同时,直保公司要估计再保险合同的保费(估计保费收入,EPI),报告给再保险接受人。承保人以估计保费收入为数据基础,结合再保险人自身积累的历史数据、保险行业公开的统计数据、国家公布的相关经济指标数据等,运用自身经验对分保费收入进行估计。再保险接受人可在总体基础上采用发展法进行预测,也可以按合约逐单进行预测。

(2) 非比例再保险合同。对于非比例再保险合同,最终保费收入除依赖于直保公司的保费规模外,还与其损失赔付经验有关。承保人通常以合同中列明的最低预付保费(MDP)为数据基础进行估计。对于调整保费,按照定价基础进行预估,根据合同的规定,按照保费或时间等因素计算调整保费。对于恢复保费,按照合同的规定,根据实际发生赔款摊回金额的大小,确定恢复保费的金额。

(3) 临时再保险业务。对于临时再保险业务,其规模一般较小,通常再保险保费为确定的数值;可以逐单对保费进行预估,也可以将风险相似的合同合并后运用链梯法进行保费预测。

3. 分保费收入的会计处理

为了核算分保费收入,再保险接受人应该设置"保费收入""应收分保账款"科目。预估分保费收入的入账方法为:终期分保费收入预估法和账单期分保费收入预估法。

(1) 终期分保费收入预估法的会计处理如下:

① 分保费收入的确认。采用终期分保费收入预估法,再保险接受人应在再保险合同开始生效当期预估并确认该再保险合同在有效期内能给接受人带来的全部分保费收入,进而确定属于本会计年度的分保费收入,进行相应的账务处理。

② 分保费收入的计量。预估分保费收入的计量,应由该再保险合同的承保人员以分出人提供的估计保费收入为基础,适当考虑其他影响因素(主要包括相同或类似合同的历史数据、行业数据、承保人经验等)计算确定。

为了确保预估的合理性、准确性,再保险接受人应根据再保险合同种类及性质、分入业务险种等因素,对当期应确认的分入保费适当地分类预估。

③ 分保费收入的调整。确认分保费收入当年,再保险接受人如有充分证据表明可对最终保费进行更准确的估计,则应对原预估数据进行调整,调整金额计入当期损益。该会计年度结束后,以后年度一般不再调整保费数据,除非该业务年度实际收到账单的保费总数大于预估总数,才将超出的数值计入收到账单当期。

再保险接受人应在分保费收入相关实际账单基本收到后(一般应为合同起期三年后),根据实际账单累积分保费收入数据调整原预估分保费收入,差额计入当期损益。若进行终期调整之后还有分保费收入流入,则再保险接受人应在收到相关账单当期予以确认,分保费收入计入收到账单当期。

再保险接受人应当在收到分出人提供的实际账单、按照账单标明的金额入账的同时,按照账单标明的金额冲减预估分保费收入。

例 6-11 某再保险合同起期后,预估分保费收入为 1 500 万元,预估分保手续费为 500 万元,两者之差为预估应收账款 1 000 万元(假设符合债权、债务抵销条件,下同)。会计分录如下:

借:预估分保手续费　　　　　　　　　　　　　　　　　　　 5 000 000
　　预估应收账款　　　　　　　　　　　　　　　　　　　　10 000 000
　贷:预估分保费收入　　　　　　　　　　　　　　　　　　　15 000 000

收到第一期账单,分保费收入为 200 万元,分保赔款为 20 万元,分保手续费为 60 万元,应收分保账款为 120 万元。会计分录如下:

借:分保手续费　　　　　　　　　　　　　　　　　　　　　　　600 000
　　分保赔款　　　　　　　　　　　　　　　　　　　　　　　　200 000
　　应收分保账款　　　　　　　　　　　　　　　　　　　　　1 200 000
　贷:分保费收入　　　　　　　　　　　　　　　　　　　　　 2 000 000
借:未决赔款准备金　　　　　　　　　　　　　　　　　　　　　200 000
　贷:提取未决赔款准备金　　　　　　　　　　　　　　　　　　200 000

收到第一期账单,根据第一期账单标明金额冲销预估数据。会计分录如下:

借:预估分保费收入　　　　　　　　　　　　　　　　　　　 2 000 000
　贷:预估分保手续费　　　　　　　　　　　　　　　　　　　　600 000
　　　预估应收账款　　　　　　　　　　　　　　　　　　　　1 400 000

以后各期收到账单时重复上述会计处理。

截至第三个会计年度末,累计已收到保费为 1 600 万元,手续费为 550 万元,应将业务累计数据与预估数据之间的差额调整到当期损益。会计分录如下:

借:预估分保手续费　　　　　　　　　　　　　　　　　　　　 500 000
　　预估应收账款　　　　　　　　　　　　　　　　　　　　　 500 000
　贷:预估分保费收入　　　　　　　　　　　　　　　　　　　1 000 000

第三个会计年度后再收到账单,若还有保费(保费为 10 万元,手续费为 2 万元,赔款为 20 万元),则会计分录如下:

借:分保手续费　　　　　　　　　　　　　　　　　　　　　　　 20 000
　　分保赔款　　　　　　　　　　　　　　　　　　　　　　　　200 000
　贷:分保费收入　　　　　　　　　　　　　　　　　　　　　　100 000
　　　应付分保账款　　　　　　　　　　　　　　　　　　　　　120 000

(2) 账单期分保费收入预估法的会计处理如下：

① 分保费收入的确认。采用本方法预估分保费收入，再保险接受人应在再保险合同开始生效之日起，按照账单期（一般为按季度）分别预估确认分保费收入，计入账单期损益。

在分保费收入相关实际账单基本收到后（一般应为合同起期三年后），再保险接受人可不再对以后各账单期保费进行预估。若在此之后还有分保费收入流入，则再保险接受人应在收到相关账单当期予以确认，分保费收入计入收到账单当期。

② 分保费收入的计量。第一个账单期预估分保费收入的计量，应由再保险合同的承保人员以分出人提供的估计保费收入为基础，适当考虑其他影响因素（主要包括相同或类似合同的历史数据、行业数据、承保人经验等）计算分摊到本期。第一个账单期之后，承保人员可以根据历史数据、经验和已收到的实际账单，运用精算方法对未来账单期保费进行预估；同时，根据估计保费收入、承保经验、行业数据等进行适当调整，确认当期分保费收入。

为了确保预估的合理性、准确性，再保险接受人可以根据再保险合同性质、分入业务性质对当期应确认的整体分保费进行分类预估。

③ 分保费收入的调整。再保险接受人应当在收到分出人提供的实际账单时，根据账单标明的金额对原预估分保费收入进行调整，调整金额计入当期损益。

需要注意的是，保险公司在保费收入方面的处理一般由财务部门负责。但为了保证保费收入预估的准确性及合理性，如果公司准备采用终期分保费收入预估法预估保费收入，则需要精算部门参与配合；如果公司准备采用账单期分保费收入预估法预估保费收入，则需要核保/承保部门参与配合。

例 6-12 某再保险合同起期后，第一个账单期预估分保费收入为 180 万元，预估分保手续费为 50 万元，两者之差为预估应收账款 130 万元。会计分录如下：

借：预估分保手续费	500 000
预估应收账款	1 300 000
贷：预估分保费收入	1 800 000

收到第一期账单，账单标明的分保费收入为 200 万元，分保赔款为 20 万元，分保手续费为 60 万元，应收分保账款为 120 万元。会计分录如下：

借：分保手续费	600 000
分保赔款	200 000
应收分保账款	1 200 000
贷：分保费收入	2 000 000

收到第一期账单，冲销第一期账单预估数据。会计分录如下：

借：预估分保费收入	1 800 000
贷：预估分保手续费	500 000
预估应收账款	1 300 000

以后各账单期收到账单时均重复上述会计处理。

二、存出分保保证金的核算

1. 存出分保保证金的确认

存出分保保证金是指按照再保险合同的约定,再保险分出人在支付的分保保费中扣除的保证金。再保险接受人应当在收到分保业务账单时,依据账单标明的相关金额进行存出分保保证金的确认。另外,再保险接受人应当对存出的分保保证金按期计提利息,在收到分保业务账单时,按照账单中标明的准备金利息确认利息收入。

2. 科目设置和账务处理

为了核算存出分保保证金,再保险接受人应设置"存出保证金""应收分保账款""利息收入"科目。其中,"存出保证金"科目用于核算再保险接受人发生和收回的存出分保保证金。该科目属于资产类科目,借方登记存出的分保保证金,贷方登记收回的分保保证金,期末余额在借方,反映再保险接受人存出的分保保证金数额。该科目应按照再保险分出人设置明细科目。

再保险接受人收到分保业务账单时,应按照账单标明的再保险分出人扣存本期分保保证金,借记"存出保证金"科目,贷记"应收分保账款"科目;应按照账单标明的再保险分出人返还上期扣存分保保证金,借记"应收分保账款"科目,贷记"存出保证金"科目。

每期期末,再保险接受人应按照存出保证金的余额及再保险合同规定的分保保证金利率,计提利息收入,借记"应收分保账款"科目,贷记"利息收入"科目。再保险接受人收到分保业务账单时,应按照账单标明的准备金利息的差额,借记或贷记"应收分保账款"科目,贷记或借记"利息收入"科目。

三、分保费用的核算

1. 分保费用及纯益手续费的确认

分保费用是指分保分出人为获得原保险业务而支付的手续费(或佣金)中应由分保接受人承担的份额。分保费用的核算方法与分保费收入一致,如果分保费收入采用预估法核算,分保费用也采用预估法核算;反之亦然。再保险接受人应该在确认分保费收入的当期,按再保险合同约定的分保费用率计算确认分保费用,计入当期损益。对于采用浮动手续费率的再保险业务,再保险接受人应根据估计的业务终极赔付率计算实际的手续费率,或者根据历史赔付经验计算手续费。

由于纯益手续费的特殊性,再保险接受人应根据相关再保险合同的约定,在会计期末能够预估应向再保险分出人支付的纯益手续费时,将纯益手续费作为分保费用计入当期损益;在业务年度末实际支付纯益手续费时,按照差额进行调整。

2. 科目设置和账务处理

为了核算分保费用及纯益手续费,再保险接受人应设置"分保费用""应付分保账款"科目。"分保费用"科目用于核算再保险接受人向再保险分出人支付的分保费用,属于损益类科目,借方登记再保险接受人应当承担的分保费用,贷方登记期末结转至"本年利润"科目的金额,结转后该科目无余额。该科目应按照险种设置明细科目。具体账务处理如下:

（1）再保险接受人在确认分保费收入的当期，应按再保险合同的约定，计算确定分保费用的金额，借记"分保费用"科目，贷记"应付分保账款"科目。收到分保业务账单时，按账单标明的金额对分保费用进行调整，借记或贷记"分保费用"科目，贷记或借记"应付分保账款"科目。

（2）会计期末，再保险接受人能够确定应向再保险分出人支付的纯益手续费的，应按再保险合同的约定，计算确定纯益手续费，借记"分保费用"科目，贷记"应付分保账款"科目。业务年度末，再保险接受人应按照实际支付的纯益手续费调整，按差额借记或贷记"分保费用"科目，贷记或借记"应付分保账款"科目。

（3）期末，再保险接受人应将"分保费用"科目余额结转至"本年利润"科目，结转后该科目无余额。

四、分保业务准备金的核算

分保业务准备金的核算与原保险合同准备金的核算一致。再保险接受人应提取分保未到期责任准备金、分保未决赔款准备金、分保寿险责任准备金、分保长期健康险责任准备金，以及进行相关分保保证金充足性测试。根据权责发生制，分保业务准备金的核算应采用预估法，在预估分保费收入的当期提取各项准备金，并在收到分保业务账单时对各项准备金进行重新评估，按照差额进行调整。

五、分保赔付支出的核算

1. 分保赔付支出的确认

再保险接受人应当在收到分保业务账单的当期，按照账单标明的分保赔付款项金额，确认为分保赔付成本，计入当期损益。再保险接受人确认分保赔付成本的会计处理与保险人确认原保险合同赔付成本相似；在确认赔付支出的同时，应冲减相应的分保保证金余额。再保险接受人向再保险分出人预付现金赔款时，应当确认预付赔付款，并在收到分保业务账单时将预付赔付款转为应付分保账款。

2. 科目设置和账务处理

为了核算分保赔付支出，再保险接受人应当设置"赔付支出""预付赔付款""应付分保账款"科目。"赔付支出"科目用于核算再保险接受人应向再保险分出人的赔付支出，属于损益类科目，借方登记再保险接受人应当承担的分保赔款金额，贷方登记期末结转至"本年利润"科目，结转后该科目无余额。该科目应按照再保险合同和险种设置明细科目。"预付赔付款"科目用于核算再保险接受人预先向再保险分出人支付的现金赔款，属于资产类科目，借方登记预付的分保赔付款，贷方登记预付赔款的转出金额，期末余额在借方，反映尚未结算的预付赔款。

再保险接受人收到分保业务账单的当期，应按照账单标明的分保赔付金额，借记"赔付支出"科目，贷记"应付分保账款"科目，同时冲销各项准备金。期末，应将"赔付支出"科目余额结转至"本年利润"科目，结转后该科目无余额。

再保险接受人预付赔付款时，应借记"预付赔付款"科目，贷记"银行存款"科目；收到分保业务账单时，按照账单上转销的赔款，借记"应付分保账款"科目，贷记"预付赔付款"科目。

六、综合举例

例 6-13　A 再保险公司与 C 保险公司签订再保险合同,C 保险公司将合同规定范围内的家庭财产险原保险业务向 A 再保险公司办理分保。再保险合同于 2016 年 1 月 1 日成立,保险期为半年。合同约定分保比例为 50%,分保手续费率为 30%,存出保证金的比例为 60%,存出保证金的利率为 3%,按月单利计算。由于 A 再保险公司已经多次与 C 保险公司签订再保险合同,能够很好地预计 C 保险公司在再保险合同范围内的原保险业务收入。A 再保险公司预计,C 公司第一季度每月的保费收入分别为 1 200 000 元、1 500 000 元、1 000 000 元;精算得出,每月底的未到期责任准备金分别为 1 000 000 元、2 100 000 元、3 000 000 元。4 月 5 日,A 再保险公司收到 C 公司发来的分保业务账单,账单标明三个月的分保收入共为 1 800 000 元,分保手续费 540 000 元,存出保证金为 1 080 000 元,精算得出未到期责任准备金为 1 400 000 元。A 再保险公司的会计分录如下:

(1) 2016 年 1 月

　　借:预估应收分保账款——C 保险公司　　　　　　　　600 000
　　　　贷:预估分保费收入　　　　　　　　　　　　　　　　　600 000
　　借:预估分保费用　　　　　　　　　　　　　　　　　　180 000
　　　　贷:预估应付分保账款——C 保险公司　　　　　　　　180 000
　　借:提取预估未到期责任准备金　　　　　　　　　　　500 000
　　　　贷:预估未到期责任准备金　　　　　　　　　　　　　500 000

(2) 2016 年 2 月

　　借:预估应收分保账款——C 保险公司　　　　　　　　750 000
　　　　贷:预估分保费收入　　　　　　　　　　　　　　　　　750 000
　　借:预估分保费用　　　　　　　　　　　　　　　　　　225 000
　　　　贷:预估应付分保账款——C 保险公司　　　　　　　　225 000
　　借:提取预估未到期责任准备金　　　　　　　　　　　550 000
　　　　贷:预估未到期责任准备金　　　　　　　　　　　　　550 000

(3) 2016 年 3 月

　　借:预估应收分保账款——C 保险公司　　　　　　　　500 000
　　　　贷:预估分保费收入　　　　　　　　　　　　　　　　　500 000
　　借:预估分保费用　　　　　　　　　　　　　　　　　　150 000
　　　　贷:预估应付分保账款——C 保险公司　　　　　　　　150 000
　　借:提取预估未到期责任准备金　　　　　　　　　　　450 000
　　　　贷:预估未到期责任准备金　　　　　　　　　　　　　450 000

(4) 2016 年 4 月 5 日,收到分保业务账单时,冲销上述会计分录,同时根据分保账单确定分保费收入、分保费用及未到期责任准备金

　　借:应收分保账款——C 保险公司　　　　　　　　　　1 800 000
　　　　贷:保费收入——分保费收入　　　　　　　　　　　　1 800 000

借:分保费用	540 000
贷:应付分保账款——C保险公司	540 000
借:提取未到期责任准备金	1 400 000
贷:未到期责任准备金	1 400 000
借:存出保证金	1 080 000
贷:应收分保账款——C保险公司	1 080 000

（5）2016年4月、5月、6月,提取存出保证金的利息,月利息＝1 080 000×3%÷12＝2 700元

借:应收分保账款——C保险公司	2 700
贷:利息收入	2 700

例6-14 承例6-13,4月10日,C保险公司的原保险业务发生巨额赔付,按照再保险合同的规定,A再保险公司支付预付赔款1 000 000元。会计分录如下:

借:预付赔付款——C保险公司	1 000 000
贷:银行存款	1 000 000

例6-15 承例6-14,7月4日,A再保险公司收到C保险公司发来的第二季度分保业务账单(见表6-7)。由于业务年度已结束,结算损益后,双方一致确认纯益手续费为360 000元。A再保险公司已经根据第一季度实际金额预估分保费收入为1 800 000元,分保手续费为540 000元,未到期责任准备金余额为500 000元。

表6-7 C保险公司第二季度分保业务账单　　　　　　　　　　　　　　　　　单位:元

借方		贷方	
项目	金额	项目	金额
分保手续费	600 000	分保费	2 000 000
分保赔款	2 000 000	保费准备金返还	1 080 000
纯益手续费	360 000	返还现金赔款	1 000 000
		准备金利息	8 100
应付你方余额	1 128 100	应收你方余额	
你方成分%			
备注	未决赔款准备金:		

与例6-13类似,A再保险公司冲销第二季度预估的分保费收入、分保费用后做会计分录如下:

（1）确认保费收入、分保费用

借:保费收入	2 000 000
贷:应收分保账款——C保险公司	2 000 000
借:分保费用	600 000
贷:应付分保账款——C保险公司	600 000

（2）冲销未到期责任准备金

借:未到期责任准备金	500 000
贷:提取未到期责任准备金	500 000

(3) 确认纯益手续费支出

借:纯益手续费　　　　　　　　　　　　　　　　　　　　360 000
　　贷:应付分保账款——C保险公司　　　　　　　　　　　　　　360 000

(4) 确认赔付支出

借:赔付支出　　　　　　　　　　　　　　　　　　　　2 000 000
　　贷:应付分保账款——C保险公司　　　　　　　　　　　　　2 000 000
借:应付分保账款——C保险公司　　　　　　　　　　　　1 000 000
　　贷:预付赔付款——C保险公司　　　　　　　　　　　　　　1 000 000

(5) 确认返还的上期扣存的分保保证金

借:应收分保账款——C保险公司　　　　　　　　　　　　1 080 000
　　贷:存出保证金　　　　　　　　　　　　　　　　　　　　1 080 000

(6) 结算分保账单

应收分保账款＝2 000 000＋1 080 000＋8 100＝3 088 100(元)
应付分保账款＝600 000＋2 000 000－1 000 000＋360 000＝1 960 000(元)

借:应付分保账款——C保险公司　　　　　　　　　　　　1 960 000
　　银行存款　　　　　　　　　　　　　　　　　　　　　　1 128 100
　　贷:应收分保账款——C保险公司　　　　　　　　　　　　　3 088 100

关键词

再保险业务　分保业务账单　存入分保保证金　摊回分保费用　应收分保保证金
摊回赔付成本　存出分保保证金　分保费收入　分保费用　分保赔付支出

本章小结

1. 再保险又称分保,是保险人将自己承担的风险责任的一部分或全部向其他保险人进行再投保的行为。再保险是对保险人的保险,是在全体保险人之间进行风险的分散。分出承保风险的保险人称作原保险人或分出人,接受分保业务的保险人称作再保险人、分入人或者分保接受人。

2. 分保业务账单是保险人之间履行再保险合同约定、办理再保险业务和进行再保险资金结算的主要凭据。分保业务账单是再保险业务的原始凭证,一般由再保险分出人按季度编制。

3. 再保险分出业务的核算包括分出保费、存入分保保证金、摊回分保费用、应收分保保证金和摊回赔付成本。

4. 再保险分入业务的核算包括分保费收入、存出分保保证金、分保费用、分保业务准备金和分保赔付支出。

思考与练习

1. 再保险的合同形式有哪些?分别适用于哪些情况?
2. 再保险的业务方式有哪些?各有什么特点?
3. 再保险业务核算的基本要求是什么?
4. 简要说明分保业务账单的基本内容。
5. 简述分保费收入的确认条件。

第七章　外币交易

▍本章概要▍

随着我国保险公司海外投资的发展,外币交易核算在保险会计中的重要性也日益提高。本章介绍了外币交易的含义和内容,阐释了记账本位币、即期汇率及即期汇率的近似汇率等重要概念。外币交易的记账方法分为外币统账制和外币分账制,深入了解这两种记账方法还应关注《企业会计准则第19号——外币折算》。

延伸阅读
外币折算准则

▍学习目标▍

1. 掌握记账本位币、即期汇率及即期汇率的近似汇率等重要概念
2. 掌握外币交易的记账方法及重要科目
3. 理解外币统账制和外币分账制之间的区别与联系

第一节　外币交易概述

一、我国保险公司海外投资的发展

2004年8月,中国人民银行和中国保险监督管理委员会(以下简称"中国保监会")共同制定并颁布了《保险外汇资金境外运用管理暂行办法》,首次开放保险外汇资金境外投资渠道。2005年9月,中国保监会又发布《保险外汇资金境外运用管理暂行办法实施细则》,保险外汇资金境外运用进入实质性操作阶段。2007年7月,中国保监会会同中国人民银行、国家外汇管理局发布《保险资金境外投资管理暂行办法》,允许保险公司运用自有外汇或购汇进行境外投资,并设定保险资金海外投资的比例上限为15%。随后中国保监会又分别于2012年10月、2015年3月相继发布《保险资金境外投资管理暂行办法实施细则》《中国保监会关于调整保险资金境外投资有关政策的通知》,进一步放宽保险资金境外投资政策、拓宽境外投资范围、给予保险公司更多的自主配置空间。

政策的放宽和保险公司飞速发展的海外投资需求相辅相成。保险公司进行海外投资一般出于以下几个目的:(1)争夺长期优质资产,缓解"资产—负债"久期不匹配问题。我国老龄化的到来和监管政策的引导,寿险业负债期限有延长的趋势,而在利率下行周期,国内高等级固定收益资产相对稀缺,投资海外长期优质资产可以更好地匹配公司内部的资产和负债。(2)应对人民币贬值预期。在汇率震荡的过程中,如果全球市场对人民币持贬值预期,则人民币对外币将长期处于下行通道,对保险公司海外投资是一大利好。(3)分散投资风险。随着保险资金规模的扩大,局限于国内投资将使系统性风险过

高,不利于收益率的稳定,而海外投资可以有效地在空间上分散风险。

从中长期来看,海外资产将成为我国保险资金的主要配置品种之一,未来有着很大的发展前景。鉴于此,有关外币交易的会计处理问题在保险会计中处于越来越重要的地位。

二、外币交易的含义和内容

根据《企业会计准则第19号——外币折算》的定义,外币交易是指以外币计价或者结算的交易。外币是企业记账本位币以外的货币。保险公司的外币交易一般包括外币与记账本位币、外币与外币之间的兑换业务,接受投资者的外币投资,提供以外币计价的保险和再保险业务,接受外币再保险业务,支付或收取外币手续费,取得或处置以外币计价的资产,承担或清偿以外币计价的债务等。本章涉及的保险公司外币交易的会计处理主要包括记账本位币的确定及外币交易记账方法的确定。

三、记账本位币

(一)记账本位币的定义

根据企业会计准则的定义,记账本位币是指企业经营所处主要经济环境中的货币。这里的主要经济环境,通常是指企业产生和支出现金的主要环境,使用该环境的货币能更好地反映企业主要交易业务的经济结果。

(二)保险公司记账本位币的确定

我国境内企业通常应选择人民币作为记账本位币。业务收支以人民币以外的货币为主的企业,可以按规定选定其中一种货币作为记账本位币,但是编报的财务报表应折算为人民币。企业选定记账本位币时应当考虑以下因素:

(1)该货币主要影响商品和劳务的销售价格,通常以该货币进行商品和劳务的计价与结算。

(2)该货币主要影响商品和劳务所需的人工、材料及其他费用,通常以该货币进行上述费用的计价与结算。

(3)融资活动获得的货币,以及保存从经营活动中收取款项所使用的货币。

我国境内保险公司因为日常的业务往来、收付结算等都是以人民币为主,所以通常应选择人民币作为记账本位币。部分中外合资保险公司、外资保险公司在我国设立的分支机构等,出于主营业务以外国货币收支的特点或管理上的需要,也可在投资各方同意的情况下选择外国货币作为记账本位币。

(三)境外经营记账本位币的确定

境外经营是指企业在境外的子公司、合营企业、联营企业、分支机构。在境内的子公司、合营企业、联营企业、分支机构,采用不同于企业记账本位币的,也视同境外经营。保险公司在选定境外经营的记账本位币时,还应当考虑以下因素:

(1)境外经营对其所从事的活动是否拥有很强的自主性。

(2) 境外经营活动与企业的交易是否在境外经营活动中占有较大的比重。

(3) 境外经营活动产生的现金流量是否直接影响企业的现金流量、是否可以随时汇回。

(4) 境外经营活动产生的现金流量是否足以偿还其现有债务和可预期的债务。

保险公司记账本位币一经确定不得随意变更,除非保险公司经营所处的主要经济环境发生重大的变化。保险公司因经营所处的主要经济环境发生重大变化、确须变更记账本位币的,应当采用变更当日的即期汇率将所有项目折算为变更后的记账本位币。当然,保险公司需要确凿的证据证明公司经营所处的主要经济环境发生了重大的变化并在财务报表附注中披露。

四、即期汇率和即期汇率的近似汇率

保险公司在处理涉及外币交易的业务时要选择折算汇率。汇率是指一种货币兑换另一种货币的比率,即以一种货币表示另一种货币的价格。通常在银行见到的汇率有买入价、卖出价和中间价三种表示方式。买入价指银行买入其他货币的价格,卖出价指银行出售其他货币的价格,中间价则是两者的平均。

根据企业会计准则的规定,外币交易应当在初始确认时,采用交易发生日的即期汇率将外币金额折算为记账本位币金额;也可以采用按照系统合理的方法确定的、与交易发生日即期汇率的近似汇率折算。

(一) 即期汇率的选择

银行买入或卖出其他货币的价格都是立即交付的结算价格,也就是即期汇率。出于核算方便的考虑,企业用于记账的即期汇率通常是指中国人民银行当日公布的人民币外汇牌价的中间价。然而,在企业发生单纯的货币兑换交易或涉及货币兑换的交易时,中间价不能反映货币买卖的损益,这时应当以交易实际采用的汇率(银行买入价或卖出价)折算。

企业发生的外币交易只涉及人民币与美元、欧元、日元和港元之间的折算的,可直接采用中国人民银行每日公布的人民币汇率的中间价作为即期汇率;企业发生的外币交易涉及人民币与其他货币之间的折算的,应当按照国家外汇管理局公布的各种货币对美元折算率、采用套算的方法折算;企业发生的外币交易涉及人民币以外的货币之间的折算的,可直接采用国家外汇管理局公布的各种货币对美元折算率折算。

(二) 即期汇率的近似汇率

根据企业会计准则应用指南的定义,即期汇率的近似汇率是指按照系统合理的方法确定的、与交易发生日即期汇率近似的汇率,通常为当期平均汇率或加权平均汇率等。

通常情况下,企业应当采用即期汇率进行折算。汇率波动不大的,为了简化核算,也可以采用即期汇率的近似汇率折算;但前后各期应当采用相同的方法确定当期的近似汇率。如果汇率波动使得采用即期汇率的近似汇率已不适当,则应当采用交易发生日的即期汇率折算。

五、外币交易的记账方法及重要科目

外币交易的记账方法有外币统账制和外币分账制。外币统账制是指企业在发生外币交易时即折算为记账本位币入账。外币分账制是指企业在日常核算时使用原币记账,资产负债表日再按会计准则的规定分货币性项目和非货币性项目进行调整。目前我国绝大多数企业采用外币统账制,只有银行、保险等少数外币交易频繁的金融企业,由于涉及外币币种较多,可以采用分账制记账方法进行日常核算。然而,无论是统账制还是分账制记账方法只是账务处理的程序不同,其产生的汇兑差额的确认、计量的结果和列报都应当是一致的。

在日常会计处理中,外币交易涉及的两个重要科目是"汇兑损益"和"货币兑换",用于反映和监督外币业务的核算。

1. "汇兑损益"科目

"汇兑损益"科目用于核算保险公司发生的外币交易因汇率变动而产生的损益,属于损益类科目,期末科目余额结转至"本年利润",结转后该科目无余额。对于采用统账制核算的外币交易,各外币货币性项目的外币期(月)末余额,应当按照期(月)末汇率折算为记账本位币金额。按照期(月)末汇率折算的记账本位币金额与原账面记账本位币金额之间的差额,若为汇兑收益,则借记有关科目,贷记本科目;若为汇兑损失,则做相反的会计分录。对于采用分账制核算的外币交易,期(月)末将所有以外币表示的"货币兑换"科目余额按期(月)末汇率折算为记账本位币金额,折算后的记账本位币金额与"货币兑换——记账本位币"科目余额进行比较,若为贷方差额,则借记"货币兑换——记账本位币"科目,贷记"汇兑损益"科目;若为借方差额,则做相反的会计分录。

2. "货币兑换"科目

"货币兑换"科目用于核算保险公司采用分账制记账方法所产生的不同币种之间的兑换,属于共同类科目,按币种进行明细核算。货币兑换的主要账务处理如下:

(1) 企业发生的外币交易仅涉及货币性项目的,应按相同币种金额,借记或贷记有关货币性项目科目,贷记或借记本科目。

(2) 发生的外币交易同时涉及货币性项目和非货币性项目的,按相同外币金额记入货币性项目和本科目(外币);同时,按交易发生日即期汇率折算为记账本位币的金额记入非货币性项目和本科目(记账本位币)。结算货币性项目产生的汇兑差额记入"汇兑损益"科目。

(3) 期末,应将所有以外币表示的本科目余额按期末汇率折算为记账本位币金额,折算后的记账本位币金额与本科目(记账本位币)余额进行比较,若为贷方差额,则借记本科目(记账本位币),贷记"汇兑损益"科目;若为借方差额,则做相反的会计分录。结转后本科目期末无余额。

第二节 外币统账制的核算

一、外币统账制的概念和特点

外币统账制也称记账本位币法,在具体操作时,企业先选择某一种货币作为记账本位币,其他各种以非记账本位币核算的经济业务则在业务发生时按规定的汇率折算为记

账本位币金额后入账。我国境内绝大多数企业是以人民币为记账本位币的,所以在外币统账制方法下,保险公司发生外币业务时一般按人民币统一入账和记录,外币业务的金额也全部折算为人民币金额后入账;同时,应当设立不同外币种类的外币账户登记反映外币资产、外币债权和外币债务的增减变动情况。

二、初始确认和计量

根据《企业会计准则第19号——外币折算》的规定,外币交易应当在初始确认时采用交易发生日的即期汇率将外币金额折算为记账本位币金额;也可以采用按照系统合理的方法确定的、与交易发生日即期汇率近似的汇率折算。这里的即期汇率既可以是外汇牌价的买入价或卖出价,也可以是中间价;在与银行不进行货币兑换的情况下,一般以中间价作为即期汇率。

例7-1 A保险公司以人民币为记账本位币,对外币交易采用交易日的即期汇率折算。2016年8月1日,A公司到银行将20 000美元兑换为人民币,同时又出于外币支付的需要,从银行购入10 000港元。银行当日的美元买入价为RMB 688.56/USD 100,中间价为RMB 691.88/USD 100,港元卖出价为RMB 88.98/HKD 100,中间价为RMB 87.45/HKD 100。

本例中,保险公司与银行发生单纯的货币兑换交易,所用汇率应为银行的买入价或卖出价,而通常记账所用的即期汇率为中间价,由此产生的差额计入汇兑损益。A保险公司编制会计分录如下:

```
借:银行存款——人民币(20 000×6.8856)         137 712
   汇兑损益                                      664
   贷:银行存款——美元(20 000×6.9188)          138 376
借:银行存款——港元(10 000×0.8745)            8 745
   汇兑损益                                      153
   贷:银行存款——人民币(10 000×0.8898)          8 898
```

例7-2 B保险公司以人民币为记账本位币,对外币交易采用交易日的即期汇率折算。2016年5月1日收到投资者投入的资本100万美元。合同约定的汇率为RMB 702.01/USD 100,当日即期汇率为RMB 700.86/USD 100,B保险公司已将美元存入银行。

本例中,B保险公司收到投资者以外币投入的资本,无论是否有合同约定的汇率,均不应采用合同约定的汇率和即期汇率的近似汇率折算,而应该采用交易日即期汇率折算,因为这样做不会产生资本折算差额。B公司保险编制会计分录如下:

```
借:银行存款——美元(1 000 000×7.0086)       7 008 600
   贷:实收资本——美元(1 000 000×7.0086)       7 008 600
```

例7-3 C保险公司2016年5月8日从银行借入短期借款为50 000美元,期限为3个月,C保险公司将款项存入银行,当日即期汇率为RMB 656.88/USD 100。C保险公司编制会计分录如下:

```
借:银行存款——美元(50 000×6.5688)            328 440
   贷:短期借款——美元(50 000×6.5688)            328 440
```

例 7-4　2016 年 6 月 6 日，D 进出口公司向 E 保险公司投保出口货运险，保费为 30 000 美元，当日即期汇率为 RMB 672.12/USD 100，E 保险公司尚未收到保费。E 保险公司编制会计分录如下：

借：应收保费——D 进出口公司（美元）(30 000×6.7212)　　201 636
　　贷：保费收入——出口货运险（美元）(30 000×6.7212)　　201 636

例 7-5　F 保险公司的记账本位币为人民币。F 公司 2016 年 12 月 1 日以 2.5 美元/股的价格购入 G 公司 B 股 10 000 股作为交易性金融资产，当日汇率为 RMB 776.12/USD 100，款项已付。F 保险公司编制会计分录如下：

借：交易性金融资产——股票（美元）(10 000×2.5×7.7612)　　194 030
　　贷：银行存款——美元(10 000×2.5×7.7612)　　194 030

三、期末调整或结算

期末，保险公司应当分别就外币货币性项目和外币非货币性项目进行调整或结算。

（一）外币货币性项目

货币性项目是指企业持有的货币资金和将以固定或可确定的金额收取的资产或者偿付的负债。货币性项目分为货币性资产和货币性负债。货币性资产包括库存现金、银行存款、应收账款、其他应收款、长期应收款等；货币性负债包括短期借款、应付账款、其他应付款、长期借款、应付债券、长期应付款等。

对于外币货币性项目，因结算或采用资产负债表日的即期汇率折算而产生的汇兑差额应计入当期损益，同时调增或调减外币货币性项目的记账本位币金额。

例 7-6　承例 7-3，C 保险公司在 2016 年 5 月 31 日尚未归还银行借款，当日即期汇率为 RMB 655.25/USD 100。C 保险公司尚未归还的借款按月末即期汇率折算为 327 625 元(50 000×6.5525)，与原记账本位币 328 440 元之差 815 元应该计入当期汇兑收益。C 保险公司编制会计分录如下：

借：短期借款——美元　　815
　　贷：汇兑损益　　815

例 7-7　承例 7-4，E 保险公司在 2016 年 6 月 30 日仍未收到 D 进出口公司所欠的保费，当日即期汇率为 RMB 671.56/USD 100。D 进出口公司所欠保费按月末即期汇率折算为 201 468 元(30 000×6.7156)，与原记账本位币 201 636 元之差 168 元应该计入当期汇兑损失。E 保险公司编制会计分录如下：

借：汇兑损益　　168
　　贷：应收保费——D 进出口公司（美元）　　168

假定 2016 年 7 月 25 日 E 保险公司收到 D 进出口公司所欠的保费，并兑换为人民币存入银行，当日银行的美元买入价为 RMB 672.98/USD 100。E 保险公司编制会计分录如下：

借：银行存款——人民币(30 000×6.7298)　　201 894
　　贷：应收保费——D 进出口公司（美元）　　201 468
　　　　汇兑损益　　426

(二) 外币非货币性项目

非货币性项目是指货币性项目以外的项目,包括预付账款、预收账款、存货、长期股权投资、交易性金融资产、固定资产、无形资产等。

(1) 以历史成本计量的外币非货币性项目,已在交易发生日按当日即期汇率折算,资产负债表日不应改变其原记账本位币金额,不产生汇兑差额。

(2) 以公允价值计量的外币非货币性项目(如交易性金融资产中的股票、基金等),采用公允价值确定日的即期汇率折算,折算后的记账本位币金额与原记账本位币金额的差额作为公允价值变动(含汇率变动)处理,计入当期损益。

例 7-8 承例 7-5,2016 年 12 月 31 日,由于市价变动,G 公司 B 股的价格变为 2 美元/股,当日汇率为 RMB 776.56/USD 100,不考虑相关税费的影响。

根据《企业会计准则第 22 号——金融工具确认和计量》,交易性金融资产以公允价值计量。由于该项交易性金融资产以外币计价,在资产负债表日不仅应考虑股票市价的变动,还应考虑汇率变动的影响。F 保险公司的这项交易性金融资产在资产负债表日的人民币金额为 155 312 元(10 000×2×7.7656),与原账面价值 194 030 元的差额为 38 718 元,计入公允价值变动损益。F 保险公司编制会计分录如下:

借:公允价值变动损益 38 718
　　贷:交易性金融资产——股票(美元) 38 718

其中,38 718 元既包含 F 保险公司所购 G 公司 B 股股票公允价值变动的影响,又包含人民币与美元之间汇率变动的影响。

2017 年 3 月 1 日,F 保险公司将所购 G 公司 B 股股票按当日 2.3 美元/股的市价全部抛售,所得价款为 23 000 美元,按当日汇率 RMB 777.15/USD 100 折算的人民币金额为 178 744.5 元,与其原账面价值 155 312 元的差额为 23 432.5 元。由于对汇率的变动和股票市价的变动不进行区分,均作为投资收益处理,因此售出当日,F 保险公司编制会计分录如下:

借:银行存款——美元 178 744.5
　　贷:交易性金融资产——股票(美元) 155 312
　　　　投资收益 23 432.5

(三) 外币投入资本

保险公司收到投资者以外币投入的资本,应当采用交易发生日即期汇率折算,不得采用合同约定汇率和即期汇率的近似汇率折算,外币投入资本与相应的货币性项目记账本位币金额之间不产生外币资本折算差额。

(四) 实质上构成对境外经营净投资的外币货币性项目

保险公司编制合并财务报表涉及境外经营的,若实质上构成对境外经营净投资的外币货币性项目,则因汇率变动而产生的汇兑差额应列入所有者权益"外币报表折算差额"项目;处置境外经营时,计入处置当期损益。

例 7-9　H 保险公司在境外设立了一家子公司,累计并入 H 保险公司所有者权益下的外币报表折算差额为人民币 500 000 元。2016 年 12 月 12 日,H 保险公司决定处置该子公司 50% 的业务。H 保险公司编制会计分录如下:

　　借:资本公积——其他资本公积　　　　　　　　　　　　　250 000
　　　贷:投资收益　　　　　　　　　　　　　　　　　　　　　　　　250 000

第三节　外币分账制的核算

一、外币分账制的概念和特点

外币分账制又称原币记账法,在这种方法下,发生的外币业务是以原币直接记账,发生外币业务时都是按照原币填制凭证、登记账簿、编制报表,而不是以汇率折算为本位币记账,以此全面反映各种外币资金的增减变动。一般情况下,若保险公司的外币业务量较大、发生频繁且涉及币种较多,则应选用外币分账制。外币分账制的特点有以下几点:

(1) 以各种原币分别设账,本币与各种外币分账核算。分账是指各种外币都自成一套独立的账务系统,平时每一种分账货币都按照原币金额填制凭证、登记账簿、编制报表。

(2) 设置"货币兑换"科目联系和平衡不同货币之间的账务。当涉及两种货币的交易业务时,采用"货币兑换"账户进行核算,分别与原币有关账户对转。

(3) 年终并表,以本币统一反映财务状况和经营成果。在资产负债表日对相应的外币账户余额分货币性项目和非货币性项目进行调整,各种分账货币分别编制各自的资产负债表,各外币资产负债表按照年终外汇牌价折合成本币,与本币资产负债表汇总合并为统一的资产负债表。

二、核算举例

例 7-10　K 保险公司 2016 年 12 月 1 日从银行购买 10 000 美元对外付汇,用人民币账户进行支付。当日银行卖出价为 RMB 642.15/USD 100。K 保险公司编制会计分录如下:

　　借:银行存款——美元　　　　　　　　　　　　　　　　　　10 000
　　　贷:货币兑换——美元　　　　　　　　　　　　　　　　　　　　10 000
　　借:货币兑换——人民币　　　　　　　　　　　　　　　　　　64 215
　　　贷:银行存款——人民币　　　　　　　　　　　　　　　　　　　64 215

例 7-11　K 保险公司 2016 年 12 月 3 日从港币账户支出 10 000 港元向银行兑换人民币。当日银行买入价为 RMB 89.22/HKD 100。K 保险公司编制会计分录如下:

　　借:银行存款——人民币　　　　　　　　　　　　　　　　　　8 922
　　　贷:货币兑换——人民币　　　　　　　　　　　　　　　　　　　8 922
　　借:货币兑换——港元　　　　　　　　　　　　　　　　　　　10 000
　　　贷:银行存款——港元　　　　　　　　　　　　　　　　　　　　10 000

例 7-12　K 保险公司 2016 年 12 月 12 日从港币账户支付港元向银行兑换 20 000 美元。当日银行港元买入价为 RMB 88.66/HKD 100,美元卖出价为 RMB 645.58/USD 100。K 保险公司编制会计分录如下:

借:银行存款——美元	20 000
贷:货币兑换——美元	20 000
借:货币兑换——人民币	129 116
贷:货币兑换——人民币	129 116
借:货币兑换——港元	145 630.5
贷:银行存款——港元	145 630.5

例 7-13　K 保险公司 2016 年 12 月 15 日接受投资者投入 50 000 美元,随即存入银行,当日即期汇率为 RMB 646.01/USD 100。K 保险公司编制会计分录如下:

借:银行存款——美元	50 000
贷:货币兑换——美元	50 000
借:货币兑换——人民币	323 005
贷:实收资本——人民币	323 005

例 7-14　K 保险公司 2016 年 12 月 17 日接受中国香港某进出口公司投保出口信用险,保费为 30 000 港元,K 保险公司取得保费后随即存入银行,当日即期汇率为 RMB 89.01/HKD 100。K 保险公司编制会计分录如下:

借:银行存款——港元	30 000
贷:货币兑换——港元	30 000
借:货币兑换——人民币	26 703
贷:保费收入——货运险(人民币)	26 703

例 7-15　K 保险公司 2016 年 12 月 20 日接受美国某保险公司委托,勘查其货物运输保险标的在国内的受损状况并获对方支付的勘查费 3 000 美元,当日即期汇率为 RMB 645.76/USD 100。K 保险公司编制会计分录如下:

借:银行存款——美元	3 000
贷:货币兑换——美元	3 000
借:货币兑换——人民币	19 372.8
贷:其他业务收入——代勘查收入	19 372.8

例 7-16　K 保险公司 2016 年 12 月 22 日以 1 港元/股的市价购入 M 公司 H 股 10 000 股作为短期投资,当日即期汇率为 RMB 87.89/HKD 100,款项已付。K 保险公司编制会计分录如下:

借:货币兑换——港元	10 000
贷:银行存款——港元	10 000
借:交易性金融资产——股票(人民币)	8 789
贷:货币兑换——人民币	8 789

例 7-17　K 保险公司 2016 年 12 月 25 日为某保户办理退保,退保费为 5 000 美元,当日即期汇率为 RMB 646.68/USD 100。K 保险公司编制会计分录如下:

借:货币兑换——美元	5 000
贷:银行存款——美元	5 000
借:保费收入——人民币	32 334
贷:货币兑换——人民币	32 334

例 7-18 K 保险公司 2016 年 12 月 28 日因业务需要,通过银行汇出 20 000 美元给国外某保险公司作为代理货运险损案的周转金;12 月 30 日发生损案,实际给付赔款为 18 000 美元,余款收回,当日即期汇率为 RMB 645.55/USD 100。K 保险公司编制会计分录如下:

(1) 汇出理赔保证金时

借:存出保证金——存出理赔保证金(美元)　　　　　　　　20 000
　　贷:银行存款——美元　　　　　　　　　　　　　　　　　　　20 000

(2) 支付赔款时

借:赔付支出——货运险(人民币)　　　　　　　　　　　　116 199
　　贷:货币兑换——人民币　　　　　　　　　　　　　　　　　　116 199
借:货币兑换——美元　　　　　　　　　　　　　　　　　　18 000
　　贷:存出保证金——存出理赔保证金(美元)　　　　　　　　　18 000

(3) 收回余款时

借:银行存款——美元　　　　　　　　　　　　　　　　　　2 000
　　贷:存出保证金——存出理赔保证金(美元)　　　　　　　　　2 000

例 7-19 以 K 保险公司为例,2016 年 12 月 31 日结算外币交易汇兑损益。假设资产负债表日美元汇率为 RMB 645.58/USD 100,港元汇率为 RMB 88.18/HKD 100。

根据例 7-10 至例 7-18 的外币交易业务,现将"货币兑换"账户余额结算如表 7-1、表 7-2、表 7-3 所示。

表 7-1 "货币兑换"人民币账户结算

借方		货币兑换——人民币		贷方
	10	64 215	11	8 922
	12	129 116	12	129 116
	13	323 005	16	8 789
	14	26 703	17	32 334
	15	19 372.8	18	116 199
本期借方发生额		562 411.8	本期贷方发生额	295 360
借方余额		267 051.8		

表 7-2 "货币兑换"美元账户结算

借方		货币兑换——美元		贷方
	17	5 000	10	10 000
	18	18 000	12	20 000
			13	50 000
			15	3 000
本期借方发生额		23 000	本期贷方发生额	83 000
			贷方余额	60 000

表 7-3 "货币兑换"港币账户结算

借方		货币兑换——港元		贷方
11	10 000		14	30 000
12	145 630.5			
16	10 000			
本期借方发生额	165 630.5		本期贷方发生额	30 000
借方余额	135 630.5			

由表 7-1 至表 7-3 可知,"货币兑换——美元"账户的贷方余额为 60 000 美元,按资产负债表日汇率 RMB 645.58/USD 100 折算的人民币贷方余额为 387 348 元;"货币兑换——港元"账户的借方余额为 135 630.5 港元,按资产负债表日汇率 RMB 88.18/HKD 100 折算的人民币借方余额为 119 598.97 元。至此,两个人民币以外的"货币兑换"账户余额合计的贷方余额为 267 749.03 元。而"货币兑换——人民币"账户的借方余额为 267 051.8 元,两者差额为 697.23 元,为汇兑收益。K 保险公司编制会计分录如下:

借:货币兑换——人民币　　　　　　　　　　　697.23
　　贷:汇兑损益　　　　　　　　　　　　　　　　　　　697.23

关键词

外币交易　海外投资　记账本位币　即期汇率　即期汇率的近似汇率　外币统账制
外币分账制

本章小结

1. 外币交易是指以外币计价或者结算的交易。保险公司的外币交易一般包括外币与记账本位币、外币与外币之间的兑换业务,接受投资者的外币投资,提供以外币计价的保险和再保险业务,接受外币再保险业务,支付或收取外币手续费,取得或处置以外币计价的资产,承担或清偿以外币计价的债务等。

2. 外币统账制也称记账本位币法,在具体操作时,企业先选择某一种货币作为记账本位币,其他各种以非记账本位币核算的经济业务则在业务发生时按规定的汇率折算为记账本位币金额后入账。

3. 外币分账制又称原币记账法,在这种方法下,发生的外币业务是以原币直接记账,发生外币业务时都是按照原币填制凭证、登记账簿、编制报表,而不是按汇率折算为本位币记账,以此全面反映各种外币资金的增减变动。

思考与练习

1. 保险公司的外币交易主要包括哪些内容?
2. 简述外币折算业务是如何进行初始确认及后续确认的。
3. 外币统账制和外币分账制的区别体现在哪些方面?

第八章　货币资金与应收款项

┃本章概要┃

本章主要介绍货币资金与应收款项的会计处理方法。货币资金包括库存现金、银行存款和其他货币资金,应收款项包括存出保证金、存出资本保证金、存出准备金、代付赔款、应收票据、应收账款、其他应收款等。在学习本章时,还应关注《企业会计准则第22号——金融工具确认和计量》。

延伸阅读

金融工具确认和计量准则

┃学习目标┃

1. 了解库存现金和银行存款的管理与核算
2. 了解其他货币资金的构成与核算
3. 了解应收款项的构成与核算
4. 掌握坏账损失的确认条件与核算方法

第一节　货币资金的核算

货币资金是指可以立即投入流通,用于购买商品或劳务或偿还债务的交换媒介,是流动性最强且唯一能够直接转化为其他任何资产形态的流动资产。从内容上看,货币资金包括库存现金、银行存款和其他货币资金。

一、库存现金

(一) 库存现金的管理

库存现金是指存于企业、用于日常零星开支的现钞,由出纳员保管。保险公司必须按照《现金管理暂行条例》《现金管理暂行条例实施细则》的规定对现金的收入、支出和余额进行严格的监督与管理。

1. 库存现金的使用范围

按照《现金管理暂行条例》的规定,保险公司可以在以下范围内使用库存现金:(1) 职工工资、津贴;(2) 个人劳务报酬;(3) 根据国家规定颁发给个人的科学技术、文化艺术、体育等各种奖金;(4) 各种劳保、福利费及国家规定的对个人的其他支出;(5) 向个人收购农副产品和其他物资的价款;(6) 出差人员须随身携带的差旅费;(7) 结算起点(1 000元)以下的零星支出;(8) 中国人民银行确定以现金支付的其他支出。

在保险公司的日常业务中,允许支付现金的款项还有:(1)支付不足转账起点的代办业务手续费、支付给保险代理人个人的手续费;(2)支付给保险受益人个人的退保金、死亡伤残给付、满期给付等给付及赔款支出;(3)支付给职工个人的勘查费、差旅费;(4)其他允许以现金支付的款项。

凡是不属于现金结算范围的都应通过银行转账结算。

2. 核定库存现金限额

保险公司的库存现金限额应由开户银行根据实际需要核定,一般为开户单位3—5天的日常零星开支所需的现金金额。边远地区和交通不便地区的开户单位的库存现金限额可以多于5天但不得超过15天的日常零星开支。经核定的库存现金限额,保险公司必须严格遵守,须增加或者减少库存现金限额的,保险公司应当向开户银行提出申请,由开户银行核定。

3. 库存现金日常收支管理

(1)现金收入应于当日送存银行,若当日送存银行确有困难,则由银行确定送存时间。

(2)保险公司可以在现金使用范围内支付现金或从银行提取现金,但不得从本单位的现金收入中直接支付(坐支)。因特殊情况需要而坐支现金的,应事先报经开户银行审查批准,由开户银行核定坐支范围和限额,保险公司应定期向开户银行报送坐支金额和使用情况。

(3)保险公司从银行提取现金时,应当在取款凭证上写明具体用途,并由财务部门负责人签字盖章,交开户银行审核后方可支取。

(4)因采购地点不固定、交通不便、紧急赔付及其他情况必须使用现金的,保险公司应当提出申请,经开户银行审核批准后方可支取。

4. 库存现金清查

为了保证账实相符,保险公司应对现金进行清查。现金清查包括两部分内容:一是出纳人员每日营业终了时进行账款核对;二是清查小组进行定期或不定期的盘点和核对。

对现金实存额进行盘点必须以现金管理的有关规定为依据,不得以白条抵存,不得超过限额保管现金。对现金进行账实核对,若发现账实不符,则应立即查明原因,及时更正;对发生的长款或短款应查找原因并按规定处理,不得以今日长款弥补他日短款。现金清查和核对后,应及时编制现金盘点报告表,列明现金账存额、现金实存额、差异额及其原因,对无法确定原因的差异,应及时报告有关负责人。

(二)库存现金的核算

1. 科目设置

为了核算库存现金,保险公司应设置"库存现金""待处理财产损益"科目。"库存现金"属于资产类科目,总括反映现金的收入、支出和结存情况,借方登记现金的收入,贷方登记现金的支出,期末余额在借方,反映保险公司库存现金的实际数额。"待处理财产损益"科目属于资产类科目,反映财产清查过程中查明的各种财产盘盈、盘亏和毁损的价值,借方登记盘亏、毁损的各项资产的价值,贷方登记盘盈的各种材料、资产的价值,查明原因后应在期末结账前处理完毕,处理后该科目无余额。

2. 账务处理

(1) 现金收支的账务处理。保险公司收入现金(包括从银行提取现金、职工出差报销交回的剩余借款、收取结算起点以下的零星收入款、对个人的罚款等)时,应按照收取现金的金额,借记"库存现金"科目,贷记有关科目;保险公司支出现金时,应按照现金支出的实际金额,贷记"库存现金"科目,借记有关科目。

(2) 现金清查的账务处理。库存现金清查中发现的短缺或溢余,应编制现金盘点报告表,通过"待处理财产损益——待处理流动资产损益"科目进行核算;待查明原因后,再根据不同原因及处理结果将其转入有关科目。

保险公司进行库存现金清查时发现现金短缺时,应按实际短缺的金额,借记"待处理财产损益——待处理流动资产损益"科目,贷记"现金"科目;当发现现金溢余时,应按实际溢余的金额,借记"现金"科目,贷记"待处理财产损益——待处理流动资产损益"科目。

待查明原因后再分别以下情况处理:

(1) 若为现金短缺,属于应由责任人员赔偿的部分,则通过"其他应收款——应收现金短缺款(××个人)"科目核算(如已收到应由责任人员赔偿的现金,直接通过"现金"等科目核算)。

(2) 属于应由其他保险公司赔偿的部分,借记"其他应收款——应收保险赔款"科目,贷记"待处理财产损益——待处理流动资产损益"科目。

(3) 属于无法查明原因的现金短缺,根据企业内部管理权限,经批准后借记"管理费用——现金短缺"科目,贷记"待处理财产损益——待处理流动资产损益"科目。

(4) 若为现金溢余,属于应支付有关人员或单位的,则应从"待处理财产损益——待处理流动资产损益"科目转入"其他应付款——应付现金溢余(××个人或单位)"等科目。

(5) 属于无法查明原因的现金溢余,根据企业内部管理权限,经批准后贷记"营业外收入——现金溢余",借记"待处理财产损益——待处理流动资产损益"科目。

3. 核算举例

例 8-1 A 保险公司某月进行现金清查,发现溢余 100 元,经反复核查未查明原因,报经批准做营业外收入处理。会计分录如下:

(1) 现金清查中发现溢余 100 元

借:现金　　　　　　　　　　　　　　　　　　　　　　100
　　贷:待处理财产损益——待处理流动资产损益　　　　　　　100

(2) 未查明原因,报经批准做营业外收入处理

借:待处理财产损益——待处理流动资产损益　　　　　　100
　　贷:营业外收入　　　　　　　　　　　　　　　　　　　　100

查明溢余是由会计人员的疏忽导致的,属于公司员工刘某

借:待处理财产损益——待处理流动资产损益　　　　　　100
　　贷:其他应付款——应付现金溢余(刘某)　　　　　　　　100

例 8-2　A 保险公司某月进行现金清查,发现短缺 200 元,经反复核查未查明原因,报经批准做管理费用处理。会计分录如下:

(1) 现金清查中发现短缺 200 元

借:待处理财产损益——待处理流动资产损益　　　　200
　　贷:现金　　　　　　　　　　　　　　　　　　　　200

(2) 未查明原因,报经批准做管理费用处理

借:管理费用——现金短缺　　　　　　　　　　　　200
　　贷:待处理财产损益——待处理流动资产损益　　　　200

查明短缺是由会计人员的疏忽导致,应由张某赔偿

借:其他应收款——应收现金短缺款(张某)　　　　200
　　贷:待处理财产损益——待处理流动资产损益　　　　200

二、银行存款

(一) 银行存款的管理

银行存款是指保险公司存入银行和其他金融机构的货币资金。凡是实行独立核算的保险公司都必须在当地银行开立结算存款账户,并保持一定数额的存款余额,用于办理货币资金存取业务和往来非现金结算业务。

1. 结算业务的种类

结算是指对债权、债务关系进行清偿和了结所引起的货币收付行为。结算业务按货币收付方式可分为现金结算和非现金结算。现金结算是指保险公司按照现金收支范围、直接使用现金进行的货币收付行为。非现金结算是指收付双方在结算中不是直接使用现金,而是通过银行以转账的方式将结算款项从付款单位账户划转到收款单位账户的一种货币收付行为,是我国货币结算的主要形式。按收付双方所在国度不同,非现金结算又可以分为国内结算和国际结算,而国内结算又可分为同城结算和异地结算。同城结算是指同一城镇范围之内的转账结算,异地结算是指不同地区之间的转账结算。

保险公司日常与外部发生大量的结算业务,主要有与保户的保费结算业务、与保险受益人的各项给付或赔款结算业务、与保险代理人的手续费或佣金结算业务等。这些业务大部分采用非现金结算方式,通过银行把结算款项从付款单位的存款账户转账记入收款单位的存款账户。保险业务常用的结算方式为:异地结算主要有银行汇票、汇兑等,同城结算主要有支票,异地和同城均可采用委托收款结算。办理国际保险业务时,还可使用国际信用证结算方式。

2. 支票结算方式

支票是出票人签发的、委托办理支票存款业务的银行或其他金融机构在见票时无条件支付确定的金额给收款人或持票人的票据。支票按支付票款的方式可分为普通支票、现金支票和转账支票。普通支票既可以转账也可以支取现金;现金支票只能用于支取现金;转账支票只能用于转账,不得支取现金。这种结算方式使用简便,同城之间的保险费缴纳、各项给付或赔款的支付及其他往来款项的结算都可以采用,在同城结算中应用较为广泛。

使用支票结算时应注意:(1)支票一律记名,允许背书转让;(2)支付票款的有效期为 10 天,银行不予受理逾期支票;(3)支票由保险公司财务部门指定专人管理,按规定签发;(4)支票的签发应以资金的足额支付为前提,禁止签发空头支票;(5)保险公司必须加强对空白支票的管理,不得签发空白的、作提现用的支票,严格控制签发空白转账支票。

支票结算程序如图 8-1 所示。

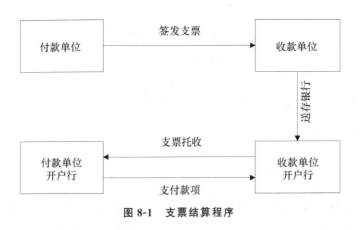

图 8-1 支票结算程序

3. 银行汇票结算方式

银行汇票是汇款人将款项交存当地银行,由银行签发给汇款人持往异地办理非现金结算或支取现金的票据。银行汇票一律记名,汇款金额起点为 500 元,银行汇票的付款期为 1 个月。银行汇票具有使用灵活、票随人到、兑付性强等特点。这种方式适用于结算地较远、结算金额不确定,而又来不及办理银行汇款的款项结算。采用汇票结算方式,可以保证收付双方的款项按时入账,既方便了转账单位,又避免了拖欠现象的发生,因而已被异地结算广泛采用。

办理银行汇票结算的一般程序为:(1)汇款人申请办理银行汇票,按有关规定向签发银行填制"银行汇票委托书";(2)签发银行受理"银行汇票委托书",在收妥款项后,根据汇款人的要求和银行汇票管理的规定签发银行汇票,并将汇票和解讫通知交汇款人,而汇款人持银行汇票向填明的收款人办理结算;(3)在银行开立账户的收款人或被背书人受理银行汇票后,在汇票背面加盖预留的银行印章,连同解讫通知、进账单送交银行办理转账,多余金额则由签发银行退交汇款人。

汇款人申请办理银行汇票,应向签发银行填写"银行汇票委托书",详细填明兑付地点、收款人名称、汇款用途等内容。签发银行受理"银行汇票委托书",据以签发银行汇票。若需支取现金的,则应在汇票的"汇款金额"栏填写"现金"字样。付款单位或个人可持银行汇票向收款单位或个人办理结算。

保险公司在收到银行汇票时,应根据《票据法》和银行汇票结算的有关规定,从出票、背书、承兑等方面对汇票进行全面、严格的审查,以确认其有效性。一般应注意审核以下内容:(1)对收款人或背书人出具的证件进行确认;(2)银行汇票是否超过有效期,日期、金额等内容是否正确,是否允许提取现金;(3)印章是否齐全、清晰,银行汇票和解讫通知是否齐全、相符。经审查银行汇票和解讫通知书无误后,汇入银行或接受人即可在汇票金额内支付现金或办理结算。

银行汇票结算程序如图 8-2 所示。

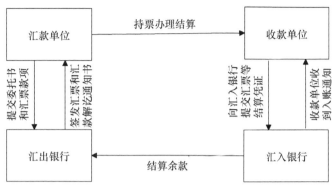

图 8-2 银行汇票结算程序

4. 汇兑结算方式

汇兑是汇款人委托银行将款项汇给外地收款人的结算方式,分为信汇和电汇。汇兑适用于异地之间各种款项的结算,其优点是简便、灵活。

汇兑结算方式的一般程序为:(1)保险公司采用汇兑方式结算,付款单位汇出款项时,应填写银行印发的汇款凭证,填明收款单位名称、汇款金额及汇款用途等内容;汇款人到汇入银行领取汇款,应在汇款凭证上注明"留行待取"字样;银行受理后退回回单联,付款单位据以记账。(2)汇入银行收到汇出银行划转的汇款后,应将"汇兑结算凭证"的收款通知转交收款单位,收款人凭以记账或取款。(3)汇款若需分次支取的,则应以收款人的姓名开立临时存款户。临时存款户只付不收,付完清户,不计付利息。

汇兑结算程序如图 8-3 所示。

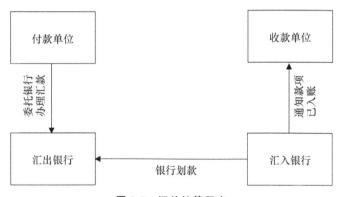

图 8-3 汇兑结算程序

5. 委托收款结算方式

委托收款是收款人委托银行向付款人收取款项的结算方式。在银行或其他金融机构开立账户的单位,其应收款项的结算均可采用委托收款结算方式。由于委托收款在同城、异地均可以办理,又不受金额起点的限制,因此在应收款项的结算中被广泛采用。保费收取多采用委托收款结算方式。委托收款结算方式的结算程序分为委托和付款两个阶段。

(1)委托。收款人办理委托收款结算,应向开户银行填写委托收款结算凭证,提供收款依据。

(2) 付款。付款人开户银行收到收款人开户银行寄来的委托收款结算凭证,经审查无误后及时通知付款人。付款人接到通知和有关附件后,应在规定的期限(付款期为3天,从付款人开户银行发出付款通知的次日起算,遇假日顺延)内付款。付款人在付款期内未向银行提出异议的,银行视为同意付款,并在付款期满的次日上午开始营业时,将款项主动划给收款人。

付款人审查有关单证后,对收款人委托收取的款项要全部或部分拒付款的,应在付款期内出具全部或部分拒付理由书,连同有关单证送交开户银行;银行不负责审查拒付理由,但应及时将拒付理由书及有关单证送交收款人;部分拒付的,银行应办理部分转账划款。

若付款人在付款期满无款支付,则应在银行规定的期限内将有关单证退回其开户银行,由开户银行转交收款人。付款人逾期不退回单证的,开户银行应按规定处以罚金,并暂停其委托银行对外办理结算业务,直至退回单证为止。

委托收款结算程序如图 8-4 所示。

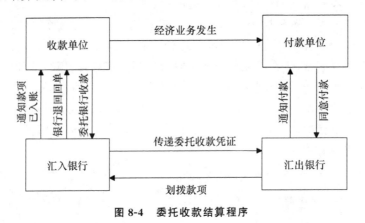

图 8-4 委托收款结算程序

(二) 银行存款的核算

1. 科目设置

为了核算银行存款,保险公司应设置"银行存款"科目。该科目用于核算保险公司存入银行和其他金融机构的存款及存款的收入、付出和结存情况,属于资产类科目,借方登记存入银行的数额,贷方登记从银行支取的数额,期末余额在借方,反映保险公司银行存款的结余数额。该科目应按存款种类设置明细科目。

保险公司在进行银行存款的总分类核算、总括反映银行存款增减变动的同时,还应该对银行存款进行序时核算,根据开户银行、存款种类等设置银行存款日记账,由出纳人员根据记账凭证和原始凭证序时、逐笔登记,记录收入、付出金额并计算结存余额。银行存款日记账一般采用收、付、存三栏式账页格式。

2. 账务处理

在不同的结算方式下,结算所采用的凭证和核算程序不同,会计处理也不完全一样。

(1) 保险公司开展保险业务收到支票时,借记"银行存款"科目,贷记有关科目;使用支票付款或提取现金时,借记有关科目,贷记"银行存款"科目。

（2）保险公司将款项交存签发银行申请办理银行汇票时,这部分资金已成为具有特定用途的资金,属于其他货币资金,应在"其他货币资金"科目核算。汇款人收到银行签发的银行汇票和解讫通知时,应借记"其他货币资金"科目,贷记"银行存款"科目;使用银行汇票购买固定资产并支付货款时,根据发票等有关单证,借记"固定资产"科目,贷记"银行存款"科目。若有未用完的余额或因汇票超过付款期等而退回款项时,则借记"银行存款"科目,贷记"其他货币资金"科目。

（3）保险公司采用汇兑结算方式汇付款项时,应根据汇款凭证回单联,借记有关科目,贷记"银行存款"科目;收款人在收到银行转来的收款通知时,借记"银行存款"科目,贷记有关科目。

（4）保险公司采用委托收款办理非现金结算时,应通过相应的应收科目进行核算。保险公司办理委托收款手续时,借记相应的应收科目,贷记有关损益类科目;接到银行转来的收账通知时,借记"银行存款"科目,贷记相应的应收科目。

（三）银行存款的清查

为了查错防弊、及时更正差错、保证银行存款账目的正确性,保险公司必须定期将"银行存款日记账"与"银行对账单"进行核对（至少每月核对一次）,以保证账实相符。核对时,如果发现两者的存款余额不一致,可能是因为结算凭证在公司和银行之间传递需要一定时间而存在未达账项,所以保险公司应调整未达账项,编制银行存款余额调节表,再对比两者余额。存在未达账项的情况有以下四种:

（1）保险公司已收款入账、银行尚未入账的款项。例如,存入某保户交来的转账支票,但尚未交由银行转账。

（2）保险公司已付款入账、银行尚未入账的款项。例如,支付赔款的转账支票,但尚未交由银行转账。

（3）银行已收款入账、保险公司尚未入账的款项。例如,银行付给保险公司的存款利息等。

（4）银行已付款入账、保险公司尚未入账的款项。如银行已代付的邮电费等。

若存在上述(1)、(4)两种情况,则保险公司银行存款账目的余额大于银行对账单的存款余额;若存在上述(2)、(3)两种情况,则恰好相反。对此,应编制银行存款余额调节表如表8-1所示。

表8-1 银行存款余额调节表

××××年×月×日　　　　　　　　　　　　　　　单位:元

项目	金额	项目	金额
保险公司银行存款账面金额		开户银行对账单存款余额	
加:银行已入账、公司未入账款项		加:公司已收款、银行未入账款项	
减:银行已付账、公司未入账款项		减:公司已付款、银行未入账款项	
调节后的存款余额		调节后的存款余额	

三、其他货币资金

其他货币资金是指保险公司除现金和银行存款以外的其他货币资金,包括银行汇票存款、银行本票存款、信用卡存款、信用证保证金存款、存出投资款、外埠存款等。其中,银行汇票存款是指企业为了取得银行汇票,按照规定存入银行的款项;银行本票存款是指企业为了取得银行本票,按照规定存入银行的款项;信用卡存款是指申请单位向银行申请信用卡,用于在各地金融机构取现、办理结算或在商业单位支付而向银行交付的款项;信用证存款是指进口单位向银行申请开立信用证,申请单位交付货款一定比例押金的款项;存出投资款是指企业已存入证券公司但尚未进行短期投资的款项;外埠存款是指企业到外地进行临时或零星采购时,汇往采购地银行开立采购专户的账款。

为了核算其他货币资金,保险公司应设置"其他货币资金"科目。该科目属于资产类科目,借方登记其他货币资金的增加金额,贷方登记其他货币资金的减少金额,期末余额在借方,反映其他货币资金的结存金额。该科目应按照其他货币资金的种类设置明细账,对每种其他货币资金进行明细核算。

例 8-3 A 保险公司委托开户银行办理 10 000 元的银行汇票,已收到"银行委托书"的存根联。会计分录如下:

借:其他货币资金——银行汇票　　　　　　　　　　　　10 000
　　贷:银行存款　　　　　　　　　　　　　　　　　　　　　　10 000

例 8-4 B 保险公司于 3 月 10 日向证券公司划出 1 000 000 元投资款,3 月 20 日买入有价证券支出 700 000 元。会计分录如下:

(1) 3 月 10 日向证券公司划出投资款

借:其他货币资金——存出投资款　　　　　　　　　　1 000 000
　　贷:银行存款　　　　　　　　　　　　　　　　　　　　　1 000 000

(2) 3 月 20 日买入有价证券

借:交易性金融资产　　　　　　　　　　　　　　　　　　70 000
　　贷:其他货币资金——存出投资款　　　　　　　　　　　　70 000

例 8-5 C 保险公司将 20 000 元汇往外地银行以便采购,汇款手续已办妥。会计分录如下:

借:其他货币资金——外埠存款　　　　　　　　　　　　20 000
　　贷:银行存款　　　　　　　　　　　　　　　　　　　　　　20 000

第二节　应收款项的核算

应收款项是保险公司在日常经营中产生而尚未结算的、公司拥有的短期债权,包括应收保费、应收利息、应收股利、应收票据、应收账款、应收分保账款、预付赔款、应收代位追偿款、代付赔款、存出分保合同准备金、存出保证金、存出资本保证金、存出准备金和其他应收款等。本节主要阐述存出保证金、存出资本保证金、存出准备金、代付赔款、应收票据、应收账款、其他应收款,以及应收款项的抵减项目(坏账损失)的核算。

一、存出保证金的核算

存出保证金是指保险公司开展直接承保业务、按合同约定存出的保证金,以及分保业务、按合同规定存出的保证金,包括存出交易保证金、存出理赔保证金、存出共同海损保证金和存出分保保证金,具有债权性质。其中,存出交易保证金是指根据资金运用的需要存出的保证金,存出理赔保证金是指根据与理赔代理人的合同约定、需要存入理赔代理人账户的保证金,存出共同海损保证金是指发生共同海损赔案、需要支付现金担保的保证金,存出分保保证金是指按照分保合同约定、准备承担未来责任而存入分出公司的保证金。

为了核算各项存出保证金,保险公司应设置"存出保证金"科目。该科目属于资产类科目,借方登记按合同约定存出的保证金,贷方登记收回或转入赔款支出等的存出保证金,期末余额在借方,反映公司存出的保证金数额。该科目应按照保证金类别设置明细科目"存出交易保证金""存出理赔保证金""存出共同海损保证金""存出分保保证金",并分别按存放单位进行明细核算。

保险公司存出保证金时,应按照实际存出金额借记"存出保证金"的相关明细科目,贷记"银行存款"或"应收分保账款"等科目;收回或结案转入赔款时,借记"银行存款"或"赔付支出"等科目,贷记"存出保证金"的相关明细科目。

例 8-6 A 保险公司请 B 保险公司作为一件异地赔案的理赔代理人,并预先支付了理赔保证金 500 000 元。B 保险公司理赔完毕后支付赔款 450 000 元并收取代理理赔费用 10 000 元,退回 A 保险公司 40 000 元。会计分录如下:

(1)存出理赔保证金时

借:存出保证金——存出理赔保证金 500 000
  贷:银行存款 500 000

(2)结案并收回余款时

借:银行存款 40 000
  赔付支出 450 000
  其他业务成本 10 000
  贷:存出保证金——存出理赔保证金 500 000

二、存出资本保证金的核算

存出资本保证金是指保险公司按照规定比例缴存的、用于清算时清偿债务的保证金,具有债权性质。我国《保险法》规定,"保险公司应当按照其注册资本总额的百分之二十提取保证金,存入国务院保险监督管理机构指定的银行,除公司清算时用于清偿债务外,不得动用"。

为了核算存出资本保证金,保险公司应设置"存出资本保证金"科目。该科目属于资产类科目,借方登记按规定比例缴存的资本保证金,贷方登记用于清算时清偿债务的金额,期末余额在借方,反映保险公司上存的资本保证金。

存出资本保证金时,按实际存出金额,借记"存出资本保证金"科目,贷记"银行存款"科目。

三、存出准备金的核算

存出准备金是指人寿保险公司的分支机构或分公司向总公司上存的各种责任准备金。寿险各项准备金是寿险公司最主要的负债,其增值能力直接关系到寿险公司的偿付能力和利润水平,寿险公司各分支机构和分公司必须将各项责任准备金按照一定的比例上存总公司,由总公司集中投资管理并按照寿险预定利率计算利息下划各分公司。该项业务属于保险公司的内部业务。

为了核算存出准备金,保险公司应设置"存出准备金"科目。该科目是内部科目,不进入总公司的对外财务报表。"存出准备金"科目属于资产类科目,借方登记上存的准备金,贷方登记上存准备金的收回。该科目应设置总公司和分公司两个二级科目,其中"存出准备金——总公司"科目用于核算总公司与分公司的资金往来,"存入准备金——分公司"科目用于反映上存准备金的存入单位。

保险公司的具体账务处理为:各分支机构或分公司上存准备金时,借记"存出准备金——总公司"科目,贷记"银行存款"科目;总公司收到上存的准备金时,借记"银行存款"科目,贷记"存入准备金——分公司"科目;总公司经批准回拨存出准备金时,借记"存入准备金——分公司"科目,贷记"银行存款"科目;各分支机构或分公司收到回拨准备金时,借记"银行存款"科目,贷记"存出准备金——总公司"。"存出准备金"科目的账面总余额为零。

例 8-7 2016 年 12 月 31 日,A 保险公司的 G 分公司按照公司规定向总公司上存准备金 40 000 000 元,通过银行划转。2017 年 4 月 5 日,由于 G 分公司出现巨额赔款,总公司回拨准备金 1 000 000 元。会计分录如下:

(1) 2016 年 12 月 31 日,G 分公司上存准备金

借:存出准备金——总公司　　　　　　　　　　　　　40 000 000
　　贷:银行存款　　　　　　　　　　　　　　　　　　40 000 000

(2) 总公司收到上存的准备金时

借:银行存款　　　　　　　　　　　　　　　　　　　40 000 000
　　贷:存入准备金——分公司 G　　　　　　　　　　　40 000 000

(3) 2017 年 4 月 5 日,总公司向 G 分公司回拨准备金

借:存入准备金——G 分公司　　　　　　　　　　　　1 000 000
　　贷:银行存款　　　　　　　　　　　　　　　　　　1 000 000

(4) G 分公司收到回拨的准备金时

借:银行存款　　　　　　　　　　　　　　　　　　　1 000 000
　　贷:存出准备金——总公司　　　　　　　　　　　　1 000 000

四、代付赔款的核算

代付赔款是指保险公司内部各分支机构之间临时垫付赔款及代理其他内部保险公司支付的赔款,属于保险公司的内部业务。

为了核算代付赔款,保险公司应设置"代付赔款"科目。该科目属于公司内部科目,只反映在各分支机构或分公司的账务中,并不反映在总公司的对外财务报表中。该科目

属于资产类科目,借方登记代付的赔款,贷方登记收回或划转的款项。该科目应按照代付公司进行明细核算。保险公司的具体账务处理为:发生代付赔款时,借记"代付赔款"科目,贷记"银行存款"等科目;收回或划转款项时,借记"银行存款"等科目,贷记"代付赔款"科目。

例 8-8 A 保险公司的 N 分支机构的一位客户异地出险,M 分支机构代 N 分支机构支付现金赔款 30 000 元,后 N 分支机构通过银行转账向 M 分支机构支付全部赔款。M 分支机构的会计分录如下:

(1) M 分支机构代付赔款时

借:代付赔款——N 分支机构　　　　　　　　　　30 000
　　贷:库存现金　　　　　　　　　　　　　　　　　　30 000

(2) 收回代付赔款时

借:银行存款　　　　　　　　　　　　　　　　　30 000
　　贷:代付赔款——N 分支机构　　　　　　　　　　30 000

五、应收票据的核算

(一) 应收票据概述

应收票据是指企业销售产品、提供劳务等收到的商业汇票。商业汇票是出票人签发的、委托付款人在指定日期无条件支付确定的金额给收款人或者持票人的票据。在我国,商业汇票的期限一般不会超过 6 个月。

商业汇票按承兑人,分为商业承兑汇票和银行承兑汇票。商业承兑汇票是指由收款人签发、经付款人承兑,或者由付款人签发并承兑的商业票据。银行承兑汇票是指由收款人或承兑申请人签发、由承兑申请人向开户银行申请承兑、经银行审查同意承兑的商业汇票。

商业汇票按是否带息分为带息商业汇票和不带息商业汇票。带息商业汇票是指商业汇票到期时,承兑人必须按票面金额加上应计利息向收款人或被背书人支付票款的商业汇票。不带息商业汇票是指商业汇票到期时,承兑人只按票面金额向收款人或被背书人支付票款的商业汇票。

(二) 应收票据的核算

1. 收到应收票据的核算

为了核算应收票据,保险公司应设置"应收票据"科目。该科目属于资产类科目,借方登记应收票据的面值及按期确认的利息收入,贷方登记背书转让或到期收回的金额,期末余额在借方,反映未到期应收票据的账面价值。该科目应按照票据种类设置明细科目。

在我国,应收票据主要为短期应收票据,保险公司收到商业汇票时以票据的面值或票面金额入账,按照票据的面值借记"应收票据"科目,并根据相应的业务内容分别贷记"应收账款""应收保费"等科目。

2. 应收票据利息的核算

应收票据利息的核算主要是针对带息商业汇票。根据权责发生制,保险公司应该在带息商业汇票到期之前的每个会计期末,按照应该获得而未实际收到的利息作为应收债权,借记"应收利息"科目,同时确认利息收入,贷记"利息收入"或"业务及管理费"科目。确认利息收入的金额时,如果应收票据的名义利率和实际利率相差较大且利息金额较高,则按照实际利率、采用摊余成本法核算。但就我国的实际情况来看,由于应收票据利息收入一般金额不高,而且应收票据多为短期债权,保险公司为简化核算,一般使用名义利率进行核算。

一般来说,如果应收票据的利息金额较高、对企业财务成果的影响较大,则按月计提应收票据的利息;如果应收票据的利息金额不高、对企业财务成果的影响较小,则可以于季末或年末计提应收票据的利息。但为了正确核算企业的财务成果,除非应计提利息的金额极小,否则企业至少应于会计年末计提持有商业汇票的利息。

3. 应收票据到期的核算

对持有的即将到期的商业汇票,保险公司应匡算划款的时间,提前委托开户银行收款。一般来说,银行承兑汇票的票款能够及时收妥入账;而商业承兑汇票则可能出现因付款人账户资金不足而将托收的汇票退回,收付款双方应自行处理。

对于银行承兑汇票和能够及时收妥入账的商业承兑汇票,保险公司应按照实际收到的金额借记"银行存款"等科目,按照商业汇票的账面金额贷记"应收票据"科目,按照已经计提的"应收利息"科目的金额贷记"应收利息"科目,按照差额(未计提利息部分)贷记"利息收入"或"业务及管理费"科目。

对于票据到期时付款人无力支付票款的商业汇票,保险公司应按照应收票据的面值,借记"应收账款"科目,贷记"应收票据"科目;同时,将已经计提的应收利息和利息收入冲回,借记"利息收入"科目,贷记"应收利息"科目。

4. 核算举例

例 8-9 A 保险公司采用商业汇票结算分保应收款,2016 年 3 月 1 日收到 B 保险公司的带息商业汇票,面值为 1 000 000 元,到期日为 2016 年 5 月 31 日,利率为 3%,按照企业会计政策,企业应于每月末计提应收票据的应收利息。5 月 31 日,A 保险公司收到该商业汇票的票款。会计分录如下:

(1) 2017 年 3 月 1 日

借:应收票据——B 保险公司　　　　　　　　　　　　　　1 000 000
　　贷:应收分保账款——B 保险公司　　　　　　　　　　　　　1 000 000

(2) 2016 年 3 月 31 日、4 月 30 日

每月应收利息=1 000 000×3%÷12=2 500(元)

借:应收利息——B 保险公司　　　　　　　　　　　　　　2 500
　　贷:利息收入　　　　　　　　　　　　　　　　　　　　　　2 500

(3) 2016 年 5 月 31 日

借:银行存款　　　　　　　　　　　　　　　　　　　　　1 007 500
　　贷:利息收入　　　　　　　　　　　　　　　　　　　　　　2 500
　　　　应收票据——B 保险公司　　　　　　　　　　　　　　1 000 000
　　　　应收利息——B 保险公司　　　　　　　　　　　　　　5 000

如果票据到期时，B 保险公司出现财务问题，未能按期支付票款，则会计分录如下：

借：应收账款　　　　　　　　　　　　　　　　　　　　　1 000 000
　　贷：应收票据——B 保险公司　　　　　　　　　　　　　　　1 000 000
借：利息收入　　　　　　　　　　　　　　　　　　　　　　　5 000
　　贷：应收利息——B 保险公司　　　　　　　　　　　　　　　　5 000

（三）应收票据的贴现

应收票据贴现是指银行汇票到期前，保险公司如果需要资金就可以将未到期的商业票据背书后转让给银行；银行受理后，从票据到期价值中扣除按银行贴现率计算确定的贴现利息后，将余额（贴现净额）付给持票人的融资方式，计算公式如下：

$$贴现净额 = 票据到期值 - 贴现利息$$
$$贴现利息 = 票据到期值 \times 贴现率 \times 贴现天数/360$$
$$票据到期值 = 票据面值 \times (1 + 年利率 \times 票据到期月数/12)$$

核算应收票据时，保险公司应按照贴现商业汇票是否带追索权而采用不同的方法进行核算。

1. 不带追索权的应收票据贴现

应收票据贴现时不带追索权，是指保险公司在转让票据时也同时将票据到期不能收回的风险转让给贴现银行，不承担连带责任，贴现银行如到期无法收回也不可以继续向保险公司追索。因此，如果应收票据贴现时不带追索权，则符合金融资产终止确认的条件，保险公司应按照实际收到的贴现款借记"银行存款"科目，按照贴现票据的面值贷记"应收票据"科目，按照贴现票据已经计提的应收利息贷记"应收利息"科目，按实际收到贴现款与贴现汇票的账面金额（"应收票据"科目与"应收利息"科目的总和）借记或贷记"业务及管理费"科目。

2. 带追索权的应收票据贴现

应收票据贴现时带追索权，是指保险公司在转让票据时因背书而在法律上负有连带赔偿责任（这种连带赔偿责任相当于企业利用票据进行抵押贷款），直至贴现银行收到票据款方可确认终止负债。因此，如果应收票据贴现时带追索权，保险公司应按照实际收到的贴现款项，借记"银行存款"科目，贷记"短期借款"科目；票据到期日，保险公司应按照实际收到的贴现款借记"短期借款"科目，按照应收票据的面值和已确认的应收利息贷记"应收票据""应收利息"科目，按其差额借记或贷记"业务及管理费"科目；票据到期日，如果票据付款人未能向贴现银行支付足额票款，则保险公司还应向银行支付票据付款人未能支付的金额，贷记"银行存款"科目，并确认对票据付款人的负债，贷记"应收账款"科目。

3. 核算举例

例 8-10　出于对流动性的需求，A 保险公司将面值为 50 000 000 元的银行承兑汇票贴现，该银行承兑汇票的票面利率为 5%，票据期限为 6 个月，已经累计计提 3 个月的应收利息 625 000 元。贴现时，票据还有 100 天到期，贴现率为 3%，票据贴现时不带追索权。会计分录如下：

票据到期值 = 50 000 000 × (1 + 5% × 6/12) = 51 250 000(元)
贴现利息 = 50 000 000 × 3% × 100/360 = 416 667(元)
贴现净额 = 50 000 000 − 416 667 = 49 583 333(元)

借:银行存款　　　　　　　　　　　　　　　　49 583 333
　　业务及管理费　　　　　　　　　　　　　　　1 041 667
　贷:应收票据　　　　　　　　　　　　　　　　　50 000 000
　　　应收利息　　　　　　　　　　　　　　　　　　625 000

例 8-11　出于对流动性的需求,A 保险公司将面值为 10 000 000 元的商业承兑汇票贴现,该商业承兑汇票的票面利率为 4%,票据期限为 6 个月,已经累计计提 3 个月的应收利息为 100 000 元。贴现时,票据还有 100 天到期,贴现率为 2%,票据贴现时带追索权。3 个月后该商业承兑汇票的付款人足额支付票款。会计分录如下:

票据到期值 = 10 000 000 × (1 + 4% × 6/12) = 10 200 000(元)
贴现利息 = 10 000 000 × 2% × 100/360 = 55 556(元)
贴现净额 = 10 000 000 − 55 556 = 9 944 444(元)

(1) 贴现时
借:银行存款　　　　　　　　　　　　　　　　9 944 444
　贷:短期借款　　　　　　　　　　　　　　　　　9 944 444

(2) 3 个月后,商业承兑汇票的付款人足额支付票款
借:短期借款　　　　　　　　　　　　　　　　9 944 444
　　业务及管理费　　　　　　　　　　　　　　　　155 556
　贷:应收票据　　　　　　　　　　　　　　　　　10 000 000
　　　应收利息　　　　　　　　　　　　　　　　　　100 000

若商业承兑汇票的付款人没有支付票款,则 A 保险公司承担连带赔偿责任。会计分录如下:

借:短期借款　　　　　　　　　　　　　　　　9 944 444
　　业务及管理费　　　　　　　　　　　　　　　　155 556
　贷:应收票据　　　　　　　　　　　　　　　　　10 000 000
　　　应收利息　　　　　　　　　　　　　　　　　　100 000
借:应收账款　　　　　　　　　　　　　　　　10 200 000
　贷:银行存款　　　　　　　　　　　　　　　　　10 200 000

六、应收账款的核算

应收账款是指企业销售商品或材料、提供劳务或服务等经营活动而向客户收取的款项。一般来说,应收账款属于应在 1 年内收回的短期债权,为流动资产。

为了核算应收账款,保险公司应设置"应收账款"科目。该科目属于资产类科目,借方登记应收账款的发生额,贷记登记应收账款的减少额,期末余额在借方,反映尚未收回的应收账款。该科目应按照每个单位设置明细科目。发生应收账款时,保险公司应按照应收账款的金额,借记"应收账款"科目,贷记相关的科目;收回应收账款时,应按照实际收回额,借记"银行存款"等科目,贷记"应收账款"科目。

七、其他应收款的核算

(一) 其他应收款

其他应收款是指保险公司除应收利息、应收保费、分保业务往来、存出保证金、存出资本保证金等以外的其他各种应收、暂付款项,包括:(1) 各种应收赔款,如因职工失职而造成损失应由员工支付的赔款;(2) 备用金,如暂付给保险公司有关部门和个人周转使用的款项;(3) 应收罚款;(4) 应向职工收取的各种垫付款项等。

(二) 科目设置

为了核算其他应收款,保险公司应设置"其他应收款"科目。该科目属于资产类科目,借方登记其他应收款的增加额,贷方登记其他应收款的收回数额,期末余额在借方,反映保险公司尚未收回的其他应收款。该科目应按照不同的项目和债务人设置明细科目。

(三) 备用金的核算

为了满足各部门业务经营的需要,保险公司须暂付各部门或人员一定的备用现金。根据备用金的管理制度,备用金的核算分为定额制和非定额制。

定额备用金是根据用款单位和人员的实际需要,先核定其备用金定额,由财务部门按定额将备用金支付给用款部门;待用款部门实际使用后,经财务部门审核报账领款,以补足用款单位的定额备用金。定额备用金的账务处理为:拨付备用金时,按照定额借记"其他应收款——备用金"科目,贷记"现金"科目;实际报销领款时,为保证仍按定额持有备用金,保险公司应按照报销金额借记"业务及管理费"等科目,借记"现金"或"银行存款"科目。

非定额备用金是指为了满足临时性需要而暂付给有关部门或个人的现金,使用后实报实销。非定额备用金的账务处理为:拨付备用金时,按照定额借记"其他应收款——备用金"科目,贷记"现金"科目;实际报销时,按照报销金额借记"业务及管理费"等科目,借记"其他应收款——备用金"科目。

例 8-12 A 保险公司采用定额备用金制度,其理赔部门的定额备用金为 6 000 元,以现金拨付。2016 年 8 月 3 日,理赔部门报销日常费用为 1 000 元。会计分录如下:

(1) 拨付备用金时

借:其他应收款——备用金——理赔部门   6 000
  贷:现金   6 000

(2) 报销日常费用时

借:业务及管理费   1 000
  贷:现金   1 000

例 8-13 承例 8-12,若 A 保险公司采用非定额备用金,则会计分录如下:

(1) 拨付备用金时

借:其他应收款——备用金——理赔部门   6 000
  贷:现金   6 000

(2) 报销日常费用时

借:业务及管理费　　　　　　　　　　　　　　　　　1 000
　　贷:其他应收款——备用金——理赔部门　　　　　　　　　1 000

(四) 非备用金的核算

对于备用金以外的其他应收款,在发生其他应收款时,保险公司应借记"其他应收款"科目,贷记"银行存款"等相关科目;收回时,保险公司应借记"银行存款"等科目,贷记"其他应收款"科目。

例 8-14　A 保险公司因员工季某违反公司规定而收取罚款 100 元,直接从其工资中扣除。会计分录如下:

借:其他应收款——罚款——李某　　　　　　　　　　100
　　贷:营业外收入——罚款收入　　　　　　　　　　　　　100
借:应付职工薪酬——李某　　　　　　　　　　　　　100
　　贷:其他应收款——罚款——李某　　　　　　　　　　　100

例 8-15　2016 年 4 月 10 日,A 保险公司业务人员张某预支差旅费 4 000 元,以现金支付;4 月 20 日,张某出差回来报销 3 500 元,并退回 500 元。会计分录如下:

(1) 2016 年 4 月 10 日

借:其他应收款——张某　　　　　　　　　　　　　4 000
　　贷:库存现金　　　　　　　　　　　　　　　　　　　　4 000

(2) 2016 年 4 月 20 日

借:业务及管理费——差旅费　　　　　　　　　　　3 500
　　库存现金　　　　　　　　　　　　　　　　　　　500
　　贷:其他应收款——张某　　　　　　　　　　　　　　4 000

八、坏账损失的核算

(一) 坏账及其确认条件

保险公司无法收回的应收款项(包括应收票据、应收账款、应收保费、应收利息、应收分保账款等)称为坏账。一般来说,符合下列条件之一的应收款项应作为坏账处理:

(1) 债务人被依法宣告破产、撤销,其剩余财产确实不足清偿的应收款项;

(2) 债务人死亡或依法被宣告死亡、失踪,其财产或遗产确实不足清偿的应收款项;

(3) 债务人遭受重大自然灾害或意外事故,损失巨大,以其财产(包括保险赔款等)确实无法清偿的应收款项;

(4) 债务人逾期未履行偿债义务,经法院裁决,确实无法清偿的应收款项;

(5) 逾期 3 年以上仍未收回的应收款项;

(6) 法定机构批准核销的应收款项。

(二) 坏账损失的核算

公司内部应收款项(如存出准备金和代付赔款)不会发生坏账。坏账损失的核算一一般有直接转销法和备抵法,保险公司应采用备抵法。

1. 直接转销法

直接转销法是在实际发生坏账时直接确认坏账损失,冲销有关的应收款项并计入当期损益。

(1) 科目设置。在直接转销法下,为了核算坏账损失,保险公司应设置"资产减值损失"科目。该科目属于损益类科目,总括反映企业计提各项资产减值准备所形成的损失,借方登记应收款项、存货、长期股权投资、持有至到期投资、固定资产、无形资产、贷款等资产发生减值的数额,贷方登记相关资产的价值得以恢复的数额和转入"本年利润"的数额,期末应将该科目余额结转至"本年利润"科目,结转后无余额。该科目可以按照资产减值损失项目进行明细核算。

(2) 账务处理。直接转销法下坏账损失的账务处理为:确认发生坏账损失时,保险公司应按照坏账实际发生的金额,贷记应收款项的相应科目,借记"资产减值损失"科目。已经确认的坏账因债务人经济状况转好或其他而全部或部分收回,为了通过"应收账款"等账簿记录反映债务人的偿债信誉,保险公司应首先按收回的金额冲销原确认坏账的会计分录,借记"应收账款"科目,贷记"资产减值损失"科目;然后再反映应收款项的收回,借记"银行存款"等科目,贷记"应收账款"等科目。

例 8-16　A 保险公司采用直接转销法核算坏账,2016 年共发生坏账为 500 000 元,其中应收保费(应收陈某)的坏账为 100 000 元,应收利息(应收 B 公司)的坏账为 50 000 元,应收分保账款(应收 C 保险公司)的坏账为 350 000 元。2017 年 1 月 3 日,全部收回 C 保险公司的应收分保账款。会计分录如下:

(1) 2016 年发生坏账

借:资产减值损失	500 000
贷:应收保费——陈某	100 000
应收利息——B 公司	50 000
应收分保账款——C 保险公司	350 000

(2) 2017 年 1 月 3 日

借:应收分保账款——C 保险公司	350 000
贷:资产减值损失	350 000
借:银行存款	350 000
贷:应收分保账款——C 保险公司	350 000

2. 备抵法

备抵法是按期估计应收款项的可收回金额和坏账损失,建立坏账准备,实际发生坏账损失时再冲销坏账准备的方法。

(1) 科目设置。在备抵法下,为了核算坏账损失,保险公司应设置"坏账准备"科目和"资产减值损失"科目。"坏账准备"科目属于资产类科目,总括反映企业应收款项的坏账准备,属于应收款项的备抵科目,贷方登记应收款项发生减值的数额,借方登记确实无法收回的应收款项的数额和确认并转销后又收回的数额,期末余额在贷方,反映公司已计提但尚未转销的坏账准备。该科目可以按照应收款项类别进行明细核算。

(2) 账务处理。备抵法下坏账损失的账务处理如下：

① 资产负债表日，保险公司应估计所有应收款项的坏账，若大于"坏账准备"科目现有余额，则按照差额借记"资产减值损失"科目，贷记"坏账准备"科目；若小于"坏账准备"科目现有余额，则按照差额冲减坏账准备，借记"坏账准备"科目，贷记"资产减值损失"科目。

② 对于确实无法收回的应收款项，保险公司按管理权限报经批准后作为坏账，冲销坏账准备并转销相关的应收账款，按照具体应收款项的金额，借记"坏账准备"科目，贷记"应收保费""应收利息""应收分保账款"等科目。

③ 对于已经确认坏账并转销的应收款项以后又收回的，保险公司应按实际收回的金额，借记"应收保费""应收利息""应收分保账款"等科目，贷记"坏账准备"科目；同时，借记"银行存款"等科目，贷记"应收保费""应收利息""应收分保账款"等科目。需要注意的是，这两笔分录不能合并，因为这反映了债务人的信用状况。

例 8-17 A 保险公司采用备抵法核算应收款项的坏账，坏账准备的金额采用应收款项余额百分比计提，计提比例为 4%。2016 年年末，A 保险公司共有应收保费为 45 000 000 元，应收利息为 1 000 000 元，应收分保账款为 10 000 000 元，已经计提的坏账准备为 1 000 000 元。2017 年 1 月 15 日，应收分保账款（应收 B 保险公司）发生实际坏账为 900 000 元，同年 8 月 13 日，该笔应收分保账款全额收回。会计分录如下：

(1) 2016 年应计提坏账 = 4% × (45 000 000 + 1 000 000 + 10 000 000) − 1 000 000 = 1 240 000 元

借：资产减值损失	1 240 000
贷：坏账准备	1 240 000

(2) 2017 年 1 月 15 日

借：坏账准备	900 000
贷：应收分保账款——B 保险公司	900 000

(3) 2017 年 8 月 13 日

借：应收分保账款——B 保险公司	900 000
贷：坏账准备	900 000
借：银行存款	900 000
贷：应收分保账款——B 保险公司	900 000

例 8-18 2016 年 12 月 31 日，A 保险公司根据各应收账款及历史坏账比例，估计坏账为 800 000 元，已经计提的坏账准备为 500 000 元。2017 年 1 月，发生坏账损失为 60 000 元，其中应收保费 20 000 元，应收分保账款为 40 000 元（应收 B 保险公司）。同年 2 月，确认为坏账的应收分保账款全部收回。会计分录如下：

(1) 2016 年 12 月 31 日

借：资产减值损失	300 000
贷：坏账准备	300 000

(2) 2017 年 1 月

借：坏账准备	60 000
贷：应收保费	20 000
应收分保账款——B 保险公司	40 000

(3) 2017 年 2 月

借:应收分保账款——B 保险公司　　　　　　　　　　　40 000
　　贷:坏账准备　　　　　　　　　　　　　　　　　　　　　40 000
借:银行存款　　　　　　　　　　　　　　　　　　　　　40 000
　　贷:应收分保账款——B 保险公司　　　　　　　　　　　40 000

3. 直接转销法和备抵法的比较

直接转销法只有在实际发生坏账的时候才作为损失计入当期损益并冲减应收款项,会计核算比较简单,但同时导致日常核算中没有根据权责发生制和收入—费用配比原则确认应收账款的减少与当期损益的减少。没有确认应收账款的减少会导致企业资产负债表只能提供应收账款的账面余额,无法提供应收账款的可收回净额,虚增应收账款进而虚增资产;没有确认当期损益的减少会导致企业损益表无法正确反映当期损益,虚增利润。

备抵法在每期期末估计坏账损失并直接计入当期损益,符合权责发生制和收入—费用配比原则,也符合稳健原则的要求,能够如实反映应收账款和当期损益,不存在虚增资产和利润的问题。

我国会计准则规定企业必须采用备抵法核算各应收款项的坏账。

▌关键词▌

货币资金　库存现金　银行存款　存出保证金　存出资本保证金　存出准备金
代付赔款　应收票据　应收账款　其他应收款　坏账准备

本章小结 》

1. 货币资金包括库存现金、银行存款和其他货币资金,保险公司须定期进行清查;对于银行存款,保险公司须定期编制银行存款余额调节表进行核对,以保证账实一致。

2. 应收款项是公司在日常经营中产生而尚未结算的、公司拥有的短期债权。对于无法收回的应收款项,保险公司应该按照备抵法确认坏账损失。

思考与练习 》

1. 为什么要编制银行存款余额调节表?如何编制?
2. 应收票据如何贴现?
3. 哪些应收款项必须计提坏账?如何计提坏账?

第九章 金融资产

▍本章概要▍

本章主要介绍金融资产的分类、确认、计量和后续计量。金融资产主要包括以公允价值计量且其变动计入当期损益的金融资产、持有至到期投资、可供出售金融资产、贷款。此外,本章还介绍了金融资产之间重分类的处理。在学习本章时,还应关注《企业会计准则第 22 号——金融工具确认和计量》和《企业会计准则第 23 号——金融资产转移》及相关的指南与解释。

延伸阅读
金融资产转移准则

▍学习目标▍

1. 掌握金融资产的分类
2. 掌握交易性金融资产的核算
3. 掌握持有至到期投资取得的核算、摊余成本法计量及到期兑现的核算
4. 掌握可供出售金融资产取得、公允价值变动及出售的会计处理
5. 掌握贷款的核算
6. 掌握金融资产之间重分类的处理

第一节 金融资产概述

一、金融资产的概念和分类

1. 金融资产的概念

金融资产是一切可以在有组织的金融市场上进行交易、具有现实价格和未来估价的金融工具的总称,包括基本金融工具、衍生金融工具和其他金融工具,其中基本金融工具主要包括现金、银行存款、应收款项、股权投资、债券投资等。本章主要介绍基本金融工具,其中货币资金、长期股权投资的核算已在其他章节中介绍,不再赘述。

2. 金融资产的分类

保险公司应该按照持有金融资产的目的,在获得金融资产的初始将金融资产分为以下四类:以公允价值计量且其变动计入当期损益的金融资产、持有至到期投资、可供出售金融资产、贷款。金融资产分类如表 9-1 所示。

表 9-1　金融资产分类

	以公允价值计量且其变动计入当期损益的金融资产	持有至到期投资	可供出售金融资产	贷款
投资目的	利用经营过程中暂时闲置的资金获得一定的投资收益准备近期出售	有明确意图并且有能力持有至到期发生市场利率变化、流动性需求、投资收益率变化、替代投资机会等可以合理预期的事项时不会出售	没有明确的持有目的和意图,未划分为其他三类金融资产的投资	原保险业务、再保险业务、经营管理需求
投资期限	较短且不确定	较长且固定	无法确定	按具体保单或合同规定确定
投资回收金额	不固定或不可确定	固定或可以确定	不固定或不可确定	固定或可以确定
投资变现能力	较强变现能力,在活跃市场上有公开报价,可立即兑现	在活跃市场上有公开报价,变现能力取决于具体金融资产	较强变现能力,在活跃市场上有公开报价,可立即兑现	变现能力较弱,在活跃市场上没有公开报价
金融资产类型	股票、债券、基金等	主要为债券性投资,如从二级市场购入的固定利率国债、浮动利率金融债券	股票、债券、基金等	保户质押贷款、拆出资金、存出保证金、存出准备金及各应收款项
备注	以公允价值计量且其变动计入当期损益的金融资产可以进一步划分为交易性金融资产和直接指定为以公允价值计量且其变动计入当期损益的金融资产。存在下列情况之一的,表明企业没有明确意图将金融资产投资持有至到期:① 持有该金融资产的期限不确定;② 发生市场利率变化、流动性需要变化、替代投资机会及其投资收益率变化、融资来源和条件变化、外汇风险变化等情况时,将出售该金融资产,但是无法控制、预期不会重复发生且难以合理预计的独立事项引起的金融资产出售除外;③ 该金融资产的发行方可以按照明显低于其摊余成本的金额清偿。			

二、金融资产的计量方法

金融资产的计量方法有两种:公允价值计量法和摊余成本计量法。

1. 公允价值计量法

公允价值计量法是指按金融资产公允价值的变动调整其账面价值,使账面价值等于公允价值的计量方法。以公允价值计量且其变动计入当期损益的金融资产和可供出售金融资产均采用这种方法进行计量。对于公允价值的变动,保险公司在确认账面价值调整的同时,应将以公允价值计量且其变动计入当期损益的金融资产的公允价值变动浮盈或浮亏记入"公允价值变动损益"科目,期末计入当期损益;而可供出售金融资产则应将除减值损失和外币货币性金融资产形成的汇兑差额外的利得与损失直接计入所有者权益,并不影响当期损益,在最终处置该金融资产时才转入"投资收益"科目,确认为当期损益。

2. 摊余成本计量法

摊余成本计量法是指将按照金融资产（含一组金融资产）的实际利率计算出的摊余成本作为金融资产的入账价值，并将按照实际利率计算出的各期利息收入或利息费用作为投资收益计入当期损益的方法。持有至到期投资、贷款和应收款项均采用这种方法进行计量，各期的投资收益通过实际利率和摊余成本可以提前计算得出。发生减值、摊销或终止确认时，保险公司应将产生的利得或损失计入当期损益。需要说明的是，如果有客观证据表明该金融资产的实际利率与名义利率分别计算的各期利息收入相差很小，也可以采用名义利率摊余成本进行计量。

第二节 以公允价值计量且其变动计入当期损益的金融资产的核算

一、交易性金融资产的核算

（一）交易性金融资产取得的核算

1. 交易性金融资产取得的核算方法

保险公司购入交易性金融资产时，应该将其公允价值（交易价格）作为初始成本予以确认，支付的价款中包含已宣告但尚未发放的现金股利或已到付息期但尚未领取的债券利息的，应该单独确认为应收款项。对于购买交易性金融资产时发生的交易费用（如佣金、手续费、印花税等），应该作为投资费用处理，计入当期损益。

2. 科目设置

为了核算交易性金融资产，保险公司应设置"交易性金融资产""应收股利""应收利息""投资收益"科目。

"交易性金融资产"科目用于核算为了交易而持有的债券、股票、基金投资等交易性金融资产的公允价值，属于资产类科目，借方登记交易性金融资产的取得成本和持有期间公允价值的增加，贷方登记持有期间公允价值的减少、获得的现金股利或利息及处置交易性金融资产时的成本结转，期末余额在借方，反映企业持有的交易性金融资产的公允价值。该科目可按照交易性金融资产的类别和品种，分"成本""公允价值变动"等进行明细核算。

"应收股利"科目用于反映企业应收取的现金股利和应收取其他单位分配的利润，属于资产类科目，借方登记交易性金融资产、长期股权投资或可供出售金融资产取得时价款中包含的已宣告但尚未发放的现金股利及持有期间投资单位已宣告发放的现金股利，贷方登记实际收到的现金股利或利润，期末余额在借方，反映企业尚未收回的现金股利或利润。该科目应按照被投资单位进行明细核算。

"应收利息"科目用于核算公司各类金融资产应收取的利息，属于资产类科目，借方登记交易性金融资产、长期股权投资或可供出售金融资产取得时价款中包含的已到付息期但尚未领取的利息、持有期间到付息期的应收利息及企业发放贷款的应收利息，贷方登记实际收到的利息，期末余额在借方，反映企业尚未收回的利息。该科目应按照被投资单位和借款人进行明细核算。

"投资收益"科目用于核算企业的投资收益或投资损失,属于损益类科目,贷方登记企业各类投资(包含交易性金融资产、长期股权投资、持有至到期投资、可供出售金融资产)产生的投资收益,借方登记企业各类投资的投资损失和转入"本年利润"的金额,期末应将该科目余额转入"本年利润"科目,结转后无余额。该科目可按照投资项目进行明细核算。

3. 账务处理

保险公司购入交易性金融资产时,按照其公允价值(交易价格),借记"交易性金融资产——成本"科目,贷记"银行存款"等科目;按照支付的交易费用,借记"投资收益"科目,期末结转至"本年利润"科目,贷记"银行存款"等科目。如果价款中包含已宣告但尚未发放的现金股利或已到付息期但尚未领取的债券利息,则不应确认为交易性金融资产的成本,应按其金额借记"应收股利""应收利息"等科目,贷记"银行存款"等科目;实际支付时,按照支付的金额,借记"银行存款"等科目,贷记"应收股利""应收利息"等科目。

4. 核算举例

例 9-1 2016年4月20日,A保险公司利用暂时闲置的资金500 000元购买了M股票共20 000股,价格为25元/股,准备随时出售,每股含已宣告但未派发的现金股利1元。为了此项交易,A保险公司共支付交易费为4 000元。5月15日,该股票派发现金股利。会计分录如下:

(1) 4月20日,购买M股票时

借:交易性金融资产——成本	480 000
应收股利——M股票	20 000
投资收益——M股票	4 000
贷:银行存款	504 000

(2) 5月15日,实际支付现金股利时

借:银行存款	20 000
贷:应收股利——M股票	20 000

(二)交易性金融资产的后续计量

1. 交易性金融资产持有期间收到股利和利息

在交易性金融资产的持有期间宣告派发的现金股利,应该在宣告日确认为投资收益,借记"应收股利"科目,贷记"投资收益"科目;交易性金融资产持有期间的利息计息日,应确认利息收入,借记"应收利息"科目,贷记"投资收益"科目;当实际收到现金股利或利息时,借记"银行存款"等科目,贷记"应收股利"或"应收利息"科目。

2. 交易性金融资产的期末计量

交易性金融资产适用公允价值计量模式,在资产负债表日,保险公司应按照交易性金融资产当时的公允价值调整其账面价值,并将浮盈、浮亏确认为公允价值变动损益,期末计入当期损益。

为了核算交易性金融资产公允价值的变动,保险公司应设置"交易性金融资产——公允价值变动"科目和"公允价值变动损益"科目。其中,"公允价值变动损益"科目用于核算交易性金融资产、交易性金融负债及采用公允价值模式计量的投资性房地产等公允价值变动形成的、应计入当期损益的利得或损失。该科目属于损益类科目,借方登记资产负债表日交易性金融资产的公允价值低于账面价值及出售交易性金融资产时转出的交易性金融资产的公允价值高于账面余额的差额,贷方登记相反的内容,期末将该科目的余额结转至"本年利润",结转后无余额。该科目应按照交易性金融资产、交易性金融负债、投资性房地产等设置明细科目。

交易性金融资产期末计量的具体账务处理如下:在资产负债表日,按照交易性金融资产的账面价值与公允价值的差额确认交易性金融资产账面价值的变动,借记或贷记"交易性金融资产——公允价值变动"科目,同时确认公允价值变动损益,贷记或借记"公允价值变动损益——交易性金融资产"科目,期末计入当期损益。

3. 交易性金融资产出售的计量

出售交易性金融资产时,应该将该交易性金融资产在当期实现的浮盈、浮亏均确认为投资收益。对于已经确认为公允价值变动损益且尚未转入利润的浮盈、浮亏,保险公司应该将其从"公允价值变动损益"科目结转至"投资收益"科目;对于尚未确认的公允价值变动损益(实际交易价格与账面价值的差额),也应该确认为投资收益。

如果出售交易性金融资产时还有已宣告派发但尚未收到的现金股利或利息,则保险公司应冲销已经确认的应收股利或应收利息,出售价格扣除应收现金股利或利息后的余额为实际的交易价格。

对于出售交易性金融资产时的手续费,保险公司应将其直接从实收价款中扣除。

交易性金融资产出售的具体账务处理如下:出售交易性金融资产时,保险公司应按照交易性金融资产科目的余额,分别贷记"交易性金融资产——成本"科目,贷记或借记"交易性金融资产——公允价值变动"科目,结转后"交易性金融资产"科目无余额;按照实际收到价款扣除手续费和已宣告派发但尚未收到的现金股利或利息,借记"银行存款"等科目;按照实收价款与交易性金融资产账面价值的差额,借记或贷记"投资收益"科目;按照相应的"公允价值变动损益"科目的余额,借记或贷记"公允价值变动损益"科目,结转后"公允价值变动损益"科目无余额,同时贷记或借记"投资收益"科目。

4. 核算举例

例9-2 承例9-1,6月30日,M股票价格上升为27元/股;9月30日,M股票价格仍为27元/股;12月31日,M股票价格下跌为23元/股。2017年3月31日,M股票价格上涨到25元/股;4月15日,M股票宣布派发现金股利,每股0.5元;4月18日,A保险公司将20 000股M股票全部出售,价格为26.5元/股,手续费为4 000元,此时M股票还未实际派发现金股利。会计分录如下:

(1) 2016年6月30日

借:交易性金融资产——公允价值变动   60 000
 贷:公允价值变动损益——交易性金融资产   60 000

(2) 2016年12月31日

借:公允价值变动损益——交易性金融资产   80 000
 贷:交易性金融资产——公允价值变动   80 000

借:本年利润   24 000
 贷:公允价值变动损益——交易性金融资产   20 000
  投资收益   4 000

(3) 2017 年 3 月 31 日

借:交易性金融资产——公允价值变动	40 000	
贷:公允价值变动损益——交易性金融资产		40 000

(4) 2017 年 4 月 15 日

借:应收股利——M 股票	10 000	
贷:投资收益		10 000

(5) 2017 年 4 月 18 日

借:银行存款	526 000	
贷:应收股利——M 股票		10 000
交易性金融资产——成本		480 000
——公允价值变动		20 000
投资收益		16 000
借:公允价值变动损益——交易性金融资产	40 000	
贷:投资收益		40 000

例 9-3　2016 年 5 月 20 日,A 保险公司购买 200 张 T 债券,面值为 1 000 元,票面利率为 3%,利息半年付,还有 5 年到期,购买价格为 1 050 元,其中包含交易费用 20 元。A 保险公司持有这些债券是为了随时出售以赚取差价。6 月 30 日,T 债券的市场价格为 1 020 元;7 月 15 日,收到半年利息;10 月 25 日,A 保险公司以 1 070 元的价格出售全部债券,每张支付交易费用 20 元。会计分录如下:

(1) 2016 年 5 月 20 日

借:交易性金融资产——成本	206 000	
投资收益	4 000	
贷:银行存款		210 000

(2) 2016 年 6 月 30 日

借:公允价值变动损益——交易性金融资产	2 000	
贷:交易性金融资产——公允价值变动		2 000

半年利息=1 000×3%÷2×200=3 000(元)

借:应收利息——T 债券	3 000	
贷:投资收益		3 000

(3) 2016 年 7 月 15 日

借:银行存款	3 000	
贷:应收利息——T 债券		3 000

(4) 2016 年 10 月 25 日

借:银行存款	210 000	
交易性金融资产——公允价值变动	2 000	
贷:交易性金融资产——成本		206 000
投资收益		6 000
借:投资收益	2 000	
贷:公允价值变动损益——交易性金融资产		2 000

二、直接指定为以公允价值计量且其变动计入当期损益的金融资产的核算

直接指定为以公允价值计量且其变动计入当期损益的金融资产通常是指不满足交易性金融资产的确定条件,但公司仍可以在符合某些特定条件时将其按公允价值计量,并将其公允价值变动计入当期损益的金融资产。直接指定为以公允价值计量且其变动计入当期损益的金融资产多适用于包含嵌入衍生工具的混合工具,或者为了能够产生更相关的会计信息。其核算方法与交易性金融资产的基本一致。

只要满足以下条件之一的金融资产,保险公司就能够在初始确认时将其指定为以公允价值计量且其变动计入当期损益的金融资产:

(1) 该指定可以消除或明显减少因该金融资产的计量基础不同所导致的相关利得或损失在确认或计量方面不一致的情况。

(2) 公司风险管理或投资策略的正式书面文件已载明,该金融资产组合或该金融资产和负债的组合以公允价值为基础进行管理、评价并向关键管理人员报告。

(3) 对于包含一项或多项嵌入衍生工具的混合工具而言,公司可以将其直接指定为以公允价值计量且其变动计入当期损益的金融资产或金融负债,以下两种情况除外:嵌入衍生工具对混合工具的现金流量没有重大改变;类似混合工具所嵌入的衍生工具,明显不应当从相关混合工具中分拆。

第三节 持有至到期投资的核算

一、实际利率与摊余成本

(一) 实际利率

实际利率是指将金融资产或金融负债(含一组金融资产或负债)在其存续期或适用的更短期内的未来现金流量折现为该金融资产或金融负债当前账面价值需要使用的利率。

例 9-4 票面金额为 1 000 元、票面利率为 4% 的 5 年期债券,每年付息一次,实际购买价格为 900 元,其现金流量如下:

设实际利率为 r,则

$$\frac{40}{(1+r)} + \frac{40}{(1+r)^2} + \frac{40}{(1+r)^3} + \frac{40}{(1+r)^4} + \frac{1\,040}{(1+r)^5} = 900(元)$$

解得 $r = 6.4\%$

如果实际购买价格为 1 100 元,则

$$\frac{40}{(1+r)} + \frac{40}{(1+r)^2} + \frac{40}{(1+r)^3} + \frac{40}{(1+r)^4} + \frac{1\,040}{(1+r)^5} = 1\,100(元)$$

解得 $r = 1.885\%$

(二) 摊余成本

金融资产或金融负债的摊余成本是指该金融资产或金融负债按照实际利息、名义利息与已偿还部分进行调整后必须在未来偿还的金额的现值（按照实际利率折现）。因此，期初的摊余成本为购买该项金融资产所支付的公允价值，最后一期的摊余成本等于期末的总偿还值。摊余成本的计算公式如下：

摊余成本＝金融资产的初始成本－已偿还的本金±采用实际利率将该初始确认金额与到期日金额之间的差额摊销形成的累计摊销额－已发生的减值损失

如果实际利息高于名义利息，则每期按照名义利息偿还相当于每期都有一部分实际利息没有偿还，继续计入摊余成本中，所以差额部分增加了下期期初的摊余成本；相反，如果实际利息低于名义利息，则每期按照名义利息偿还相当于每期除偿还实际利息外还偿还了一定的期初摊余成本，所以差额部分应该减少下期期初的摊余成本。因此，摊余成本的计算公式也可以表达为：

摊余成本＝金融资产的期初摊余成本＋本期应该偿还的实际利息（期初摊余成本×实际利率）－本期实际偿还的名义利息（票面金额×票面利率）－本期偿还的本金－本期发生的减值损失

例 9-5 承例 9-4，如果实际购买价格为 900 元，则各期的摊余成本计算如表 9-2 所示。

表 9-2 各期摊余成本的计算   单位：元

年份	期初摊余成本	实际利息 （实际利率为 6.4%）	名义利息 （名义利率为 4%）	本金偿还额	期末摊余成本
1	900.00	57.60	40	0	917.60
2	917.60	58.73	40	0	936.33
3	936.33	59.92	40	0	956.25
4	956.25	61.20	40	0	977.45
5	977.45	62.55	40	1 000	0.00

如果实际购买价格为 1 100 元，则各期的摊余成本计算如表 9-3 所示。

表 9-3 各期摊余成本的计算   单位：元

年份	期初摊余成本	实际利息 （实际利率为 1.885%）	名义利息 （名义利率为 4%）	本金偿还额	期末摊余成本
1	1 100.00	20.74	40	0	1 080.74
2	1 080.74	20.37	40	0	1 061.11
3	1 061.11	20.00	40	0	1 041.11
4	1 041.11	19.62	40	0	1 020.73
5	1 020.73	19.27	40	1 000	0.00

二、持有至到期投资取得的核算

(一) 持有至到期投资取得的确认

取得持有至到期投资时,保险公司应按照持有至到期投资的初始成本作为其账面价值,包含其公允价值及相关的交易费用。具体而言,应按照持有至到期投资的票面价值作为持有至到期投资的成本入账,而初始成本与票面价值的差额则作为利息调整,在持有期间摊销。

需要注意的是,通常情况下公允价值即为取得持有至到期投资所支付的实际价款,但如果实际价款中包含已到付息期但尚未领取的债券利息,则不应计入公允价值,而应确认为单独的应收款项;如果购买的债券为到期一次性还本付息型,购买价格中包含发行日到购买日之间的利息(名义利息),则应该将这一部分利息记为持有至到期投资的应计利息。

(二) 科目设置、账务处理和核算举例

1. 科目设置

为了核算持有至到期投资,保险公司应设置"持有至到期投资"科目。该科目属于资产类科目,借方登记持有至到期投资的初始成本及利息调整,贷方登记出售持有至到期投资的账面余额及利息调整,期末余额在借方,反映持有至到期投资的摊余成本。该科目应按照持有至到期投资的类别和品种,分别设置"成本""利息调整""应计利息"明细科目。其中,"持有至到期投资——成本"明细科目用于核算持有至到期投资的票面价值;"持有至到期投资——利息调整"明细科目用于核算实际利息与名义利息的差额、实际价款与票面价值的差额,以及取得持有至到期投资所支付的交易费用等;"持有至到期投资——应计利息"明细科目用于核算持有至到期投资实际应收的利息。

2. 账务处理

账务处理如下:保险公司取得持有至到期投资时,应按照初始成本(包含公允价值和交易费用),贷记"银行存款"等科目,按照持有至到期投资的票面价值,借记"持有至到期投资——成本"科目,按照差额借记或贷记"持有至到期投资——利息调整"科目;实际价款中包含已到付息期但尚未领取的债券利息的,应按照初始价款扣除利息的金额贷记"银行存款",按照利息金额借记"应收利息"科目,按照持有至到期投资的票面价值借记"持有至到期投资——成本"科目,按照差额借记或贷记"持有至到期投资——利息调整"科目;如果保险公司购买的债券为一次性还本付息型,价款中包含发行日至购买日的利息,则应按照其金额借记"持有至到期投资——应计利息"科目。

3. 核算举例

例 9-6 A 保险公司购买 50 张 5 年期 M 债券,还有 4 年到期。M 债券票面价值为 1 000 元,票面利率为 3%,到期一次性还本付息,共计 1 150 元。A 保险公司购买 M 债券支付价款为 47 000 元,其中包含交易费用为 2 000 元,第一年的利息为 1 500 元。A 保险公司准备持有该债券到期。会计分录如下:

借:持有至到期投资——成本　　　　　　　　　　　　　50 000
　　　　　　　　——应计利息　　　　　　　　　　　　1 500
　贷:银行存款　　　　　　　　　　　　　　　　　　　　47 000
　　　持有至到期投资——利息调整　　　　　　　　　　　4 500

例 9-7　A 保险公司购买 100 张 5 年期 N 债券,票面价值为 1 000 元,票面利率为 5%,利息每年支付一次,距到期日还有 4 年,A 保险公司准备将其持有到期。实际支付的价款为 115 000 元,其中包含交易费用为 1 000 元,已到付息期但尚未领取的债券利息为 5 000 元。会计分录如下:

(1) 确定初始成本及应收利息

借:持有至到期投资——成本　　　　　　　　　　　　　100 000
　　　　　　　　——利息调整　　　　　　　　　　　　 10 000
　　应收利息　　　　　　　　　　　　　　　　　　　　　 5 000
　贷:银行存款　　　　　　　　　　　　　　　　　　　　115 000

(2) 实际收到债券利息时

借:银行存款　　　　　　　　　　　　　　　　　　　　　 5 000
　贷:应收利息——N 债券　　　　　　　　　　　　　　　 5 000

三、持有至到期投资的后续计量

(一) 名义利息及实际利息

持有至到期投资的名义利息是指债券发行方按照债券的面值和票面利息向债券持有人实际支付的利息金额;而持有至到期投资的实际利息是指债券持有人按照取得债券的初始成本及由初始成本确定的实际利率而应该取得的利息,是该项持有至到期投资在当期应获得的投资收益。

在持有至到期投资的计息日,保险公司应按照名义利息确认对债券发行的债权,借记"应收利息"科目;同时按照实际利息确认该期的投资收益,贷记"投资收益"科目;两者的差额即对购买期初确认的利息调整的摊销,借记或贷记"持有至到期投资——利息调整"科目。

如果购买到期一次性还本付息的债券,那么到期日前的每一期均没有名义利息收入,但仍应该计提利息收入,在每一资产负债表日按照名义利息收入的金额,借记"持有至到期投资——应计利息"科目;按照实际利息确认投资收益,贷记"投资收益"科目;两者差额为对购买期初确认的利息调整的摊销,借记或贷记"持有至到期投资——利息调整"科目。

(二) 持有至到期投资的减值

保险公司至少应该在每期期末对持有至到期投资的账面价值进行测试,如果有客观证据表明该资产已经发生减值的,则应当计提减值准备。计提减值准备时,借记"资产减值损失——持有至到期投资"科目;期末转入当期损益,贷记"持有至到期投资减值准备"科目,该科目为"持有至到期投资"科目的备抵科目。计提减值准备后,持有至到期投资的账面价值应减至未来现金流量的净现值,折现率一般使用该持有至到期投资取得时确定的实际利率。

表明持有至到期投资发生减值的客观证据包含以下各项：

(1) 发行方或债务人发生了严重的财务困难；
(2) 债务人违反合同条款，如偿付利息或本金发生违约或逾期等；
(3) 债权人出于经济或法律等方面因素的考虑，对发生财务困难的债务人做出让步；
(4) 债务人很可能倒闭或进行其他财务重组；
(5) 发行方发生重大财务困难，该金融资产无法在活跃市场上继续交易；
(6) 其他表明发生减值准备的客观证据。

持有至到期投资确认减值损失之后，如果有客观证据表明该资产的价值得以恢复，则应该按照恢复的金额将原来确认的减值损失予以转回，贷记"资产减值损失——持有至到期投资"科目；期末计入当期损益，借记"持有至到期投资减值准备"科目。需要注意的是，转回后持有至到期投资的账面价值不能超过假定不计提减值准备该持有至到期投资在转回日的摊余成本。

(三) 持有期间的本金偿还

在持有至到期投资的持有期间，如果债券发行人按照债券合同的规定偿还部分债券本金，保险公司就应该按照偿还金额，借记"银行存款"等科目，贷记"持有至到期投资——成本"科目。

(四) 持有至到期投资的处置

持有至到期投资到期时，债券发行人偿还债券本金，对购买期初确认的利息调整的摊销一般已经完毕，"持有至到期投资——利息调整"明细科目已无余额，保险公司应该按照收到的本金借记"银行存款"等科目，贷记"持有至到期投资——成本"科目。如果该持有至到期投资计提过减值准备，保险公司就要按照收到的实际金额借记"银行存款"等科目，按照持有至到期投资的成本贷记"持有至到期投资——成本"科目，同时借记"持有至到期投资减值准备"科目，差额借记或贷记"投资收益"科目。

如果在持有至到期投资未到期时出售，保险公司就要按照实际收到的价款扣除交易费用后的金额借记"银行存款"等科目，按照持有至到期投资的账面余额贷记"持有至到期投资——成本(或利息调整、应计利息)"科目，按计提的减值准备借记"持有至到期投资减值准备"科目，差额借记或贷记"投资收益"科目。出售时发生的交易费用直接从出售的收入中扣除。

(五) 核算举例

例 9-8 承例 9-7，N 债券的实际利率为 2.351%，各年度摊余成本的计算如表 9-4 所示。

表 9-4 各年度摊余成本的计算　　　　　　　　　　　　　　　单位：元

年份	期初摊余成本	实际利息 (实际利率为 2.351%)	名义利息 (名义利率为 5%)	本金偿还额	期末摊余成本
1	1 100.00	25.86	50	0	1 075.86
2	1 075.86	25.29	50	0	1 051.15
3	1 051.15	24.71	50	0	1 025.87
4	1 025.87	24.13	50	1 000	0.00

(1) 第 1 年年末

借:应收利息   5 000

  贷:投资收益   2 586

    持有至到期投资——利息调整   2 414

    摊余成本＝110 000－2 414＝107 586(元)

(2) 第 2 年年末

借:应收利息   5 000

  贷:投资收益   2 529

    持有至到期投资——利息调整   2 471

假设第 2 年年末进行减值测试时,发现债务人出现严重的财务困难,预计第 3 年年末无法收回利息,第 4 年年末仅能收回本金的 50% 及全部利息,共计 55 000 元,采用实际利率折现到第 2 年年末为:

$$55\,000 \div (1 + 2.351\%)^2 = 52\,502(元)$$

应计提减值损失＝105 115－52 502＝52 613(元)

借:资产减值损失——持有至到期投资   52 613

  贷:持有至到期投资减值准备   52 613

(3) 第 3 年年末,债务人财务状况好转,收回本期利息,并预计第 4 年年末可收回 75% 的本金和全部利息,共计 80 000 元,采用实际利率折现到第 3 年年末为:

$$80\,000 \div (1 + 2.351\%) = 78\,162(元)$$

应计提减值损失＝102 587－78 162＝24 425(元)

减值损失应冲销＝52 613－24 425＝28 188(元)

借:持有至到期投资减值准备   28 188

  贷:投资收益   28 188

借:应收利息   5 000

  贷:投资收益   2 471

    持有至到期投资——利息调整   2 529

(4) 第 4 年年初,A 保险公司以 920 元/张的价格出售 N 债券,交易费用为 20 元/张

借:银行存款   90 000

  投资收益   12 587

  贷:持有至到期投资——成本   100 000

               ——利息调整   2 587

    资产减值准备余额＝52 613－28 188＝24 425(元)

借:持有至到期投资减值准备   24 425

  贷:投资收益   24 425

(5) 若在第 2 年年初,由于市场实际利率的下跌,A 保险公司预计债务人将按照债券合同分批赎回该债券,预计本金的一半将在该年年底支付,而本金的另一半将在第 3 年年底支付。出现这种情况时,A 保险公司应该调整第 2 年年初的摊余成本,差额计入投资收益,调整时采用最初确定的实际利率。设第 2 年年初的摊余成本为 W_1,第 3 年年初的摊余成本为 W_2,第 3 年年末的摊余成本为 W_3,实际利率为 r

期初摊余成本＋实际利息－名义利息－本金偿还＝期末摊余成本＝下期期初摊余成本

$$W_1 + W_1 \times r - 50 - 500 = W_2$$
$$W_2 + W_2 \times r - 25 - 500 = W_3 = 0$$

解得 $W_1 = 1\,038.53$。

也可以将成本理解为未来现金流的折现值，第 2 年的现金流为名义利息 50 元和本金偿还 500 元；第 3 年相同，所以

$$W_1 = \frac{50 + 500}{1+r} + \frac{25 + 500}{(1+r)^2}$$

剩余年度的摊余成本如表 9-5 所示。

表 9-5 剩余年度摊余成本的计算　　　　　　　　　　　　　　　　单位：元

年份	期初摊余成本	实际利息 （实际利率为 2.351%）	名义利息 （名义利率为 5%）	本金偿还额	期末摊余成本
2	1 038.53	24.42	50	500	512.95
3	512.95	12.05	25	500	0.00

第 2 年年初摊余成本的减少额，贷记"持有至到期投资——利息调整"科目，借记"投资收益"科目，计入当期损益。

例 9-9 A 保险公司购买 100 张债券，面值为 1 000 元，票面利率为 4%，期限为 3 年，到期一次性还本付息 1 120 元。A 保险公司支付债券价款 950 元/张，其中包含交易费用 30 元，保险公司准备持有到期。

经计算，该债券的实际利率为 5.866%，各年度摊余成本的计算如表 9-6 所示。

表 9-6 各年度摊余成本的计算　　　　　　　　　　　　　　　　单位：元

年份	期初摊余成本	实际利息 （实际利率为 5.866%）	名义利息 （名义利率为 4%）	本金偿还额	期末摊余成本
1	950.00	55.73	40	0	965.73
2	965.73	56.65	40	0	982.38
3	982.38	57.63	40	1 000	0.00

（1）第 1 年年初：

借：持有至到期投资——本金　　　　　　　　　　　　100 000
　　贷：银行存款　　　　　　　　　　　　　　　　　　95 000
　　　　持有至到期投资——利息调整　　　　　　　　　5 000

（2）第 1 年年末：

借：持有至到期投资——应计利息　　　　　　　　　　4 000
　　　　　　　　　　　——利息调整　　　　　　　　　1 573
　　贷：投资收益　　　　　　　　　　　　　　　　　　5 573

（3）第 2 年年末

借：持有至到期投资——应计利息　　　　　　　　　　4 000
　　　　　　　　　　　——利息调整　　　　　　　　　1 665
　　贷：投资收益　　　　　　　　　　　　　　　　　　5 665

(4) 第 3 年年末

借:持有至到期投资——应计利息   4 000
     ——利息调整   1 763
 贷:投资收益   5 763
借:银行存款   112 000
 贷:持有至到期投资——成本   100 000
       ——应计利息   12 000

例 9-10 A 保险公司购入零息债券 100 张,票面面值为 1 000 元,还有 3 年到期,到期偿还本金为 1 000 元,无利息收入。该债券价格为 900 元,包含交易费用,A 保险公司打算长期持有。设实际利率为 r,则

$$900 \times (1+r)^3 = 1\,000$$

解得

$$r = \left(\frac{1\,000}{900}\right)^{\frac{1}{3}} - 1 = 3.574\%$$

各期摊余成本的计算如表 9-7 所示。

表 9-7 各期摊余成本的计算   单位:元

年份	期初摊余成本	实际利息 (实际利率为3.574%)	名义利息 (零息债券, 无名义利息)	本金 偿还额	期末摊余成本
1	900.00	32.17	0	0	932.17
2	932.17	33.32	0	0	965.48
3	965.48	34.52	0	1 000	0.00

(1) 第 1 年年初

借:持有至到期投资——本金   100 000
 贷:银行存款   90 000
   持有至到期投资——利息调整   10 000

(2) 第 1 年年末

借:持有至到期投资——利息调整   3 217
 贷:投资收益   3 217

(3) 第 2 年年末

借:持有至到期投资——利息调整   3 332
 贷:投资收益   3 332

(4) 第 3 年年末

借:银行存款   100 000
  持有至到期投资——利息调整   3 452
 贷:投资收益   3 452
   持有至到期投资——本金   100 000

第四节　可供出售金融资产的核算

一、可供出售金融资产的核算

可供出售金融资产的核算与以公允价值计量且其变动计入当期损益的金融资产基本一致，主要有以下差别：

（1）取得可供出售金融资产时，初始成本应按照公允价值与交易费用之差确认，而以公允价值计量且其变动计入当期损益的金融资产的初始成本仅按照公允价值确认，交易费用计入投资收益。

（2）资产负债表日，两者都应按照公允价值调整资产的账面价值，但是可供出售金融资产公允价值的变动计入所有者权益的其他综合收益而非计入投资收益，最终计入当期损益。可供出售金融资产的公允价值变动只影响资产负债表，不影响损益表。

（3）对于债权性的可供出售金融资产，应比照持有至到期投资确定实际利息和各期的摊余成本，并按照实际利息确定投资收益，按照名义利息确定应收利息，按照两者差额确定利息调整。会计期末时，应根据当时市场上的公允价值调整账面的摊余成本，将两者差额确定为公允价值变动，计入其他综合收益。

（4）可供出售金融资产至少要在每期期末进行减值测试，而以公允价值计量且其变动计入当期损益的金融资产不进行减值测试，主要原因在于可供出售金融资产虽然以公允价值计量，但是公允价值变动却计入其他综合收益，其减值并不能反映在损益表上。因此，当确认可供出售金融资产发生减值时，除了应该确认公允价值的减少及资产减值损失的增加，还应该将原已作为其他综合收益反映的公允价值的减少从其他综合收益中转出，计入资产减值损失。减值后，可供出售金融资产的公允价值应该减至未来现金流量的净现值，折现率一般使用该项持有至到期投资取得时确定的实际利率。判断可供出售金融资产发生了减值的客观证明与持有至到期投资一致。

（5）对于已确认减值损失的可供出售金融资产（除在活跃市场上没有报价且公允价值不能可靠计量的权益工具），在以后会计期间公允价值增加且客观上与确认原减值损失后发生的事项有关的，原确认的减值损失应予以转回。对于债务工具，在确认公允价值增加的同时应冲减"资产减值损失"，计入当期损益；对于在活跃市场上有报价且公允价值能可靠计量的权益工具，在确认公允价值增加的同时应类比为公允价值变动，将减值转回直接计入其他综合收益；在活跃市场上没有报价且公允价值不能可靠计量的权益工具的减值损失不得转回。

二、科目设置、账务处理及核算举例

1. 科目设置

为了核算可供出售金融资产，保险公司应设置"可供出售金融资产"科目。该科目属于资产类科目，用于核算企业持有的可供出售金融资产的公允价值，包含划分为可供出售的股票投资、债券投资等金融资产，借方登记取得的可供出售金融资产的成本和利息调整，贷方登记出售的可供出售金融资产的账面价值和利息调整，期末余额在借方，反映

可供出售金融资产的公允价值。该科目应按照可供出售金融资产的类别和品种,分别设置"成本""利息调整""应计利息""公允价值变动"明细科目。

2. 账务处理

权益性可供出售金融资产核算的账务处理可以参考以公允价值计量且其变动计入当期损益的金融资产。而对于债权性的可供出售金融资产,其账务处理可比照持有至到期投资进行摊余成本计量,再比照以公允价值计量且其变动计入当期损益的金融资产进行公允价值变动的账务处理。需要特别注意的有以下几点:

(1) 资产负债表日,保险公司应按照可供出售金融资产的公允价值与账面价值的差额,借记或贷记"可供出售金融资产——公允价值变动"科目,贷记或借记"其他综合收益"科目。

(2) 确定可供出售金融资产减值的,保险公司应按照公允价值减少的金额,借记"资产减值损失——可供出售金融资产"科目,贷记"可供出售金融资产——公允价值变动"科目;同时将已在其他综合收益中确认的公允价值变动的余额转出,贷记或借记"其他综合收益"科目,借记或贷记"资产减值损失"科目。

(3) 处置可供出售金融资产时,保险公司应按照实际收到的价款扣除手续费后的余额,借记"银行存款"等科目,按照可供出售金融资产的账面价值,贷记"可供出售金融资产——成本"科目,贷记或借记"可供出售金融资产——利息调整(或公允价值变动)"科目,差额借记或贷记"投资收益"科目。若有公允价值变动计入其他综合收益的,则保险公司应按照累计余额,借记"其他综合收益"科目,贷记"投资收益"科目。若有计提的资产减值损失,则保险公司应按照累计余额,贷记"资产减值损失——可供出售金融资产"科目,借记"投资收益"科目。

(4) 对于已确认减值损失的可供出售金融资产,在随后会计期间内公允价值已增加且客观上与确认原减值损失事项相关的,保险公司应按照增加的金额,借记"可供出售金融资产——公允价值变动"科目。若可供出售金融资产为债券等债务工具的,则保险公司应对应贷记"资产减值损失——可供出售金融资产"科目,并在期末结转至"本年利润"科目。若可供出售金融资产为股票等在活跃市场上有报价且公允价值能可靠计量的权益工具的,则保险公司应对应贷记"其他综合收益"科目。

3. 核算举例

例 9-11 2016 年 3 月 1 日,A 保险公司购买 100 张 R 债券,确认为可供出售金融资产。该债券期限为 5 年期,还有 3 年到期,票面金额为 1 000 元,票面利率为 5%,每年付息一次。A 保险公司购买 R 债券时,价格为 1 060 元/张,其中包含交易费用为 20 元,以及上一年度应付未付利息为 50 元。3 月 20 日,收到债务人支付的利息;6 月 30 日 R 债券的公允价值为 1 020 元/张;12 月 31 日,R 债券的公允价值为 950 元/张。2017 年 1 月 15 日,因债务人可能发生重大违法事件,导致债券价格严重下跌至 500 元/张,且该下跌并非暂时性的,应确认为减值损失。2017 年 2 月 10 日,违法事件经查不属实,债券价格回升至 800 元/张。2017 年 2 月 26 日,A 保险公司以 750 元/张的价格出售 R 债券,交易费用为 20 元/张。

经计算,该债券的实际利率为 4.635%,各年度摊余成本的计算如表 9-8 所示。

表 9-8 各年度摊余成本的计算　　　　　　　　　　　单位:元

年份	期初摊余成本	实际利息 (实际利率为 4.635%)	名义利息 (名义利率为 5%)	本金偿还额	期末摊余成本
1	1 010.00	46.81	50	0	1 006.81
2	1 006.81	46.67	50	0	1 003.48
3	1 003.48	46.52	50	1 000	0.00

(1) 2016 年 3 月 1 日
借:可供出售金融资产——成本　　　　　　　　　　100 000
　　　　　　　　——利息调整　　　　　　　　　　　1 000
　　应收利息——R 债券　　　　　　　　　　　　　　5 000
　贷:银行存款　　　　　　　　　　　　　　　　　　106 000
(2) 2016 年 3 月 20 日
借:银行存款　　　　　　　　　　　　　　　　　　　5 000
　贷:应收利息——R 债券　　　　　　　　　　　　　5 000
(3) 2016 年 6 月 30 日
借:可供出售金融资产——公允价值变动　　　　　　　1 000
　贷:其他综合收益　　　　　　　　　　　　　　　　1 000
(4) 2016 年 12 月 31 日
借:应收利息——R 债券　　　　　　　　　　　　　　5 000
　贷:投资收益　　　　　　　　　　　　　　　　　　4 681
　　可供出售金融资产——利息调整　　　　　　　　　319

摊余价值为 100 681 元,公允价值为 95 000 元,计提公允价值减少 5 681 元,会计分录如下:
借:其他综合收益　　　　　　　　　　　　　　　　　5 681
　贷:可供出售金融资产——公允价值变动　　　　　　5 681
(5) 2017 年 1 月 15 日,公允价值减少=95 000-50 000=45 000 元,同时转出其他综合收益的借方余额
借:资产减值损失——可供出售金融资产　　　　　　　45 000
　贷:可供出售金融资产——公允价值变动　　　　　　45 000
借:资产减值损失——可供出售金融资产　　　　　　　4 681
　贷:其他综合收益　　　　　　　　　　　　　　　　4 681
(6) 2017 年 2 月 10 日,债券公允价值增加=80 000-50 000=30 000 元
借:可供出售金融资产——公允价值变动　　　　　　　30 000
　贷:资产减值损失——可供出售金融资产　　　　　　30 000
(7) 2017 年 2 月 26 日,出售收入=(750-20)×100=73 000 元
借:银行存款　　　　　　　　　　　　　　　　　　　73 000
　　投资收益　　　　　　　　　　　　　　　　　　　13 000
　　可供出售金融资产——公允价值变动　　　　　　　19 681

贷：可供出售金融资产——成本		100 000
——利息调整		681
应收利息——R 债券		5 000
借：投资收益		19 681
贷：资产减值损失——可供出售金融资产		19 681

例 9-12 2016 年 3 月 20 日，A 保险公司购买 M 股票共 10 000 股，价格为 20.5 元/股，其中包含已宣告未派发股利为 2 元，每股交易费用为 0.5 元，确认为可供出售金融资产。4 月 20 日，A 保险公司收到股利；6 月 30 日，M 股票的公允价值为 22 元/股；12 月 31 日，该股票的公允价值为 21 元/股。2017 年 1 月 10 日，M 股票因公司发生重大财务问题而下跌至 10 元/股，A 保险公司相应确定资产减值损失；2 月 1 日，因公司财务问题得到缓解，M 股票回升至 18 元/股，A 保险公司确定资产减值损失转回；2 月 10 日，A 保险公司以 23.5 元/股出售 M 股票，交易费用为 0.5 元/股。会计分录如下：

(1) 2016 年 3 月 20 日

借：可供出售金融资产——成本		185 000
应收股利——M 股票		20 000
贷：银行存款		205 000

(2) 2016 年 4 月 20 日

借：银行存款		20 000
贷：应收股利——M 股票		20 000

(3) 2016 年 6 月 30 日

借：可供出售金融资产——公允价值变动		35 000
贷：其他综合收益		35 000

(4) 2016 年 12 月 31 日

借：其他综合收益		10 000
贷：可供出售金融资产——公允价值变动		10 000

(5) 2017 年 1 月 10 日

借：资产减值损失——可供出售金融资产		110 000
贷：可供出售金融资产——公允价值变动		110 000
借：其他综合收益		25 000
贷：资产减值损失——可供出售金融资产		25 000

(6) 2017 年 2 月 1 日

借：可供出售金融资产——公允价值变动		80 000
贷：其他综合收益		80 000

(7) 2017 年 2 月 10 日

借：银行存款		230 000
可供出售金融资产——公允价值变动		5 000
贷：可供出售金融资产——成本		185 000
投资收益		50 000

借：其他综合收益　　　　　　　　　　　　　　　　　　　80 000
　　贷：投资收益　　　　　　　　　　　　　　　　　　　　　80 000
借：投资收益　　　　　　　　　　　　　　　　　　　　85 000
　　贷：资产减值损失——可供出售金融资产　　　　　　　　　85 000

第五节　贷款的核算

目前，保险公司的贷款业务仅限于保户质押贷款和拆出资金，本章只介绍拆出资金的核算。

（一）拆出资金业务概述

资金拆借业务是指具有法人资格的金融保险机构及经法人授权的非法人金融保险机构之间进行短期资金融通，以调剂头寸和临时性资金余缺的经济活动。资金拆借业务主要服务于金融保险机构的头寸管理，以短期资金融通为主，7天以下（特别是隔夜）拆借比重较大。借入资金称为拆入，拆入资金用于满足金融保险机构临时性的资金需求；而借出资金称为拆出，拆出资金主要是金融机构存放在中央银行账户上的多余资金和保险公司的保险资金。

目前同业拆借市场已经对保险业开放，保险公司既可以拆出资金也可以拆入资金。拆出资金是保险公司的一项流动资产，相当于一项对外贷款；而拆入资金是保险公司的一项流动负债。本章只介绍拆出资金的核算，包含拆出资金本金和拆出资金利息收入。

（二）科目设置、账务处理及核算举例

1. 科目设置

为了核算拆出资金，保险公司应设置"拆出资金""应收利息""利息收入"科目。其中，"拆出资金"科目用于核算保险公司按规定从事拆借业务而拆出资金的本金，属于资产类科目，借方登记拆出资金的数额，贷方登记收回的拆出资金的数额，期末余额在借方，反映尚未收回的拆出资金的本金。该科目应按照拆入单位设置明细科目。

2. 账务处理

保险公司拆出资金时，应按照拆出的实际金额，借记"拆出资金"科目，贷记"银行存款"科目；在实际收回拆出资金时，做相反的会计分录。每个会计期末确认利息收入，借记"应收利息"科目，贷记"利息收入"科目；在实际收到利息时，借记"银行存款"科目，贷记"应收利息"科目。但是在实际会计核算中，对于拆借期限较短、利息收入金额不大的拆出资金，可以在实际收到拆出资金利息时确认利息收入，借记"银行存款"科目，贷记"利息收入"科目。

3. 核算举例

例9-13　2016年6月10日，A保险公司在同业拆借市场上向Y保险公司拆出资金为80 000 000元，交易品种为30天，年利率为6%。会计分录如下：

(1) 2016 年 6 月 10 日

借:拆出资金——Y 保险公司　　　　　　　　　　　　80 000 000
　贷:银行存款　　　　　　　　　　　　　　　　　　　　80 000 000

(2) 2016 年 6 月 30 日,计提利息收入＝80 000 000×6‰÷360×20＝266 666.67 元

借:应收利息——Y 保险公司　　　　　　　　　　　　266 666.67
　贷:利息收入　　　　　　　　　　　　　　　　　　　　266 666.67

(3) 2016 年 7 月 10 日,收回本金及利息＝80 000 000×(1＋6‰÷360×30)＝80 400 000元

借:银行存款　　　　　　　　　　　　　　　　　　　80 400 000
　贷:拆出资金——Y 保险公司　　　　　　　　　　　　80 000 000
　　　应收利息——Y 保险公司　　　　　　　　　　　　266 666.67
　　　利息收入　　　　　　　　　　　　　　　　　　　133 333.33

第六节　金融资产之间重分类的处理

一、由摊余成本计量法转为公允价值计量法

出现以下情况时,保险公司应该将金融资产由摊余成本计量法转为公允价值计量法:

(1) 企业持有意图或持有能力发生变化,使得某项投资不再适合划分为持有至到期投资,应将其重分类为可供出售金融资产。

(2) 持有至到期投资部分出售或重分类的金额较大、该投资的剩余部分不再适合划分为持有至到期投资的,企业应将该投资的剩余部分重分类为可供出售金融资产。

(3) 按照金融工具确认和计量准则规定应当以公允价值计量,但以前公允价值不能可靠计量的金融资产,企业应当在其公允价值能够可靠计量时改为按公允价值计量,并将该资产重分类为以公允价值计量且其变动计入当期损益的金融资产或者可供出售金融资产。

如果重分类为可供出售金融资产,则在重分类日,保险公司应该将账面价值调整为公允价值,并按照该资产账面价值与公允价值之间的差额计入所有者权益,按持有至到期投资的账面价值贷记"持有至到期投资"科目,借记"可供出售金融资产——成本"科目,按公允价值与账面价值的差额借记或贷记"可供出售金融资产——公允价值变动"科目,同时贷记或借记"其他综合收益"科目。在该可供出售金融资产发生减值或终止确认时,保险公司应该按已确认为其他综合收益的公允价值变动损益的金额,借记或贷记"其他综合收益"科目,贷记或借记"投资收益"科目。

如果重分类为以公允价值计量且其变动计入当期损益的金融资产,则在重分类日,应按照该资产账面价值与公允价值之间的差额计入当期损益。重分类后,应按照公允价值法对可供出售金融资产和以公允价值计量且其变动计入当期损益的金融资产进行计量。

二、由公允价值计量法转为摊余成本计量法

出现以下情况时,保险公司应该将金融资产由公允价值计量法转为摊余成本计量法:

(1) 企业持有意图或持有能力发生变化,使得某项投资不再适合划分为可供出售金融资产,应将其重分类为持有至到期投资。

(2) 可供出售金融资产的公允价值不再能够可靠计量,使得该项投资应该使用摊余成本法进行计量。

(3) 由于可供出售金融资产持有期限已经超过金融工具确认和计量准则所指"两个完整会计年度",使得该项投资应该使用摊余成本法进行计量。

对于重分类后由公允价值计量法转为摊余成本计量法的金融资产,保险公司应按照重分类日该资产的公允价值或账面价值确定最初的摊余成本,与该金融资产相关的原直接计入所有者权益的利得或损失,应当按以下规定处理:

(1) 对于有固定到期日的金融资产,保险公司应当在该金融资产的剩余期限内,采用实际利率法摊销原直接计入所有者权益的利得或损失,计入当期损益;该金融资产的摊余成本与到期日金额之间的差额,也应该在剩余期限内按照实际利率法摊销;该金融资产在随后的会计期间内发生减值的,原直接计入所有者权益的相关利得和损失应当转出,计入当期损益。

(2) 对于没有固定到期日的金融资产,保险公司仍应当将原直接计入所有者权益的利得或损失保留在所有者权益中,在该金融资产被处置或发生减值时转出,计入当期损益。

关键词

金融资产　交易性金融资产　以公允价值计量且其变动计入当期损益的金融资产　持有至到期投资　可供出售金融资产　贷款　金融资产重分类

本章小结

1. 金融资产应在取得时按照持有目的分为以下四类:以公允价值计量且其变动计入当期损益的金融资产、持有至到期投资、可供出售金融资产、贷款。

2. 交易性金融资产和可供出售金融资产都以公允价值计量;但是对于公允价值变动损益,交易性金融资产计入当期损益,而可供出售金融资产计入其他综合收益。

3. 持有至到期投资采用摊余成本法进行后续计量。

思考与练习

1. 如何采用实际利率法确认每期的投资收益和利息调整的摊销?

2. 可供出售金融资产中权益类工具和债权类工具的核算有什么区别?

3. 如何对金融资产计提减值准备?减值准备是否可以转回?如果可以转回,那么该如何转回?

第十章　　衍生金融工具

┃本章概要┃

　　本章主要介绍保险公司对衍生金融工具的应用。标准的衍生金融工具包括远期合约、期货合约、期权合约和互换合约。狭义的衍生金融工具在计量上和交易性金融资产或负债没有实质上的差别,保险公司运用衍生金融工具主要是为了对冲和规避风险,套期保值居多。

┃学习目标┃

1. 了解保险公司参与衍生金融工具交易的动机
2. 掌握衍生金融工具的确认和计量
3. 掌握公允价值套期、现金流量套期与境外经营净投资套期的会计处理

第一节　衍生金融工具概述

一、衍生金融工具的概念和特征

1. 衍生金融工具的概念

根据国际会计准则委员会的定义,衍生金融工具是指具有以下特征的金融产品:其价值随着特定利率、证券价格、商品价格、外汇汇率、价格或汇率的指数、信用等级和信用指数或类似变量的变化而变化;不要求初始净投资或相较于那些对市场条件变化具有类似反应的其他类型合约所要求的初始净投资很少;在未来某一日期结算。标准的衍生金融工具包括远期合约、期货合约、期权合约和互换合约。

(1) 远期合约。远期合约是指合同双方约定在未来某一特定日期以特定价格、由买方向卖方购买某一特定数量的标的项目的合同。基本的金融远期合约主要包括远期外汇合约、远期利率协议等。

(2) 期货合约。期货合约是指由期货交易所统一制定的、规定在将来某一特定时间和地点交割一定数量与质量的实物商品或金融商品的标准化合约。相对于远期合约,期货合约和期货市场有三个制度性特征:逐日结算、保证金要求、期货清算所。这些制度性安排有效地降低了合约的信用风险和流动性风险。

(3) 期权合约。在期权合约中,合同的买方支付一定金额的款项后即可获得在未来某一时间或一段时间内、按照合同锁定的价格买入或者卖出一定数量的标的项目的权利。买入标的项目的权利对应看涨期权,卖出标的项目的权利则对应看跌期权。

(4) 互换合约。互换合约是指合同双方在未来某一期间内交换一系列现金流量的合约。按标的项目的不同,互换可以分为利率互换、货币互换、商品互换和权益互换等,较为常见的是利率互换和货币互换。

2. 衍生金融工具的特征

相较于传统的金融工具,衍生金融工具的特征主要体现在以下几个方面:

(1) 跨期性。衍生金融工具是交易双方依据对利率、汇率等变动趋势的预测,约定在未来时间、按照一定条件进行交易或选择是否交易的合约。无论哪一种衍生金融工具,都会影响交易者在未来一段时间内或未来某时点上的现金流,跨期交易的特点十分突出。

(2) 杠杆性。在衍生金融工具的交易中,一般只要支付少量保证金或权利金就可以签订远期大额合约或者互换不同的金融工具。例如,若期货交易保证金为合约金额的5%,则期货交易者可以控制20倍于所交易金额的合约资产,实现以小搏大的效果。在收益可能成倍放大的同时,交易者承担的风险也会成倍放大,基础变量的轻微变动也许就会带来交易者的大盈大亏。衍生金融工具的杠杆性在一定程度上决定了它的高投机性和高风险性。

(3) 联动性。联动性是指衍生金融工具的价值与基础变量紧密联系。通常,衍生金融工具与基础变量相联系的支付特征由衍生工具合约规定,其联动关系既可以是简单的线性关系,也可以是非线性函数或者分段函数。基础工具价格的变幻莫测决定了衍生金融工具交易盈亏的不稳定性,这也是衍生金融工具高风险性的重要诱因。

(4) 复杂性。随着衍生金融工具的迅速发展,其在设计和创新上的灵活性越来越强。在交易时间、交易金额、杠杆比率及风险级别等方面迎合市场需求,提升了衍生金融工具的多样性。有时还将多种衍生金融工具进行组合,构造"再衍生金融工具"。这使得衍生金融工具的技术含量越来越高,产品日趋复杂,加大了广大投资者的投资难度。

二、保险公司参与衍生金融工具交易的动机

出于偿付能力约束、流动性约束等原因,保险公司是资本市场中风格较为保守的一类投资者,而衍生金融工具市场却是资本市场中风险水平较高的一类子市场。但从另一个角度看,保险公司和衍生金融工具市场都是风险汇聚及再转移者,在功能上有着先天的一致性,保险公司正确投资衍生金融工具可以实现互动双赢。一般来说,保险公司参与衍生金融工具交易的动机有以下几点:

1. 应对风险环境变化,扩大风险分散渠道

风险补偿是保险公司最基本的经济功能。当实际死亡率、伤残率、投资收益率等定价因素偏离预定值时,实际损失就会偏离预期损失,两者之差就体现为承保风险。传统承保风险的分散方式是通过再保险,但再保险的容量有限且存在合同刚性等缺陷,尤其近年来巨灾风险越来越受到关注,保险公司迫切需要借助一个更大的市场来分散风险,巨灾期权等衍生产品的运用成为保险公司管理承保风险的发展方向。

2. 应对资产价格波动,确保公司财务稳定

我国保险资金运用自2003年《保险法》修订开始就进入改革管理模式、拓宽投资领域的新时代。截至2007年年底,保险公司可投资的金融资产几乎涵盖了我国证券市场

的所有种类,保险投资的规模有了巨大的增长,这不可避免地给保险公司带来了更大的投资风险。金融产品价格的巨大波动对保险资金的安全性产生了严重威胁,促使保险公司运用衍生金融工具进行套期保值、构造价差期权等,以有效规避基础产品价格波动带来过大损失,维持公司财务的稳定。

3. 应对金融市场竞争,防范"选择权冲击"

为了应对来自银行、共同基金等金融机构及保险同业内部的竞争,保险公司除了销售传统的产险、寿险,还开发了包括投资连结险、万能险等新型保险产品。这些产品创新意味着保险产品结构从传统的储蓄型、保障型向投资型转变。新型产品对投资收益的敏感性大大提高,保险负债流动性加大,引发了对新的风险管理工具的需求。此外,为了增强保单的市场竞争力,保险公司的很多产品都提供类似于续保选择权、退保选择权等权利,一旦高利率和高通胀出现就将面临"选择权冲击",针对附带选择权的保单,需要含衍生期权的资产来匹配才能较好地对冲风险。

随着衍生金融工具市场的飞速发展,大多数金融风险敞口都可以在衍生产品市场中找到相应的避险工具。为了保有并扩大市场份额、强化竞争实力,保险公司有足够的动力进入衍生金融工具市场。为了规范我国保险资金参与衍生金融工具交易、防范资金运用风险、维护保险当事人的合法权益,中国保监会于2012年10月发布《保险资金参与金融衍生产品交易暂行办法》,规定保险公司可以自行参与衍生产品交易,也可以委托保险资产管理公司及符合中国保监会规定的其他专业管理机构、在授权范围内参与衍生产品交易。但保险公司参与衍生产品交易,仅限于对冲或规避风险,不得用于投机目的,包括对冲或规避现有资产、负债或公司整体风险,对冲未来一个月内拟买入资产[①]风险或者锁定其未来交易价格。

三、衍生金融工具的确认

1. 初始确认

根据《企业会计准则第22号——金融工具确认和计量》的规定,当企业成为金融工具合同的一方时,应当确认一项金融资产或金融负债。根据此确认条件,保险公司在形成衍生金融工具合同的权利和义务时确认金融资产或金融负债。这里强调了初始确认的时间是在合同签订之时,而不是在交易发生之时。

2. 终止确认

根据企业会计准则的规定,对于确认为金融资产的衍生金融工具,当收取该金融资产现金流量的合同权利终止或者该金融资产已经转移且符合转移资产相关的终止确认条件的,应当终止确认[②];对于确认为金融负债的衍生金融工具,金融负债的现时义务全部或部分已经解除的,才能终止确认该金融负债或其一部分。若保险公司将用于偿付金融负债的资产转入某机构或设立信托,偿付债务的现时义务仍存在的,则不应当终止确认该金融负债,也不能终止确认转出的资产。

---

① 拟买入资产是指保险机构按其投资决策程序,已经决定将买入的资产;未在决定之日起一个月内买入该资产或者在上述期限内放弃买入该资产,应当在规定期限结束后或决定之日起的5个交易日内终止、清算或平仓相关衍生产品。

② 终止确认是指将金融资产或金融负债从企业的账户和资产负债表内予以转销。

四、衍生金融工具的计量

衍生金融工具的计量包括初始计量和后续计量,是衍生金融工具会计的核心问题。按照企业会计准则的规定,衍生金融工具的初始计量均采用取得时的公允价值,相关交易费用直接计入当期损益;衍生金融工具在进行后续计量时,根据持有者的目的和意图的差别,采用不同的计量基础。

对于持有目的与套期保值无关的衍生金融工具,在资产负债表日按公允价值计量,公允价值变动形成的利得或损失计入当期损益;而对于被运用于套期保值的衍生金融工具,又分为公允价值套期、现金流量套期和境外经营净投资套期。

若被套期项目为预期交易,且该预期交易使保险公司随后确认一项金融资产或一项金融负债的,原直接确认为所有者权益的相关利得或损失应当在该金融资产或金融负债影响企业损益的相同期间转出,计入当期损益。但是,保险公司预期的原直接在所有者权益中确认的净损失全部或部分在未来会计期间不能弥补时,应当将不能弥补的部分转出,计入当期损益。

若被套期项目为预期交易,且该预期交易使保险公司随后确认一项非金融资产或一项非金融负债的,保险公司可以选择将原直接在所有者权益中确认的相关利得或损失在该非金融资产或非金融负债影响公司损益的相同期间转出,计入当期损益,或者计入该非金融资产或非金融负债的初始确认金额。

第二节 衍生金融工具的核算

本节所指衍生金融工具不包括用于套期保值的部分。狭义的衍生金融工具在计量上和交易性金融资产或负债没有实质上的差别,但是保险公司运用衍生金融工具主要是为了对冲和规避风险,套期保值居多,因此不是本章节的重点,权作了解。

一、科目设置

保险公司应设置"衍生工具"科目核算本公司衍生金融工具的公允价值及其变动形成的衍生资产或衍生负债。该科目属于共同类科目,借方余额反映公司衍生金融工具形成资产的公允价值,贷方余额反映公司衍生金融工具形成负债的公允价值。该科目应按照衍生金融工具类别设置明细账。

二、账务处理

(1) 公司在取得衍生金融工具时,应按其公允价值借记"衍生工具"科目,按发生的交易费用借记"投资收益"科目,按实际支付的金额贷记"银行存款"科目。

(2) 资产负债表日,衍生金融工具公允价值高于账面余额的差额,借记"衍生工具"科目,贷记"公允价值变动损益"科目;衍生工具公允价值低于账面余额的差额做相反的会计分录。

(3) 终止确认的衍生金融工具,应当比照"交易性金融资产""交易性金融负债"等科目的相关规定处理。

例 10-1 A公司于2016年3月1日与B公司签订了一份期权合同。合同规定,A公司有权于2017年3月1日要求B公司以50元/股的价格购买A公司股票10 000股,即A公司实际从B公司购买了一份看跌期权。其他相关资料如下:

2016年3月1日A公司股票市价	55元/股
2016年12月31日A公司股票市价	48元/股
2017年3月1日A公司股票市价	45元/股
2016年3月1日该期权的公允价值	50 000元
2016年12月31日该期权的公允价值	20 000元
2017年3月1日该期权的公允价值	50 000元

A公司编制会计分录如下:

(1) 2016年3月1日,购入看跌期权,确认衍生工具资产

借:衍生工具——看跌期权　　　　　　　　　　50 000
　　贷:银行存款　　　　　　　　　　　　　　　　　　50 000

(2) 2016年12月31日,确认期权公允价值下降

借:公允价值变动损益　　　　　　　　　　　　30 000
　　贷:衍生工具——看跌期权　　　　　　　　　　　　30 000

(3) 2017年3月1日,确认期权公允价值上升

借:衍生工具——看跌期权　　　　　　　　　　30 000
　　贷:公允价值变动损益　　　　　　　　　　　　　　30 000

(4) 2017年3月1日,A公司行使看跌期权

第一种情形:假定合同以现金净额方式结算

B公司向A公司支付500 000元,而A公司要向B公司支付450 000元,则A公司实际收到的现金净额为50 000元。A公司确认有关期权合同的结算分录为:

借:银行存款　　　　　　　　　　　　　　　　50 000
　　贷:衍生工具——看跌期权　　　　　　　　　　　　50 000

第二种情形:假定合同以普通股净额方式结算

B公司有义务向A公司支付与500 000元等值的A公司股票,A公司有义务向B公司支付与450 000元等值的A公司股票。两者相抵,B公司有义务向A公司支付与50 000元等值的A公司股票1 111.11股(50 000/45),因交付的普通股数量必须为整数,实际交付1 111股。

借:股本　　　　　　　　　　　　　　　　　　1 111
　　资本公积——股本溢价　　　　　　　　　　48 889
　　贷:衍生工具——看跌期权　　　　　　　　　　　　50 000

例 10-2 A公司于2016年3月1日与B公司签订了一份期权合同。合同规定,B公司有权于2017年3月1日以50元/股的价格购买A公司股票10 000股,A公司实际向B公司发行了一份看涨期权。其他相关资料如下:

2016年3月1日A公司股票市价	48元/股
2016年12月31日A公司股票市价	52元/股

2017年3月1日A公司股票市价	53元/股
2016年3月1日该期权的公允价值	50 000元
2016年12月31日该期权的公允价值	20 000元
2017年3月1日该期权的公允价值	30 000元

A公司编制会计分录如下：

（1）2016年3月1日A公司发行看涨期权，确认衍生工具负债

借：银行存款　　　　　　　　　　　　　　　　　　　50 000
　　贷：衍生工具——看涨期权　　　　　　　　　　　　　　50 000

（2）2016年12月31日，确认期权公允价值下降

借：衍生工具——看涨期权　　　　　　　　　　　　　30 000
　　贷：公允价值变动损益　　　　　　　　　　　　　　　　30 000

（3）2017年3月1日，确认期权公允价值上升

借：公允价值变动损益　　　　　　　　　　　　　　　10 000
　　贷：衍生工具——看涨期权　　　　　　　　　　　　　　10 000

（4）2017年3月1日，B公司行使看涨期权

第一种情形：假定合同以现金净额方式结算

B公司向A公司支付500 000元，而A公司要向B公司支付530 000元，则A公司实际支付的现金净额为30 000元。A公司确认有关期权合同的结算分录为：

借：衍生工具——看涨期权　　　　　　　　　　　　　30 000
　　贷：银行存款　　　　　　　　　　　　　　　　　　　　30 000

第二种情形：假定合同以普通股净额方式结算

A公司有义务向B公司支付与530 000元等值的A公司股票，同时A公司可以向B公司收取与500 000元等值的A公司股票。两者相抵，A公司有义务向B公司支付与30 000元等值的A公司股票566.04股（30 000/53），因交付的普通股数量必须为整数，实际交付566股。

借：衍生工具——看涨期权　　　　　　　　　　　　　30 000
　　贷：股本　　　　　　　　　　　　　　　　　　　　　　566
　　　　资本公积——股本溢价　　　　　　　　　　　　　29 434

第三节　套期保值的核算

一、套期保值的概念

根据《企业会计准则第24号——套期保值》的定义，套期保值是指企业为了规避外汇风险、利率风险、商品价格风险、股票价格风险、信用风险等，指定一项或一项以上套期工具，使套期工具的公允价值或现金流量变动预期抵销被套期项目全部或部分公允价值或现金流量变动。

套期保值定义中的两个重要概念是套期工具和被套期项目。套期工具是指企业为了进行套期而指定的、其公允价值或现金流量变动预期可抵销被套期项目的公允价值或现金流量变动的衍生工具，对外汇风险进行套期还可以将非衍生金融资产或非衍生金融

负债作为套期工具,但本节不予讨论。被套期项目是指使企业面临公允价值或现金流量变动风险,且被指定为被套期对象的以下项目:(1)单项已确认资产、负债、确定承诺[①]、很可能发生的预期交易或境外经营净投资;(2)一组具有类似风险特征的已确认资产、负债、确定承诺、很可能发生的预期交易或境外经营净投资;(3)分担同一被套期利率风险的金融资产或金融负债组合的一部分,仅适用于利率风险公允价值组合套期。

二、科目设置

1. "套期工具"科目

"套期工具"科目核算公司开展套期保值业务时,套期工具公允价值及其变动形成的资产或负债。该科目属于共同类科目,借方余额反映公司套期工具形成资产的公允价值,贷方余额反映公司套期工具形成负债的公允价值。该科目应按照套期工具类别设置明细账。

其账务处理为:

(1)公司在将已确认的衍生工具等金融资产或金融负债指定为套期工具时,按其账面价值,借记或贷记"套期工具"科目,贷记或借记"衍生工具"科目。

(2)资产负债表日,对于有效套期,应按套期工具产生的利得,借记"套期工具"科目,贷记"公允价值变动损益""资本公积——其他资本公积"等科目;套期工具产生的损失做相反的会计分录。

(3)金融资产或金融负债不再作为套期工具核算的,应按套期工具形成的资产或负债,借记或贷记有关科目,贷记或借记"套期工具"科目。

2. "被套期项目"科目

"被套期项目"科目核算公司开展套期保值业务时,被套期项目公允价值及其变动形成的资产或负债。该科目属于共同类科目,借方余额反映公司被套期项目形成资产的公允价值,贷方余额反映公司被套期项目形成负债的公允价值。该科目应按照被套期项目类别设置明细账。

其账务处理为:

(1)公司在将已确认的资产或负债指定为被套期项目时,按其账面价值,借记或贷记"被套期项目"科目,贷记或借记"长期借款""持有至到期投资"等科目;已计提跌价准备或减值准备的,还应同时结转跌价准备或减值准备。

(2)资产负债表日,对于有效套期,应按被套期项目产生的利得,借记"被套期项目"科目,贷记"公允价值变动损益""资本公积——其他资本公积"等科目;被套期项目产生的损失做相反的会计分录。

(3)资产或负债不再作为被套期项目核算的,应按被套期项目形成的资产或负债,借记或贷记有关科目,贷记或借记"被套期项目"科目。

三、公允价值套期的会计处理

按照企业会计准则的定义,公允价值套期是指对已确认的资产或负债、尚未确认的

---

① 确定承诺是指在未来某特定日期或期间、以约定价格交换特定数量资源、具有法律约束力的协议。

确定承诺,或者该资产或负债尚未确认的确定承诺中可辨认部分的公允价值变动风险进行的套期。该类价值变动源于某类特定风险且影响企业的损益。公允价值套期满足运用套期会计方法条件的,应当按照以下规定处理:

(1) 套期工具为衍生工具的,套期工具公允价值变动形成的利得或损失应当计入当期损益;套期工具为非衍生工具的,套期工具账面价值因汇率变动而形成的利得或损失应当计入当期损益。

(2) 被套期项目因被套期风险而形成的利得或损失应当计入当期损益,同时调整被套期项目的账面价值。被套期项目为按成本与可变现净值孰低进行后续计量的存货、按摊余成本进行后续计量的金融资产或可供出售金融资产的,也应当按此规定处理。

例 10-3 A 保险公司对一起非寿险保险事故承担赔偿保险金责任后取得原保险标的受损后的财产,A 保险公司准备处理这批损余物资。2016 年 3 月 1 日与 B 公司签订协议,B 公司承诺于 2017 年 3 月 1 日以 100 万元的价格购买这批损余物资,损余物资当日的价格为 98 万元。为了规避价格下跌的风险,B 公司采用期货套期的方法,在期货市场上以 100 万元的价格卖出该批损余物资的标准合约。假设 2017 年 3 月 1 日,损余物资的市场价格为 90 万元。

本例属于尚未确认的确定承诺的公允价值套期,套期工具是损余物资远期合同,被套期项目是购买损余物资的确定承诺。B 公司编制会计分录如下:

(1) 2016 年 3 月 1 日卖出期货合约,对签订确定承诺的远期合约进行初始确认

借:其他应收款　　　　　　　　　　　　　　　　　1 000 000
　　贷:衍生工具——期货远期合约　　　　　　　　　　　　1 000 000

(2) 指定套期关系时

借:衍生工具——期货远期合约　　　　　　　　　　1 000 000
　　贷:套期工具——期货远期合约　　　　　　　　　　　　1 000 000
借:被套期项目——确定承诺　　　　　　　　　　　1 000 000
　　贷:损余物资　　　　　　　　　　　　　　　　　　　　1 000 000

(3) 2017 年 3 月 1 日,确认套期工具和被套期项目公允价值变动形成的利得或损失

借:公允价值变动损益　　　　　　　　　　　　　　100 000
　　贷:被套期项目——确定承诺　　　　　　　　　　　　　100 000
借:套期工具——期货远期合约　　　　　　　　　　100 000
　　贷:公允价值变动损益　　　　　　　　　　　　　　　　100 000

进行套期保值操作后,B 公司就用套期工具的利得弥补了被套期项目的损失,锁定了履行确定承诺购买损余物资的成本。

四、现金流量套期的会计处理

按照企业会计准则的定义,现金流量套期是指对现金流量变动风险进行的套期。该类现金流量变动源于与已确认资产或负债、很可能发生的预期交易有关的某类特定风险且影响企业的损益。现金流量套期满足运用套期会计方法条件的,应当按照以下规定处理:

(1) 套期工具利得或损失中属于有效套期的部分,应当直接确认为所有者权益并单列项目反映。该有效套期部分的金额,按照下列两项的绝对额中较低者确定:
① 套期工具自套期开始的累计利得或损失;
② 被套期项目自套期开始的预计未来现金流量现值的累计变动额。
(2) 套期工具利得或损失中属于无效套期的部分(扣除直接确认为所有者权益后的其他利得或损失),应当计入当期损益。
(3) 在风险管理策略的正式书面文件中,载明了在评价套期有效性时将排除套期工具的某部分利得或损失或相关现金流量影响的,被排除的该部分利得或损失的处理适用《企业会计准则第22号——金融工具确认和计量》。

对确定承诺的外汇风险进行的套期,企业可以作为现金流量套期或公允价值套期进行处理。

例10-4 A保险公司2014年3月1日向B银行借款为5 000万美元,期限为3年,年利率为伦敦银行同业拆借利率(LIBOR)加0.1%,每年付息一次,本金到期一次偿还,当日的LIBOR为4%。为了控制利率变动带来的现金流量风险,A保险公司与国内C公司签订了一项利率互换协议,名义本金为5 000万美元,期限3年。协议规定C公司每年向A保险公司支付LIBOR+0.1%的浮动利息,A保险公司每年向C公司支付4.3%的固定利息。A保险公司通过利率互换协议将浮动利率应付利息锁定为固定利率利息,有效规避了利率浮动带来的风险。2015年3月1日,LIBOR为4.3%,根据借款合同,A保险公司应付利息为220万美元[5 000×(4.3%+0.1%)];据利率互换协议,应收C公司利息220万美元,应付C公司利息215万美元(5 000×4.3%)。2016年3月1日,LIBOR为4%,A保险公司应收利息205万美元[5 000×(4%+0.1%)],应付利息215万美元(5 000×4.3%)。2017年3月1日,LIBOR为4.4%,A保险公司应收利息225万美元[5 000×(4.4%+0.1%)],应付利息215万美元(5 000×4.3%)。A保险公司编制会计分录如下(单位:万美元):

(1) 2014年3月1日,借入美元时
借:银行存款　　　　　　　　　　　　　　　　　　　　　5 000
　　贷:长期借款——本金　　　　　　　　　　　　　　　　　　5 000
为了套期而签订3年期利率互换协议时进行初始确认:
　　　　　　应付利息=5 000×3×4.3%=645(万美元)
借:衍生工具——利率互换——成本　　　　　　　　　　　　645
　　贷:应付利息　　　　　　　　　　　　　　　　　　　　　　645
(2) 指定套期关系时
借:套期工具——利率互换　　　　　　　　　　　　　　　　645
　　贷:衍生工具——利率互换——成本　　　　　　　　　　　　645
(3) 2015年3月1日,LIBOR为4.3%
　　　　　套期工具利得=220-215=5(万美元)

被套期项目自套期开始的预计未来现金流量现值的累计变动额为220×[1+(P/A,4.3%,2)]/(1+4%)-215×(P/A,4%,3)=34万美元,远大于套期工具累计利得5万美元,所以套期工具利得全部有效,计入资本公积。

借：套期工具　　　　　　　　　　　　　　　　　　　　　5
　　　　贷：资本公积——其他资本公积　　　　　　　　　　　　　　5
（4）2015年3月1日，支付借款利息（预期交易发生），同时转出资本公积，计入当期损益；将不再作为套期工具的金融资产转出

　　借：利息支出　　　　　　　　　　　　　　　　　　　　220
　　　　贷：银行存款　　　　　　　　　　　　　　　　　　　　　220
　　借：资本公积——其他资本公积　　　　　　　　　　　　　　5
　　　　贷：投资收益　　　　　　　　　　　　　　　　　　　　　5
　　借：衍生工具——利率互换　　　　　　　　　　　　　　220
　　　　贷：套期工具——利率互换　　　　　　　　　　　　　　220

（5）结算利率互换协议利息
　　借：应付利息　　　　　　　　　　　　　　　　　　　　215
　　　　贷：银行存款　　　　　　　　　　　　　　　　　　　　　215
　　借：应收利息　　　　　　　　　　　　　　　　　　　　220
　　　　贷：衍生工具——利率互换　　　　　　　　　　　　　　220
　　借：银行存款　　　　　　　　　　　　　　　　　　　　220
　　　　贷：应收利息　　　　　　　　　　　　　　　　　　　　　220

2016年和2017年3月1日支付利息的会计处理参照2006年。

（6）2017年3月1日，偿还本金
　　借：长期借款——本金　　　　　　　　　　　　　　　5 000
　　　　贷：银行存款　　　　　　　　　　　　　　　　　　　5 000

五、境外经营净投资套期的会计处理

　　按照企业会计准则的定义，境外经营净投资套期是指对境外经营净投资外汇风险进行的套期。境外经营净投资是指企业在境外经营净资产中的权益份额。对境外经营净投资的套期，应当按照类似于现金流量套期会计的规定处理。

　　(1)套期工具形成的利得或损失中属于有效套期的部分，应当直接确认为所有者权益并单列项目反映。处置境外经营时，上述在所有者权益中单列项目反映的套期工具利得或损失应当转出，计入当期损益。

　　(2)套期工具形成的利得或损失中属于无效套期的部分，应当计入当期损益。

　　例10-5　A保险公司在美国收购了B保险公司，对2016年12月31日B保险公司的预期年终净资产5亿美元进行套期保值。A保险公司在2016年10月1日与C银行按90天期的远期汇率RMB 809/USD 100签订了一项卖出5亿美元的远期合同，当日即期汇率为RMB 808/USD 100，2016年12月31日即期汇率为RMB 806/USD 100，B保险公司在2016年12月31日的实际净资产为5.5亿美元。

　　本例的套期工具是卖出5亿美元的远期合同，被套期项目是预期境外经营子公司年终净资产5亿美元。A保险公司编制会计分录如下（单位：万美元）：

(1) 2016 年 10 月 1 日,对外汇远期合同进行初始确认

借:其他应收款(8.09×50 000)   404 500
 贷:衍生工具——远期合同(8.08×50 000)   404 000
  投资收益   500

(2) 指定套期关系时

借:衍生工具——远期合同   404 000
 贷:套期工具   404 000

(3) 2016 年 12 月 31 日即期汇率为 RMB 806/USD 100,套期有效部分为 1 000 美元

  套期工具公允价值变动损益＝50 000×(8.08－8.06)＝1 000(万美元)
被套期项目自套期开始的预计未来现金流量现值的累计变动额
  ＝50 000×(8.06－8.08)＝－1 000(万美元)

借:套期工具   1 000
 贷:资本公积——其他资本公积   1 000

(4) 购入美元进行结算

借:银行存款——美元(8.06×50 000)   403 000
 贷:银行存款——人民币   403 000

借:套期工具   403 000
 贷:衍生工具——远期合同   403 000

借:衍生工具——远期合同   403 000
 贷:其他应付款   403 000

借:其他应付款   403 000
 贷:银行存款——美元   403 000

借:银行存款——人民币   404 500
 贷:其他应收款   404 500

(5) 处置境外经营时,上述确认的资本公积应当转出,计入当期损益。

六、套期保值的会计披露

(1) 保险公司应当就各类套期保值进行如下披露:
① 套期关系的描述;
② 套期工具的描述及其在资产负债表日的公允价值;
③ 被套期风险的性质。

(2) 保险公司应当就现金流量套期进行如下披露:
① 现金流量预期发生的期间,以及预期计入当期损益的时间;
② 套期工具利得或损失有关的信息如下:本期直接在所有者权益中确认的金额;本期计入当期损益的金额(无效套期部分);本期从所有者权益中转出、直接计入当期损益中的金额;本期从所有者权益中转出、直接计入因被套期且很可能发生的预期交易而确认的非金融资产的初始成本,或者所承担非金融负债的初始入账价值中的金额。以前期间采用套期会计方法处理、本期预期不会发生的预期交易的信息。

(3) 保险公司应当就公允价值套期披露本期发生的套期工具利得或损失,以及被套期风险引起的被套期项目利得或损失。

关键词

衍生金融工具　套期保值　套期工具　被套期项目　公允价值套期　现金流量套期　境外经营净投资套期

本章小结

1. 衍生金融工具是指具有以下特征的金融产品:其价值随着特定利率、证券价格、商品价格、外汇汇率、价格或汇率的指数、信用等级和信用指数或类似变量的变化而变化;不要求初始净投资或相较于那些对市场条件变化具有类似反应的其他类型合约所要求的初始净投资很少;在未来某一日期结算。标准的衍生金融工具包括远期合约、期货合约、期权合约和互换合约。

2. 保险公司在形成衍生金融工具合同的权利和义务时,确认为金融资产或金融负债。对于确认为金融资产的衍生金融工具,当收取该金融资产现金流量的合同权利终止或者该金融资产已经转移且符合转移资产相关的终止确认条件的,应当终止确认;对于确认为金融负债的衍生金融工具,金融负债的现时义务全部或部分已经解除的,才能终止确认该金融负债或其一部分。

3. 套期保值是指企业为了规避外汇风险、利率风险、商品价格风险、股票价格风险、信用风险等,指定一项或一项以上套期工具,使套期工具的公允价值或现金流量变动预期抵销被套期项目全部或部分公允价值或现金流量变动。套期分为公允价值套期、现金流量套期和境外经营净投资套期。

思考与练习

1. 衍生金融工具的特征是什么?保险公司参与衍生金融工具交易的动机有哪些?
2. 简述衍生金融工具的确认和计量方法。
3. 公允价值套期、现金流量套期和境外经营净投资套期的会计处理有何不同?

第十一章　长期股权投资

本章概要

本章主要介绍长期股权投资的初始计量、成本法和权益法下的后续计量、核算方法之间的转换,以及减值和处置的核算。在学习本章时,还应关注《企业会计准则第2号——长期股权投资》及相关的指南和解释。

延伸阅读
长期股权投资准则

学习目标

1. 了解长期股权投资的概念和分类
2. 掌握不同取得方式下长期股权投资的初始计量
3. 掌握成本法和权益法的适用范围及核算方法
4. 掌握成本法和权益法之间的转换
5. 掌握长期股权投资的减值和处置的会计处理

第一节　长期股权投资概述

一、长期股权投资的概念和分类

1. 长期股权投资的概念

长期股权投资是指投资方对被投资单位实施控制、重大影响的权益性投资,以及对合营企业的权益性投资。企业进行长期股权投资之后,成为被投资企业的股东,按持股比例享有股东权利并承担义务。通常情况下,长期股权投资具有投资金额高、投资期限长、投资风险大、投资回报率高等特点。

按照获得长期股权的方式,可以将长期股权投资分为股票投资和其他投资。股票投资是指在证券市场上购买其他企业的股票,以获得长期股权的投资方式;其他投资是指通过现金、实物或无形资产直接对其他企业进行投资,以获得长期股权的投资方式。

2. 长期股权投资的分类

按照投资企业对被投资企业的影响程度,可以将长期股权投资分为控制型、共同控制型、重大影响型和无重大影响型(见表11-1)。

表 11-1　长期股权投资的分类

类型	含义	直接持股比例	备注
控制型	投资企业持有能够对被投资企业实施控制的权益性投资,即对子公司的投资	50%(不含)以上,或者对被投资企业的财务和经营决策具有实质控制权	以下情况之一的,视为具有实质控制权:通过与其他投资者的协议,获得50%以上投票权;根据章程或协议有权控制财务和经营决策权;有权任免董事会等权力机构的多数成员;在董事会等权力机构有半数以上投票权
共同控制型	投资企业持有能够与其他合营方一同对被投资企业实施共同控制的权益性投资,即对合营企业的投资	具有共同控制权各方的持股比例相同,被投资企业的财务和经营决策须各方一致同意	
重大影响型	投资企业持有能够对被投资企业施加重大影响的权益性投资,即对联营企业的投资	小于50%,大于等于20%,或者实质上对被投资企业的财务和经营决策具有重大影响	以下情况之一的,视为具有重大影响:在董事会等权力机构中派有代表;参与政策制定过程;派出管理人员;依赖投资企业技术资料;其他足以证明有重大影响的情况
无重大影响型	投资企业对被投资企业不具有控制、共同控制或重大影响,在活跃市场上没有公开报价且公允价值不能可靠计量的权益性投资(否则应计为可供出售金融资产),即对参股公司的投资	小于20%,或者实质上对被投资企业不具有控制、共同控制和重大影响	

二、保险公司长期股权投资的相关规定

保险公司长期股权投资的相关规定主要有以下六点:

(1)保险集团(控股)公司、保险公司不得使用各项准备金从事对其他企业实现控股的股权投资。

(2)保险集团(控股)公司、保险公司对其他企业实现控股的股权投资,应当满足有关偿付能力监管规定。保险集团(控股)公司的保险子公司不符合中国保监会偿付能力监管要求的,该保险集团(控股)公司不得向非保险类金融企业投资。

(3)保险资金可直接投资股权的范围如下:保险类企业,包括保险公司、保险资产管理机构、保险专业代理机构、保险经纪机构;非保险类金融企业;与保险业务相关的养老、医疗、汽车服务等企业的股权;能源企业、资源企业和与保险业务相关的现代农业企业、新型商贸流通企业,且该股权指向的标的企业应当符合国家宏观政策和产业政策,具有稳定的现金流和良好的经济效益。

(4)保险资金投资股权的投资基金范围如下:成长基金;并购基金,可以包括公开上市交易的股票,但仅限于采取战略投资、定向增发、大宗交易等非交易过户方式,且投资规模不高于该基金资产余额的20%;新兴战略产业基金,投资标的可以包括金融服务企业股权、养老企业股权、医疗企业股权、现代农业企业股权,以及投资建设和管理运营公共租赁住房或廉租住房的企业股权;以上述成长基金、并购基金和新兴战略产业基金为投资标的的母基金,且交易结构应当简单明晰,不得包括其他母基金;创业投资基金,主要投资创业企业普通股或者依法可转换为普通股的优先股、可转换债券等权益,投资创业投资基金的余额纳入权益类资产比例管理,合计不超过保险公司上季度末总资产的2%,投资单只创业投资基金的余额不超过基金募集规模的20%。

(5)保险资金不得投资不符合国家产业政策、不具有稳定现金流回报预期或资产增

值价值,以及高污染、高耗能、未达到国家节能和环保标准、技术附加值较低的企业股权。

(6)保险公司投资未上市企业股权、股权投资基金等相关金融产品,可以自主确定投资方式,两项合计账面余额不高于本公司上季度末总资产的10%。其中,账面余额不包含保险公司以自有资金直接投资的保险类企业股权。保险公司投资同一股权投资基金的账面余额,不高于该基金发行规模的20%;保险集团(控股)公司及其保险子公司,投资同一股权投资基金的账面余额,合计不高于该基金发行规模的60%;保险公司及其投资控股的保险机构比照执行。

第二节 长期股权投资取得的核算

一、企业合并取得的长期股权投资

企业合并取得的长期股权投资应按照合并企业的关系分为同一控制下企业合并取得的长期股权投资和非同一控制下企业合并取得的长期股权投资。其中,同一控制下的企业合并,是指参与合并的企业在合并前后均受同一方或相同多方的最终控制且该控制并非暂时性的企业合并,如同一母公司下子公司的合并;而非同一控制下的企业合并,是指参与合并的各方在合并前后不受同一方或相同多方的最终控制的企业合并。两者的本质差别在于同一控制下的企业合并不是合并双方完全自愿的行为,多是出于母公司的整体战略考虑而进行的资产、债务重组,并非交易行为,所以达成的价格也并非市场的公允价值,不能据以入账;而非同一控制下的企业合并则是合并双方自愿进行的交易行为,其达成的价格代表了公允价值,可以据以入账。

(一)同一控制下企业合并取得的长期股权投资

1. 初始成本的确认

由于同一控制下的企业合并并非自愿交易行为,因此合并方不能按照达成的交易价格入账,而应按照被合并方所有者权益在最终控制方合并财务报表中的账面价值乘以合并方拥有的份额,作为长期股权投资的初始成本进行确认。

在对价支付方面:如果合并方以支付现金、转让非现金资产或承担债务方式作为合并对价的,保险公司应确认相应资产、收入的减少或负债的增加,长期股权投资初始投资成本与支付的现金、转让的非现金资产及其承担债务账面价值之间的差额,应当调整资本公积,资本公积不足以冲减的,调整留存收益;如果合并方以发行权益性证券作为合并对价的(股权置换),保险公司应按照发行股份的面值总额作为股本,长期股权投资初始投资成本与所发行股份面值总额之间的差额,应当调整资本公积,资本公积不足以冲减的,调整留存收益。

另外,合并方为合并支付的各项相关费用(包括审计费、法律服务费、评估费等),应于发生时计入管理费用,期末转入当期损益;合并方发行债券或承担债务所支付的手续费和佣金等,应当计入所发行债券及其他债务的初始成本;合并方发行权益性证券所发生的手续费和佣金等,应当抵减权益性证券的溢价收入,不足的应冲减留存收益。

2. 科目设置

为了核算企业的长期股权投资,保险公司应设置"长期股权投资"科目。该科目为资产类科目,借方登记取得的长期股权投资的成本和拥有长期股权投资损益调整的收益,贷方登记拥有的长期股权投资损益调整的损失和处置时转出的长期股权投资的成本,期末余额在借方,反映保险公司拥有的长期股权投资的价值。该科目应按照长期股权投资别类和项目分别设置"投资成本""损益调整""其他权益变动"等明细科目。

3. 账务处理

同一控制下企业合并取得的长期股权投资的账务处理如下:

(1) 合并日,合并方应按照被合并方所有者权益账面价值中自己拥有的份额,借记"长期股权投资——投资成本"科目。

(2) 采用支付现金、转让非现金资产或承担债务作为合并对价的,应按照支付金额,相应贷记"银行存款"或"应付账款"等科目;采用发行权益性证券作为合并对价的,应按照发行股份的面值总额,贷记"股本"科目。

(3) 如果支付的现金、非现金资产、承担债务的金额或发行股份的面值小于长期股权投资的初始成本,则应按差额贷记"资本公积"科目;如果其大于投资成本,则应依次借记"资本公积""盈余公积""一般风险准备""利润分配"科目。

(4) 合并方为合并支付的审计费、法律服务费、评估费等,应于发生时借记"业务及管理费"科目,贷记"银行存款"科目;合并方发行权益性证券时,应按所发生的手续费和佣金等,借记"资本公积"科目,不足的部分应依次借记"盈余公积""一般风险准备""利润分配"科目。

4. 核算举例

例 11-1 M 金融集团下属两子公司 A 寿险公司与 B 健康险公司合并,A 寿险公司以 80 000 000 元取得 B 健康险公司 80% 的股权。B 健康险公司在合并日的所有者权益账面价值为 120 000 000 元。在合并中,A 寿险公司累计支付审计费、法律服务费、评估费为 200 000 元。A 寿险公司的会计分录如下:

借:长期股权投资——投资成本　　　　　　　　　　　　96 000 000
　　贷:银行存款　　　　　　　　　　　　　　　　　　80 000 000
　　　　资本公积　　　　　　　　　　　　　　　　　　16 000 000
借:业务及管理费　　　　　　　　　　　　　　　　　　　 200 000
　　贷:银行存款　　　　　　　　　　　　　　　　　　　 200 000

例 11-2 F 保险集团的两家子公司 A、B 进行合并,A 公司发行 160 000 000 股普通股以取得 B 公司 70% 的股权,股票面值为 1 元。B 公司在合并日的所有者权益账面价值为 150 000 000 元。合并前,A 公司累计的资本公积为 40 000 000 元,盈余公积为 20 000 000 元,一般风险准备为 30 000 000 元。在合并中,A 公司累计支付审计费、法律服务费、评估费 500 000 元。A 公司的会计分录如下:

借:长期股权投资——投资成本　　　　　　　　　　　　105 000 000
　　资本公积　　　　　　　　　　　　　　　　　　　　 40 000 000
　　盈余公积　　　　　　　　　　　　　　　　　　　　 15 000 000
　　贷:股本　　　　　　　　　　　　　　　　　　　　160 000 000
借:盈余公积　　　　　　　　　　　　　　　　　　　　　 500 000
　　贷:银行存款　　　　　　　　　　　　　　　　　　　 500 000

(二) 非同一控制下企业合并取得的长期股权投资

1. 初始成本的确认

由于非同一控制下的企业合并为双方自愿的交易行为,因此应按照双方达成的交易价格作为长期股权投资的初始成本。如果交易价格中含有已宣告发放但尚未支取的现金股利,则应作为债权处理,不应计入长期股权投资的初始成本。在对价支付方面,如果购买方以支付现金、转让非现金资产或承担债务作为合并对价,则保险公司应确认相应资产、收入的减少或负债的增加;如果购买方以发行权益性证券作为合并对价(股权置换),则保险公司应按照发行股份的面值确认股本的增加,长期股权投资初始投资成本与所发行股份面值总额之间的差额,应当确认为资本公积的资本溢价。

购买方为进行长期股权投资而发生的各项费用的处理方法与同一控制下的企业合并相同。

2. 科目设置

为了核算非同一控制下企业合并取得的长期股权投资,保险公司应设置"长期股权投资——投资成本""应收股利""应付账款""股本""资本公积"等科目。

3. 账务处理

非同一控制下企业合并取得的长期股权投资的账务处理如下:

购买日,购买方应按照交易的价格(公允价值),借记"长期股权投资——投资成本"科目,如果交易价格中含有已宣告发放但尚未支取的现金股利,则应借记"应收股利"科目,不应计入长期股权投资的初始成本;采用支付现金、转让非现金资产或承担债务方式作为合并对价的,保险公司应按照支付金额,相应贷记"银行存款"科目或贷记"应付账款"科目等;采用发行权益性证券作为合并对价的,保险公司应按照发行股份的面值总额,贷记"股本"科目,按照其与长期股权投资的初始成本的差额,贷记"资本公积——股本溢价"科目。

4. 核算举例

例11-3 A保险公司增发 2 000 000 股普通股,每股面值为1元,并以此购买了B公司45%的股份,按照增发前后的平均股价,该 20 000 000 股普通股的公允价值为 40 000 000 元。为此项交易,A保险公司共支付各项费用 1 500 000 元。A公司的会计分录如下:

借:长期股权投资——投资成本　　　　　　　　　　40 000 000
　　贷:股本　　　　　　　　　　　　　　　　　　　　2 000 000
　　　　资本公积——股本溢价　　　　　　　　　　　38 000 000
借:资本公积　　　　　　　　　　　　　　　　　　　1 500 000
　　贷:银行存款　　　　　　　　　　　　　　　　　　1 500 000

二、非企业合并取得的长期股权投资

非企业合并取得的长期股权投资主要是指通过支付现金、发行权益性证券或非货币性资产交换等获得的被合并企业的股权。其初始投资成本的确认与非同一控制下企业合并取得的长期股权投资的基本相同,但是取得长期股权投资过程中发生的各项费用(包括审计费、法律服务费和评估费等),应计入长期股权投资的成本。

第三节　长期股权投资的后续计量

一、成本法和权益法

长期股权投资的后续计量有成本法和权益法。

成本法是指长期股权投资按照投资成本计价,不随被投资企业所有者权益价值变动而调整长期股权投资账面价值的方法。该方法较谨慎,只将被投资企业派发的现金红利确认为投资收益,不考虑被投资企业的留存收益带来的长期股权投资价值的变化。

权益法是指长期股权投资以初始成本计量后,在投资持有期间根据投资企业享有被投资企业所有者权益价值的变动而对长期股权投资进行调整的方法。该方法能够更加准确地反映长期股权投资的价值。

一般来说,成本法适用于控制型的长期股权投资,以及不具有控制、共同控制或重大影响、在活跃市场上没有公开报价且公允价值不能可靠计量的长期股权投资(其他型)。前者需要进行报表合并,合并报表已经反映了被投资企业的账面价值及经营状况,采用成本法可以体现母公司本身的财务状况;后者由于对被投资企业没有控制和影响力,因此更希望关注投资企业本身的财务状况。另外两种情况(共同控制型和重大影响型)的长期股权投资适用权益法进行后续计量。

二、成本法核算长期股权投资

(一)账面价值的调整及投资损益的确认

在成本法下,长期股权投资的账面价值一般不发生变更,只有在追加或收回投资时才对长期股权投资的投资成本进行调整。

在成本法下,长期股权投资的投资损益只有在被投资企业宣告派发现金股利时才予以确认,如果宣告派发股票股利,则只调整持股数量和每股成本,不确认投资收益。基于权责发生制原则,投资企业确认的投资收益仅限于所获得的被投资企业在接受投资后产生的累计净利润的分配额,所获得的现金股利超过被投资企业接受投资后产生的累计净利润分配额的部分,应冲减长期股权投资的成本,以便更准确地确认投资收益。具体来说,在投资当年,由于被投资企业分配的现金股利为上一年度的利润分配,因此应作为投资成本的收回;以后年度,被投资企业累计分派的现金股利或利润超过投资后至上年度末被投资企业累计实现的净损益,即为被投资企业对投资以前年度的留存收益的分配,不应计为投资收益,而应按照持股比例作为投资成本的收回。

应冲减初始投资成本的金额=[投资后至本年年末(或本期期末)止被投资企业派发的现金股利或利润-投资后至上年年末止被投资企业累计实现的净损益]×投资企业的持股比例-投资企业已冲减的初始投资成本

应确认的投资收益=投资企业当年获得的利润或现金股利-应冲减初始投资成本的金额

(二) 账务处理和核算举例

1. 账务处理

在成本法下,投资企业追加投资时,按照追加投资的金额,借记"长期股权投资——投资成本"科目,贷记"银行存款"等科目;投资企业收回投资时,按照收回的金额,借记"银行存款"等科目,贷记"长期股权投资——投资成本"科目。

在成本法下,投资当年,被投资企业宣告发放现金股利时,保险公司应按照持股比例计算应收股利的金额,借记"应收股利"科目,贷记"长期股权投资——投资成本"科目;以后年度,被投资企业宣告发放现金股利时,保险公司计算应冲减初始投资成本的金额及应确认的投资收益,按照股利总额借记"应收股利"科目,按照应冲减初始投资成本的金额贷记"长期股权投资——投资成本"科目,按照应确认的投资收益贷记"投资收益"科目;最终收到现金股利时,保险公司应借记"银行存款"等科目,贷记"应收股利"科目。

2. 核算举例

例 11-4 2015 年 2 月 1 日,A 保险公司购入非上市公司 N 公司 10% 的股份,准备长期持有,且对 N 公司没有重大影响,属于长期股权投资,应按照成本法核算。A 保险公司用银行存款支付买价 20 000 000 元。4 月 15 日,N 公司宣布派发现金股利共计 9 000 000 元;2015 年,N 公司共实现利润 4 000 000 元。2016 年 4 月 15 日,N 公司宣布派发现金股利共计 6 000 000 元;2016 年,N 公司共实现利润 5 000 000 元。2017 年 4 月 15 日,N 公司宣布派发现金股利共计 6 000 000 元。A 保险公司的会计分录如下:

(1) 2015 年 2 月 1 日

借:长期股权投资——投资成本　　　　　　　　　　　20 000 000
　　贷:银行存款　　　　　　　　　　　　　　　　　　　　　20 000 000

(2) 2015 年 4 月 15 日

借:应收股利——N 公司　　　　　　　　　　　　　　　900 000
　　贷:长期股权投资——投资成本　　　　　　　　　　　　 900 000

(3) 2016 年 4 月 15 日

应冲减初始投资成本的金额 = [9 000 000 + 6 000 000 − 4 000 000] × 10% − 900 000
　　　　　　　　　　　　 = 200 000(元)

　　应确认的投资收益 = 600 000 − 200 000 = 500 000(元)

借:应收股利——N 公司　　　　　　　　　　　　　　　600 000
　　贷:长期股权投资——投资成本　　　　　　　　　　　　 200 000
　　　　投资收益　　　　　　　　　　　　　　　　　　　　 400 000

(4) 2017 年 4 月 15 日

应冲减初始投资成本的金额 = [9 000 000 + 6 000 000 + 6 000 000 − 4 000 000 − 5 000 000] ×
　　　　　　　　　　　　　10% − 900 000 − 200 000
　　　　　　　　　　　　 = 100 000(元)

　　应确认的投资收益 = 600 000 − 100 000 = 500 000(元)

借:应收股利——N 公司　　　　　　　　　　　　　　　600 000
　　贷:长期股权投资——投资成本　　　　　　　　　　　　 100 000
　　　　投资收益　　　　　　　　　　　　　　　　　　　　 500 000

三、权益法核算长期股权投资

(一) 初始投资成本的调整

在权益法下,取得长期股权投资后,对于长期股权投资的初始成本应按其与应享有被投资企业可辨认净资产公允价值份额之间的差额进行如下调整:

(1) 初始投资成本大于取得投资时应享有被投资企业可辨认净资产公允价值份额的,该差额是投资企业在取得投资过程中通过作价体现出的、与所取得股权份额相对应的被投资企业的商誉及不符合确认条件的资产价值,在这种情况下,投资企业不必对长期股权投资的成本进行调整。

(2) 初始投资成本小于取得投资时应享有被投资企业可辨认净资产公允价值份额的,该差额体现为双方在交易作价过程中转让方的让步,投资企业应将该部分经济利益流入作为收益处理,计入取得投资当期的营业外收入,同时调整增加长期股权投资的账面价值。

(二) 投资损益的确认

在权益法下,投资企业取得长期股权投资后,应按照被投资企业实现的净损益中属于投资企业的份额确认投资损益,并调整长期股权投资的账面价值。由于投资企业承担有限责任,因此被投资企业出现净亏损时,投资企业应当以长期股权投资的账面价值及其他实质上构成对被投资企业净投资的长期权益减记至零为限,并将超额损失在账外进行备查登记(投资企业负有承担额外损益义务的除外)。

当被投资企业宣告派发上一年度现金股利或利润时,投资企业应该抵减之前增加的长期股权投资的账面价值;如果自被投资企业取得的现金股利或利润超过了已经确认的损益调整部分,则应视为对投资前留存收益的分配,应冲减长期股权投资的初始成本。

(三) 其他综合收益的变动

在权益法下,被投资企业确认的其他综合收益变化会影响被投资企业的所有者权益总额,进而影响投资企业所享有的该项投资的价值,所以投资企业应按照被投资企业其他综合收益的变动乘以持股比例调整长期股权投资的账面价值,同时增加或者减少其他综合收益。

(四) 其他权益变动

在权益法下,除被投资企业净损益、其他综合收益和利润分配外所有者权益的其他变动,投资企业均应按照持股比例调整长期股权投资的账面价值,但并不确认为投资收益计入当期损益,而是计入所有者权益的资本公积。

(五) 账务处理和核算举例

1. 账务处理

在权益法下,初始投资成本小于取得投资时应享有被投资企业可辨认净公允价值份额的,投资企业应确认为收益,借记"长期股权投资——投资成本"科目,贷记"营业外收入"科目。

在权益法下,投资企业应按照在被投资企业净收益中的份额,借记"长期股权投资——损益调整"科目,贷记"投资收益"科目;当被投资企业宣布派发现金股利或利润时,投资企业应按照股权比例,借记"应收股利"科目,贷记"长期股权投资——损益调整"科目。如果被投资企业宣布派发的股利超过累计确认的损益调整金额,投资企业应按照损益调整明细账的余额,贷记"长期股权投资——损益调整"科目,按差额贷记"长期股权投资——投资成本"科目。

在权益法下,被投资企业发生净损失时,投资企业应按照损失金额借记"投资收益"科目,贷记"长期股权投资——损益调整"科目。如果损益调整明细账余额为零后仍有净损失,则贷记"长期股权投资——投资成本"科目。长期股权投资账面余额为零后仍有净损失,考虑除长期股权投资外,投资企业是否还有实质上对被投资企业构成的净投资的长期权益,如果有,则贷记"长期应收款"科目。此外,根据投资合同,如果投资企业对被投资企业仍须承担额外义务,则贷记"预计负债"科目。投资企业对被投资企业的损失不再承担义务的部分,应在账外备查登记。在确认了投资损失后,如果以后期间被投资企业实现了利润,则应按照"预计负债""长期应收款""长期股权投资——成本""长期股权投资——损益调整"的顺序进行减记。

在权益法下,对于被投资企业其他综合收益的变动,投资企业应借记或贷记"长期股权投资——其他综合收益"科目,同时贷记或借记"其他综合收益"科目。

在权益法下,被投资企业除净损益、其他综合收益和利润分配外的所有者权益变动,投资企业应借记或贷记"长期股权投资——其他权益变动"科目,同时贷记或借记"资本公积——其他资本公积"科目。

2. 核算举例

例 11-5 2015 年 10 月 1 日,A 保险公司购得 K 公司 40% 的股权,A 保险公司共支付对价 36 000 000 元,准备长期持有,对 K 公司产生重大影响,使用权益法核算。经过评估,K 公司可辨认净资产的公允价值 100 000 000 元。2015 年,K 公司实现利润 5 000 000 元;2016 年 4 月 20 日,K 公司宣告发放现金股利共计 4 000 000 元;2016 年,K 公司发生净亏损 6 000 000 元;2017 年 4 月 20 日,K 公司宣告发放现金股利共计 4 000 000 元。A 保险公司的会计分录如下:

(1) 2015 年 10 月 1 日

借:长期股权投资——投资成本　　　　　　　　　　　　　　　　36 000 000
　　贷:银行存款　　　　　　　　　　　　　　　　　　　　　　　36 000 000
借:长期股权投资——投资成本　　　　　　　　　　　　　　　　 4 000 000
　　贷:营业外收入　　　　　　　　　　　　　　　　　　　　　　 4 000 000

(2) 确认 2015 年的投资收益

借:长期股权投资——损益调整　　　　　　　　　　　　　　　　 2 000 000
　　贷:投资收益　　　　　　　　　　　　　　　　　　　　　　　 2 000 000

(3) 2016 年 4 月 20 日

借:应收股利——K 公司　　　　　　　　　　　　　　　　　　　 1 600 000
　　贷:长期股权投资——损益调整　　　　　　　　　　　　　　　 1 600 000

(4) 确认2016年的净亏损

借:投资收益　　　　　　　　　　　　　　　　　　2 400 000
　　贷:长期股权投资——投资成本　　　　　　　　　　　　2 000 000
　　　　　　　　　　——损益调整　　　　　　　　　　　　　400 000

(5) 2017年4月20日

借:应收股利——K公司　　　　　　　　　　　　　　1 600 000
　　贷:长期股权投资——投资成本　　　　　　　　　　　　1 600 000

如果2016年K公司发生巨额损失共计120 000 000元，K公司没有分配现金红利，并且A保险公司按投资合同须承担额外义务，会计分录如下：

借:投资收益　　　　　　　　　　　　　　　　　　48 000 000
　　贷:长期股权投资——投资成本　　　　　　　　　　　　40 000 000
　　　　　　　　　　——损益调整　　　　　　　　　　　　　400 000
　　　　预计负债　　　　　　　　　　　　　　　　　　　7 600 000

例11-6　A保险公司持有Y公司45％的股份，准备长期持有，确认为长期股权投资。2016年，Y公司持有的可供出售金融资产公允价值变动计入其他综合收益600 000元，并实现净利润8 000 000元。A保险公司的会计分录如下：

借:长期股权投资——损益调整　　　　　　　　　　　3 600 000
　　贷:投资收益　　　　　　　　　　　　　　　　　　　3 600 000
借:长期股权投资——其他综合收益　　　　　　　　　　270 000
　　贷:其他综合收益　　　　　　　　　　　　　　　　　　270 000

四、成本法和权益法的转换

长期股权投资的核算方法主要取决于投资企业与被投资企业的控制关系，多数情况由持股比例决定。在持有长期股权投资的过程中，投资企业购入或出售被投资企业的股权会导致持股比例发生变化，这种变化有可能导致控制关系发生变化，进而导致核算方法在成本法和权益法之间的转换。计量模式的转换属于会计政策的变更，必须进行追溯调整。成本法转换为权益法时，投资企业应该对已经采用成本法核算的部分重新使用权益法核算，对留存收益进行调整。权益法转换为成本法时，投资企业应类比重新获得的以成本法计量的长期股权投资，以转换当期权益法的账面价值作为成本法的成本入账；权益法下已经确认的损益调整作为投资前已经实现的收益，实现时确认为成本的收回。

(一) 成本法转换为权益法

1. 长期股权投资由无重大影响型转为共同控制型或重大影响型

由于投资企业追加投资导致持股比例上升、长期股权投资由无重大影响型转为共同控制型或重大影响型的，其核算方法应该由成本法转换为权益法。

首先，保险公司应当按照权益法对由成本法确定的初始成本进行调整，将原长期股权投资的初始投资成本与原投资时所享有的、被投资企业可辨认净资产公允价值的份额进行比较，前者较大的形成商誉不予调整，后者较大的应调整初始投资成本并确认为营业外收入。因为是对于以前期的调整，所以不计入营业外收入，而是按照前期的利润分配方案对留存收益进行调整,借记"长期股权投资——投资成本"科目,贷记"盈余公积""未分配利润"等科目。

其次,对于原投资日到追加投资日期间被投资企业实现的、以公允价值变动而非现金股利体现损益,投资企业应按照权益法计量。按照原投资所持有的股权份额,一方面调整长期股权投资的账面价值,借记"长期股权投资——损益调整"科目;另一方面按照前期的利润分配方案调整留存收益,贷记"盈余公积""未分配利润"等科目。属于其他原因导致的被投资企业可辨认净资产公允价值变动的,在调整长期股权投资账面价值的同时,贷记"其他综合收益""资本公积——其他资本公积"科目。

最后,对于追加投资的部分,应按照新投资成本入账,借记"长期股权投资——投资成本"科目,贷记"银行存款"科目,再按照权益法对其进行调整。投资成本大于投资时应享有的被投资企业可辨认净资产公允价值份额的,作为商誉不调整长期股权投资的成本;反之,投资成本小于投资时应享有的被投资企业可辨认净资产公允价值份额的,应按余额调整长期股权投资的成本,借记"长期股权投资——投资成本"科目,同时计入当期的营业外收入,贷记"营业外收入"科目。需要注意的是,如果原投资成本大于原投资应享有的可辨认净资产公允价值份额(即原投资中包含商誉),而追加投资成本小于应享有的可辨认净资产公允价值份额的,则追加投资形成的差额属于对原投资中商誉的减值。因此,投资企业应将这部分差额先冲减原投资中的商誉并调整留存收益,不足部分再冲减追加投资的账面价值,并计入当期营业外收入。如果原投资成本小于原投资应享有的可辨认净资产公允价值份额,而追加投资大于应享有的可辨认净资产公允价值份额的,则追加投资中的商誉部分应先冲减原投资时确认的投资成本并调整留存收益,不足部分再确认为商誉。

例 11-7 A 保险公司持有非上市公司 T 公司 15% 的股份,对 T 公司没有重大影响,属于长期股权投资,采用成本法核算。A 保险公司 2015 年购买该长期股权投资时,共支付对价为 6 000 000 元,当时 T 公司可辨认净资产的公允价值为 50 000 000 元。2017 年,A 保险公司追加对 T 公司的投资为 11 000 000 元,再获得 15% 的股份,应按照权益法计量,此时 T 公司可辨认净资产的公允价值为 60 000 000 元。从 2015 年购买该长期股权投资到 2017 年追加投资,T 公司实现的公允价值变动 5 000 000 元,属于其他原因导致的可辨认净资产公允价值的变动为 2 000 000 元。

(1) 按照权益法调整原投资的初始成本,可辨认净资产 7 500 000 元(50 000 000×15%)大于投资成本,应确认投资成本及留存收益的增加,经过精算,60% 的留存收益进入资本公积,另外 40% 进入未分配利润。会计分录如下:

借:长期股权投资——投资成本	1 500 000
贷:资本公积	900 000
利润分配——未分配利润	600 000

(2) 确认原投资日到追加投资日期间 T 公司实现的公允价值变动损益,同样 60% 的留存收益进入资本公积,40% 进入未分配利润。会计分录如下:

借:长期股权投资——损益调整	750 000
贷:资本公积	450 000
利润分配——未分配利润	300 000

(3) 确认原投资日到追加投资日期间 T 公司实现的、其他原因导致的可辨认净资产公允价值变动,并确认追加投资会计分录如下:

借:长期股权投资——损益调整　　　　　　　　　　　　　300 000
　　贷:资本公积——其他资本公积　　　　　　　　　　　　300 000
借:长期股权投资——投资成本　　　　　　　　　　　　11 000 000
　　贷:银行存款　　　　　　　　　　　　　　　　　　　11 000 000

(4) 按照权益法调整原投资的初始成本,可辨认净资产 9 000 000 元(60 000 000×15%)小于投资成本,差额 2 000 000 元作为商誉,应先冲减原投资时确认的投资成本的增加并调整留存收益,余额确认为商誉不做会计处理。会计分录如下:

借:资本公积　　　　　　　　　　　　　　　　　　　　　900 000
　　利润分配——未分配利润　　　　　　　　　　　　　　600 000
　　贷:长期股权投资——投资成本　　　　　　　　　　　1 500 000

(5) 如果在原投资日 T 公司可辨认资产净值为 36 000 000 元,在追加投资日 T 公司可辨认资产净值为 90 000 000 元,则原投资日的可辨认资产 5 400 000 元(36 000 000×15%)小于投资成本,差额 600 000 元作为商誉,不做会计分录。在追加投资日,可辨认资产 13 500 000 元(90 000 000×15%)大于投资成本,差额 2 500 000 元应先冲减商誉调整留存收益,再确认为当期营业外收入。会计分录如下:

借:资本公积　　　　　　　　　　　　　　　　　　　　　360 000
　　利润分配——未分配利润　　　　　　　　　　　　　　240 000
　　贷:长期股权投资——投资成本　　　　　　　　　　　　600 000
借:长期股权投资——投资成本　　　　　　　　　　　　1 900 000
　　贷:营业外收入　　　　　　　　　　　　　　　　　　1 900 000

2. 长期股权投资由控制型转为共同控制型或重大影响型

由于投资企业减少投资导致持股比例下降、长期股权投资由控制型转为共同控制型或重大影响型的,其核算方法应该由成本法转换为权益法。其具体的核算方法与长期股权投资由无重大影响型转为共同控制型或重大影响型的一致。

例 11-8　A 保险公司持有 B 公司 70% 的股份,能够控制 B 公司,属于长期性股权投资,采用成本法核算。2015 年购买该长期股权投资时,A 保险公司共支付对价 21 000 000 元,当时 B 公司可辨认净资产的公允价值为 32 000 000 元。2017 年,A 保险公司减持 B 公司 30% 的股份,对 B 公司有重大影响,应采用权益法进行核算,此时 B 公司可辨认资产的公允价值为 35 000 000 元。从 2015 年购买该长期股权投资到 2017 年减少投资,B 公司实现的公允价值变动为 1 000 000 元,属于其他原因导致的可辨认净资产公允价值的变动为 600 000 元。

(1) 调整剩余长期股权投资成本,可辨认净资产 12 800 000 元(32 000 000×40%)大于投资成本(12 000 000 元),调整投资成本及留存收益,经过精算,60% 的留存收益进入资本公积,另外 40% 进入未分配利润。会计分录如下:

借:长期股权投资——投资成本　　　　　　　　　　　　　800 000
　　贷:资本公积　　　　　　　　　　　　　　　　　　　480 000
　　　　利润分配——未分配利润　　　　　　　　　　　　320 000

(2) 确认剩余投资(40%股份)在原投资日到追加投资日期间 B 公司实现的公允价值变动损益,60%的留存收益进入资本公积,40%进入未分配利润。会计分录如下:

借:长期股权投资——损益调整　　　　　　　　　　　　　400 000
　　贷:资本公积　　　　　　　　　　　　　　　　　　　　240 000
　　　　利润分配——未分配利润　　　　　　　　　　　　　160 000

(3) 确认剩余投资(40%股份)在原投资日到追加投资日期间 B 公司实现的其他原因导致可辨认净资产公允价值的变动。会计分录如下:

借:长期股权投资——损益调整　　　　　　　　　　　　　240 000
　　贷:资本公积——其他资本公积　　　　　　　　　　　　240 000

(二) 权益法转换为成本法

1. 长期股权投资由共同控制型或重大影响型转为无重大影响型

由于投资企业减少投资导致持股比例下降,长期股权投资由共同控制型或重大影响型转为无重大影响型的,其核算方法应该由权益法转换为成本法。

出售投资时,投资企业应将出售的长期股权投资的价款与其账面价值的差额记入"投资收益"科目,最终计入当期损益;剩余长期股权投资的账面价值应作为成本法的初始投资成本。需要注意的是,此处并不做会计分录,原计入损益调整的金额仍记在损益调整明细科目下,并不转入成本明细科目。出售后,投资企业收到被投资企业现金股利的,如果没有超过处置时权益法下已经确认的损益调整的数额,则相当于收回投资成本,投资企业不应将其确认为投资收益,而应借记"应收股利"等科目,同时贷记"长期股权投资——损益调整"科目;超过部分应该确认为投资收益,借记"应收股利"科目,贷记"投资收益"科目。

例 11-9 A 保险公司持有非上市公司 R 公司 40%的股份,对 R 公司有重大影响,计划长期持有,属于长期股权投资,使用权益法核算。2017 年 3 月 10 日,该长期股权投资的账面价值为 8 800 000 元,包括投资成本 8 000 000 元及损益调整 800 000 元。当日,A 保险公司以 6 800 000 元出售 30%的股份。出售后,由于 A 保险公司只持有 R 公司 10%的股份,没有重大影响,应采用成本法核算。2017 年 4 月 20 日,R 公司宣布派发现金股利,A 保险公司应收现金股利为 600 000 元。会计分录如下:

(1) 2017 年 3 月 10 日
借:银行存款　　　　　　　　　　　　　　　　　　　　6 800 000
　　贷:长期股权投资——投资成本　　　　　　　　　　　6 000 000
　　　　　　　　　　——损益调整　　　　　　　　　　　　600 000
　　　　投资收益　　　　　　　　　　　　　　　　　　　　200 000

(2) 2017 年 4 月 20 日
借:应收股利——R 公司　　　　　　　　　　　　　　　　600 000
　　贷:长期股权投资——损益调整　　　　　　　　　　　　200 000
　　　　投资收益　　　　　　　　　　　　　　　　　　　　400 000

2. 长期股权投资由共同控制型或重大影响型转为控制型

由于投资企业追加投资导致持股比例上升,长期股权投资由共同控制型或重大影响型转为控制型的,其核算方法应该由权益法转换为成本法。

追加投资时,投资企业不必对原长期股权投资在权益法下的账面价值进行调整,追加投资的成本应按照成本法作为初始投资成本入账,两者之和即追加投资后长期股权投资的账面价值。追加投资后,投资企业收到被投资企业现金股利的,按股权比例属于追加投资的部分,按照成本法确认为投资收益,借记"应收股利"科目,贷记"投资收益"科目;而按股权比例属于原长期股权投资的份额,如果没有超过追加时权益法下已经确认的损益调整额,则相当于对投资成本的收回抵减已经确认的长期股权投资损益调整,不应确认为投资收益,借记"应收股利"科目,贷记"长期股权投资——损益调整"科目,超过部分再确认为投资收益。

例 11-10 A 保险公司持有 W 公司 40% 的股份,对 W 公司有重大影响,计划长期持有,属于长期股权投资,按照权益法核算。2017 年 2 月 20 日,该长期股权投资的账面价值为 4 800 000 元,其中投资成本为 4 000 000 元,损益调整为 800 000 元。当日,A 保险公司斥资 2 500 000 元再次购入 W 公司 30% 的股份,控制 W 公司,应该采用成本法核算。2017 年 4 月 20 日,W 公司宣告发放现金股利共计 500 000 元。会计分录如下:

(1) 2017 年 2 月 20 日

借:长期股权投资——投资成本　　　　　　　　　　　　　2 500 000
　　贷:银行存款　　　　　　　　　　　　　　　　　　　　2 500 000

(2) 2017 年 4 月 20 日,原投资的 40% 股份应分得现金股利 200 000 元,小于已经确认的损益调整额,应全部确认为投资成本的收回。追加投资的 30% 股份应分得现金股利 150 000 元,按照成本法应确认为投资收益。会计分录如下:

借:应收股利——W 公司　　　　　　　　　　　　　　　　350 000
　　贷:长期股权投资——损益调整　　　　　　　　　　　　200 000
　　　　投资收益　　　　　　　　　　　　　　　　　　　　150 000

第四节　长期股权投资的减值和处置

一、长期股权投资的减值

(一) 控制型、共同控制型、重大影响型长期股权投资的减值

对于控制型、共同控制型或重大影响型的长期股权投资,应当定期对其进行减值测试,估计其可回收金额。可回收金额是指长期股权投资的公允价值减去处置费用后的净额与长期股权投资预计未来净现金流现值之间的较高者。如果长期股权投资的账面价值高于可回收金额,则应当按照两者差额确认减值损失,借记"资产减值损失——长期股权投资"科目;同时确认相应的资产减值准备,贷记"长期股权投资减值准备"科目,期末计入当期损益。资产减值损失一经确认,在以后各会计期间内不得转回。

例 11-11 A 保险公司持有 M 公司 35% 的股份,对 M 公司有重大影响,属于长期股权投资。该长期股权投资在 A 保险公司账上的投资成本为 4 000 000 元,损益调整为 800 000 元,在市场上的公允价值为 3 600 000 元,处置费用为 300 000 元,预计未来现金流现值为 3 000 000 元。

根据可回收金额的定义可知,该长期股权投资的可回收金额为 3 300 000 元,小于账面价值 4 800 000 元,应确认减值,会计分录如下:

借:资产减值损失——长期股权投资　　　　　　　　　　　1 500 000
　贷:长期股权投资减值准备　　　　　　　　　　　　　　　　　　　　1 500 000

(二) 无重大影响型长期股权投资的减值

由于无重大影响型长期股权投资在活跃市场上没有公开报价,公允价值不能可靠计量,因此无法计算出可回收金额。对无重大影响型长期股权投资进行减值测试时,类似于金融资产的减值,投资企业应当计算该资产未来现金流量现值,如果小于其账面价值,则应该按照两者的差额确认减值损失,具体账务处理方法与其他类型长期股权投资的减值相同。减值损失一经确认,在以后各会计期间内不得转回。

二、长期股权投资的处置

处置长期股权投资时,投资企业应按照账面价值与实际取得价款的差额,确认投资收益,最终计入当期损益。如果有确认的资产减值损失,或者采用权益法核算时如果有因被投资企业其他综合收益变动而确认的其他综合收益,或者因被投资企业除净损益、其他综合收益和利润分配外所有者权益的其他变动而确认的资本公积,投资企业应该将其转为投资收益,计入当期损益。

处置长期股权投资的账务处理为:按照处置取得的实际价款,借记"银行存款"等科目;按照长期股权投资的账面价值,贷记"长期股权投资"等科目;按照两者的差额,借记或者贷记"投资收益"科目。如果有因被投资企业其他综合收益变动而确认的其他综合收益,应按其累计金额,借记"其他综合收益"科目,贷记"投资收益"科目。如果有因被投资企业除净损益、其他综合收益和利润分配外所有者权益的其他变动而确认的资本公积,应按其累计金额,借记"资本公积——其他资本公积"科目,贷记"投资收益"科目。如果有确认的资产减值损失,应按照其累计的金额,贷记"资产减值损失——长期股权投资"科目,借记"投资收益"科目。

例 11-12　A 保险公司持有 L 公司 45% 的股权,属于长期股权投资,并采用权益法核算。该长期股权投资的账面价值为 7 200 000 元,其中投资成本为 6 000 000 元,损益调整为 1 200 000 元,同时有累计因被投资企业除净损益、其他综合收益和利润分配外所有者权益的其他变动而确认的资本公积为 100 000 元。A 保险公司以 7 500 000 元的价格出售了该长期股权投资,会计分录如下:

借:银行存款　　　　　　　　　　　　　　　　　　　　　　　7 500 000
　贷:长期股权投资——投资成本　　　　　　　　　　　　　　　　　　6 000 000
　　　　　　　　——损益调整　　　　　　　　　　　　　　　　　　　1 200 000
　　投资收益　　　　　　　　　　　　　　　　　　　　　　　　　　　　300 000
借:资本公积——其他资本公积　　　　　　　　　　　　　　　　100 000
　贷:投资收益　　　　　　　　　　　　　　　　　　　　　　　　　　　100 000

|关键词|

长期股权投资　成本法　权益法

本章小结

1. 长期股权投资是指投资方对被投资单位实施控制、重大影响的权益性投资，以及对合营企业的权益性投资，可以分为企业合并取得的长期股权投资和非企业合并取得的长期股权投资。企业合并又可以分为同一控制下企业合并和非同一控制下企业合并。

2. 长期股权投资的后续计量可以采用成本法和权益法，满足一定条件时，成本法和权益法可以相互转换。

3. 对于长期股权投资，应定期进行减值测试。

思考与练习

1. 不同情形下长期股权投资初始成本的计量有何不同？
2. 长期股权投资的成本法和权益法的适用情况有何区别？
3. 应该如何核算长期股权投资后续计量方法的转换？

第十二章　　固定资产、无形资产与其他长期资产

▌本章概要▐

本章主要介绍固定资产、无形资产和其他长期资产的确认、初始计量、后续计量及处置。在学习本章时，还应关注《企业会计准则第 4 号——固定资产》《企业会计准则第 6 号——无形资产》及相关的指南和解释。

延伸阅读
固定资产准则
无形资产准则

▌学习目标▐

1. 掌握固定资产的分类、初始计量、折旧处理及后续计量
2. 掌握无形资产的种类、初始计量、摊销及后续计量
3. 掌握长期待摊费用的内容、性质及核算方法

第一节　固定资产的核算

一、固定资产概述

（一）固定资产的概念及特点

固定资产是指使用年限较长、单位价值较高、能够在若干个生产经营周期中发挥作用并保持原有实物形态的资产。在使用过程中，固定资产的价值因损耗而逐渐减少，这部分损耗的价值以固定资产折旧的形式转移到当期成本费用中。

固定资产具有以下主要特点：

（1）企业持有固定资产是为了生产商品、提供劳务、出租或经营管理。这意味着对于保险公司来说，财产保险业务形成的待处理损余物资并不是固定资产。另外，"出租"的固定资产，是指用于出租的机器设备类固定资产，不包括经营租赁方式出租的建筑物，后者属于投资性房地产。

（2）使用寿命超过一个会计年度、单位价值较高且为有形资产；否则，应列为低值易耗品。

（二）固定资产的分类

1. 按照经济用途进行分类

固定资产按照经济用途，可分为经营用固定资产和非经营用固定资产。其中，经营

用固定资产是指直接服务于公司经营过程的各种固定资产,对保险公司来说包括经营用房地产、办公设备、理赔车等;非经营用固定资产是指不直接服务于经营过程的各种固定资产,对保险公司来说包括职工宿舍、食堂等。这种分类可以反映保险公司固定资产的用途结构和变动情况,便于评估固定资产的利用效率,并促进固定资产的合理配置。

2. 按照所有权进行分类

固定资产按照所有权,可分为自有固定资产和融资租入固定资产。自有固定资产是指企业拥有所有权的各项资产;融资租入固定资产是指企业在租赁期间不拥有所有权但拥有实际控制权的各种固定资产。

(三)固定资产的计价

为了准确地反映固定资产的价值及其增减变动,保险公司应按照一定的标准对固定资产进行计价。固定资产的计价方法主要有以下四种:

(1)原始价值。原始价值又称原值,是指购建某项固定资产在达到可使用状态之前所发生的全部合理、必要的支出。这种计价标准的主要优点是具有客观性和可验证性,是固定资产的基本计价标准;它的缺点在于未考虑物价波动等因素对固定资产价值的影响。原始价值适用于确定保险公司新购建固定资产的初始成本。

(2)重置价值。重置价值是指在当前条件下,重新购建同样的固定资产所需的全部支出。这种计价标准的主要优点是能够准确、真实地反映固定资产的当前价值;它的缺点在于实务操作比较复杂。保险公司在盘盈资产时,如果无法确定其原始价值,则可以采用重置价值计价。

(3)净值。净值又称折余价值,是指固定资产的原值减去已计提折旧后的余额,为固定资产的账面价值。

(4)现值。现值是指固定资产在使用期间及处置时产生的未来净现金流量的折现值。保险公司在盘盈资产时,如果无法确定其原始价值,则可以采用现值计价。

二、固定资产的取得

保险公司取得固定资产,主要包括外购固定资产、自营建造固定资产和投资者投入固定资产等方式。取得固定资产时,应该按照原始成本计量固定资产的价值。

(一)外购固定资产

1. 外购固定资产的成本

外购固定资产的成本包括购买价款、相关税费,以及使固定资产达到预定可使用状态前所发生的可归属于该项资产的运输费、装卸费、安装费和专业人员服务费等。在具体的核算中,应注意以下几个方面:

(1)如果保险公司购入须安装的固定资产,无论是自营安装还是出包安装,在安装过程中发生的实际安装费用都应计入固定资产原值。在安装过程中,保险公司应使用"在建工程"科目进行核算,安装调试达到预定可使用状态后再转入"固定资产"科目。

(2)如果保险公司采用分期付款的方式购买资产,且在合同中规定的付款期限比较长,超过了正常信用条件(通常在3年以上),则这种合同实际上具有融资租赁的性质,购入资产的成本不应以各期付款之和确定,而应以各期付款额的现值之和确定。

(3) 如果保险公司采用赊购的方式获得固定资产,一般来说,价格会高于现购价格,差额属于购买日至付款日之间的应付利息,原则上应该计入业务及管理费而非固定资产的成本。但是如果利息费用一般较少,保险公司就可以根据重要性原则,按照赊购固定资产的发票价格入账。

(4) 如果保险公司以一笔款项购入多项没有单独标价的固定资产,则应当按照各项固定资产公允价值比例对总成本进行分配,分别确定各项固定资产的成本。这种情况多见于各部分使用年限不同的固定资产,如保险公司购入办公楼时就必须对大楼本身和内部装修分别确认成本与折旧。

2. 科目设置和账务处理

(1) 科目设置。为了核算外购固定资产,保险公司应设置"固定资产""在建工程"等科目。

"固定资产"科目用于反映固定资产原值的增减变动和结存情况,属于资产类科目。该科目借方登记增加固定资产的原值,贷方登记减少固定资产的原值,期末余额在借方,表示持有固定资产的原值。该科目可按照固定资产类别和项目进行明细核算。

"在建工程"科目用于核算企业固定资产的新建、改建、扩建或技术改造、设备更新和大修理工程等尚未完工的工程支出,属于资产类科目。该科目借方登记各项工程实际发生的成本,贷方登记已经完工工程转出的成本,期末余额在借方,表示未完成工程的实际成本支出。该科目可以按照"建筑工程""安装工程""在安装设备""待摊支出"及单项工程等进行明细核算。

(2) 账务处理。保险公司购入不须安装的固定资产时,应按照应计入固定资产成本的金额,借记"固定资产"科目,贷记"银行存款"科目。

保险公司购入须安装的固定资产时,应根据实际需要支付的买价、包装运杂费和安装费,借记"在建工程"科目,贷记"银行存款"科目。安装工程完工后,保险公司应根据全部安装工程成本,借记"固定资产"科目,贷记"在建工程"科目。

保险公司采用融资租赁方式购入固定资产时,应按照购买价款的现值,借记"固定资产"科目或"在建工程"科目(由是否须安装决定);按照应付的总金额,贷记"长期应付款"科目;按照其差额,借记"未确认融资费用"科目;每次支付租金时,按照实际支付金额,借记"长期应付款"科目,贷记"银行存款"等科目。

3. 核算举例

例 12-1 A 保险公司购入一批办公用电脑,共支付买价为 960 000 元,同时支付运杂费用为 6 000 元,使用银行转账进行支付。会计分录如下:

借:固定资产——办公用电脑 966 000
　　贷:银行存款 966 000

例 12-2 A 保险公司购入新型理赔设备,双方协议价格为 50 000 元,购入时发生运杂费为 500 元,安装费用为 1 000 元。会计分录如下:

(1) 支付价款、运杂费及安装费时

借:在建工程 51 500
　　贷:银行存款 51 500

(2) 安装完毕、交付使用时

借：固定资产——理赔设备　　　　　　　　　　　　　　　51 500
　　贷：在建工程　　　　　　　　　　　　　　　　　　　　51 500

（二）自行建造固定资产

1. 自行建造固定资产的成本

自行建造固定资产的成本，由建造该项资产达到预定可使用状态前所发生的全部必要支出构成，包括物资成本、人工成本、缴纳的相关税费、应分摊的间接费用，以及应予以资本化的借款利息支出。保险公司自行建造固定资产包括自营建造和出包建造两种方式：

(1) 采用自营方式建造固定资产。在自营方式下，保险公司自行组织工程物资采购、施工等全部过程。随着市场经济的发展和社会分工的深化，保险公司现在很少采用这种方式购建固定资产。购入工程物资时，保险公司应按照实际支付的买价、不能抵扣的增值税税额、运输费等相关费用的总额作为实际成本记入"工程物资"科目；建设期间，保险公司应将确认领用的物资、人工费等必要支出，记入"在建工程"科目；工程完工后，保险公司应将"在建工程"的余额作为固定资产的成本结转至"固定资产"科目。

(2) 采用出包方式建造固定资产。在出包方式下，保险公司通过招标方式将工程项目外包给建造承包商，由建造承包商负责组织项目的施工。保险公司使用"在建工程"科目核算支付给建筑承包商的全部工程价款，并于工程完工结算完毕后，将"在建工程"科目的余额作为固定资产的成本结转至"固定资产"科目。

2. 科目设置和账务处理

(1) 科目设置。为了核算自行建造的固定资产，保险公司应设置"工程物资""在建工程""固定资产"等科目。

"工程物资"科目用于核算企业为在建工程准备的各种物资的成本，包括工程用材料、尚未安装的设备以及为生产准备的工器具等，属于资产类科目，借方登记验收入库的工程物资的实际成本，贷方登记出库的工程物资的实际成本，期末余额在借方，反映企业为在建工程准备的各种物资的成本。该科目可以按照"专用材料""专用设备""工器具"等进行明细核算。

(2) 账务处理。在采用自营方式建造固定资产下，保险公司购入为工程准备的物资时，应按照全部买价和应计入工程物资成本的包装运杂费等，借记"工程物资"科目，贷记"银行存款"科目；领用工程物资时，保险公司应按照领用物资的实际成本，借记"在建工程"科目，贷记"工程物资"科目；对于在建工程应负担的职工薪酬和辅助生产部门提供的劳务，保险公司应借记"在建工程"科目，贷记"应付职工薪酬"科目或"生产成本——辅助生产成本"科目；对于在建工程发生的、满足资本化条件的借款费用，保险公司应借记"在建工程"科目，贷记"应付利息"科目；在建工程达到预定可使用状态时，保险公司应结转在建工程成本，借记"固定资产"科目，贷记"在建工程"科目，剩余的工程物资转作存货，借记"原材料"科目，贷记"工程物资"科目。

在采用出包方式建造固定资产下，对于发包的在建工程，保险公司应按照合理估计的发包工程进度和合同规定结算的进度款，借记"在建工程"科目，贷记"银行存款""应付账款"等科目;工程完成时,保险公司应按照合同规定补付的工程款,借记"在建工程"科目,贷记"银行存款"科目,然后将结转该工程对应的全部"在建工程"科目余额,贷记"在建工程"科目,借记"固定资产"科目。

3. 核算举例

例 12-3 A保险公司与某小区签订协议,在小区内修建了一间简易的办公室。由于工程较为简单,保险公司采用自营方式建造。为了该工程,保险公司购入了一批物资,共计6 000元,采用现金支付,材料验收入库,之后全部领用。保险公司雇用工人,共支付人工费用500元,后工程竣工并交付。会计分录如下:

(1) 购买物资时

借:工程物资　　　　　　　　　　　　　　　　　6 000
　　贷:库存现金　　　　　　　　　　　　　　　　　　6 000

(2) 领用物资时

借:在建工程　　　　　　　　　　　　　　　　　6 000
　　贷:工程物资　　　　　　　　　　　　　　　　　　6 000

(3) 雇用工人,支付工资时

借:在建工程　　　　　　　　　　　　　　　　　500
　　贷:库存现金　　　　　　　　　　　　　　　　　　500

(4) 工程竣工,结转在建工程余额

借:固定资产　　　　　　　　　　　　　　　　　6 500
　　贷:在建工程　　　　　　　　　　　　　　　　　　6 500

例 12-4 A保险公司经批准建造营业用房地产,工程采用出包方式,承包方为B公司,工期4个月,工程款预先支付1 000 000元。在第2个月末,工程进度达到50%,A保险公司预计应再向B公司支付工程款1 300 000元,但并未进行结算。第4个月末,工程结束,A保险公司支付工程款3 500 000元。会计分录如下:

(1) A保险公司支付预付款时

借:在建工程　　　　　　　　　　　　　　　　　1 000 000
　　贷:银行存款　　　　　　　　　　　　　　　　　　1 000 000

(2) 工程进度达到50%,A保险公司预计应付工程款时

借:在建工程　　　　　　　　　　　　　　　　　1 300 000
　　贷:应付账款——B公司　　　　　　　　　　　　　1 300 000

(3) 工程结束,A保险公司支付工程款时

借:在建工程　　　　　　　　　　　　　　　　　2 200 000
　　贷:银行存款　　　　　　　　　　　　　　　　　　2 200 000

借:应付账款——B公司　　　　　　　　　　　　　1 300 000
　　贷:银行存款　　　　　　　　　　　　　　　　　　1 300 000

(4) 固定资产交付使用时

借:固定资产　　　　　　　　　　　　　　　　　4 500 000
　　贷:在建工程　　　　　　　　　　　　　　　　　　4 500 000

（三）投资者投入固定资产

保险公司接受投资者投入的固定资产时，应按照双方协商确认的价值入账，一方面确认公司固定资产的增加，按照双方协定的固定资产的价格借记"固定资产"科目；另一方面确认公司实收资本的增加，按照投资方在企业注册资本中所占份额贷记"实收资本"科目；如果固定资产的价值大于投资方在企业注册资本中所占份额，其差额应贷记"资本公积"科目。

三、固定资产的折旧

（一）固定资产折旧概述

1. 固定资产折旧的性质

固定资产折旧源于会计核算的权责发生制原则。固定资产是企业经营所需使用的资产，因此可以将固定资产的价值理解为企业的一项成本费用。但是由于固定资产使用期限较长，且在使用期中不断将其价值直接或间接地转移到保险公司的产品中，这项成本费用就具有长期性，应该在其使用期间进行分摊。因此，保险公司在购置固定资产的当期，应将其确认为公司资产，并在其使用期内不断将其减少的价值确认为固定资产折旧，计入保险公司每一期的成本和费用。从本质上来讲，固定资产折旧就是固定资产不断消耗、不断由资产转移为费用的过程，固定资产账面价值等于固定资产的原值扣除累计折旧（同时还要扣除已计提的固定资产减值准备）。

2. 固定资产折旧的影响因素

固定资产折旧主要有以下三个影响因素：

（1）固定资产折旧的基数。固定资产折旧的基数一般为固定资产的原值，即固定资产的账面价值。

（2）固定资产的预计净残值。预计净残值是指假定固定资产预计使用寿命已满并处于使用寿命终了的预期状态时，保险公司从该项资产处置中可以获得的扣除预计处置费用后的净额。固定资产原值扣除其预计净残值后的金额为该固定资产的应计折旧额，是固定资产折旧的基础。

（3）固定资产的使用年限或工作总量。如果使用时间范畴对固定资产进行折旧，就要考虑固定资产的预计经济使用年限。另外，保险公司也可以考虑固定资产在整个寿命期内预计可以完成的总工作量，以此作为固定资产折旧的依据。

3. 固定资产折旧的计提

保险公司计提固定资产折旧时，应注意以下几点：

（1）保险公司应当对所有固定资产计提折旧，但是已提足折旧仍继续使用的固定资产和单独计价入账的土地除外。

（2）固定资产应该按月计提折旧。当月增加的固定资产，当月应该计提折旧；当月减少的固定资产，当月不再计提折旧。实务中，为简化折旧计算工作，固定资产折旧的计算一般以使用年度为单位，每月的折旧额为年折旧额的1/12。如果某项固定资产是在年中开始计提折旧的，则该年度各月的折旧额及下一年度前几个月的折旧额均按照固定资产在该使用年度的年折旧额的月平均数计算。

（3）固定资产提足折旧后，无论能否继续使用，均不再计提折旧；提前报废的固定资产也不再补提折旧。

（4）已达到预定可使用状态但尚未办理竣工决算的固定资产，保险公司应当按照估计价值确定其成本并计提折旧；待办理竣工决算后，再按实际成本调整原来的暂估价值，但不必调整原已计提的折旧额。

（5）保险公司应该至少在每一会计年度末，对固定资产的使用寿命、预计净残值和折旧方法进行复核。如果固定资产的使用寿命和预计净残值与估计数有差异，则应该及时调整；如果固定资产给公司带来经济利益的方式发生重大变化，则应该改变固定资产的折旧方法。

（二）固定资产折旧的计算方法

保险公司应根据固定资产的特点及固定资产带给企业经济利益的方式选择合理的折旧计算方法。固定资产折旧的计算方法分为直线折旧法和加速折旧法。

1. 直线折旧法

直线折旧法是指按照固定资产的使用年限或总的工作量将固定资产的应计折旧额（固定资产原值扣除预计净残值）平均分摊到每一会计期间。

年限平均法下折旧额的计算公式如下：

$$年折旧额 = \frac{固定资产原值 - 预计净残值}{预计使用年限}$$

$$月折旧额 = 年折旧额 \div 12$$

工作量平均法下折旧额的计算公式如下：

$$单位工作量折旧额 = (固定资产原值 - 预计净残值) \div 预计总工作量$$

$$某固定资产当月折旧额 = 该固定资产单位工作量折旧额 \times 当月工作量$$

直线折旧法主要适用于效能与资产新旧程度无关的固定资产。其中，年限平均法适用于各期间耗用情况基本一致的固定资产，而工作量平均法则适用于价值较高、各月工作量不很均衡的固定资产。

2. 加速折旧法

加速折旧法又称递减费用法，是指在固定资产的使用初期计提折旧较多而在后期计提折旧较少的方法，但是计提折旧的总额与直线法相同。较常使用的加速折旧法有双倍余额递减法和年数总和法。

（1）双倍余额递减法。双倍余额递减法是指在不考虑固定资产预计残值的情形下，根据每期期初固定资产原值减去累计折旧后的金额乘以双倍直线折旧率计算固定资产折旧的一种方法。其计算公式如下：

$$固定资产年折旧额 = 固定资产期初净值 \times \frac{2}{预计使用年限}$$

$$= (固定资产原值 - 累计折旧) \times \frac{2}{预计使用年限}$$

$$固定资产月折旧额 = 年折旧额 \div 12$$

使用双倍余额递减法需要注意，由于固定资产期初净值没有扣除预计净残值，所以在折旧期限的最后两年,应该将固定资产净值扣除预计残值后平均摊销。

(2) 年数总和法。年数总和法又称年限合计法,是指将固定资产的原值扣除预计净残值后的余额乘以一个以固定资产各年尚可使用寿命的年数和为分母、以该年尚可使用寿命的年数为分子的逐年递减的折旧率计算每年的折旧额。其计算公式如下:

$$固定资产年折旧额 = (固定资产原值 - 预计净残值) \times 年折旧率$$

$$= (固定资产原值 - 预计净残值) \times \frac{该年尚可使用寿命的年数}{各年尚可使用寿命的年数和}$$

$$固定资产月折旧额 = 年折旧额 \div 12$$

$$该年尚可使用寿命的年数 = 预计使用年数 - 已使用年数$$

$$各年尚可使用寿命的年数和 = 预计使用年数 \times \frac{预计使用年限 + 1}{2}$$

(三) 科目设置、账务处理及核算举例

1. 科目设置和账务处理

为了核算固定资产的折旧,保险公司应设置"累计折旧"科目及与固定资产用途相应的成本费用科目,如"业务及管理费""其他业务成本"。

"累计折旧"科目用于核算企业固定资产的累计折旧,属于资产类科目,是"固定资产"的备抵科目。其贷方登记固定资产计提的折旧,借方登记处置固定资产时结转的累计折旧,期末余额在贷方,反映企业固定资产的累计折旧额。该科目可以按照固定资产的类别或者项目进行明细核算。

保险公司每月计提固定资产折旧时,贷记"累计折旧"科目,按照固定资产的用途,相应借记"业务及管理费""其他业务成本"等科目。

2. 核算举例

例 12-5 A 保险公司新购置了一批办公设备,确认为固定资产,共计 500 000 元。预计使用期限为 5 年,预计净残值为 10 000 元。公司决定使用双倍余额递减法。

(1) 第 1 年折旧额为

$$固定资产年折旧额 = 固定资产期初净值 \times \frac{2}{预计使用年限}$$

$$= 500\,000 \times \frac{2}{5} = 200\,000(元)$$

因此,每个月的固定资产折旧为 16 667 元,会计分录如下:

借:业务及管理费　　　　　　　　　　　　　　　　　　　　16 667
　　贷:累计折旧　　　　　　　　　　　　　　　　　　　　　16 667

(2) 第 2 年折旧额为

$$固定资产年折旧额 = (500\,000 - 200\,000) \times \frac{2}{5} = 120\,000(元)$$

因此,每个月的固定资产折旧为 10 000 元,会计分录如下:

借:业务及管理费　　　　　　　　　　　　　　　　　　　　10 000
　　贷:累计折旧　　　　　　　　　　　　　　　　　　　　　10 000

(3) 第3年折旧额为

$$固定资产年折旧额 = (500\,000 - 200\,000 - 120\,000) \times \frac{2}{5} = 72\,000(元)$$

因此,每个月的固定资产折旧为6 000元,会计分录如下:

借:业务及管理费   6 000
 贷:累计折旧   6 000

(4) 第4年和第5年,将固定资产净值扣除预计残值后平均摊销,折旧额为

每年的固定资产折旧额 = (500 000 - 200 000 - 120 000 - 72 000 - 10 000) ÷ 2 = 49 000(元)

因此,每个月的固定资产折旧为4 083元,会计分录如下:

借:业务及管理费   4 083
 贷:累计折旧   4 083

例12-6 A保险公司购置一批理赔设备,确认为固定资产,共计200 000元。预计使用年限为10年,预计净残值为20 000元,公司确认采用直线折旧法。

$$该固定资产的年折旧额 = \frac{固定资产原值 - 预计净残值}{预计使用年限}$$

$$= (200\,000 - 20\,000) \div 10 = 18\,000(元)$$

因此,每个月的固定资产折旧为1 500元,会计分录如下:

借:业务及管理费   1 500
 贷:累计折旧   1 500

如果A公司在第5年年终复核预计使用年限和预计净残值时发现,由于理赔技术发展迅速,该理赔设备预计还能使用2年,预计净残值为10 000元。经调整后:

该固定资产剩余2年的年折旧额

$$= (200\,000 - 18\,000 \times 5 - 10\,000) \div 2 = 50\,000(元)$$

因此,每个月的固定资产折旧为4 167元,会计分录如下:

借:业务及管理费   4 167
 贷:累计折旧   4 167

四、固定资产的后续计量

(一) 固定资产的后续支出

1. 固定资产后续支出的费用化与资本化

固定资产的后续支出包括固定资产投入使用后发生的修理费用和更新改造支出费用。

为了保证固定资产的正常使用而进行必要修理维护的费用,一般并不产生未来的经济利益,所以不符合固定资产的确认条件,在发生时直接作为费用计入当期损益;而为了对原有固定资产进行改良或扩建而发生的后续支出,会提高固定资产的质量进而在未来带来经济利益,符合固定资产的确认条件,应作为固定资产入账并将其代替的资产的账面价值扣除。如果保险公司对所使用办公楼的安全设置、供暖设置、排水设置进行定期维护、修理并不会产生未来的经济价值,就属于应费用化的固定资产后续支出;而保险公

司对所使用办公楼进行内部装修改善办公环境或者对办公楼进行扩建,都提高了办公楼的价值,满足了资产确认的条件,就属于应资本化的固定资产后续支出。

2. 科目设置和账务处理

为了核算应费用化的固定资产后续支出,保险公司按照固定资产的用途应设置"业务及管理费""其他业务成本"等科目。在发生此类后续支出时,借记"业务及管理费"科目或"其他业务成本"科目,贷记"银行存款""库存现金"或"其他应付款"等科目。

为了核算应资本化的固定资产后续支出,保险公司应设置"在建工程"科目。此类后续支出发生时,保险公司应将固定资产的原价、已计提的累计折旧和减值准备转销,将固定资产的账面价值转入在建工程并停止计提折旧,发生的后续支出通过"在建工程"科目核算。其具体账务处理如下:更新改造开始时,保险公司应按照固定资产原值,贷记"固定资产"科目;按照"累计折旧"科目的余额,借记"累计折旧"科目;按照固定资产减值准备的余额,借记"固定资产减值准备";按照固定资产的账面价值,借记"在建工程"科目。后续支出的核算方法与取得固定资产时一致,通常对于非自营的改建,保险公司应按照发生后续支出的实际金额,借记"在建工程"科目,贷记"银行存款""库存现金"或"其他应付款"等科目;在固定资产改建完工并达到预定可使用状态时,保险公司应按照"在建工程"科目的借方余额,贷记"在建工程"科目,借记"固定资产"科目,并重新确定使用寿命、预计净残值和折旧的计算方法。

3. 核算举例

例 12-7 A 保险公司本月进行了自有办公楼取暖设施的维修,发生固定资产修理费用为 12 000 元,银行转账支付。会计分录如下:

借:业务及管理费　　　　　　　　　　　　　　　　　　12 000
　　贷:银行存款　　　　　　　　　　　　　　　　　　　　12 000

例 12-8 A 保险公司本月对自有办公楼进行了大规模改建,以提高办公楼容纳办公人员的总量,其支出应进行资本化。该自有办公楼原值为 50 000 000 元,已计提累计折旧为 30 000 000 元,该次改建花费为 10 000 000 元。会计分录如下:

(1) 将固定资产转入在建工程

借:在建工程　　　　　　　　　　　　　　　　　　　20 000 000
　　累计折旧——自有办公楼　　　　　　　　　　　　30 000 000
　　贷:固定资产——自有办公楼　　　　　　　　　　　　50 000 000

(2) 改建支出,以银行转账支付

借:在建工程　　　　　　　　　　　　　　　　　　　10 000 000
　　贷:银行存款　　　　　　　　　　　　　　　　　　　10 000 000

(3) 改建结束,达到预定可使用状态,确认固定资产

借:固定资产——自有办公楼　　　　　　　　　　　　30 000 000
　　贷:在建工程　　　　　　　　　　　　　　　　　　　30 000 000

(二) 固定资产的减值

1. 固定资产减值的确定

保险公司应当定期对固定资产进行减值测试,至少每年度末一次。当固定资产的可

收回金额低于固定资产的账面价值时,则应对固定资产计提减值准备。其中,固定资产账面价值等于固定资产原值扣除累计折旧和已计提的固定资产减值准备,固定资产可收回金额等于固定资产公允价值减去处置费用后的净额与固定资产预计未来现金流量现值两者之间的较高者。减值准备的提取金额为固定资产可收回金额与其账面价值的差额,保险公司应确定固定资产的减少(通过固定资产备抵科目"固定资产减值准备"反映)及资产减值损失费用(通过损益类科目"资产减值损失"反映),计入当期损益。

固定资产减值损失一经确认,保险公司应该对未来各期折旧费用进行相应的调整,使该固定资产在剩余使用寿命内合理地分摊折旧费用。同时,固定资产减值损失一经确认,在其后的会计期间内,不论是否有证据表明其减值得以恢复,均不得将已计提的减值准备予以冲回。

2. 科目设置和账务处理

为了核算固定资产的减值,保险公司应设置"资产减值损失""固定资产减值准备"科目。

"资产减值损失"科目用于核算企业计提的各项资产减值准备所形成的损失,是损益类科目,借方登记各项资产的减值损失,贷方登记减值损失的恢复,期末将该科目余额结转至"本年利润"科目。该科目可按资产减值损失项目进行明细核算。

"固定资产减值准备"科目用于核算固定资产的减值准备,属于资产类科目,是"固定资产"科目的备抵科目。其贷方登记固定资产发生的减值,借方登记处置固定资产时减值准备的转回,期末余额在贷方,反映企业已计提但尚未转销的固定资产减值准备。该科目可以按照固定资产项目设置明细科目。

当确认发生固定资产减值时,应按照固定资产减值的金额,借记"资产减值损失"科目,贷记"固定资产减值准备"科目;当出售发生过减值的固定资产时,应借记"固定资产减值准备"科目,贷记"固定资产清理"科目。

3. 核算举例

例 12-9 A保险公司有办公设备一批,原值为 500 000 元,已计提累计折旧为 270 000 元。期末进行减值测试,该批办公设备的公允价值为 200 000 元,处置费用为 10 000 元,经估计其预计未来现金流量现值为 220 000 元。

该批办公设备的可收回金额=Max{200 000−10 000, 220 000}=220 000(元)

该批办公设备的账面价值=500 000−270 000=230 000(元)

应计提固定资产减值准备 10 000 元,会计分录如下:

借:资产减值损失   10 000
  贷:固定资产减值准备——办公设备   10 000

(三) 固定资产的处置

1. 固定资产终止确认和清理

固定资产在满足以下条件之一时,应当予以终止确认:

(1) 固定资产处于处置状态。固定资产处置是指固定资产退出企业生产经营的过程,包括固定资产的出售、转让、报废、对外投资等。处于处置状态的固定资产应该予以终止确认。

(2) 固定资产预期通过使用或处置不能产生经济利益。如果一项固定资产预期通过使用或处置都不能产生经济利益，那么就不再符合固定资产的确认条件，应该终止确认。

固定资产终止确认的同时，保险公司应对固定资产进行清理。固定资产清理所发生的一切收益和费用，作为固定资产清理的净盈利或损失计入当期损益。

2. 科目设置和账务处理

(1) 科目设置。为了核算固定资产的处置清理情况，保险公司应设置"固定资产清理"科目。

"固定资产清理"科目用于核算企业因出售、报废、毁损、对外投资、非货币性资产交换、债务重组等转出的固定资产以及在清理过程中发生的费用，属于资产类科目。其借方登记清理过程中发生的各项费用，包括转入清理过程的固定资产的账面价值、清理过程中发生的清理费用及销售不动产等缴纳的税金；贷方登记清理过程中发生的各项收入，包括转让收入、残料收入及应向有关责任者收取的赔款等。该科目贷方发生额大于借方发生额的差额，为清理过程中发生的净收益，作为营业外收入从该科目转出；反之，则作为营业外支出从该科目转出。该科目期末借方余额，反映企业尚未清理完毕的固定资产清理净损失；反之，贷方余额为净收益。该科目可以按照被清理固定资产项目进行明细核算。

(2) 账务处理。固定资产清理的财务处理如下：

首先，保险公司应将固定资产的账面价值转入固定资产清理。按照固定资产原值，贷记"固定资产"科目；按照"累计折旧"科目的余额，借记"累计折旧"科目；按照固定资产减值准备的余额，借记"固定资产减值准备"；按照固定资产的账面价值，借记"固定资产清理"科目。

其次，保险公司应按照发生的实际清理费用，借记"固定资产清理"科目，贷记"银行存款"等科目；按照出售固定资产或固定资产残料的实际价款，借记"银行存款"等科目，贷记"固定资产清理"科目。

最后，转出固定资产清理的净损益。固定资产清理后的净损失，如果属于生产经营期间的正常损失，则保险公司应借记"营业外支出——处置非流动资产损失"科目，贷记"固定资产清理"科目；如果属于自然灾害等非正常原因造成的，则保险公司应借记"营业外支出——非常损失"科目，贷记"固定资产清理"科目。固定资产清理后的净收益，如果是固定资产的出售、报废或毁损产生的，则保险公司应借记"固定资产清理"科目，贷记"营业外收入"科目。

如果转出固定资产是为了对外投资，则保险公司应按照固定资产原值，贷记"固定资产"科目；按照"累计折旧"科目的余额，借记"累计折旧"科目；按照固定资产减值准备的余额，借记"固定资产减值准备"；按照固定资产的账面价值，借记"长期股权投资"科目。

3. 核算举例

例 12-10 A保险公司更新办公设备，同时将原有办公设备出售。这批原有办公设备的原值为600 000元，已计提累计折旧为250 000元，已计提固定资产减值准备为200 000元。出售过程中，发生搬运费用为3 000元，现金支付，出售的实际价款为100 000元。会计分录如下：

（1）固定资产的账面价值转入固定资产清理

借：固定资产清理　　　　　　　　　　　　　　　　　　　　　　150 000
　　累计折旧——办公设备　　　　　　　　　　　　　　　　　　250 000
　　固定资产减值损失——办公设备　　　　　　　　　　　　　　200 000
　　贷：固定资产——办公设备　　　　　　　　　　　　　　　　　　600 000

（2）搬运费用及出售收入

借：固定资产清理　　　　　　　　　　　　　　　　　　　　　　3 000
　　贷：库存现金　　　　　　　　　　　　　　　　　　　　　　　　3 000
借：银行存款　　　　　　　　　　　　　　　　　　　　　　　　100 000
　　贷：固定资产清理　　　　　　　　　　　　　　　　　　　　　100 000

（3）转出固定资产清理净损失

借：营业外支出——处置非流动资产损失　　　　　　　　　　　　53 000
　　贷：固定资产清理　　　　　　　　　　　　　　　　　　　　　53 000

例 12-11　A 保险公司使用某办公楼进行对外投资，投资时该办公楼的原值为 80 000 000 元，已经计提的累计折旧为 20 000 000 元。获得 B 公司 45% 的股权，账面价值为 70 000 000 元，A 保险公司累计支付手续费、审计费、法律费为 700 000 元。A 保险公司的会计分录如下：

借：长期股权投资——投资成本　　　　　　　　　　　　　　　　70 000 000
　　累计折旧——办公楼　　　　　　　　　　　　　　　　　　　　20 000 000
　　贷：固定资产——办公楼　　　　　　　　　　　　　　　　　　　80 000 000
　　　　资本公积　　　　　　　　　　　　　　　　　　　　　　　　10 000 000
借：业务及管理费　　　　　　　　　　　　　　　　　　　　　　700 000
　　贷：银行存款　　　　　　　　　　　　　　　　　　　　　　　　700 000

第二节　无形资产的核算

一、无形资产概述

（一）无形资产的概念、特点与种类

无形资产是指企业拥有或者控制的、没有实物形态的可辨认非货币性资产，能够在较长时间内为企业提供经济利益，企业持有无形资产的目的是使用而不是出售。无形资产通常具有以下特点：

（1）无形资产没有实物形态。这一特点主要是相对于固定资产等具有实物形态的资产而言的。某些无形资产依赖于实物载体（如计算机软件须存储在磁盘上），则应根据载体和无形资产的相对重要性判断该资产是有形资产还是无形资产。

（2）无形资产具有可辨认性。可辨认性是指该资产能够从企业中分离或者划分出来，并能单独或者与相关合同、资产或负债一起用于出售、转移、授予许可、租赁或者交换。这一特点主要是针对不可辨认的商誉而言的。商誉是指保险公司自创的品牌信誉等，不能从企业中划分出来，不属于无形资产，只有在企业合并时才会形成。

(3) 无形资产属于非货币性资产。非货币性资产是指企业持有的货币资金和以固定或可确定金额获取的资产以外的其他资产。由于无形资产的交易市场不发达,无法准确用货币价格度量价值,也无法准确计量在无形资产持有过程中为企业带来的经济利益,因此无形资产属于非货币性资产。

按照经济内容,可以将无形资产分为专利权、非专利技术、商标权、著作权、土地使用权和特许权等。其中,非专利技术是指发明者未申请专利或不够申请专利条件而未经公开的先进技术,包括先进的生产经验、技术资料等。一般情况下,保险公司持有的无形资产主要包括专利权、非专利技术、土地使用权、内部信息管理系统等。

(二) 无形资产的确认和计价

无形资产同时满足以下条件的才能予以确认:
(1) 与该无形资产有关的经济利益很可能流入企业;
(2) 该无形资产的成本能够可靠计量。

保险公司拥有的无形资产通常按照历史成本进行计量,当某项具有无形资产特性的资产项目所产生的经济利益很可能流入保险公司,并且资产成本能够可靠计量时,就按照取得无形资产所发生的实际成本确认入账。

二、无形资产的取得

(一) 外购无形资产、投资者投入的无形资产

1. 科目设置和账务处理

为了核算外购的无形资产、接受投资者投入的无形资产,保险公司应设置"无形资产"科目。"无形资产"科目用于核算企业持有的无形资产成本,属于资产类科目,借方登记无形资产成本的增加,贷方登记无形资产的处置,期末余额在借方,反映企业无形资产的成本。该科目可以按无形资产项目进行明细核算。

对于外购的无形资产,保险公司应按照其购买价格、相关税费,以及直接归属于使该项资产达到预定用途所发生的其他支出,借记"无形资产"科目,贷记"银行存款"科目。对于一些非必要的经营活动支出以及无形资产达到预定用途之后的支出,则不应作为无形资产的成本予以确认。如果购买无形资产的价款超过正常信用条件延期支付、实质上具有融资性质的,保险公司应按照购买价款的现值借记"无形资产"科目,按照实际支付款的金额贷记"长期应付款"科目,同时按照实际支付款与购买价款现值的差额借记"未确认融资费用"科目。

保险公司接受投资者投入的无形资产时,一方面应确认公司无形资产的增加,按照双方协定的价格借记"无形资产"科目;另一方面应确认公司实收资本的增加,按照投资方在企业注册资本所占份额贷记"实收资本"科目。如果固定资产的价值大于投资方在企业注册资本所占份额,其差额应贷记"资本公积"科目。

2. 核算举例

例 12-12 A 保险公司购入一套内部信息管理系统,共支付买价 400 000 元,使用银行转账支付。会计分录如下:

借:无形资产——内部信息管理系统　　　　　　　　　　400 000
　　贷:银行存款　　　　　　　　　　　　　　　　　　　　400 000

(二) 自行研发的无形资产

1. 自行研发支出的费用化与资本化

保险公司自行研发的无形资产,应当区分研究阶段与开发阶段的支出。研究阶段是指为获取新的技术和知识等进行的有计划的调查、研究活动,如保险公司为了优化内部信息系统而做的调查研究活动。开发阶段是指在进行商业性生产或者使用前,将研究成果或其他知识应用于某项计划或设计,以生产出新的或具有实质性改进的材料、装置、产品等,如保险公司组织人员根据业务经验对理赔信息系统进行完善。

由于研究阶段的支出将来能否转入开发并最终形成无形资产具有很大的不确定性,因此保险公司应将研究阶段的支出予以费用化,计入当期损益。相比之下,开发阶段的支出在很大程度上能够在未来转入无形资产,在满足以下要求后,保险公司应予以资本化并最终进入无形资产。

(1) 完成该无形资产以使其能够使用或出售在技术上具有可行性;
(2) 具有完成该无形资产并使用或出售的意图;
(3) 无形资产能够产生经济利益(包括能够证明运用该无形资产生产的产品存在市场或无形资产自身存在市场),无形资产将在内部使用的,应当证明其有用性;
(4) 有足够的技术、财务资源和其他资源支持,以完成该无形资产的开发,并有能力使用或出售该无形资产;
(5) 归属于该无形资产开发阶段的支出能够可靠计量。

2. 科目设置和账务处理

为了对自行研发的无形资产进行核算,保险公司应设置"研发支出"科目。该科目属于成本类科目,借方登记企业自行开发无形资产的研发支出,贷方登记转入费用和无形资产的研发支出,期末将满足费用化条件的研发支出转出并确认为费用,期末余额在借方,反映企业正在进行的无形资产研究开发项目满足资本化条件的支出。该科目可以按研究开发项目,分别设"费用化支出""资本化支出"明细科目。

保险公司发生研发支出时,应按照费用化支出或资本化支出,分别借记"研发支出——费用化支出"科目和"研发支出——资本化支出"科目,同时贷记"银行存款"等科目;在每期期末,保险公司应将所有费用化支出按照其用途,借记"业务及管理费"等科目,贷记"研发支出——费用化支出"科目;无形资产达到预定可使用状态予以确认时,保险公司应按照资本化支出的全部余额,借记"无形资产"科目,贷记"研发支出——资本化支出"科目。

3. 核算举例

例 12-13 A 保险公司准备自行研制开发一套内部信息管理体统。在研究阶段,保险公司组织各部门人员对本公司及国际先进实践展开调研,共花费各项调研费用为 50 000 元,调研人员的薪酬为 80 000 元。在开发阶段,保险公司聘请外部 B 软件公司设计程序并进行测试,共支付 B 公司费用为 600 000 元。会计分录如下:

(1) 研究阶段

借:研发支出——费用化支出	130 000	
贷:银行存款		50 000
应付职工薪酬		80 000

（2）开发阶段

借：研发支出——资本化支出　　　　　　　　　　　　600 000
　　贷：银行存款　　　　　　　　　　　　　　　　　　　　600 000

（3）期末结算费用化支出

借：业务及管理费　　　　　　　　　　　　　　　　　130 000
　　贷：研发支出——费用化支出　　　　　　　　　　　　　130 000

（4）内部信息管理系统开始使用，确认无形资产

借：无形资产——内部信息管理系统　　　　　　　　　600 000
　　贷：研发支出——资本化支出　　　　　　　　　　　　　600 000

（三）土地使用权

保险公司取得的土地使用权，除作为投资性房地产的土地使用权外，通常应确认为无形资产。土地使用权用于建造自用建筑物时，土地使用权的账面价值不与建筑物合并计算成本，仍作为无形资产进行核算，两者分别摊销和折旧。外购的房屋建筑物，实际支付的价款中包括土地及建筑物的价值，保险公司应当将支付的价款在两者之间进行合理分配；确实无法分配的，则全部作为固定资产核算。

三、无形资产的摊销

通常，无形资产是有一定的使用期限的，与固定资产的折旧一样，它的价值也应该在其使用期限内进行分摊，即无形资产的摊销。无形资产的账面价值等于无形资产的原值扣除累计摊销及已提取的无形资产减值准备。对于使用寿命无法确定的无形资产，在持有期内不必进行摊销，只在每个会计期间进行减值测试。

类似固定资产折旧，无形资产应该以该项资产为企业提供经济利益的方式为依据，估计使用年限和使用后的净残值，采用年限平均法、工作量平均法、双倍余额递减法或年数总和法进行摊销；无法确定提供经济利益方式的，按照年限平均法摊销。需要注意的是，大部分无形资产的预计净残值均为零，除非有第三方承诺在无形资产使用寿命结束时购买该资产；或者可以根据活跃市场得到预计残值信息，并且该市场在无形资产使用寿命结束时很可能存在。

为了核算无形资产的摊销，保险公司应设置"累计摊销"科目。该科目与"累计折旧"科目类似，属于资产类科目，是"无形资产"的备抵科目，贷方登记计提的无形资产摊销金额，借方登记结转的累计摊销金额，期末贷方余额反映无形资产的累计摊销。该科目应按照无形资产项目进行明细核算。保险公司每月计提无形资产摊销时，应贷记"累计摊销"科目，按照无形资产用途相应借记"业务及管理费""其他业务成本"等科目。

例 12-14　承例 12-13，经 A 保险公司估计，该内部信息管理系统的使用寿命为 5 年，预计净残值为 0，采用年限平均法进行摊销。每年摊销的会计分录如下：

借：业务及管理费　　　　　　　　　　　　　　　　　120 000
　　贷：累计摊销——内部信息管理系统　　　　　　　　　　120 000

四、无形资产的后续计量

(一) 无形资产的减值

与固定资产一样,无形资产也存在减值问题。保险公司应该定期对无形资产的账面价值进行减值测试,至少每年年末一次。如果无形资产可收回金额低于其账面价值,说明无形资产发生了减值,应计提无形资产减值准备。无形资产减值一经确认,在以后会计期间内不得转回。提取减值准备后,保险公司应对以后各期摊销金额进行相应的调整。

保险公司应设置"无形资产减值准备""资产减值损失"科目。"无形资产减值准备"科目用于核算无形资产的减值准备,属于资产类科目,贷方登记确认的无形资产减值的金额,借方登记转销的无形资产减值的金额,期末余额在贷方,反映企业已计提但尚未转销的无形资产减值准备。该科目应按照无形资产项目进行明细核算。

无形资产减值的账务处理如下:发生无形资产减值时,保险公司应借记"资产减值损失"科目,贷记"无形资产减值准备"科目;期末将"资产减值损失"科目余额结转至"本年利润"科目;处置无形资产时,保险公司应冲回已提取的无形资产减值准备。

(二) 无形资产的处置

无形资产的处置包括无形资产的出售、报废等。处置无形资产时,应当予以转销并终止确认。与固定资产不同,无形资产处置的核算不设置类似于"固定资产清理"的科目,而是直接按照无形资产的原始价值,贷记"无形资产"科目;按照无形资产的累计摊销,借记"累计摊销"科目;按照无形资产的减值准备,借记"无形资产减值准备"科目;按照出售无形资产的实际价款(报废的无形资产没有处置收入),借记"银行存款"等科目;最后按照差额,借记"营业外支出"科目或者贷记"营业外收入"科目。

例 12-15 承例 12-14,在内部信息管理系统使用的第 3 年年末,A 保险公司进行减值测试。该内部信息管理系统的可收回金额为 150 000 元。由于该信息管理系统的账面价值为 240 000 元(600 000－120 000×3),应计提减值准备为 90 000 元。第 4 年年末,A 保险公司不再使用该信息管理系统,废弃后没有残值。会计分录如下:

(1) 第 3 年年末提取无形资产减值准备

借:资产减值损失	90 000
贷:无形资产减值准备——内部信息管理系统	90 000

(2) 第 4 年年末调整每年的摊销金额为 75 000 元(150 000÷2),计提摊销金额

借:业务及管理费	75 000
贷:累计摊销——内部信息管理系统	75 000

(3) 处置信息管理系统

借:累计摊销——内部信息系统	435 000
无形资产减值准备——内部信息管理系统	90 000
营业外支出	75 000
贷:无形资产——内部信息管理系统	600 000

第三节　长期待摊费用的核算

保险公司的其他长期资产主要是长期待摊费用。

一、长期待摊费用的内容和性质

长期待摊费用是指保险公司当期发生的、应该在一年以上期间摊销的支出。本质上,长期待摊费用是一种已经预付的费用,并不属于资产的范畴,但是这种费用金额较大,须跨年摊销,因此也作为一种长期资产进行核算。

长期待摊费用主要包括开办费、经营租入固定资产改良支出等。开办费是指保险公司在筹建期间发生的费用,包括筹建期间的人员工资、办公费、培训费、差旅费、印刷费、注册费等,以及不计入固定资产和无形资产构建成本的汇兑损益、利息支出等,但不包括为取得各项固定资产、无形资产等所发生的费用。经营租入固定资产改良支出是指能增强以经营租赁方式租入的固定资产的效用或延长其使用寿命的改装、翻修和改建支出。

二、长期待摊费用的核算

为了核算长期待摊费用,保险公司应设置"长期待摊费用"科目。该科目属于资产类科目,借方登记保险公司发生的各项长期待摊费用,贷方登记长期待摊费用的摊销金额,期末余额在借方,反映公司尚未摊销完毕的长期待摊费用。该科目可按照费用项目进行明细核算。

当发生开办费或经营租入固定资产改良支出时,保险公司应按照实际的支出金额,借记"长期待摊费用"科目,贷记"银行存款"等科目;开办费在经营开始之日一次性摊销的,保险公司应按照开办费用的金额,贷记"长期待摊费用"科目,借记"业务及管理费"科目;对经营租入固定资产改良支出摊销时,保险公司应按照每期摊销的金额贷记"长期待摊费用"科目,借记"业务及管理费"科目。

例 12-16　A 保险公司开办之前共发生开办费为 100 000 元,在开始营业之日一次性摊销。会计分录如下:

(1) 发生开办费用

借:长期待摊费用　　　　　　　　　　　　　　　　　　　100 000
　　贷:银行存款　　　　　　　　　　　　　　　　　　　　　　100 000

(2) 一次性摊销

借:业务及管理费　　　　　　　　　　　　　　　　　　　100 000
　　贷:长期待摊费用　　　　　　　　　　　　　　　　　　　　100 000

关键词

固定资产　固定资产折旧　无形资产　摊销　长期待摊费用

本章小结

1. 固定资产是指使用年限较长、单位价值较高、能够在若干个生产经营周期中发挥作用并保持原有实物形态的资产。在使用过程中，固定资产价值的损耗以折旧的形式转移到当期成本费用中。

2. 无形资产是指企业拥有或者控制的、没有实物形态的可辨认非货币性资产，能够在较长时间内为企业提供经济利益，企业持有无形资产的目的是使用而不是出售。企业在使用无形资产的过程中应按照相应方法进行摊销。

3. 长期待摊费用是指当期发生的、应该在一年以上期间摊销的支出。

思考与练习

1. 固定资产取得时的入账价值是如何计量的？
2. 固定资产的折旧方法有哪些？各有什么区别？
3. 什么条件下的固定资产后续支出可以资本化？
4. 自行开发的无形资产的成本是如何计量的？
5. 如何计提无形资产减值？
6. 长期待摊费用包括哪些？如何核算？

第十三章　　投资性房地产

▌本章概要▌

本章主要介绍投资性房地产的种类、计量和处置。投资性房地产主要包括已出租的土地使用权、持有并准备增值后转让的土地使用权和已出租的建筑物。在学习本章时，还应关注《企业会计准则第 3 号——投资性房地产》及相关的指南和解释。

延伸阅读
投资性房地产准则

▌学习目标▌

1. 了解投资性房地产的概念和种类
2. 掌握投资性房地产的初始计量的核算
3. 掌握成本模式计量与公允价值模式计量
4. 掌握投资性房地产的转换及处置

第一节　投资性房地产概述

一、投资性房地产的概念和种类

投资性房地产是指为赚取租金或资本增值或两者兼有而持有的房地产。投资性房地产应当能够单独计量和出售。

投资性房地产主要包括已出租的土地使用权、持有并准备增值后转让的土地使用权和已出租的建筑物。已出租的土地使用权是指企业通过出让或转让方式取得并以经营租赁方式出租的土地所有权；持有并准备增值后转让的土地使用权是指企业取得并准备增值后转让的土地使用权，其中闲置土地不属于持有并准备增值后转让的土地所有权；已出租的建筑物是指企业拥有产权并以经营租赁方式出租的建筑物；对于企业明确表明将用于经营租赁且短期内持有意图不变的空置建筑物或在建建筑物，也应该视为投资性房地产。

投资性房地产不包括自用房地产和作为存货的房地产（针对房地产开发企业）。

二、保险公司持有投资性房地产的相关规定

保险公司持有投资性房地产，一方面可以增加持续而稳定的现金流来源，另一方面可以储备具有持续增值能力的中长期资产。近年来，投资性房地产对保险公司已经越来越重要，其海外房地产投资也呈现爆发式的增长。

保险公司持有投资性房地产的相关规定如下：

(1) 保险集团(控股)公司、保险公司不得直接从事房地产开发建设,不得投资开发或者销售商业住宅。

(2) 保险资金投资的不动产,应当产权清晰、无权属争议,相应权证齐全且合法有效；地处直辖市、省会城市或者计划单列市等具有明显区位优势的城市；管理权属相对集中,能够满足保险资产配置和风险控制要求。

(3) 保险公司在海外直接投资的不动产,应位于中国保监会规定的发达市场主要城市的核心地段,且具有稳定收益的成熟商业不动产和办公不动产。

(4) 保险公司投资非自用性不动产、基础设施债权投资计划及不动产相关金融产品,可以自主确定投资标的,账面余额合计不高于本公司上季末总资产的20%。其中,投资非自用性不动产的账面余额不高于本公司上季末总资产的15%；投资基础设施债权投资计划和不动产相关金融产品的账面余额合计不高于本公司上季末总资产的20%。

(5) 保险公司投资同一基础设施债权投资计划或者不动产投资计划的账面余额不高于该计划发行规模的50%,投资其他不动产相关金融产品的账面余额不高于该产品发行规模的20%。保险集团(控股)公司及其保险子公司,投资同一基础设施债权投资计划或者不动产相关金融产品的账面余额合计不高于该计划(产品)发行规模的60%,保险公司及其投资控股的保险机构比照执行。

三、投资性房地产的计量模式

(一) 成本模式和公允价值模式

投资性房地产有两种计量方式:成本模式和公允价值模式。

成本模式是指以资产取得时的成本作为资产账面价值的基础,按照资产取得成本扣除占有该项资产期间所提取的累计折旧、累计摊销和减值准备后的余额作为该项资产的账面价值的计量模式。成本模式一般情况下不考虑取得该项资产后其价值的变动,除非该项资产价值发生较大变化须提取资产减值准备。固定资产、无形资产都使用成本模式核算。

公允价值模式是指以资产的公允价值作为资产账面价值的基础,在取得该项资产后随该项资产公允价值的变动对其账面价值做出相应调整的计量模式。

(二) 计量模式的选择和变更

根据投资性房地产准则的规定,保险公司取得投资性房地产时,无论是外购还是自行建造,都应当按照成本模式进行初始确认和计量；在后续计量时,通常采用成本模式,当满足以下条件时也可以选择采用公允价值模式：

(1) 投资性房地产所在地有活跃的房地产交易市场；

(2) 企业能够从房地产交易市场上取得同类或类似房地产的市场价格及其他相关信息,从而对投资性房地产的公允价值做出合理的估计。

同一保险公司只能使用一种模式对所有投资性房地产进行后续核算,核算方式一经确定,不得随意改变。使用成本模式计量的保险公司可以根据相关规定改为使用公允价值模式计量,但使用公允价值模式计量后不得改回成本模式。

第二节　投资性房地产的确认与初始计量

一、投资性房地产概述及科目设置

保险公司取得投资性房地产时,应按照成本模式进行初始计量,依据取得该项投资性房地产的全部成本进行初始确认。其取得成本的确认条件、计量方法与固定资产或无形资产相同。

为了核算投资性房地产,保险公司应设置"投资性房地产"科目。该科目属于资产类科目,成本模式和公允价值模式的核算均通过这一科目核算。

采用成本模式时,借方登记取得投资性房地产的成本,贷方登记处置时转出的投资性房地产的成本,期末余额在借方,反映保险公司拥有的投资性房地产的价值。该科目应按照投资性房地产类别和项目进行明细核算。

采用公允价值模式时,借方登记取得的投资性房地产的成本和拥有的投资性房地产公允价值变动的收益,贷方登记拥有的投资性房地产公允价值变动的损失及处置时转出的投资性房地产的成本,期末余额在借方,反映保险公司拥有的投资性房地产的价值。该科目应按照投资性房地产类别和项目分别设置"成本""公允价值变动"进行明细核算。

二、账务处理及核算举例

(一)外购投资性房地产的账务处理及核算举例

外购投资性房地产应按照取得时的实际成本进行初始计量,包括购买价款、相关税费和可直接归属于该资产的其他支出。对于用途不单一的外购房地产(比如部分用于自用、部分用于出租或资本增值),则应按照用途对不同部分分别单独确认,将成本按照不同部分的公允价值占公允价值总额的比例在不同部分之间进行分配。

在成本模式下,保险公司应按照取得外购投资性房地产的实际成本,借记"投资性房地产"科目,贷记"银行存款"等科目。在公允价值模式下,保险公司应按照取得外购投资性房地产的实际成本,借记"投资性房地产——成本"科目,贷记"银行存款"等科目。

例 13-1　2017 年,A 保险公司购买一处房地产准备用于对外出租,共支付价款为 24 000 000 元。会计分录如下:

(1)成本模式下

借:投资性房地产　　　　　　　　　　　　　　　　　　24 000 000
　　贷:银行存款　　　　　　　　　　　　　　　　　　　　24 000 000

(2)公允价值模式下

借:投资性房地产——成本　　　　　　　　　　　　　　24 000 000
　　贷:银行存款　　　　　　　　　　　　　　　　　　　　24 000 000

(二)自行建造投资性房地产的财务处理及核算举例

自行建造投资性房地产的成本,由建造该项资产达到预定可使用状态前所发生的必要支出构成,包括土地开发费、建筑成本、安装成本、应予以资本化的借款费用等。

在成本模式下,保险公司应按照应当计入投资性房地产成本的金额,借记"投资性房地产"科目,贷记"银行存款""在建工程"等科目。在公允价值模式下,保险公司应按照应当计入投资性房地产成本的金额,借记"投资性房地产——成本"科目,贷记"银行存款""在建工程"等科目。

第三节　投资性房地产的后续计量

一、采用成本模式进行后续计量

在成本模式下,保险公司应该比照固定资产和无形资产,对确认为投资性房地产的建筑物计提折旧,对土地使用权进行摊销,并设置"投资性房地产累计折旧"和"投资性房地产累计摊销"科目进行核算。对于保险公司而言,投资性房地产属于其他业务,所以计提的折旧和摊销应记入"其他业务成本"科目,进而记入"本年利润"科目。每期计提折旧或摊销时,保险公司应借记"其他业务成本"科目,贷记"投资性房地产累计折旧"或"投资性房地产累计摊销"科目。

保险公司应定期对投资性房地产进行减值测试,如果投资性房地产出现减值迹象、须计提减值准备的,则借记"资产减值损失"科目,贷记"投资性房地产减值准备"科目,已经计提的减值准备不得转回。

例 13-2　B 保险公司于 2014 年 1 月 1 日将一栋写字楼出租给 C 公司,确认为投资性房地产。B 保险公司对投资性房地产采用成本模式进行后续计量。假设该写字楼的成本为 60 000 000 元,使用寿命为 20 年,预计无残值,采用年限平均法计提折旧。2016 年 12 月 31 日对该写字楼进行减值测试,确认减值损失为 8 000 000 元。会计分录如下:

(1) 2014 年、2015 年和 2016 年每月底计提折旧

每月计提折旧额 = 60 000 000 ÷ 20 ÷ 12 = 250 000(元)

借:其他业务成本　　　　　　　　　　　　　　　　　250 000
　　贷:投资性房地产累计折旧　　　　　　　　　　　　　250 000

(2) 2016 年 12 月 31 日确认减值损失

借:资产减值损失　　　　　　　　　　　　　　　　 8 000 000
　　贷:投资性房地产减值准备　　　　　　　　　　　　 8 000 000

二、采用公允价值模式进行后续计量

在公允价值模式下,投资性房地产的核算类似于交易性金融资产,保险公司不必计提折旧或进行摊销,而在每个资产负债表日以其公允价值为基础调整其账面价值,并将差额计入当期损益。

保险公司应设置"投资性房地产——公允价值变动"和"公允价值变动损益"科目。如果投资性房地产升值,则保险公司应按照公允价值与账面原值的差额,借记"投资性房地产——公允价值变动"科目,贷记"公允价值变动损益"科目;如果投资性房地产贬值,则保险公司应按照公允价值与账面原值的差额,借记"公允价值变动损益"科目,贷记"投资性房地产——公允价值变动"科目,再将"公允价值变动损益"科目余额结转至"本年利润"科目。

例 13-3 D保险公司于2015年6月15日购入一栋写字楼用于经营租赁,总共支付价款为80 000 000元。D保险公司对投资性房地产采用公允价值模式计量。2015年12月31日,该写字楼的公允价值为92 000 000元;2016年12月31日,该写字楼的公允价值为89 000 000元。会计分录如下:

(1) 2015年6月15日购入投资性房地产

借:投资性房地产——成本   80 000 000
　　贷:银行存款   80 000 000

(2) 2015年12月31日

借:投资性房地产——公允价值变动   12 000 000
　　贷:公允价值变动损益   12 000 000

(3) 2016年12月31日

借:公允价值变动损益   3 000 000
　　贷:投资性房地产——公允价值变动   3 000 000

三、与投资性房地产相关的后续支出

(一) 资本化支出

与投资性房地产有关的、满足投资性房地产确认条件的后续支出,应该计入投资性房地产的成本。例如,企业为了提高投资性房地产的使用效能而对其进行的改扩建、内部装修等,改扩建及装修费满足投资性房地产确认条件的应该将其资本化。此外,企业进行改扩建等再开发的投资性房地产以后仍然作为投资性房地产的,在再开发期间仍旧作为投资性房地产计量,且不计提折旧或摊销。

1. 成本模式计量

在成本模式下,企业决定对某项投资性房地产进行再开发时,按照其账面价值借记"投资性房地产——写字楼、厂房等(在建)"科目,按照其成本贷记"投资性房地产"科目,按照其累计计提的折旧或摊销借记"投资性房地产累计折旧(摊销)"科目;如果计提过减值准备,应按照计提的减值准备金额借记"投资性房地产减值准备"科目。再开发过程中满足资本化条件的支出,借记"投资性房地产——写字楼、厂房等(在建)"科目,贷记"银行存款"等科目。再开发工程完成时,将"投资性房地产——写字楼、厂房等(在建)"科目余额全部转入"投资性房地产——写字楼、厂房等"科目。

例 13-4 2016年6月,E保险公司决定对其持有并用于出租的写字楼进行改扩建,改扩建完成后仍用于经营出租。该写字楼采用成本模式计量,购入成本为60 000 000元,已计提折旧为15 000 000元。同年12月,改扩建工程结束,共发生可资本化支出为5 000 000元。会计分录如下:

(1) 2016年6月,投资性房地产转入改扩建工程

借:投资性房地产——写字楼(在建)   45 000 000
　　投资性房地产累计折旧   15 000 000
　　贷:投资性房地产——写字楼   60 000 000

(2) 2016 年 6—12 月,在开发过程中

借:投资性房地产——写字楼(在建) 5 000 000
　　贷:银行存款 5 000 000

(3) 2016 年 12 月,改扩建工程完工

借:投资性房地产——写字楼 50 000 000
　　贷:投资性房地产——写字楼(在建) 50 000 000

2. 公允价值模式计量

在公允价值模式下,企业决定对某项投资性房地产进行再开发时,应按照其账面价值借记"投资性房地产——写字楼、厂房等(在建)"科目,按照投资性房地产的成本贷记"投资性房地产——成本"科目,按照公允价值变动额借记或贷记"投资性房地产——公允价值变动"科目。再开发过程中满足资本化条件的支出,借记"投资性房地产——写字楼、厂房等(在建)"科目,贷记"银行存款"等科目。再开发工程完成时,将"投资性房地产——写字楼、厂房等(在建)"科目余额全部转入"投资性房地产——成本"科目。

例 13-5　2016 年 6 月,G 保险公司决定对其持有并用于出租的写字楼进行改扩建,改扩建完成后仍用于经营出租。该写字楼采用公允价值模式计量,账面余额为 72 000 000 元,其中购入成本为 60 000 000 元,累计公允价值变动为 12 000 000 元。同年 12 月,改扩建工程结束,共发生可资本化支出为 5 000 000 元。会计分录如下:

(1) 2016 年 6 月,投资性房地产转入改扩建工程

借:投资性房地产——写字楼(在建) 72 000 000
　　贷:投资性房地产——成本 60 000 000
　　　　　　　——公允价值变动 12 000 000

(2) 2016 年 6—12 月,在开发过程中

借:投资性房地产——写字楼(在建) 5 000 000
　　贷:银行存款 5 000 000

(3) 2016 年 12 月,改扩建工程完工

借:投资性房地产——成本 77 000 000
　　贷:投资性房地产——写字楼(在建) 77 000 000

(二) 费用化支出

与投资性房地产有关的、不满足投资性房地产确认条件的后续支出,应该直接计入当期损益。例如,企业为投资性房地产的日常维护所发生的支出,应按照支出的实际金额,借记"其他业务成本"科目,贷记"银行存款"等科目。

例 13-6　G 保险公司对其持有的投资性房地产须每月支付日常维护费为 100 000 元,银行存款转账支付。会计分录如下:

借:其他业务成本 100 000
　　贷:银行存款 100 000

四、成本模式转换为公允价值模式

如果保险公司将投资性房地产的计量由成本模式转换为公允价值模式,属于会计政

策的变更,应进行追溯调整。调整的思路为首先将持有期间成本模式下各项会计处理全部冲回,将该项投资性房地产恢复到刚持有时的账面价值,再依据公允价值模式进行会计处理。

在成本模式下,每期对该投资性房地产计提了折旧或进行了摊销,同时将折旧、摊销的金额计入了"其他业务成本"科目,最终减少了当年的利润,减少了利润分配各科目。所以,冲回这些会计处理时,保险公司应按照累计折旧和累计摊销的全部余额,借记"投资性房地产累计折旧(摊销)"科目,同时分别按照相关年利润分配方案确定各所有者权益科目减少额的总数贷记"盈余公积""利润分配——未分配利润"等科目。此时,投资性房地产的账面价值已经还原为其初始成本了。

然后,按照公允价值模式,保险公司将该投资性房地产的账面价值调整到最近一个资产负债表日的公允价值,按照该投资性房地产的公允价值对其账面价值进行调整,同时将公允价值变动损益计入上一年度的利润并进行分配。如果公允价值大于初始成本,则按照差额借记"投资性房地产——公允价值变动"科目,同时贷记"盈余公积""利润分配——未分配利润"等科目;反之亦然。

最后,按照公允价值模式,保险公司应将该投资性房地产的账面价值调整到变更日的公允价值。按照公允价值与账面价值的差额,借记或贷记"投资性房地产——公允价值变动"科目,同时贷记或借记"公允价值变动损益"科目。

例13-7 2014年1月1日,H保险公司购买了一处房地产,准备用于对外出租,共支付价款为24 000 000元。H保险公司决定采用成本模式核算,预计该房地产的使用寿命为30年,预计净残值为9 000 000元,采用年限平均法折旧。2016年6月30日,由于市场报价频繁,该房地产的公允价值可连续获得,H保险公司决定改用公允价值模式核算。2015年12月31日,该房产的公允价值为30 000 000元;2016年6月30日,该房地产的公允价值为30 500 000元;2016年12月31日,该房地产的公允价值为31 000 000元。假设不考虑所得税的影响,会计分录如下:

(1) 2014年1月1日

借:投资性房地产　　　　　　　　　　　　　　　　24 000 000
　　贷:银行存款　　　　　　　　　　　　　　　　　　24 000 000

(2) 每年计提折旧500 000元[(24 000 000－9 000 000)÷30],2014年、2015年计提折旧

借:其他业务成本　　　　　　　　　　　　　　　　　500 000
　　贷:投资性房地产累计折旧　　　　　　　　　　　　500 000

(3) 2016年6月30日,经计算,该投资性房地产的折旧共减少2014年、2015年两年的盈余公积600 000元、未分配利润400 000元

借:投资性房地产累计折旧　　　　　　　　　　　　1 000 000
　　贷:盈余公积　　　　　　　　　　　　　　　　　　600 000
　　　　利润分配——未分配利润　　　　　　　　　　　400 000

(4) 经计算,到2015年12月31日,该投资性房地产公允价值的上升共增加2014年、2015年两年的盈余公积3 600 000元、未分配利润2 400 000元

借:投资性房地产——公允价值变动	6 000 000	
贷:盈余公积		3 600 000
利润分配——未分配利润		2 400 000

(5) 将投资性房地产价值调整至 2016 年 6 月 30 日

借:投资性房地产——公允价值变动	500 000	
贷:公允价值变动损益——投资性房地产		500 000

(6) 2016 年 12 月 31 日

借:投资性房地产——公允价值变动	500 000	
贷:公允价值变动损益——投资性房地产		500 000
借:公允价值变动损益——投资性房地产	1 000 000	
贷:本年利润		1 000 000

第四节　投资性房地产的转换

一、其他资产转换为投资性房地产

当保险公司将自用房屋建筑物用于出租,或者将自用土地使用权用于出租或资本增值时,保险公司应将上述资产从固定资产或无形资产转换为投资性房地产。

(一) 采用成本模式计量投资性房地产

在成本模式下,保险公司只需将固定资产或无形资产的原始价值、累计折旧或累计摊销、资产减值准备均结转至投资性房地产科目下。在投资性房地产转换日,保险公司应按照原自用建筑物或原自用土地使用权的原值,借记"投资性房地产"科目,贷记"固定资产"或"无形资产——土地使用权"科目;按照已累计计提的折旧或摊销,借记"累计折旧(摊销)"科目,贷记"投资性房地产累计折旧(摊销)"科目;按照累计计提的减值准备,借记"固定资产减值准备"或"无形资产减值准备"科目,贷记"投资性房地产减值准备"科目。

例 13-8　2016 年 10 月 20 日,J 保险公司将一自用房产转为投资性房地产,该房产原值为 50 000 000 元,已累计计提折旧为 27 000 000 元。转为投资性房地产后,J 保险公司准备采用成本模式进行核算。会计分录如下:

借:投资性房地产	50 000 000	
累计折旧	27 000 000	
贷:固定资产		50 000 000
投资性房地产累计折旧		27 000 000

(二) 采用公允价值模式计量投资性房地产

在公允价值模式下,保险公司应当将转换日该资产的公允价值作为投资性房地产的初始价值入账,借记"投资性房地产——成本"科目;同时冲销该资产的账面价值,按照资产的原值,贷记"固定资产"或"无形资产"科目;按照累计折旧、累计摊销及减值准备的余额,贷记"累计折旧""累计摊销""固定资产(无形资产)减值准备"等科目。

如果该资产的公允价值小于其账面原值,则保险公司应按其差额借记"公允价值变动损益"科目,最终计入当期损益;如果公允价值大于原账面价值,出于谨慎性原则,保险公司应按其差额贷记"其他综合收益"科目,并不增加本年的利润;待最终处置该项投资性房地产时,再将其确认为当期损益,借记"其他综合收益"科目,贷记"其他业务收入"科目。

例 13-9 承例 13-8,如果转为投资性房地产后,J 保险公司准备采用公允价值模式进行核算。2016 年 10 月 20 日的公允价值为 35 000 000 元,2016 年 12 月 31 日的公允价值为 36 000 000 元。会计分录如下:

(1) 2016 年 10 月 20 日

借:投资性房地产——成本	35 000 000
累计折旧	27 000 000
贷:固定资产	50 000 000
其他综合收益	12 000 000

(2) 2016 年 12 月 31 日

借:投资性房地产——公允价值变动	1 000 000
贷:公允价值变动损益——投资性房地产	1 000 000

二、投资性房地产转换为其他资产

保险公司将投资性房地产转为自用房地产时,应该将其相应地转换为固定资产或无形资产进行核算。

(一) 采用成本模式计量投资性房地产

在成本模式下,投资性房地产转换为其他资产的账务处理与其他资产转换为投资性房地产的账务处理相反。保险公司应将投资性房地产的原值作为其他资产的原值,同时将累计折旧、累计摊销和已提取的资产减值准备结转至其他资产。在投资性房地产转换日,保险公司应按照投资性房地产的原值,借记"固定资产"或"无形资产——土地使用权"科目,贷记"投资性房地产"科目;按照已累计计提的折旧或摊销,借记"投资性房地产累计折旧(摊销)"科目,贷记"累计折旧(摊销)"科目;按照累计计提的减值准备,借记"投资性房地产减值准备"科目,贷记"固定资产减值准备"或"无形资产减值准备"科目。

例 13-10 2016 年 8 月 10 日,L 保险公司将一项投资性房地产(土地使用权)转换为自用,确认为无形资产。该投资性房地产采用成本模式计量,转换日的账面价值为 6 000 000 元,其中原值为 9 000 000 元,累计计提的摊销为 3 000 000 元。会计分录如下:

借:无形资产——土地使用权	9 000 000
投资性房地产累计摊销	3 000 000
贷:投资性房地产	9 000 000
累计摊销	3 000 000

(二) 采用公允价值模式计量投资性房地产

在公允价值模式下,投资性房地产转换为其他资产时,保险公司应按照转换日的公允价值确认其他资产的原始价值,借记"固定资产"或"无形资产——土地使用权"科目;同时,保险公司应冲销投资性房地产的账面价值,按照投资性房地产的原值贷记"投资性房地产——成本"科目,按照投资性房地产公允价值变动的余额借记或贷记"投资性房地产——公允价值变动"科目;对于公允价值与账面价值的差额,保险公司应借记或贷记"公允价值变动损益"科目,期末计入当期损益。

例 13-11　2016 年 8 月 10 日,L 保险公司将一项投资性房地产(土地使用权)转换为自用,确认为无形资产。该投资性房地产采用公允价值模式计量,转换日的公允价值为 6 000 000 元。该投资性房地产的账面价值为 6 600 000 元,其中原值为 7 000 000 元,公允价值变动贷方余额为 400 000 元。会计分录如下:

借:无形资产——土地使用权　　　　　　　　　　　　　　6 000 000
　　投资性房地产——公允价值变动　　　　　　　　　　　　 400 000
　　公允价值变动损益——投资性房地产　　　　　　　　　　 600 000
　贷:投资性房地产——成本　　　　　　　　　　　　　　　　　　　　7 000 000

第五节　投资性房地产的处置

当投资性房地产被处置或者永久退出使用且预计不能从其处置中获得经济利益时,保险公司应当终止确认该项投资性房地产,并将处置收入扣除其账面价值和相关税费后的金额计入当期损益。需要注意的是,核算投资性房地产的处置与无形资产不同,应分别确认其他业务收入和其他业务成本,而非以净额确认,期末时再结转至"本年利润"。

一、采用成本模式处置投资性房地产

在成本模式下,处置投资性房地产时,保险公司应先按照投资性房地产的初始成本,贷记"投资性房地产"科目;按照累计折旧或累计摊销的余额,借记"投资性房地产累计折旧(摊销)"科目;按照已计提减值准备的余额,借记"投资性房地产减值准备"科目;按照差额(投资性房地产的账面价值),借记"其他业务成本"科目。然后按照实际收到的处置收入,借记"银行存款"等科目,贷记"其他业务收入"科目。期末,将"其他业务成本""其他业务收入"科目结转至"本年利润"科目。

例 13-12　2016 年 7 月 15 日,M 保险公司以 55 000 000 元的价格出售其持有的一栋用于出租的写字楼,该写字楼采用成本模式计量,初始成本为 70 000 000 元,累计计提折旧为 25 000 000 元。会计分录如下:

(1) 2016 年 7 月 15 日
　借:投资性房地产累计折旧　　　　　　　　　　　　　　　25 000 000
　　　其他业务成本　　　　　　　　　　　　　　　　　　　45 000 000
　　贷:投资性房地产　　　　　　　　　　　　　　　　　　　　　　　70 000 000
　借:银行存款　　　　　　　　　　　　　　　　　　　　　 55 000 000
　　贷:其他业务收入　　　　　　　　　　　　　　　　　　　　　　　55 000 000
(2) 2016 年 12 月 31 日
　借:其他业务收入　　　　　　　　　　　　　　　　　　　 55 000 000
　　贷:其他业务成本　　　　　　　　　　　　　　　　　　　　　　　45 000 000
　　　本年利润　　　　　　　　　　　　　　　　　　　　　　　　　10 000 000

二、采用公允价值模式处置投资性房地产

在公允价值模式下,处置投资性房地产时,保险公司应先按照投资性房地产的初始成本,贷记"投资性房地产——成本"科目;按照累计公允价值的变动,借记或者贷记"投资性房地产——公允价值变动"科目;按照差额(投资性房地产的账面价值),借记"其他业务成本"科目。然后按照实际收到的处置收入,借记"银行存款"等科目,贷记"其他业务收入"科目。期末,将"其他业务成本""其他业务收入"科目结转至"本年利润"科目。如果存在与该投资性房地产相关的计入其他综合收益的金额,也应于处置时一并结转。

例 13-13 2016 年 7 月 15 日,M 保险公司以 80 000 000 元的价格出售其持有的一栋用于出租的写字楼,该写字楼采用公允价值模式计量。出售日,该写字楼的账面价值为 70 000 000 元,其中初始成本为 55 000 000 元,公允价值变动借方余额为 15 000 000 元。会计分录如下:

(1) 2016 年 7 月 15 日

借:其他业务成本　　　　　　　　　　　　　　　　70 000 000
　　贷:投资性房地产——成本　　　　　　　　　　　55 000 000
　　　　　　　　　　——公允价值变动　　　　　　　15 000 000
借:银行存款　　　　　　　　　　　　　　　　　　80 000 000
　　贷:其他业务收入　　　　　　　　　　　　　　　80 000 000

(2) 2016 年 12 月 31 日

借:其他业务收入　　　　　　　　　　　　　　　　80 000 000
　　贷:其他业务成本　　　　　　　　　　　　　　　70 000 000
　　　　本年利润　　　　　　　　　　　　　　　　10 000 000

关键词

投资性房地产　成本模式　公允价值模式

本章小结

1. 投资性房地产主要包括已出租的土地使用权、持有并准备增值后转让的土地使用权和已出租的建筑物。

2. 保险公司取得投资性房地产时,应按照成本模式进行初始计量,依据取得该项投资性房地产的全部成本进行初始确认。后续计量可以采用成本模式或者公允价值模式。成本模式可以转为公允价值模式,但一旦确定以公允价值模式计量,就不能转为成本模式。

3. 投资性房地产和其他种类的资产可以相互转换。

思考与练习

1. 投资性房地产后续计量的两种模式有什么差别?
2. 成本模式和公允价值模式是否可以相互转换?

第十四章　　负债

本章概要

本章主要介绍保险公司负债的会计处理,包括流动负债和非流动负债。在学习本章时,还应关注《企业会计准则第 22 号——金融工具确认和计量》及相关的指南和解释。

延伸阅读
金融工具确认和
计量准则

学习目标

1. 了解保险公司负债的内容和种类
2. 了解金融负债的计量方法
3. 掌握以公允价值计量且其变动计入当期损益的金融负债的核算方法
4. 掌握短期借款、拆入资金、存入保证金、存入准备金、代理业务负债等流动负债的核算
5. 掌握应付债券、长期借款、长期应付款、保险保障基金等非流动负债的核算

第一节　保险公司负债概述

一、保险公司负债的内容和种类

负债是指过去的交易事项形成的现时义务,履行该义务预期会导致经济利益流出企业。保险公司向保户收取保费承担保险责任,形成大量准备金负债,再加上日常经营形成的非准备金负债,其负债率远高于一般制造业企业,具有负债经营的特点。为了如实、准确地反映财务状况,保险公司必须对负债进行正确的计量和核算。

保险公司的负债基本为金融负债,按照会计准则的要求,应在初始确认时划分为以下两类:以公允价值计量且其变动计入当期损益的金融负债和其他金融负债。进一步按照负债的偿还期限,可以将其他金融负债划分为流动负债和非流动负债。

以公允价值计量且其变动计入当期损益的金融负债包括交易性金融负债,以及指定为以公允价值计量且其变动计入当期损益的金融负债。流动负债是指偿还期限在 1 年以内或超过 1 年但在一个营业周期以内的债务,包括短期借款、拆入资金、应缴税费、应付佣金、应付分保账款、其他应付款、预收保费、预收分保赔款、存入准备金、存入保证金、代理业务负债、未决赔款准备金、未到期责任准备金及 1 年内到期的长期负债等。非流动负债又称长期负债,是指偿还期限在 1 年以上或者超过 1 年的一个营业周期以上的债务,包括寿险责任准备金、长期健康险责任准备金、应付债券、长期借款、长期应付款、保险保障基金等。

二、金融负债的计量

金融负债共有四种计量方法：公允价值法、摊余成本法、历史成本法和孰高法（见表 14-1）。

表 14-1　金融负债的计量方法

计量方法	内容	适用范围
公允价值法	按照金融负债的公允价值确认账面价值，并按照金融负债公允价值的变动调整其账面价值	金融负债的初始计量 以公允价值计量且其变动计入当期损益的金融负债的后续计量
摊余成本法	以按照金融负债的实际利率计算出的摊余成本作为金融负债的入账价值，将按照实际利率计算出的各期利息支出作为利息支出的方法	其他金融负债的后续计量
历史成本法		与在活跃市场上没有报价、公允价值不能可靠计量的权益工具挂钩并须通过交付该权益工具结算的衍生金融负债的后续计量
孰高法	按照以下两者中较高者进行后续计量：按照《企业会计准则第 13 号——或有事项》确定的金额；初始金额扣除按照《企业会计准则第 14 号——收入》的原则确定的累计摊销额后的余额	不属于指定为以公允价值计量且其变动计入当期损益的金融负债的财务担保合同，或者没有指定为以公允价值计量且其变动计入当期损益的金融负债并将以低于市场利率贷款的贷款承诺的后续计量

三、金融负债的终止确认

金融负债的终止确认是指将金融负债从企业账户和资产负债表内予以转销。当金融负债的现时义务的全部或部分已经结束时，保险公司才能终止确认该金融负债或其一部分。对于金融负债现时义务的基础，保险公司应当注重分析交易的法律形式和经济实质：

（1）保险公司将用于偿付金融负债的资产转入某个机构或设立信托、偿付债务的义务仍然存在的，不能终止确认该金融负债，也不能终止确认转出的资产。也就是说，虽然保险公司已为金融负债设立了"偿债基金"，但当金融负债对应的债权人拥有全额追索的权利时，不能认为保险公司的相关现时义务已经解除，从而不能终止确认金融负债。

（2）保险公司与债权人之间签订协议以承担新金融负债的方式替换现存金融负债、新金融负债与现存金融负债的合同条款实质上不同的，应当终止确认现存金融负债，并同时确认新金融负债。其中，"实质上不同"是指按照新的合同条款，金融负债未来现金流现值与原金融负债剩余期间现金流现值之间至少相差 10%，现金流现值的折现率采用原金融负债的实际利率。

（3）保险公司回购金融负债的一部分的，应当在回购日按照继续确认部分和终止确认部分的相对公允价值将该金融负债整体的账面价值进行分配。分配给终止确认部分的账面价值与支付对价（包括转出的非现金资产或承担的新金融负债）之间的差额，应计入当期损益。

第二节　以公允价值计量且其变动计入当期损益的金融负债的核算

一、交易性金融负债的核算

（一）交易性金融负债的内容

交易性金融负债主要包括以下几类：
（1）承担该金融负债主要是为了近期内出售或回购的金融负债；
（2）属于进行集中管理的可辨认金融工具组合的一部分，且有客观证据表明企业近期采用短期获利方式对该组合进行管理的金融负债，即使组合中某个组成项目持有的期限稍长也不受影响；
（3）衍生工具，但是被指定为有效套期工具的衍生工具、属于财务担保合同的衍生工具、与在活跃市场上没有报价且其公允价值可能不能可靠计量的权益工具投资挂钩并须通过交付该项权益工具结算的衍生工具除外。

（二）交易性金融负债的取得

保险公司取得交易性金融负债时，应按照公允价值法进行计量，将其获得时的交易价格作为入账成本，并将交易费用作为当期损益处理，直接计入投资收益。

为了核算交易性金融负债，保险公司应设置"交易性金融负债"科目。该科目用于核算企业承担的交易性金融负债，以及直接指定为以公允价值计量且其变动计入当期损益的金融负债的公允价值，属于负债类科目，贷方登记承担的交易性金融负债的取得成本及持有期间公允价值的增加，借方登记交易性金融负债持有期间公允价值的减少及处置交易性金融负债时对成本的结转，期末余额在贷方，反映公司承担的交易性金融负债的公允价值。该科目可按照交易性金融负债的类别，分"本金""公允价值变动"等科目进行明细核算。

交易性金融负债取得的账务处理如下：保险公司取得交易性金融负债时，应按照实际收到的价款，借记"银行存款"科目，贷记"交易性金融负债——本金"科目，同时按照发生的交易费用借记"投资收益"科目。

（三）交易性金融负债的后续计量

1. 科目设置

为了进行交易性金融负债的后续计量，保险公司应设置"投资收益""应付利息""交易性金融负债——公允价值变动""公允价值变动损益"等科目。

"应付利息"科目用于核算企业按照合同预定应支付的利息，包括吸收存款、分期付息到期还本的长期借款、企业债券等应支付的利息。该科目属于负债类科目，贷方登记按合同利率确定的应付未付利息，借方登记实际支付的应付利息，期末余额在贷方，反映企业应付未付的利息。该科目可按照债权人进行明细核算。

2. 交易性金融负债的利息

作为债务人,保险公司应按照交易性金融负债的票面金额和利率承担利息给付责任。在交易性金融负债持有期间,每个资产负债表日,保险公司应按照交易性金融负债的票面利率和面值确定应付利息,借记"投资收益"科目,贷记"应付利息"科目。

3. 交易性金融负债的期末计价

交易性金融负债适用公允价值计量模式。在每一资产负债表日,保险公司都应按照该金融负债当时的公允价值调整其账面价值,并将浮盈、浮亏确认为公允价值变动损益,计入当期损益。

交易性金融负债期末计价的账务处理如下:在资产负债表日,保险公司应按照交易性金融负债的账面价值与其公允价值的差额确认交易性金融负债账面价值的变动,借记或贷记"交易性金融负债——公允价值变动"科目;同时确认公允价值变动损益,贷记或借记"公允价值变动损益——交易性金融负债"科目,期末转入当期损益。

4. 交易性金融负债的处置

处置交易性金融负债时,保险公司应该将该交易性金融负债在当期实现的全部浮盈、浮亏均确认为投资收益。对于已确认为公允价值变动损益且尚未转入利润的浮盈、浮亏,保险公司应该将其从"公允价值变动损益"科目结转至"投资收益"科目;对于尚未确认的公允价值变动损益(实际交易价格与账面价值的差额),保险公司也应该确认为投资收益。出售交易性金融负债时的手续费,直接加入实际支付的价款中。

交易性金融负债处置的账务处理如下:出售交易性金融负债时,按照交易性金融负债科目的余额,分别借记"交易性金融负债——本金"科目,贷记或借记"交易性金融负债——公允价值变动"科目,结转后"交易性金融负债"科目无余额;按照实际支付价款与手续费之和,借记"银行存款"等科目;按照实收价款与交易性金融负债账面价值的差额,借记或贷记"投资收益"科目;按照相应的"公允价值变动损益"科目的余额,借记或贷记"公允价值变动损益"科目,结转后"公允价值变动损益"科目无余额,同时贷记或借记"投资收益"科目。

二、直接指定以公允价值计量且其变动计入当期损益的金融负债的核算

直接指定以公允价值计量且其变动计入当期损益的金融负债是指该金融负债不满足交易性金融负债的确定条件,公司仍可以在符合某些特定条件时将其按公允价值计量,并将公允价值变动计入当期损益,具体核算方法与交易性金融负债的一致。

对于嵌入衍生工具的混合工具,保险公司可以将整个混合工具指定为以公允价值计量且其变动计入当期损益的金融负债,但是以下两种情况除外:

(1) 嵌入衍生工具对混合工具的现金流量没有重大改变。

(2) 类似混合工具所嵌入的衍生工具,明显不应当从相关混合工具中分拆。

对于混合工具以外的金融负债,只要满足以下条件之一的,保险公司就能够在初始确认时指定为以公允价值计量且其变动计入当期损益的金融负债:

(1) 该指定可以消除或明显减少因该金融负债的计量基础不同而导致的相关利得或损失在确认或计量方面不一致的情况。

(2) 公司风险管理或投资策略的正式书面文件已载明,该金融负债组合或该金融资产和负债的组合,以公允价值为基础进行管理、评价并向关键管理人员报告。

第三节　流动负债的核算

流动负债包括短期借款、拆入资金、应缴税费、应付佣金、应付分保账款、其他应付款、预收保费、预收分保赔款、存入准备金、存入保证金、代理业务负债、未决赔款准备金、未到期责任准备金及1年内到期的长期负债等。其中,各类应付款项、预收款项及责任准备金已在其他章节中阐述,本节主要介绍短期借款、拆入资金、存入保证金、存入准备金和代理业务负债的核算。

一、短期借款的核算

短期借款是保险公司经中国保监会批准向银行或其他金融机构借入的、期限在1年内(含1年)的各种借款。由于保险公司的财务状况直接关系到保单持有人的利益,保险公司的举债受到保监会的相应监管,只有得到保监会批准后保险公司才能借入短期借款。一般情况下,保险公司没有短期借款。

1. 科目设置和账务处理

为了核算短期借款的本金,保险公司应设置"短期借款"科目。该科目属于负债类科目,贷方登记借入的各种短期借款的本金,借方登记短期借款本金的归还,期末余额在贷方,反映保险公司尚未偿还的短期借款的本金。该科目应按照债权人设置明细科目。为了核算短期借款的利息,保险公司应设置"利息支出""应付利息"科目。"利息支出"科目用于核算企业发生的利息支出,属于损益类科目,借方登记企业应按照摊余成本和实际利率计算确定的利息费用金额,贷方登记转入"本年利润"的金额,期末应将本科目余额结转至"本年利润"科目,结转后无余额。该科目可以按照利息支出项目进行明细核算。

短期借款的账务处理如下:借入短期借款时,保险公司应按照借入的本金金额,贷记"短期借款"科目,借记"银行存款"等科目;归还短期借款本金时,保险公司应借记"短期借款"科目,贷记"银行存款"等科目。在借款期间,按照权责发生制,保险公司应采用预提的方法处理短期借款的利息费用,每期期末按照当期应支付的利息费用,借记"利息支出"科目,贷记"应付利息"科目;实际进行利息支付时,借记"应付利息"科目,贷记"银行存款"等科目;如果短期借款的利息按月支付,或利息在借款到期时连本金一并归还但数额较小的,可以不采用预提的方法,在实际支付利息时,借记"利息支出"科目,贷记"银行存款"科目。

2. 核算举例

例 14-1　2016年6月1日,A保险公司经保监会批准向B银行借入3个月借款为500 000元,年利率为6%,到期一次还本付息。会计分录如下:

(1) 2016年6月1日

借:银行存款　　　　　　　　　　　　　　　　　　　　　500 000
　　贷:短期借款——B银行　　　　　　　　　　　　　　　　500 000

　　　　每月利息=500 000×6‰÷12=2 500(元)

(2) 2016年6月30日、7月31日、8月31日

借:利息支出　　　　　　　　　　　　　　　　　　　　　　2 500
　　贷:应付利息——B银行　　　　　　　　　　　　　　　　2 500

(3) 2016 年 9 月 1 日

借:短期借款——B 银行 500 000
　　应付利息——B 银行 7 500
　　贷:银行存款 507 500

二、拆入资金的核算

拆入资金是指保险公司为了满足临时性的资金需求从境内外的金融机构拆入的款项。目前同业拆借市场已经对保险业开放,拆入资金是保险公司的一项流动负债。

1. 科目设置和账务处理

为了核算拆入资金,保险公司应设置"拆入资金"科目。该科目用于核算保险公司按规定从同业拆借市场拆入资金的数额,属于负债类科目,贷方登记拆入资金的数额,借方登记归还拆入资金的数额,期末余额在贷方,反映尚未归还的拆入资金的本金。该科目应按照拆入资金的金融机构设置明细科目。为了核算拆入资金的利息,保险公司应设置"利息支出""应付利息"科目。

拆入资金的账务处理如下:拆入资金时,保险公司应按照借入的本金金额,贷记"拆入资金"科目,借记"银行存款"等科目;归还拆入资金本金时,保险公司应借记"拆入资金"科目,贷记"银行存款"等科目。与短期借款一致,按照权责发生制,保险公司应采用预提的方法处理短期借款的利息费用,每期期末按照当期应支付的利息费用,借记"利息支出"科目,贷记"应付利息"科目;实际进行利息支付时,借记"应付利息"科目,贷记"银行存款"等科目;如果拆入期限在一个核算期内或利息是按月支付的或利息在借款到期时连本金一并归还但数额较小的,可以不采用预提的方法,在实际支付利息时,借记"利息支出"科目,贷记"银行存款"科目。

2. 核算举例

例 14-2 2016 年 4 月 3 日,A 保险公司从银行间市场拆入资金为 4 000 000 元,拆入期限为 7 天,年利率为 5%。会计分录如下:

(1) 2016 年 4 月 3 日

借:银行存款 4 000 000
　　贷:短期借款——B 银行 4 000 000

利息 = $4\,000\,000 \times 5\% \div 365 \times 7 = 3\,836$(元)

(2) 2016 年 4 月 10 日

借:短期借款——B 银行 4 000 000
　　利息支出 3 836
　　贷:银行存款 4 003 836

例 14-3 2016 年 6 月 20 日,A 保险公司从 B 银行拆入资金为 5 000 000 元,拆入期限为 30 天,年利率为 6%。会计分录如下:

(1) 2016 年 6 月 20 日

借:银行存款 5 000 000
　　贷:短期借款——B 银行 5 000 000

截至 6 月 30 日应支付的利息 = $5\,000\,000 \times 6\% \div 365 \times 10 = 8\,219$(元)

(2) 2016 年 6 月 30 日

借：利息支出　　　　　　　　　　　　　　　　　　　　　　　8 219
　　贷：应付利息——B 银行　　　　　　　　　　　　　　　　　　　8 219
　　　　到期日共计应支付利息＝5 000 000×6％÷12＝25 000（元）

(3) 2016 年 7 月 10 日

借：短期借款——B 银行　　　　　　　　　　　　　　　　　5 000 000
　　利息支出　　　　　　　　　　　　　　　　　　　　　　　16 781
　　应付利息——B 银行　　　　　　　　　　　　　　　　　　 8 219
　　贷：银行存款　　　　　　　　　　　　　　　　　　　　　5 025 000

三、存入保证金的核算

存入保证金是指公司按合同约定接受存入的保证金，包括存入理赔保证金（作为理赔代理人要求理赔委托人存入的保证金）、存入分保保证金（分出分保业务按分保合同约定存入的资金）、存入营销员保证金（保险营销员为保证履约在签订保险代理合同时向公司存入的保证金）。

1. 科目设置和账务处理

为了核算存入保证金，保险公司应设置"存入保证金"科目。"存入保证金"科目用于核算保险公司收到的各种保证金，属于负债类科目，贷方登记存入的保证金，借方登记保证金的返还，期末余额在贷方，反映保险公司接受但尚未返还的保证金。该科目应按照客户设置明细科目。

存入分保保证金的核算在第六章已经做了详细的阐述，本章重点介绍存入理赔保证金和存入营销员保证金。保险公司在作为理赔代理人收到理赔委托人的存入理赔保证金时，应按照实际收到的金额，借记"银行存款"等科目，贷记"存入保证金"科目。代理理赔时，如果理赔金额小于"存入保证金"贷方余额，则应按照实际理赔金额，借记"存入保证金"科目，贷记"银行存款"科目，再将"存入保证金"科目贷方余额返还给理赔委托人，借记"存入保证金"科目，贷记"银行存款"科目；如果实际理赔金额大于理赔委托人存入的保证金，则应将"存入保证金"贷方余额全额转出，借记"存入保证金"科目，按照实际理赔金额，贷记"银行存款"科目，并将其差额借记"其他应收款"科目，继续向理赔委托人收取理赔费用。保险公司收到保险营销员的存入营销员保证金时，应按照实际收到的金额，借记"银行存款"等科目，贷记"存入保证金"科目；向营销员退还保证金时，保险公司应按照"存入保证金"科目的余额，借记"存入保证金"科目，贷记"银行存款"等科目。

2. 核算举例

例 14-4　A 保险公司作为理赔代理人代理 B 保险公司进行理赔，2016 年 5 月 4 日收到 B 保险公司存入的理赔保证金共计 50 000 元。5 月 20 日理赔结束，共赔付 40 000 元，5 月 21 日 A 保险公司将剩余的 10 000 元退还 B 保险公司。会计分录如下：

(1) 2016 年 5 月 4 日

借：银行存款　　　　　　　　　　　　　　　　　　　　　　　50 000
　　贷：存入保证金——理赔保证金——B 保险公司　　　　　　　　 50 000

(2) 2016 年 5 月 20 日

借:存入保证金——理赔保证金——B 保险公司　　　　　　40 000
　　贷:银行存款　　　　　　　　　　　　　　　　　　　　40 000

(3) 2016 年 5 月 21 日

借:存入保证金——理赔保证金——B 保险公司　　　　　　10 000
　　贷:银行存款　　　　　　　　　　　　　　　　　　　　10 000

例 14-5　A 保险公司保险营销员李某向公司存入营销员保证金 5 000 元,3 年后该营销员离职,A 保险公司退还全部营销员保证金。会计分录如下:

(1) A 保险公司收到营销员保证金时

借:银行存款　　　　　　　　　　　　　　　　　　　　　　5 000
　　贷:存入保证金——营销员保证金——李某　　　　　　　　5 000

(2) 3 年后,A 保险公司退还李某营销员保证金时

借:存入保证金——营销员保证金——李某　　　　　　　　　5 000
　　贷:银行存款　　　　　　　　　　　　　　　　　　　　5 000

四、存入准备金的核算

存入准备金是指人寿保险公司接受其分支机构或分公司按照规定存入的各项准备金。寿险公司的各分支机构或分公司必须按规定向总公司存入各项准备金,属于寿险公司的内部业务,对于总公司而言属于存入准备金。

1. 科目设置和账务处理

为了核算存入准备金,保险公司应设置"存入准备金"科目。该科目用于核算总公司收到分支机构或分公司上存的准备金,属于负债类科目。另外,该科目属于内部核算科目,不进入总公司的报表。该科目贷方登记分支机构或分公司上存的准备金,借方登记准备金的回拨,可以按照上存的准备金项目设置明细科目。总公司收到分支机构或分公司的存入准备金时,应按照实际收到的金额,借记"银行存款"等科目,贷记"存入准备金"科目;保险公司经过批准回拨上存准备金时,借记"存入准备金"科目,贷记"银行存款"等科目。

2. 核算举例

例 14-6　2015 年 12 月 31 日,保险公司总公司收到 A 分公司上存的准备金 30 000 000 元;2016 年 9 月 30 日,总公司经批准向 A 分公司回拨 25 000 000 元准备金。总公司的会计分录如下:

(1) 分公司向总公司上存准备金时

借:银行存款　　　　　　　　　　　　　　　　　　　30 000 000
　　贷:存入准备金——分公司 A　　　　　　　　　　　30 000 000

(2) 总公司向分公司回拨准备金

借:存入准备金——分公司 A　　　　　　　　　　　　25 000 000
　　贷:银行存款　　　　　　　　　　　　　　　　　　25 000 000

五、代理业务负债的核算

代理业务负债是指公司不承担风险的代理业务收到的款项。不承担风险的代理业

务又称委托管理业务,是指根据保险公司和客户的合同约定、受客户委托、代理客户管理基金收付、不承担任何保险风险及投资风险、收取管理费收入的业务。保险公司代理政策性业务时适用这种委托管理的模式,如参与承办的新型农村合作医疗(简称"新农合业务")等基本医疗保障服务。

1. 科目设置和账务处理

为了核算代理业务负债,保险公司应设置"代理业务负债"科目。该科目属于负债类科目,贷方登记保险公司收到的委托管理业务款项,借方登记支付或退还的委托管理业务款项,期末余额在贷方,反映公司尚未退还的代理业务资金。该科目可以按照委托单位、资产管理类别进行明细核算。

基于重要性原则,代理业务负债并不采用收支两条线的核算方法,而应在给付或退还时直接冲减代理业务负债。具体账务处理如下:收到代理业务款项时,保险公司应借记"银行存款"等科目,贷记"代理业务负债"科目;根据合同规定进行给付或退还时,保险公司应按照实际给付或退还的金额,借记"代理业务负债"科目,贷记"银行存款"等科目;对于代理业务款项获得的利息,保险公司应按照合同约定的金额确认为代理业务负债,借记"利息支出"科目,贷记"代理业务负债"科目;对于代理业务收取的管理费用,保险公司应按照管理费用的实际金额确认代理业务负债的减少,借记"代理业务负债"科目,贷记"其他业务收入"科目。

2. 核算举例

例 14-7 A保险公司代理新农合业务,2017年4月共收取保费3 000 000元,当月共支付赔付金额2 500 000元,按照合同规定应该支付账户利息共计500 000元,收取手续费200 000元。会计分录如下:

(1) 收到保费

借:银行存款　　　　　　　　　　　　　　　　3 000 000
　　贷:代理业务负债——新农合业务　　　　　　　　3 000 000

(2) 支付保险赔款

借:代理业务负债——新农合业务　　　　　　　2 500 000
　　贷:银行存款　　　　　　　　　　　　　　　　2 500 000

(3) 支付代理业务负债利息

借:利息支出　　　　　　　　　　　　　　　　　500 000
　　贷:代理业务负债——新农合业务　　　　　　　　500 000

(4) 收取代理业务手续费

借:代理业务负债——新农合业务　　　　　　　　200 000
　　贷:其他业务收入　　　　　　　　　　　　　　　200 000

第四节　非流动负债的核算

非流动负债又称长期负债,包括寿险责任准备金、长期健康险责任准备金、应付债券、长期借款、长期应付款、保险保障基金等。其中,各种责任准备金已在其他章节阐述,本节主要介绍应付债券、长期借款、长期应付款、保险保障基金的核算。

一、应付债券的核算

应付债券是指保险公司通过发行债券向社会筹资所形成的一种负债,属于长期负债。对于应付债券,保险公司应采用公允价值法进行初始计量,采用摊余成本法进行后续计量。

(一)一般公司债券

1. 应付债券的初始确认

保险公司发行债券时,根据公允价值法,应按照实际收到的价款确认应付债券,实际价款为债券的实际价格扣除手续费用等。具体而言,保险公司应按照所发行债券的面值确认应付债券的面值,然后按照实际价款与面值的差额确认利息调整,在持有该负债期间进行摊销。

为了核算应付债券,保险公司应设置"应付债券"科目。该科目属于负债类科目,贷方登记公司发行债券收到款项、提取的应计利息、利息调整以及利息调整的摊销,借方登记债券到期支付的债券本息、利息调整以及利息的摊销,期末余额在贷方,反映公司尚未偿还的债券本息。该科目应设置"面值""利息调整""应计利息"三个明细科目。

保险公司发行债券时,应按照实际收到的款项,借记"银行存款"科目;按照债券的面值,贷记"应付债券——面值"科目。如果前者较大(溢价发行),应按溢价金额贷记"应付债券——利息调整"科目;如果后者较大(折价发行),应按折价金额借记"应付债券——利息调整"科目。

2. 应付债券的后续计量

(1)利息支付的核算。应付债券的后续计量应采用摊余成本法核算。根据摊余成本法,应该在债券存续期内按照实际利率对利息调整进行摊销。

保险公司应该在每一资产负债表日按照摊余成本法计提利息支出、确认当期利息费用并摊销发行债券时确认的利息调整。具体账务处理为:保险公司应按照当期的名义利息支出确认负债,贷记"应付利息"或"应付债券——应计利息"科目;同时按照实际利率计算当期实际利息,根据债券筹资的用途确认成本费用,借记"在建工程"或"利息支出"等科目;然后按照两者的差额摊销发行应付债券时确认的利息调整,借记或贷记"应付债券——利息调整"科目。

应付利息确认为成本费用的原则如下:如果债券筹资用于购建固定资产的,在固定资产达到预定可使用状态前发生的应当资本化的利息支出,应计入在建工程成本;固定资产达到预定可使用状态后发生的及按规定不予资本化的利息支出,应计入利息支出;如果债券筹资不是用于购建固定资产而借入的专门借款,应于发生当期确认费用,直接计入当期损益。

如果是分期付息、一次还本的债券,那么在每一个计息日,保险公司应按照债券的名义利息确认负债,贷记"应付利息"科目;按照债券的摊余成本和实际利率计算利息费用,借记"利息支出""在建工程"等科目;按其差额,借记或贷记"应付债券——利息调整"科目。实际支付利息时,按照支付的金额,借记"应付利息"科目,贷记"银行存款"科目。

如果是一次还本付息的债券,保险公司应于资产负债表日按照债券的名义利息确认负债,贷记"应付债券——应计利息"科目;按照债券的摊余成本和实际利率计算利息费用,借记"利息支出""在建工程"等科目;按其差额,借记或贷记"应付债券——利息调整"科目。在期末一次性偿还本金并支付利息时,借记"应付债券——应计利息"科目,贷记"银行存款"科目。

(2) 本金偿还的核算。保险公司发行的应付债券一般采用到期一次性偿还本金的形式。到期支付债券面值时,保险公司应按照面值的金额,借记"应付债券——面值"科目,贷记"银行存款"等科目。

3. 核算举例

例 14-8 2012 年 1 月 1 日,A 保险公司对外发行债券,期限为 5 年,面值为 1 000 元,票面利率为 6%,分期付息到期一次性偿还本金。实际发行价格为 900 元,发行费用为实际发行价格的 2%,共计发行 10 000 张。

发行实际收到的每张债券的价款=900×(1-2%)=882(元)

发行债券的实际利息为 9.037%,各年度的摊余成本计算如表 14-2 所示。

表 14-2 各年度摊余成本的计算　　　　　　　　　　　　　　　　单位:元

年份	期初摊余成本	实际利息 (实际利率为 9.037%)	名义利息 (名义利率为 6%,名义本金为 1 000 元)	本金偿还额	期末摊余成本
1	882.00	79.71	60	0	901.71
2	901.71	81.49	60	0	923.19
3	923.19	83.43	60	0	946.62
4	946.62	85.55	60	0	972.17
5	972.17	87.83	60	1 000	0.00

会计分录如下:

(1) 2012 年 1 月 1 日,A 保险公司发行债券时

借:银行存款　　　　　　　　　　　　　　　　　　　　　　8 820 000
　　应付债券——利息调整　　　　　　　　　　　　　　　　1 180 000
　　贷:应付债券——面值　　　　　　　　　　　　　　　　　　　10 000 000

(2) 2012 年 12 与 31 日支付利息费用时

借:利息支出　　　　　　　　　　　　　　　　　　　　　　　797 100
　　贷:应付利息　　　　　　　　　　　　　　　　　　　　　　　600 000
　　　　应付债券——利息调整　　　　　　　　　　　　　　　　197 100

(3) 实际使用银行存款支付应付利息时

借:应付利息　　　　　　　　　　　　　　　　　　　　　　　600 000
　　贷:银行存款　　　　　　　　　　　　　　　　　　　　　　　600 000

(4) 2013 年、2014 年、2015 年、2016 年的利息费用处理与 2012 年类似。

(5) 2016 年 12 月 31 日,债券到期还本时

借:应付债券——面值　　　　　　　　　　　　　　　　　　10 000 000
　　贷:银行存款　　　　　　　　　　　　　　　　　　　　　　　10 000 000

例 14-9 承例 14-8，如果该债券采用到期一次还本付息形式，则每期计提利息费用，以 2012 年为例，会计分录如下：

借：利息支出　　　　　　　　　　　　　　　　　　　　797 100
　　贷：应付债券——应计利息　　　　　　　　　　　　　　600 000
　　　　　　　　——利息调整　　　　　　　　　　　　　　197 100

（二）可转换公司债券

可转换公司债券是指持有人可以在一定时期内、按照规定的转换比例或者转换价格将其转换成一定数量的发行公司股票的债券。可转换公司债券具有债权性证券和权益性证券的双重性质。一方面，债券转换前，持有人可以持续获得债券利息收入，到期可获得本金偿还；另一方面，持有人拥有在一定时期内将其转换为发行公司股票的权利，可以享受股票增值的收益。

对于发行公司来说，一方面，发行可转换公司债券可以较低的利率筹集资金；另一方面，通过债券和股票的转换，可以优化资本结构。

1. 可转换公司债券的初始确认

保险公司发行可转换公司债券时，应该在初始确认时对负债成分和权益成分进行分拆。在分拆时，首先利用相似条件下不附转换权一般债券的市场利率对可转换公司债券中负债成分的未来现金流量进行折现，折现值确认为负债成分的初始金额；再将可转换公司债券的发行收入总额减去负债成分的初始金额，差额确认为权益成分的初始金额。发行可转换公司债券时产生的交易费用等，在负债成分和权益成分之间按照相对公允价值进行分摊。

为了核算可转换公司债券，保险公司应该在"应付债券"科目下设置"可转换公司债券"明细科目。保险公司发行可转换公司债券时，按照实际收到的款项，借记"银行存款"科目；按照发行的可转换公司债券的面值，贷记"应付债券——可转换公司债券——面值"科目；按照计算的权益成分的初始金额，贷记"其他权益工具"科目；再按照借贷双方差额，借记或者贷记"应付债券——可转换公司债券——利息调整"科目。

2. 可转换公司债券的后续计量

（1）利息支付的核算。可转换公司债券负债部分的后续计量应采用摊余成本法核算。根据摊余成本法，应该在债券存续期内按照实际利率对利息调整进行摊销。

在每一个计息日，保险公司应按照可转换公司债券的名义利息确认负债，贷记"应付利息——可转换公司债券利息"科目；按照可转换公司债券的摊余成本和实际利率计算利息费用，借记"利息支出"科目；按照其差额借记或贷记"应付债券——可转换公司债券——利息调整"科目。实际支付利息时，按照支付的金额，借记"应付利息——可转换公司债券利息"科目，贷记"银行存款"科目。

（2）可转换公司债券的转换。可转换公司债券的持有人行使转换权时，保险公司应按照合同约定的条件计算转换的普通股股数，确定股本的金额，贷记"股本"科目；同时结转可转换公司债券负债部分的账面价值，两者之间的差额记入"资本公积——股本溢价"科目。另外，可转换公司债券初始确认时分拆出的权益部分——"其他权益工具"，也应转入"资本公积——股本溢价"科目。

3. 核算举例

例 14-10 A 保险公司于 2016 年 1 月 1 日按面值发行了 5 年期可转换公司债券 100 000 000 元,票面利率为 5%,每年 12 月 31 日支付利息。可转换公司债券发行 1 年后可以按照每 1 000 元面值转换为该保险公司每股面值为 1 元的普通股 200 股。已知不附转换权的一次还本、年付息的 5 年期债券的市场利率为 6%,不计交易费用。

负债部分的初始公允价值＝

$$\frac{5\,000\,000}{1.06}+\frac{5\,000\,000}{1.06^2}+\frac{5\,000\,000}{1.06^3}+\frac{5\,000\,000}{1.06^4}+\frac{105\,000\,000}{1.06^5}=95\,787\,636(元)$$

权益部分公允价值 = 100 000 000 − 95 787 636 = 4 212 364(元)

负债部分各年度摊余成本的计算如表 14-3 所示。

表 14-3 负债部分各年度摊余成本的计算   单位:元

年份	期初摊余成本	实际利息 (实际利率为 6%)	名义利息 (名义利率为 5%)	本金偿还额	期末摊余成本
1	95 787 636	5 747 258	5 000 000	0	96 534 894
2	96 534 894	5 792 094	5 000 000	0	97 326 988
3	97 326 988	5 839 619	5 000 000	0	98 166 607
4	98 166 607	5 889 996	5 000 000	0	99 056 604
5	99 056 604	5 943 396	5 000 000	100 000 000	0

会计分录如下:

(1) 2016 年 1 月 1 日发行可转换公司债券

借:银行存款　　　　　　　　　　　　　　　　　　　　　　　100 000 000

　　应付债券——可转换公司债券——利息调整　　　　　　　　　4 212 364

　贷:应付债券——可转换公司债券——面值　　　　　　　　　　100 000 000

　　　其他权益工具　　　　　　　　　　　　　　　　　　　　　4 212 364

(2) 2016 年 12 月 31 日确认利息费用

借:利息支出　　　　　　　　　　　　　　　　　　　　　　　　5 747 258

　贷:应付利息——可转换公司债券利息　　　　　　　　　　　　5 000 000

　　　应付债券——可转换公司债券——利息调整　　　　　　　　　747 258

(3) 2016 年 12 月 31 日支付利息

借:应付利息——可转换公司债券利息　　　　　　　　　　　　5 000 000

　贷:银行存款　　　　　　　　　　　　　　　　　　　　　　　5 000 000

(4) 2017 年 1 月 1 日投资人选择行使转换权

　　　转换的股数 = 100 000 000 ÷ 1 000 × 200 = 20 000 000(股)

借:应付债券——可转换公司债券——面值　　　　　　　　　　100 000 000

　　其他权益工具　　　　　　　　　　　　　　　　　　　　　　4 212 364

　贷:股本　　　　　　　　　　　　　　　　　　　　　　　　　20 000 000

　　　应付债券——可转换公司债券——利息调整　　　　　　　　3 465 106

　　　资本公积——股本溢价　　　　　　　　　　　　　　　　　80 747 258

二、长期借款的核算

长期借款是指保险公司经批准从银行或其他金融机构借入的期限在 1 年以上(不含 1 年)的各种借款,一般用于固定资产的购建、改扩建、对外投资及保持长期经营能力等。与应付债券类似,长期应付款的初始确认应采用公允价值法,后续计量应采用摊余成本法。

(一)长期借款的初始确认

保险公司借入长期借款时,根据公允价值法,应按照实际收到的金额确认长期借款,实际金额为长期借款的总额扣除手续费用等(如果存在)。具体而言,保险公司应按照长期借款的总额确认长期借款的本金,按照实际收到的金额与本金的差额(如果存在)确认利息调整,并在持有该负债期间摊销。

为了核算长期负债,保险公司应设置"长期负债"科目。该科目属于负债类科目,贷方登记借入的长期借款及应计利息,借方登记长期借款的归还、利息的支付及利息调整和利息调整的摊销,期末余额在借方,反映公司尚未偿还的长期借款本息。该科目应设置"本金""利息调整""应计利息"明细科目。

保险公司借入长期借款时,应按照实际收到的款项(长期借款总额扣除手续费等费用),借记"银行存款"科目;按照长期借款的总额,贷记"长期借款——本金"科目;如果后者较大,则应按照差额借记"长期借款——利息调整"科目。

(二)长期借款的后续计量

1. 利息支付的核算

长期借款的后续计量采用摊余成本法核算。根据摊余成本法,应该在长期借款存续期内按照实际利率对利息调整进行摊销,其核算方法、利息费用的确认原则与应付债券大体一致。

保险公司应在每一资产负债表日按照摊余成本法计提利息支出、确认当期利息费用并摊销获得长期借款时确认的利息调整(如果存在)。具体账务处理为:在资产负债表日,保险公司应按照当期的名义利息支出,贷记"长期借款——应计利息"科目;同时按照实际利率计算当期实际利息,借记"在建工程"或"利息支出"等科目,确认原则与应付债券产生的利息费用一致;然后按照两者的差额,借记或贷记"长期借款——利息调整"科目。

如果是分期付息、一次还本的长期借款,那么在每一个计息日,保险公司应按照长期借款的名义利息确认负债,贷记"应付利息"科目;按照长期借款的摊余成本和实际利率计算利息费用,借记"利息支出""在建工程"等科目;按其差额借记或贷记"长期借款——利息调整"科目。实际支付利息时,按照支付的金额,借记"应付利息"科目,贷记"银行存款"科目。

如果是一次还本付息的长期借款,保险公司应于资产负债表日按照长期借款的名义利息确认负债,贷记"长期借款——应计利息"科目;按照长期借款的摊余成本和实际利率计算利息费用,借记"利息支出""在建工程"等科目;按其差额借记或贷记"长期借款——利息调整"科目。在期末一次性偿还本金并支付利息时,借记"长期借款——应计利息"科目,贷记"银行存款"科目。

2. 本金偿还的核算

保险公司取得的长期借款一般采用到期一次性偿还本金的形式。到期支付本金时,保险公司应按照本金的金额,借记"长期借款——本金"科目,贷记"银行存款"等科目。

3. 核算举例

例 14-11 2013 年 10 月 1 日,A 保险公司向银行借入 3 年期的长期借款,共计 5 000 000 元,年利率为 4%,用于自有办公大楼的建设,到期一次性还本付息。2014 年 6 月 31 日,该办公大楼交付使用。会计分录如下:

(1) 2013 年 10 月 1 日

借:银行存款 5 000 000
  贷:长期借款——本金 5 000 000

(2) 2013 年 12 月 31 日,计提该年的利息费用

借:在建工程 50 000
  贷:长期借款——应计利息 50 000

(3) 2014 年 12 月 31 日,计提该年的利息费用

借:在建工程 100 000
  利息支出 100 000
  贷:长期借款——应计利息 200 000

(4) 2015 年 12 月 31 日,计提该年的利息费用

借:利息支出 200 000
  贷:长期借款——应计利息 200 000

(5) 2016 年 10 月 1 日,A 保险公司还本付息

借:利息支出 150 000
  贷:长期借款——应计利息 150 000

借:长期借款——本金 5 000 000
      ——应计利息 600 000
  贷:银行存款 5 600 000

例 14-12 2014 年 1 月 1 日,A 保险公司向其他公司借入 3 年期的长期借款 3 000 000 元,年利率为 8%,用于日常业务经营,利息分期支付。为该笔长期借款,A 保险公司共支付手续费等 100 000 元,实际收到长期借款为 2 900 000 元。

长期借款的实际利率为 9.324%,各年度摊余成本的计算如表 14-4 所示。

表 14-4 各年度摊余成本的计算 单位:元

年份	期初摊余成本	实际利息 (实际利率为 9.324%)	名义利息 (名义利率为 8%,名义本金为 3000 000 元)	本金偿还额	期末摊余成本
1	2 900 000	270 400	240 000	0	2 930 400
2	2 930 400	273 230	240 000	0	2 963 630
3	2 963 630	276 370	240 000	3 000 000	0

会计分录如下:

(1) 2014年1月1日,A保险公司获得长期借款

借:银行存款　　　　　　　　　　　　　　　　　2 900 000
　　长期借款——利息调整　　　　　　　　　　　　100 000
　　贷:长期借款——本金　　　　　　　　　　　　　3 000 000

(2) 2014年12月31日确认应付利息

借:利息支出　　　　　　　　　　　　　　　　　　270 400
　　贷:应付利息　　　　　　　　　　　　　　　　　240 000
　　　　长期债券——利息调整　　　　　　　　　　　 30 400

(3) 实际以银行存款支付应付利息时

借:应付利息　　　　　　　　　　　　　　　　　　240 000
　　贷:银行存款　　　　　　　　　　　　　　　　　240 000

(4) 2015年、2016年利息支付的会计处理与2014年类似

(5) 2016年12月31日支付本金时

借:长期借款——本金　　　　　　　　　　　　　 3 000 000
　　贷:银行存款　　　　　　　　　　　　　　　　 3 000 000

三、长期应付款的核算

长期应付款是指保险公司除应付债券和长期借款以外的其他各种长期应付款项,如应付融资租赁固定资产的租赁费等。本节以融资租赁长期应付款的核算为例进行说明。

(一) 融资租赁概述

融资租赁是指根据承租人对供货人和租赁标的物的选择,由出租人向供货人购买租赁标的物,然后租给承租人使用。在固定资产融资租赁期,租赁资产的所有权仍归出租人所有,承租人只享有该项资产的使用权利;但是由于其风险和报酬的实质转移已经发生,承租人对其具有实际的控制权,按照实质重于形式的原则,承租人应将其确认为自身的资产。

本质上,融资租赁相当于分期支付固定资产的当期价款,分期付款现值的总额相当于承租人对出租人的长期负债,分期付款现值总额高于固定资产入账价值的差额相当于融资租赁的利息调整。

(二) 融资租赁的核算

保险公司在获得融资租赁的固定资产时,应按照其公允价值入账;同时应按照最低租赁付款额确认长期应付款,初始直接费用确认银行存款的减少;按照差额确认利息调整(未确认融资费用)。其中,公允价值等于租赁资产的市场公允价值与最低租赁付款额现值两者中较低者加上初始直接费用(如安装费)。最低租赁付款额现值是指包含担保余值在内的各期租赁付款按照一定的贴现率折现得到的现值,如果能够获得出租人租赁内含利率的,应当采用租赁内含利率作为折现率,否则应当采用租赁合同规定的利率作为折现率;如果无法取得出租人的租赁内含利率且租赁合同没有规定利率的,应当采用同期银行贷款利率作为折现利率。

保险公司在持有融资租赁固定资产期间,应按照摊余成本法进行核算,在持有期间对未确认融资费用进行摊销。按照合同租赁费进行支付时,保险公司应确认长期应付款的减少及银行存款的减少。按照事先确认的未确认融资费用的摊销方法确定的摊销额,确认未确认融资费用的减少及业务和管理费。

1. 科目设置

为了核算融资租赁长期应付款,保险公司应设置"长期应付款""未确认融资费用"科目。

为了总括地反映长期应付款的发生和归还情况,保险公司应设置"长期应付款"科目。该科目属于负债类科目,贷方登记发生的长期应付款,借方登记长期应付款的归还,期末余额在贷方,反映公司尚未偿付的各种长期应付款。该科目可以按照长期应付款的种类和债权人设置明细科目。保险公司应使用"长期应付款——应付融资租赁款"科目核算融资租赁的长期应付款。

"未确认融资费用"科目用于核算企业应当分期计入利息费用的未确认融资费用,属于负债类科目。该科目实质上相当于长期应付款的利息调整科目,即"长期应付款——应付融资租赁款"科目的备抵科目。其借方登记租入融资租赁固定资产时确认的利息调整,贷方登记未确认融资费用的摊销,期末余额在借方,反映尚未摊销的未确认融资费用。该科目可以按照债权人和长期应付款项目进行明细核算。

2. 账务处理

保险公司采用融资租赁方式租入固定资产的,应该在租赁日将租赁资产公允价值与最低租赁付款额现值两者中较低者加上初始费用,作为租入资产的入账价值,借记"固定资产"等科目;按照最低租赁付款额,贷记"长期应付款——应付融资租赁款项"科目;按照初始直接费用,贷记"银行存款"等科目;按照三者的差额,借记或贷记"未确认融资费用"科目。

持有融资租赁固定资产期间,应按照每期应付款,借记"长期应付款——应付融资租赁款项"科目,贷记"银行存款"等科目;按照未摊销融资费用的摊销额,借记"利息支出"科目,贷记"未确认融资费用"科目。

3. 核算举例

例 14-13 A 保险公司采用融资租赁方式租入固定资产,该固定资产的市场公允价值为 20 000 000 元,保险公司须支付 20 年融资租赁费,每年为 1 500 000 元。另外,A 保险公司支付初始费用为 500 000 元,已知出租人内含利率为 5%。会计分录如下:

固定资产最低租赁付款额现值 =

$$\frac{1\,500\,000}{(1+5\%)} + \frac{1\,500\,000}{(1+5\%)^2} + \cdots + \frac{1\,500\,000}{(1+5\%)^{20}} = 18\,693\,315(元)$$

固定资产的市场公允价值大于最低租赁付款额现值,因此

固定资产的入账金额 = 18 693 315 + 500 000 = 19 193 315(元)

(1)购入固定资产时

借:固定资产	19 193 315
未确认融资费用	11 306 685
贷:长期应付款——应付融资租赁款项	30 000 000
银行存款	500 000

持有该固定资产期间,未确认融资费用分摊如表 14-5 所示。

表 14-5　未确认融资费用分摊　　　　　　　　　　　　　　　　　单位:元

年份	期初本金余额	确认的融资费用	租赁费	期末本金余额
0				18 693 315
1	18 693 315	934 666	1 500 000	18 127 981
2	18 127 981	906 399	1 500 000	17 534 380
3	17 534 380	876 719	1 500 000	16 911 099
4	16 911 099	845 555	1 500 000	16 256 654
⋮	⋮	⋮	⋮	⋮
19	2 789 114	139 456	1 500 000	1 428 570
20	1 428 570	71 430	1 500 000	0

以第 1 年为例,会计分录如下:

借:长期应付款——应付融资租赁款项　　　　　　　1 500 000
　　贷:银行存款　　　　　　　　　　　　　　　　　　　1 500 000
借:业务及管理费　　　　　　　　　　　　　　　　　934 666
　　贷:未确认融资费用　　　　　　　　　　　　　　　　934 666

四、保险保障基金的核算

(一)保险保障基金概述

1. 保险保障基金的提取

按照国家有关规定,为了保障被保险人的利益,保证保险公司的稳健经营,保险公司应当按照保险监督管理机构的规定提存保险保障基金。保险保障基金由中国保监会集中管理、统筹使用。中国保监会设立保险保障基金专门账户,保险保障基金按照保险公司分户核算。

保险保障基金的提取办法为:非投资型财产保险按照保费收入的 0.8% 缴纳;投资型财产保险,有保证收益的按照业务收入的 0.08% 缴纳,无保证收益的按照业务收入的 0.05% 缴纳。有保证收益的人寿保险按照业务收入的 0.15% 缴纳,无保证收益的人寿保险按照业务收入的 0.05% 缴纳。短期健康保险按照保费收入的 0.8% 缴纳,长期健康保险按照保费收入的 0.15% 缴纳。非投资型意外伤害保险按照保费收入的 0.8% 缴纳;投资型意外伤害保险有保证收益的按照业务收入的 0.08% 缴纳,无保证收益的按照业务收入的 0.05% 缴纳。此外,保险保障基金余额达到公司总资产 6% 的财产保险公司和保险保障基金余额达到公司总资产 1% 的人寿保险公司可以暂停缴纳保险保障基金。

2. 保险保障基金的使用

按照国家规定,国有独资的中国保险保障基金有限责任公司依法负责保险保障基金的筹集、管理和使用。目前,保险保障基金的资金运用仅限于银行存款,买卖政府债券、中央银行票据、中央企业债券、中央级金融机构发行的金融债券,以及国务院批准的其他资金运用形式。

当保险公司被依法撤销或者依法实施破产、其清算财产不足以偿付保单利益,或者当中国保监会经商有关部门认定,保险公司存在重大风险、可能严重危及社会公共利益和金融稳定时,由中国保监会拟订风险处置方案和使用办法,商有关部门后,报经国务院批准方可动用保险保障基金。

(二)保险保障基金的核算

1. 科目设置和账务处理

为了核算保险公司按规定提取的保险保障基金,保险公司应设置"其他应付款——保险保障基金"科目。保险公司在年末提取保险保障基金时,借记"业务及管理费"科目,贷记"其他应付款——保险保障基金"科目;在缴纳保险保障基金时,借记"其他应付款——保险保障基金"科目,贷记"银行存款"等科目。

2. 核算举例

例 14-14 2017 年度,A 人寿保险公司的业务收入为 500 000 000 元。其中,有保证收益的人寿保险业务收入为 350 000 000 元,无保证收益的人寿保险业务收入为 150 000 000 元,年末按规定一共须提取保险保障基金为 600 000 元。会计分录如下:

(1) 提取保险保障基金时

借:业务及管理费　　　　　　　　　　　　　　　600 000
　　贷:其他应付款——保险保障基金　　　　　　　　　　　600 000

(2) 缴纳保险保障基金时

借:其他应付款——保险保障基金　　　　　　　　600 000
　　贷:银行存款　　　　　　　　　　　　　　　　　　　600 000

关键词

负债　交易性金融负债　短期借款　拆入资金　存入保证金　存入准备金
代理业务负债　应付债券　长期借款　长期应付款　保险保障基金

本章小结

1. 负债是指过去的交易事项形成的现时义务,履行该义务预期会导致经济利益流出企业。保险公司向保户收取保费承担保险责任,形成大量准备金负债,再加上日常经营形成的非准备金负债,其负债率远高于一般制造业企业,具有负债经营的特点。

2. 金融负债共有四种计量方法:公允价值法、摊余成本法、历史成本法和孰高法。

思考与练习

1. 交易性金融负债如何进行后续计量?
2. 可转换公司债券的成本如何在负债和权益之间进行划分?
3. 如何提取和使用保险保障基金?

第十五章 所有者权益

本章概要

本章主要介绍所有者权益的确认和计量,包括实收资本(或股本)、其他权益工具、资本公积、其他综合收益、留存收益和一般风险准备。在学习本章时,还应关注《企业会计准则第 37 号——金融工具列报》及相关的指南和解释。

延伸阅读
金融工具列报准则

学习目标

1. 了解所有者权益的含义、特征及构成
2. 掌握实收资本(或股本)及其他权益工具的核算
3. 掌握资本公积的影响因素及核算方法
4. 掌握其他综合收益的分类及核算
5. 掌握留存收益及一般风险准备的提取

第一节 所有者权益核算概述

一、所有者权益的含义和特征

所有者权益即净资产,股份公司的所有者权益又称股东权益,是指所有者在保险公司资产中的要求权,在数量上等于企业全部资产减去全部负债后的余额。所有者权益与负债是保险公司的全部资金来源,负债代表公司的债权人对公司资产的要求权,而所有者权益代表公司所有者对公司剩余资产的要求权,两者有着明显的差异。

(1) 性质不同。负债是保险公司对债权人的经济责任;而所有者权益是由投资者投入公司的资本及公司运营产生的盈余或亏损形成的,代表的是所有者对公司剩余资产的要求权。在保险公司发生清算破产时,债权人对企业资产的要求权在顺序上先于所有者权益。

(2) 权利不同。债权人拥有获得定期利息和到期本金偿还的权利,以及公司破产清算时的资产要求权,但是没有参与公司经营决策的权利及对公司收益的分配权;相反,所有者可以参与公司的生产经营决策及公司收益的分配。

(3) 偿还期限不同。负债通常有约定的利息和本金的偿还期限;而所有者权益一般只有在企业破产清算时依照法定程序才能够返还给投资者,而一般不能在保险公司持续经营的过程中抽回投资,属于保险公司可以长期使用的资金。

（4）风险不同。从投资角度来说，债权人一般是按一定利率获得利息并到期收回本金，收益不受企业经营情况的影响，投资风险较小；但是所有者的收益主要是由公司的盈利水平和股利政策决定的，投资风险较大。

二、所有者权益的组成

保险公司的所有者权益主要包括实收资本（或股本）、其他权益工具、资本公积、其他综合收益、留存收益和一般风险准备等，其中留存收益又包括法定盈余公积、任意盈余公积和未分配利润。

（一）实收资本（或股本）

实收资本（股本）是指投资者在保险公司注册资本范围内实际投入的资本及各项财产物资，可以分为国家投资、法人投资、个人投资、外商投资。我国目前实行的是注册资本金制度，要求保险公司的实收资本与其注册资本一致，所以投资者投入的资金中只有按投资者占被投资公司实收资本比例计算的部分才确认为实收资本，超过部分作为资本溢价进行核算。对于股份制保险公司，实收资本表现为实际发行股票的面值，计为股本，股票发行价格高于面值的部分作为股本溢价进行核算。根据《保险法》的规定，设立保险公司，其注册资本的最低限额为人民币2亿元。

（二）其他权益工具

其他权益工具是指保险公司发行的除普通股以外的归类为权益工具的各种金融工具，主要包括按照金融负债和权益工具区分原则初始分类为权益工具的金融工具、可转换公司债券等复合金融工具中的权益成分、初始归为金融负债后重分类为权益工具的金融工具等。

（三）资本公积

资本公积是指保险公司获得的经营活动以外的、非利润转化而成的资本，主要包括资本溢价（股本溢价）和其他资本公积等，资本公积的主要作用是转增资本。其中，资本溢价是指有限责任公司投资者的出资额中大于按照合同或者协议所规定的出资比例计算的部分；股本溢价是指股份有限公司溢价发行股票时实际收到的款项中超过股票面值的部分；其他资本公积是指除资本溢价和股本溢价外的项目所形成的资本公积，一般包括以权益结算的股份支付、长期股权投资权益法下被投资单位除净损益、其他综合收益、利润分配外的其他变动等。另外，对于股份有限公司来说，资本公积一般还包括认股权证和库存股。

（四）其他综合收益

其他综合收益是指保险公司根据会计准则规定未在当期损益中确认的各项利得和损失，分为以后会计期间不能重分类进损益的其他综合收益项目和以后会计期间在满足规定条件时将重分类进损益的其他综合收益项目。前者主要包括重新计量设定受益计划净负债或净资产导致的变动，按照权益法核算的在被投资单位以后会计期间不能重分类进损益的其他综合收益中所享有的份额等;后者主要包括按照权益法核算的被投资单位在以后会计期间满足规定条件时将重分类进损益的其他综合收益中所享有的份额,可供出售金融资产公允价值变动形成的利得和损失,持有至到期投资重分类为可供出售金融资产形成的利得或损失,现金流量套期工具产生的利得或损失中属于有效套期的部分,外币财务报表折算差额等。

(五) 留存收益

留存收益包括保险公司法定盈余公积、任意盈余公积和未分配利润,三者均是由利润转化而形成的所有者权益。保险公司实现本年净利润后,应先弥补以前年度尚未弥补的亏损;对于剩余部分,提取法定盈余公积后再提取任意盈余公积,剩余的进入未分配利润,用于在以后年度向投资者分配利润。

(六) 一般风险准备

一般风险准备是指保险公司按规定从净利润中提取的风险准备金,以便在遇到巨大赔款时弥补亏损。设置一般风险准备,既是保持保险人业务经营稳定的需要,也是巨灾和特大事故在年度间不平衡的必然结果。

第二节 实收资本的核算

一、非股份制保险公司实收资本的核算

(一) 核算原则

对于非股份制保险公司的股本,应按照以下规定进行核算:

(1) 投资者以现金投入的资本,保险公司应当以其在保险公司注册资本中的份额作为实收资本入账;实际收到或者存入企业开户银行的金额超过其在该保险公司注册资本中所占份额的部分,计入资本公积。

(2) 投资者以非现金资产投入的资本,保险公司应当按投资各方协商确认的价值作为实收资本入账。

(3) 投资者投入的外币,合同没有约定汇率的,按收到出资额当日的汇率核算;合同约定汇率的,按合同约定的汇率折合,因汇率不同产生的折算差额,作为资本公积处理。

(二) 科目设置和账务处理

为了核算非股份制保险公司实际收到投资者投入的资本,保险公司应设置"实收资本"科目和"资本公积"科目。"实收资本"科目属于权益类科目,贷方登记投资者投入和通过其他途径转入的实收资本增加额,借方登记实收资本减少额,期末余额在贷方,反映保险公司期末实收资本的余额。该科目应按照投资者设置明细科目。"资本公积"科目属于权益类科目,贷方登记保险公司资本溢价、接受捐赠财产的价值、法定财产重估增值、外汇资本折算收益、债务重组收益等资本公积的增加额,借方登记保险公司资本的减少额,期末余额在贷方,反映保险公司期末资本公积结存的余额。该科目应设置"资本溢

价""股本溢价""其他资本公积"明细科目,非股份制保险公司实际收到的投资中属于资本公积的部分使用"资本公积——资本溢价"科目进行核算。

收到投资者投入的现金资产时,保险公司应按照实际收到或存入企业开户银行的金额,借记"银行存款"等科目;按照投资者在注册资本中应占的份额,贷记"实收资本"科目;按照两者的差额,贷记"资本公积——资本溢价"科目。保险公司接受外币投资时,应该按合同汇率或出资日汇率,核算为人民币入账。

收到实物资产投入时,保险公司应按照投资各方确认的价值,借记"固定资产"科目;保险公司收到无形资产投资时,则应按照无形资产在投资方的账面价值借记"无形资产"科目,按照投资者在注册资本中应占的份额贷记"实收资本"科目,按照两者的差额贷记"资本公积——资本溢价"科目。

(三)核算举例

例 15-1 A 保险公司为有限责任公司,成立时收到甲投资人投入资本为 100 000 000 元,收到乙投资人投入资本为 150 000 000 元,A 保险公司注册资本为 200 000 000 元,双方各占 50% 的股份。会计分录如下:

```
借:银行存款                                      250 000 000
    贷:实收资本——甲                              100 000 000
            ——乙                                 100 000 000
        资本公积——资本溢价                        50 000 000
```

例 15-2 A 保险公司为有限责任公司,成立时收到甲投资人投资资本为 150 000 000 元,收到乙投资人投资固定资产办公楼,价值为 50 000 000 元,收到丙投资人投入的无形资产——办公信息系统,该无形资产在丙投资人的账面上的价值为 3 000 000 元。A 保险公司的注册资本为 200 000 000 元,甲投资人占 70% 的股份,乙投资人占 20% 的股份,丙投资人占 10% 的股份。会计分录如下:

```
借:银行存款                                      150 000 000
    固定资产——办公楼                              50 000 000
    无形资产——办公信息系统                        30 000 000
    贷:实收资本——甲                              140 000 000
            ——乙                                  40 000 000
            ——丙                                  20 000 000
        资本公积——资本溢价                        30 000 000
```

二、股份制保险公司股本的核算

(一)核算原则

对于股份制保险公司的股本,应按照以下规定进行核算:

(1)股份制保险公司的股本应当在核定的股本总额及核定的股份总额的范围内发行股票或股东出资取得。保险公司发行的股票,应按照其面值作为股本;超过面值发行取得的收入,超过面值的部分应作为股本溢价计入资本公积。

(2) 保险公司在境外上市或在境内发行外资股时,应按照确定的人民币股票面值和核定的股份总额的乘积计算的金额作为股本入账,并将按收到股款当日的汇率折合的人民币金额与按人民币计算的股票面值总额的差额作为资本公积处理。

(二) 科目设置和账务处理

为了核算股份制保险公司实际收到的投资者投入的资本,保险公司应设置"股本"科目和"资本公积"科目。"股本"科目的具体核算方法与"实收资本"科目一致,"资本公积"科目使用"资本公积——股本溢价"明细科目进行核算。

股份制保险公司发行股票收到现金资产时,应按照实际收到或存入企业开户银行的金额,借记"银行存款"等科目;按照股票面值和核定的股份总额的乘积,贷记"股本"科目;按照两者的差额,贷记"资本公积——股本溢价"科目。

股份制保险公司在境外上市或在境内发行外资股时,应按照确定的人民币股票面值和核定的股份总额的乘积计算的金额,贷记"股本"科目;按照收到股款当日的汇率折合的人民币金额,借记"银行存款"等科目;按照两者差额,贷记"资本公积——股本溢价"科目。

(三) 核算举例

例 15-3 A 保险公司为股份有限公司,成立时共发行股份为 10 000 000 股,面值为 1 元/股,实际发行价格为 20 元/股。完成筹资后,会计分录如下:

借:银行存款　　　　　　　　　　　　　　　　　　200 000 000
　　贷:股本　　　　　　　　　　　　　　　　　　　10 000 000
　　　　资本公积——股本溢价　　　　　　　　　　190 000 000

例 15-4 A 保险公司在中国香港上市,共发行 20 000 000 股,面值为 1 元/股,实际发行价格为 20 港币/股,发行当日的汇率为 RMB 81.90/HKD 100,折合人民币为 16.38 元/股。会计分录如下:

借:银行存款　　　　　　　　　　　　　　　　　　327 600 000
　　贷:股本　　　　　　　　　　　　　　　　　　　20 000 000
　　　　资本公积——股本溢价　　　　　　　　　　307 600 000

三、实收资本(或股本)的变动

保险公司的实收资本(或股本)除下列情况外,不得随意变动。

(一) 股东增资的核算

符合增资条件并经批准增资的保险公司,应在实际取得股东的出资时,按照实际收到的款项或其他资产,借记"银行存款""固定资产""无形资产"等科目;按照增加的实收资本或股本,贷记"实收资本"或"股本"科目;按照两者的差额,贷记或借记"资本公积——资本溢价(股本溢价)"科目。

例 15-5 A 保险公司(非股份制)经批准后准备增资,B 公司向 A 保险公司出资 300 000 000 元。增资后,A 保险公司的总注册资本为 2 400 000 000 元,B 公司占 A 保公司 10% 的股份。会计分录如下：

借：银行存款	300 000 000
贷：实收资本	240 000 000
资本公积——资本溢价	60 000 000

（二）重组债务转为资本的核算

保险公司重组债务转为资本是指债务人将债务转为资本，同时债权人将债权转为股权的债务重组方式。重组债务转为资本的账务处理为：首先，保险公司应按照重组债务的账面余额确认债务的减少，借记"应付账款"科目；其次，保险公司应按照债权人因放弃债权而享有的企业股份的面值总额，贷记"实收资本"或"股本"科目，按照股份公允价值总额与相应的实收资本或股本之间的差额，借记或贷记"资本公积——资本溢价（股本溢价）"科目，使得确认的所有者权益的账面价值的增加等于股份的公允价值总额；最后，保险公司应按照债务重组账面价值与股份公允价值总额的差额，确认债务重组的利得或损失，贷记"营业外收入——债务重组利得"科目或借记"营业外支出——债务重组损失"科目。

例 15-6　A 保险公司进行债务重组，将账面价值为 200 000 000 元的债务转为普通股，共计 10 000 000 股，面值为 1 元/股，市场价值为 22 元/股。会计分录如下：

借：应付账款	200 000 000
营业外支出——债务重组损失	20 000 000
贷：股本	10 000 000
资本公积——股本溢价	210 000 000

（三）可转换公司债券转为股本的核算

可转换公司债券转为股本是指保险公司可转换公司债券的持有人行使转换权利，将其持有的债券转换为股票。保险公司应确认应付债券的减少及所有者权益的增加，具体账务处理为：保险公司按照可转换公司债券的余额，借记"应付债券——可转换公司债券——面值"科目，并借记或贷记"应付债券——可转换公司债券——利息调整"科目；按照转换后获得的股数及股票的面值，贷记"股本"科目；按照差额确认资本公积，贷记"资本公积——股本溢价"科目。

例 15-7　A 保险公司发行可转换公司债券，每张债券面值为 1 000 元，可以转换为 100 股的普通股。张某共持有 100 张该债券，行使转换权时，每张该债券的"应付债券——可转换公司债券——利息调整"科目贷方余额为 24 元，共获得普通股 10 000 股。会计分录如下：

借：应付债券——可转换公司债券——面值	100 000
——可转换公司债券——利息调整	2 400
贷：股本	10 000
资本公积——股本溢价	92 400

（四）资本公积、盈余公积转增资本的核算

保险公司经过股东大会或类似机构批准，可以将资本公积、盈余公积转增资本。《公

司法》规定,法定公积金(资本公积和盈余公积)转增资本时,所留存的法定公积金不得少于转增资本前公司注册资本的25%。具体账务处理为:保险公司应按照转增资本的金额,借记"资本公积——资本溢价(股本溢价)"科目或借记"盈余公积"科目,贷记"实收资本"或"股本"科目。

例 15-8 经过股东大会批准,A 保险公司准备使用资本公积和盈余公积转增资本,其中使用资本公积和盈余公积分别为 5 000 000 元。会计分录如下:

借:资本公积——股本溢价　　　　　　　　　　5 000 000
　　盈余公积　　　　　　　　　　　　　　　　5 000 000
　　贷:股本　　　　　　　　　　　　　　　　　　　　　10 000 000

(五)发放股票股利的核算

股份有限公司经过股东大会批准发放股票股利是指通过向股票持有人按比例发放股票作为股利的利润分配方式。发放股票股利增加了流通中股票的数量,相当于增加了公司的股本,保险公司应该在办理增资手续之后,按照实际发放股票的数量,贷记"股本"科目,借记"利润分配"科目。

例 15-9 经过股东大会批准,A 保险公司准备发放股票股利。公司现共有在外流通普通股为 100 000 000 股,面值为 1 元/股,每 10 股派发 1 股新股作为股利。会计分录如下:

借:利润分配——转作股本的股利　　　　　　　10 000 000
　　贷:股本　　　　　　　　　　　　　　　　　　　　　10 000 000

(六)减资的核算

对于非股份制保险公司,减少实收资本返还投资时,应按照法定程序报经批准,借记"实收资本"科目,贷记"库存现金""银行存款"等科目。对于股份制保险公司来说,按照法定程序报经批准后,应采用收购本公司股票的方式减资,具体的核算方法将在下面"库存股"部分详细介绍。

第三节　其他权益工具的核算

一、其他权益工具核算概述

保险公司发行的金额工具应按照金融工具准则进行初始确认和计量,之后按照金融工具的初始分类在每个资产负债表日计提利息或派发股利,根据相关的企业会计准则进行处理。对于保险公司发行金融工具所发生的手续费、佣金等交易费用,如果分类为债务工具且以摊余成本进行计量的,应该计入所发行金融工具的初始计量金额;如果分类为权益工具的,应该从权益中扣除。

为了核算保险公司发行的除普通股外的、归类为权益工具的各种金融工具,应设置"其他权益工具"科目。该科目属于权益类科目,贷方登记企业发行的权益工具增加的数额,借方登记权益工具的赎回或转换的数额。该科目按照金融工具的种类进行明细核算。

二、其他权益工具的核算

(一)初始归类为权益工具的金融工具的核算

保险公司在金融工具发行初始就按照金融工具准则确认为权益工具的,应按照实际收到的金额,借记"银行存款"等科目,贷记"其他权益工具——优先股(永续债)"科目。在权益工具存续期间计提利息或派发股利的,在资产负债表日或者股利发放宣告日,借记"利润分配——应付优先股股利(应付永续债利息等)"科目,贷记"应付股利——优先股股利"或"应付利息——永续债利息"等科目。

例 15-10　A 保险公司于 2016 年 6 月 1 日发行一项年利率为 8%、无固定还款期限、可自主决定还款期的永续债,按照金融工具准则归类为权益工具,发行收入为 30 000 000 元。会计分录如下:

借:银行存款　　　　　　　　　　　　　　　　　　　　30 000 000
　　贷:其他权益工具　　　　　　　　　　　　　　　　　　30 000 000

(二)复合金融工具的核算

保险公司发行的复合金融工具,负债部分和权益部分应该分开计量,按照发行时收到的实际金额,借记"银行存款"等科目;按照金融工具的面值,贷记"应付债券——可转换公司债券(优先股、永续债等)——面值"科目;按照负债部分公允价值与金融工具面值之间的差额,借记或者贷记"应付债券——可转换公司债券(优先股、永续债等)——利息调增"科目;按照收到的实际金额与负债部分公允价值之间的差额,贷记"其他权益工具"科目。发行复合金融工具所发生的手续费、佣金等交易费用,应该在负债部分和权益部分之间按照各自公允价值在总发行收入中的占比进行分摊,具体的会计处理可参见第十四章中"可转换公司债券"部分。

(三)金融工具重分类的核算

由于发行的金融工具原合同条款约定的条件或事项随着时间的推移或经济环境的改变而发生变化,可能导致已发行金融工具重分类。对于原分类为权益工具的金融工具,自不再被分类为权益工具之日起,发行方应该将其重分类进金融负债。在重分类日,应按照该金融工具的账面价值,借记"其他权益工具——优先股(永续债等)"科目;按照该金融工具的面值,贷记"应付债券——优先股(永续债等)——面值"科目;按照该金融工具公允价值与面值的差额,借记或贷记"应付债券——优先股(永续债等)——利息调整"科目;按照该金融工具账面价值与公允价值的差额,贷记或借记"资本公积——资本溢价(股本溢价)"科目,资本公积不足以冲减的,依次冲减盈余公积和未分配利润。

对于原分类为金融负债的金融工具,自不再被分类为金融负债之日起,发行方应该将其重分类进权益工具。在重分类日,应按照该金融工具的面值,借记"应付债券——优先股(永续债等)——面值"科目;按照该金融工具的利息调整余额,借记或贷记"应付债券——优先股(永续债等)——利息调整"科目;按照该金融工具的账面价值,贷记"其他权益工具——优先股(永续债等)"科目。

例 15-11 B保险公司于2012年发行了面值为 500 000 000 元的永续债,初始分类为金融负债。2016年由于原合同条款约定的条件随着经济环境的改变而发生变化,导致该永续债应重分类进权益工具,已知重分类日,该永续债的利息调整借方余额为 80 000 000 元。会计分录如下:

  借:应付债券——永续债——面值　　　　　　　　　　500 000 000
   贷:应付债券——永续债——利息调整　　　　　　　　 80 000 000
    其他权益工具——永续债　　　　　　　　　　　　420 000 000

(四) 权益工具赎回的核算

保险公司按照合同条款约定赎回所发行的除普通股外的、分类为权益工具的金融工具时,应按照赎回价格,借记"库存股——其他权益工具"科目,贷记"银行存款"等科目。当注销该金融工具时,应按照该金融工具所对应的其他权益工具的账面价值,借记"其他权益工具"科目;按照赎回价格,贷记"库存股——其他权益工具"科目;按照两者的差额,借记或贷记"资本公积——资本溢价(股本溢价)"科目,资本公积不足以冲减的,依次冲减盈余公积和未分配利润。

例 15-12 C保险公司于2013年发行了附赎回条款的永续债,初始分类为权益工具,发行收入为 600 000 000 元;2016年,保险公司按照合同条款,用 800 000 000 元赎回全部永续债。会计分录如下:

(1) 发行永续债时
  借:银行存款　　　　　　　　　　　　　　　　　　　600 000 000
   贷:其他权益工具　　　　　　　　　　　　　　　　　600 000 000
(2) 赎回并注销该永续债时
  借:库存股——其他权益工具　　　　　　　　　　　　　800 000 000
   贷:银行存款　　　　　　　　　　　　　　　　　　　800 000 000
  借:其他权益工具　　　　　　　　　　　　　　　　　　600 000 000
   资本公积——股本溢价　　　　　　　　　　　　　　200 000 000
   贷:库存股——其他权益工具　　　　　　　　　　　　800 000 000

(五) 权益工具转换的核算

保险公司按照合同条款约定将发行的除普通股外的金融工具转换成普通股时,应按照该金融工具所对应的金融负债或其他权益工具的账面价值,借记"应付债券""其他权益工具"科目;按照普通股的面值,贷记"实收资本(或股本)"科目;按照两者的差额,贷记"资本公积——资本溢价(或股本溢价)"科目。

例 15-13 D保险公司于2010年发行了面值为1 000元的可转换公司债券 200 000 张,每张可转债在两年后可转换为100张面值为1元的普通股。假设该可转债的持有人于2012年12月31日将持有的全部可转债转换成普通股,已知当时该可转债对应的利息调整借方余额为 60 000 000 元,其他权益工具贷方余额为 80 000 000 元。会计分录如下:

借:应付债券——可转换公司债券——面值	200 000 000
其他权益工具	80 000 000
贷:应付债券——其他权益工具——利息调整	60 000 000
股本	20 000 000
资本公积——股本溢价	200 000 000

第四节　资本公积的核算

资本公积的核算主要涉及以下方面:保险公司接受投资者投资时形成的资本公积;实收资本(股本)变动引起的资本公积的相应变动;权益法下长期股权投资形成的资本公积;法定财产重估增值;以权益结算的股份支付。另外,对于股份制保险公司来说,资本公积的核算还包括认股权证和库存股的核算。

在上述问题中,保险公司接受投资者投资时形成的资本公积和实收资本(股本)变动引起的资本公积的相应变动的核算已经在上节中说明,权益法下长期股权投资形成的资本公积的核算已经在第十一章中说明,本节主要介绍法定财产重估增值、以权益结算的股份支付、认股权证和库存股的核算。

一、法定财产重估增值

保险公司的各项资产应按照获得时的实际成本计价,不得随价格变动调整账面价值。在以下情形中,保险公司可以对其资产进行重估:实行股份制改造;公司兼并、合并、改组、拍卖;国家统一组织的清产核资。资产重估后的增值部分,保险公司应该作为资本公积处理,按增值的金额,借记相应的"固定资产"等科目,贷记"资本公积"科目。

例 15-14 A 保险公司要进行改组,对公司资产进行重估。估值后,固定资产产生增值 50 000 000 元,无形资产产生增值 1 000 000 元,其他资产价值不变。会计分录如下:

借:固定资产	50 000 000
无形资产	1 000 000
贷:资本公积	51 000 000

二、以权益结算的股份支付

(一) 以权益结算的股份支付概述

以股份为基础的支付又称股份支付,是指保险公司为获取职工和其他方提供服务而授予权益工具或承担以权益工具为基础确定的负债的交易,分别称为以权益结算的股份支付和以现金结算的股份支付。

1. 以权益结算的股份支付的基本概念

授予日是指股份支付协议获得批准的日期。其中,获得批准是指企业与职工或其他方就股份支付的协议条款和条件已达成一致,该协议获得股东大会或类似机构的批准。

可行权日是指可行权条件得到满足、职工或其他方拥有从企业取得权益工具或现金的权利的日期。有的股份支付协议是一次性可行权,有的则是分批可行权。只有已经可行权的股票期权,才是职工真正拥有的"财产",才能择机行权。从授予日至可行权日的时段,是可行权条件得到满足的期间,因此称为等待期,又称行权限制期。

行权日是指职工和其他方行使权利、获取现金或权益工具的日期。行权是按期权的约定价格实际购买股票,一般是在可行权日之后到期权到期日之前的可选择时段内行权。

出售日是指股票持有人将行使期权所取得的期权股票出售的日期。按照我国法规的规定,用于期权激励的股份支付协议,应在行权日与出售日之间设立禁售期,国有控股上市公司的禁售期不得少于两年。

2. 以权益结算的股份支付的基本类型

附服务年限条件的权益结算股份支付是指给予公司员工一定的公司股票期权,只要员工在公司的服务年限达到了合同的规定,就可以使用股票期权,按期权价格买入公司股票。合同成立、获得股票期权的时间为授予日,服务达到规定年限时为可行权日,实际获得股票时为行权日,实际出售股票时为出售日。

附非市场业绩条件的权益结算股份支付是指给予公司员工一定的公司股票期权,只要公司业绩达到了合同的规定,员工就可以使用股票期权,按期权价格买入公司股票。

(二) 以权益结算的股份支付的计量原则和核算

1. 换取职工服务的股份支付

对于换取职工服务的股份支付,保险公司应当以股份支付所授予的权益工具的公允价值计量。保险公司应在等待期内的每个资产负债表日,以对可行权权益工具数量的最佳估计数为基础,按照权益工具在授予日的公允价值,将当期取得的服务计入相关资产成本或当期费用,同时计入资本公积——其他资本公积。行权日,保险公司应根据行权的情况,结转已确认的资本公积——其他资本公积,同时确认股本和股本溢价。

对于授予后立即可行权的、换取职工提供服务的、以权益结算的股份支付,保险公司应在授予日按照权益工具的公允价值,将取得的服务计入相关资产成本或当期费用,同时计入资本公积。

2. 换取其他方服务的股份支付

对于换取其他方服务的股份支付,保险公司应当以股份支付所换取的服务的公允价值计量;如果其他方服务的公允价值不能可靠计量,但权益工具的公允价值能够可靠计量的,保险公司应当按照权益工具的公允价值计量。保险公司应当按照其他方服务在取得日的公允价值(如果无法计量,则按照权益工具在服务取得日的公允价值),将取得的服务计入相关资产成本或费用。

(三) 账务处理

对于换取职工服务的股份支付,保险公司在授予日并不进行账务处理;在等待期内的每个资产负债表日,保险公司应估计可行权权益工具数量,按照权益工具在授予日的公允价值计算当期取得服务的成本,借记"业务及管理费"科目,贷记"资本公积——其他资本公积"科目。职工行权时,按照职工支付的价款,借记"银行存款"等科目;按照已经贷记的其他资本公积的余额,借记"资本公积——其他资本公积"科目;按照行权的股本的金额,贷记"股本"科目;按照前述确认金额的差额,贷记"资本公积——股本溢价"科目。

(四)核算举例

例 15-15 2014 年 1 月 1 日,A 保险公司向 100 名管理人员每人授予 1 000 股股票期权,如果这些管理人员在该公司连续服务 3 年,就可以按 5 元/股的价格购买 1 000 股 A 保险公司的股票。该期权在授予日的公允价值为 20 元/股。

2014 年年底,100 名管理人员中共有 10 名离职,公司估计 3 年中会有 25 人离开公司。2015 年年底,又有 5 名员工离职,公司将 3 年累计离职人数修正为 20 人。2016 年年底,又有 3 人离职。会计分录如下:

(1) 2014 年 1 月 1 日,不需要进行账务处理

(2) 2014 年 12 月 31 日,预计 3 年内有 25 人离职,则派发的股票期权价值为 1 500 000 元[1 000×20×(100-25)],则 2014 年需要分摊的费用为 500 000 元。

  借:业务及管理费   500 000
    贷:资本公积——其他资本公积   500 000

(3) 2015 年 12 月 31 日,预计 3 年内会有 20 人离职,则派发的股票期权的价值为 1 600 000 元[1 000×20×(100-20)],已经提取费用 500 000 元,2015 年需要分摊的费用为 550 000 元。

  借:业务及管理费   550 000
    贷:资本公积——其他资本公积   550 000

(4) 2015 年 12 月 31 日,3 年内共有 18 人离职,则派发的股票期权的价值为 1 640 000 元[1 000×20×(100-18)],已经提取费用 1 050 000 元,2016 年需要分摊的费用为 590 000 元。

  借:业务及管理费   590 000
    贷:资本公积——其他资本公积   590 000

(5) 假设 82 名员工均于 2017 年 1 月 1 日行权

  借:银行存款   410 000
    资本公积——其他资本公积   1 640 000
    贷:股本   82 000
      资本公积——资本溢价   1 968 000

例 15-16 2012 年,B 保险公司为 100 名中层以上职员每人授予 100 份现金股票增值权,这些职员从 2012 年 1 月 1 日起在该公司连续服务 3 年即可按照当时股价的增长幅度获得现金,该增值权应在 2016 年 12 月 31 日之前行使。B 保险公司估计,该增值权在负债结算之前的每一资产负债表日及结算日的公允价值和可行权后的每份增值权现金支出额如表 15-1 所示。

表 15-1 资产负债表日及结算日的公允价值和每份增值权现金支出额　　　　单位:元

年份	公允价值	支付现金
2012	14	
2013	15	
2014	18	16
2015	21	20
2016		25

第 1 年有 10 名职员离开 B 保险公司,B 保险公司估计 3 年中还将有 10 名职员离开;第 2 年又有 10 名职员离开公司,公司估计还将有 5 名职员离开公司;第 3 年又有 5 名职员离开公司。第 3 年年末,40 人行使股份增值权获得了现金;第 4 年年末,25 人行使股份增值权获得了现金;第 5 年年末,剩余 10 人也行使了股份增值权。费用和资本公积的计算如表 15-2 所示。

表 15-2 费用和资本公积的计算　　　　单位:元

年份	负债计算 (1)	支付现金计算 (2)	负债 (3)	支付现金 (4)	当期费用 (5)
2012	(100−20)×100×14×1/3		37 333		37 333
2013	(100−25)×100×15×2/3		75 000		37 667
2014	(100−25−40)×100×18	40×100×16	63 000	64 000	52 000
2015	(100−25−40−25)×100×21	25×100×20	21 000	50 000	8 000
2016	0	10×100×25		25 000	4 000
总额				139 000	139 000

注:(1)列计算得(3)列,(2)列计算得(4)列;当期(3)列+当期(4)列−当期(3)列=当期(5)列。

会计分录如下:

(1) 2012 年 12 月 31 日

借:管理费用　　　　　　　　　　　　　　　　　　　　　　　37 333
　　贷:应付职工薪酬——股份支付　　　　　　　　　　　　　　　37 333

(2) 2013 年 12 月 31 日

借:管理费用　　　　　　　　　　　　　　　　　　　　　　　37 667
　　贷:应付职工薪酬——股份支付　　　　　　　　　　　　　　　37 667

(3) 2014 年 12 月 31 日

借:管理费用　　　　　　　　　　　　　　　　　　　　　　　52 000
　　贷:应付职工薪酬——股份支付　　　　　　　　　　　　　　　52 000

借:应付职工薪酬——股份支付　　　　　　　　　　　　　　　64 000
　　贷:银行存款　　　　　　　　　　　　　　　　　　　　　　64 000

(4) 2015 年 12 月 31 日

借:公允价值变动损益　　　　　　　　　　　　　　　　　　　8 000
　　贷:应付职工薪酬——股份支付　　　　　　　　　　　　　　　8 000

借:应付职工薪酬——股份支付　　　　　　　　　　　　　　　50 000
　　贷:银行存款　　　　　　　　　　　　　　　　　　　　　　50 000

(5) 2016 年 12 月 31 日

借:公允价值变动损益 4 000
　　贷:应付职工薪酬——股份支付 4 000
借:应付职工薪酬——股份支付 25 000
　　贷:银行存款 25 000

三、认股权证的核算

(一) 认股权证核算概述

认股权证是发行人授予持有人在到期日前(也可能有其他附加条款)以行权价购买公司发行的新股(或者库藏的股票)的一项权利。认股权证的价值取决于购买普通股的行权价格与市场价格之间的关系。如果规定购买价格低于市场价格,两者差额即为认股权证的价值;反之,如果规定购买价格高于市场价格,则认股权证没有价值。通常,认股权证由股份公司在发行除普通股外的其他证券(如公司债券、优先股股票)时附带发送,本节以随公司债券发送的认股权证为例说明认股权证的核算。

在随公司债券发送认股权证时,如果认股权证规定的购买价格高于普通股的市场价值(即认股权证没有价值),则账务处理与没有附带认股权证公司债券的核算方法相同;如果认股权证规定的购买价格低于普通股的市场价值(即认股权证有价值),则按照其价值确认为认股权证。

持有认股权证的股东行使认股权认购公司发行的新股时,公司应冲减认股权证的价值,并按照购买的新股确认股本,按照支付价款与认股权证价值和股本价值的差额确认为资本公积(股本溢价)。相当于持有人使用一定的货币资金和对公司普通股的认购权利购买了普通股,为普通股支付的总价款为货币资金和认股权证价值的总和。

如果在认股权证的有效期间,持证人未行使认股权,则在认股权失效时将其转为资本公积(资本溢价)。

(二) 科目设置和账务处理

为了核算认股权证,保险公司应设置"认股权证"科目。该科目属于权益类科目,贷方登记公司发送认股权证时认股权证的价值,借方登记持证人行使认股权或认股权失效时认股权证价值的转出,期末余额在贷方,反映尚未行使或失效的认股权证在发送时的价值。

在随公司债券、股票发送认股权证时,如果认股权证规定的购买价格低于普通股的市场价值,则保险公司应按照实际收到的价款,借记"银行存款"科目;按照认股权证的价值,贷记"认股权证"科目;按照已发行的公司债券面值,贷记"应付债券——面值"科目;按照实际价款扣除认股权证价值和债券面值后的余额,借记或贷记"应付债券——利息调整"科目。

持有认股权证的股东行使认股权认购公司发行的新股时,保险公司应按照实际收到的价款,借记"银行存款"科目;按照行使的认股权证的账面价值,借记"认股权证"科目;按照使用认股权证认购的普通股的面值,贷记"股本"科目;按照实际收到的价款与认股权证价值之和扣除普通股面值后的余额,贷记"资本公积——股本溢价"科目。

如果在认股权证的有效期间,持证人未行使认股权,则在认股权失效时按照认股权证的账面价值,借记"认股权证"科目,贷记"资本公积——股本溢价"科目。

（三）核算举例

例 15-17　A 保险公司发行附带认股权证的 5 年期债券 10 000 元/张,面值 1 000 元/张,发行价格为 1 100 元/张。每张债券附加 10 个认股权证,每个权证可以认购 10 股普通股,规定的认购价格为 10 元/张,当时股票的市场价格为 12 元/张。在规定期限内,A 保险公司发行普通股,面值 1 元/张,认股权证持有人行使了全部认股权,共认购了 1 000 000 股。会计分录如下：

(1) 发行附带认股权证的债券时

借:银行存款	11 000 000
应付债券——利息调整	1 000 000
贷:应付债券——成本	10 000 000
认股权证	2 000 000

(2) 行使认股权时,收到实际价款为 10 000 000 元

借:银行存款	10 000 000
认股权证	2 000 000
贷:股本——普通股	1 000 000
资本公积——股本溢价	11 000 000

例 15-18　承例 15-17,如果在认股权证的有效期内,没有权证持有人行使认股权,在认股权证失效时,会计分录如下：

借:认股权证	2 000 000
贷:资本公积——资本溢价	2 000 000

四、库存股的核算

（一）库存股概述

库存股是指公司已发行,但是出于减资、奖励职工、日后再发行等原因收回,由公司持有的股票。需要注意的是,收回已经发行的股票的,必须在保险公司最低注册资本的范围内进行,并且收回的库存股应在 10 天以内予以注销,库存股不参与分红也没有参与公司经营决策的权利。由于我国不允许股份公司暂时收回公司股份以便日后发行,本节只介绍因经批准减资而收回股票和为奖励职工而收回股票的核算。

为了核算企业收购、转让或注销的股份,保险公司应设置"库存股"科目。该科目属于权益类科目,是所有者权益的抵减科目,借方登记收购的公司股份的账目余额,贷方登记转让或注销库存股的金额,期末余额在借方,反映企业持有的、尚未转让或注销的本公司股份金额。

（二）经批准减资而收回的库存股的核算

股份制保险公司经过有关部门批准,可以购回已经发行的股票,核销股本。具体账

务处理为:保险公司购回本公司股份时,应按照实际支付的金额,借记"库存股"科目,贷记"银行存款"等科目。注销库存股时,保险公司应按照股票面值和回购的股数计算股票面值总额,借记"股本"科目;按照所注销的库存股的账目余额,贷记"库存股"科目;按照两者的差额,借记或贷记"资本公积——股本溢价"科目。若收购股票的价款高于面值总额且股本溢价不足以冲减,应依次借记"盈余公积""利润分配——未分配利润"科目。

例 15-19　A 保险公司经批准减资,以 8 元/股的价格收回普通股 10 000 000 股,面值为 1 元/股,并注销。注销时,"资本公积——股本溢价"科目贷方余额为 50 000 000 元,盈余公积贷方余额为 40 000 000 元。会计分录如下:

(1) 收回普通股

借:库存股	80 000 000
贷:银行存款	80 000 000

(2) 注销库存股

借:股本	10 000 000
资本公积——股本溢价	50 000 000
盈余公积	20 000 000
贷:库存股	80 000 000

如果回购普通股的价格为 0.8 元/股,则会计分录如下:

(1) 收回普通股

借:库存股	8 000 000
贷:银行存款	8 000 000

(2) 注销库存股

借:股本	10 000 000
贷:库存股	8 000 000
资本公积——股本溢价	2 000 000

(三) 为奖励职工而收回的库存股的核算

为了奖励职工,保险公司可以购回已经发行的股票,并赠予职工或低于市场价格售予职工。具体账务处理为:保险公司购回本公司股份时,应按照实际支付的金额,借记"库存股"科目,贷记"银行存款"等科目。将购回的股票奖励职工时,保险公司应按照"库存股"科目的余额,贷记"库存股"科目;如果向职工收取一定价款,则应按照收到价款,借记"银行存款"科目;按照奖励股票的市场价格与实际价格的差额,借记"资本公积——其他资本公积"科目;按照上述金额的差额,借记或贷记"资本公积——股本溢价"科目。

例 15-20　A 保险公司为了奖励职工购回普通股 1 000 000 股,面值为 1 元/股,购回时的市场价值为 9 元/股。股份被派发给员工时,员工要支付 5 元/股。会计分录如下:

(1) 购回普通股

借:库存股	9 000 000
贷:银行存款	9 000 000

（2）将购回的普通股派发给员工
借：银行存款　　　　　　　　　　　　　　　　　　　　5 000 000
　　资本公积——其他资本公积　　　　　　　　　　　　4 000 000
　　贷：库存股　　　　　　　　　　　　　　　　　　　　9 000 000

第五节　其他综合收益的核算

一、其他综合收益核算概述

其他综合收益是指保险公司根据其他会计准则规定、未在当期损益中确认的各项利得和损失，分为以后会计期间不能重分类进损益的其他综合收益项目和以后会计期间在满足规定条件时将重分类进损益的其他综合收益项目。

为了核算这部分未在当期损益中确认的各项利得和损失，保险公司应设置"其他综合收益"科目，属于权益类科目，贷方登记未在当期损益中确认的各项利得的增加，借方登记未在当期损益中确认的各项损失的增加及转入当期损益的部分。

二、以后会计期间不能重分类进损益的其他综合收益项目

以后会计期间不能重分类进损益的其他综合收益项目，主要包括重新计量设定受益计划净负债或净资产导致的变动，按照权益法核算的、在被投资单位以后会计期间不能重分类进损益的其他综合收益中所享有的份额等。

三、以后会计期间在满足规定条件时将重分类进损益的其他综合收益项目

以后会计期间在满足规定条件时将重分类进损益的其他综合收益项目，主要包括按照权益法核算的、在被投资单位以后会计期间满足规定条件时将重分类进损益的其他综合收益中所享有的份额，可供出售金融资产公允价值变动形成的利得和损失，持有至到期投资重分类为可供出售金融资产形成的利得或损失，其他资产转换为采用公允价值模式计量的投资性房地产，现金流量套期工具产生的利得或损失中属于有效套期的部分，外币财务报表折算差额等。

（一）采用权益法核算的长期股权投资

对于采用权益法核算的长期股权投资，被投资企业确认的其他综合收益变化会影响所有者权益，进而影响投资企业在该项投资中所享有的价值。在资产负债表日，保险公司应该按照被投资企业其他综合收益的变化与其在被投资企业中持股比例的乘积，调整长期股权投资的账面价值，借记或贷记"长期股权投资——其他综合收益"科目，同时贷记或借记"其他综合收益"科目；然后在处置该项长期股权投资时，将其对应的全部其他综合收益转入当期损益。具体的会计处理可参见第十一章。

（二）可供出售金融资产公允价值的变动

对于可供出售金融资产公允价值变动引起的利得或损失，除减值损失和外币货币性

金融资产形成的汇兑差额外,在资产负债表日,保险公司应按照可供出售金融资产公允价值与账面价值的差额,借记或贷记"可供出售金融资产——公允价值变动"科目,贷记或借记"其他综合收益"科目;在可供出售金融资产发生减值时,应该将原计入其他综合收益的公允价值变动的余额转出,借记"其他综合收益"科目,贷记"资产减值损失"科目;在处置可供出售金融资产时,应该将原计入其他综合收益的公允价值变动的余额转出,借记"其他综合收益"科目,贷记"投资收益"科目。具体的会计处理可参见第九章的"可供出售金融资产的核算"一节。

(三)金融资产的重分类

当保险公司持有意图或持有能力等条件发生变化时,金融资产的摊余成本计量法和公允价值计量法可以相互转换,即对金融资产进行重分类。

将可供出售金融资产重分类为采用成本或摊余成本计量的金融资产时,在重分类日,保险公司应该将该金融资产公允价值或账面价值作为成本或摊余成本;对于没有固定到期日的金融资产,保险公司仍应该将原直接计入所有者权益的利得或损失保留在"其他综合收益"科目中,在该金融资产被处置或发生减值时转出,计入当期损益。

将持有至到期投资重分类为可供出售金融资产时,在重分类日,保险公司应按照该持有至到期投资的账面价值,贷记"持有至到期投资"科目,借记"可供出售金融资产——成本"科目;按照该持有至到期投资公允价值与账面价值的差额,借记或贷记"可供出售金融资产——公允价值变动"科目,同时贷记或借记"其他综合收益"科目。在该重分类后的可供出售金融资产发生减值或终止确认时,保险公司应按照已确认为其他综合收益的公允价值变动损益的金额,借记或贷记"其他综合收益"科目,贷记或借记"投资收益"科目。具体的会计处理可参见第九章的"金融资产之间重分类的处理"一节。

(四)其他资产转换为采用公允价值模式计量的投资性房地产

对于因保险公司持有意图改变而从固定资产或无形资产转换为投资性房地产的建筑物或土地使用权,在公允价值模式下,保险公司应当将转换日该资产的公允价值作为投资性房地产的初始价值入账,借记"投资性房地产——成本"科目;同时冲销该资产的账面价值,按照资产的原值,贷记"固定资产"科目或"无形资产"科目,按照累计折旧、累计摊销及减值准备的余额,贷记"累计折旧""累计摊销""固定资产(无形资产)减值准备"等科目。如果该资产的公允价值大于原账面价值,保险公司应按照其差额贷记"其他综合收益"科目;待最终处置该项投资性房地产时,再将其确认为当期损益,借记"其他综合收益"科目,贷记"其他业务收入"科目。具体的会计处理可参见第十三章中的"投资性房地产的转换"一节。

(五)现金流量套期工具产生的利得或损失中属于有效套期的部分

对于现金流量套期工具产生的利得或损失中属于有效套期的部分,保险公司应按照该有效套期部分的金额(即该套期工具自套期开始的累计利得或损失与被套期项目自套期开始的预计未来现金现值的累计变动额中的较小值),直接记入"其他综合收益"科目。具体的会计处理可参见第十章。

(六)外币财务报表折算差额

外币财务报表折算差额是指在编制财务报表、把国外子公司或分支机构以所在国家货币编制的财务报表折算成以记账本位币表达的财务报表时,因报表项目采用不同汇率折算而形成的汇兑损益。按照企业会计准则的规定,外币财务报表折算差额应该在所有者权益中的"其他综合收益"科目核算。

保险公司在处置境外经营时,应当将资产负债表中所有者权益项目下列示的、与该境外经营相关的外币财务报表折算差额,自所有者权益项目转入处置当期损益;部分处置境外经营的,应当按处置比例计算处置部分的外币财务报表折算差额,转入处置当期损益。具体的会计处理可参见第七章。

第六节　留存收益、一般风险准备的核算

一、盈余公积的核算

(一)盈余公积概述

1. 盈余公积的内容和概念

盈余公积包括法定盈余公积和任意盈余公积。其中,法定盈余公积是指保险公司按照规定的比例从净利润中提取的盈余公积,按净利润的 10% 提取,达到注册资本的 50% 时可以不再提取;任意盈余公积金是指保险公司经股东大会或类似机构批准、按照规定的比例从净利润中提取的盈余公积。

2. 盈余公积的用途

盈余公积一经提取,一般情况下不得用于向投资者分配股利或利润。盈余公积的用途主要包括以下两项:

(1)弥补亏损。保险公司发生亏损时,自行弥补亏损的渠道主要有三种:一是用以后年度税前利润弥补,按照现行制度规定,保险公司发生亏损时,可以用以后五年内实现的税前利润弥补,即税前利润弥补亏损的期间为五年;二是用以后年度税后利润弥补,保险公司发生的亏损经过五年未弥补足额的,未弥补亏损应用税后利润弥补;三是以盈余公积弥补亏损,保险公司以提取的盈余公积弥补亏损时,应当由公司董事会提议并经股东大会批准。

(2)转增资本,即"送红股"。保险公司将盈余公积转增资本时,必须经股东大会决议批准。在实际将盈余公积转增资本时,应按照股东原有持股比例结转。盈余公积转增资本时,转增后留存的盈余公积的数额不得少于注册资本的 25%。

盈余公积的用途,并不是其实际的占用形态,而是保险公司所有者权益内部结构的转换。例如,保险公司以盈余公积转增资本时,在减少盈余公积的同时增加了实收资本,并没有改变所有者权益的总额。

(二)盈余公积的核算

盈余公积的核算包括盈余公积提取、盈余公积弥补亏损及盈余公积转增资本。盈余

公积转增资本的核算已阐述,本节主要介绍盈余公积提取和盈余公积弥补亏损的核算。

1. 科目设置

为了核算盈余公积,保险公司应设置"盈余公积"科目,贷方登记提取的盈余公积的数额,借方登记用于弥补亏损或转增资本的盈余公积的数额,期末余额在贷方,反映保险公司盈余公积的结余额。该科目应分别设置"法定盈余公积""任意盈余公积"明细科目。

2. 账务处理

保险公司按规定和股东大会等权力机构的决议提取盈余公积时,应按照提取金额,借记"利润分配——提取法定盈余公积(提取任意盈余公积)"科目,贷记"盈余公积——法定盈余公积(任意盈余公积)"科目。

保险公司根据股东大会等权力机构的决议使用盈余公积弥补亏损时,应借记"盈余公积——法定盈余公积(任意盈余公积)"科目,贷记"利润分配——盈余公积补亏"科目。

3. 核算举例

例 15-21　2016 年,A 保险公司共实现税后利润 20 000 000 元,根据公司规定和股东大会的决议,提取 10% 的法定盈余公积及 20% 的任意盈余公积。会计分录如下:

借:利润分配——提取法定盈余公积　　　　　　　2 000 000
　贷:盈余公积——法定盈余公积　　　　　　　　　　　　2 000 000
借:利润分配——提取任意盈余公积　　　　　　　4 000 000
　贷:盈余公积——任意盈余公积　　　　　　　　　　　　4 000 000

例 15-22　2016 年,A 保险公司发生亏损 5 000 000 元,股东大会决定使用法定盈余公积弥补亏损,会计分录如下:

借:盈余公积——法定盈余公积　　　　　　　　　5 000 000
　贷:利润分配——盈余公积补亏　　　　　　　　　　　　5 000 000

二、一般风险准备的核算

为了防范可能出现的经营风险和巨灾风险,保险公司必须在向投资者分配利润前,按税后利润的 10% 提取一般风险准备。

为了核算一般风险准备,保险公司应设置"一般风险准备"科目。该科目属于权益类科目,贷方登记提取一般风险准备的数额,借方登记出现巨灾风险时用于弥补亏损的一般风险准备,期末余额在贷方,反映保险公司的一般风险准备的数额。具体账务处理为:提取一般风险准备时,保险公司应借记"利润分配——提取一般风险准备"科目,贷记"一般风险准备"科目;用一般风险准备弥补亏损时,保险公司应借记"一般风险准备"科目,贷记"利润分配——一般风险准备补亏"科目。

例 15-23　承例 15-21,股东大会决定提取税后利润的 10% 作为一般风险准备,会计分录如下:

借:利润分配——提取一般风险准备　　　　　　　2 000 000
　贷:一般风险准备　　　　　　　　　　　　　　　　　　2 000 000

例 15-24　2016 年,A 保险公司出现巨额索赔,产生亏损 4 000 000 元,使用一般风险准备弥补亏损,会计分录如下:

借:一般风险准备　　　　　　　　　　　　　　　4 000 000
　贷:利润分配——一般风险准备补亏　　　　　　　　　　4 000 000

三、未分配利润的核算

未分配利润是指企业实现的净利润中,提取法定盈余公积、任意盈余公积、一般风险准备并向投资者分配后,剩余的用于以后年度向投资者分配的利润。未分配利润使用"利润分配"的二级科目"利润分配——未分配利润"进行核算。核算未分配利润时,保险公司应将"本年利润"科目余额转入"利润分配——未分配利润"科目,同时将"利润分配"其他二级科目余额转入"利润分配——未分配利润"科目。经过上述结算后,"利润分配——未分配利润"科目的余额如果在贷方,即为未分配利润;如果在借方,则为未弥补亏损。

例 15-25 承例 15-23,股东大会决定该年度不分红,将所有剩余利润转入未分配利润。会计分录如下:

```
借:本年利润                                  20 000 000
    贷:利润分配——未分配利润                  20 000 000
借:利润分配——未分配利润                       8 000 000
    贷:利润分配——提取法定盈余公积             2 000 000
              ——提取任意盈余公积             4 000 000
              ——提取一般风险准备             2 000 000
```

关键词

所有者权益　实收资本(或股本)　其他权益工具　资本公积　其他综合收益
留存收益　一般风险准备

本章小结

1. 所有者权益即净资产,股份公司的所有者权益又称股东权益,是指所有者在保险公司资产中的要求权,在数量上等于企业全部资产减去全部负债后的余额。

2. 保险公司的所有者权益主要包括实收资本(或股本)、其他权益工具、资本公积、其他综合收益、留存收益和一般风险准备等,其中留存收益又包括法定盈余公积、任意盈余公积和未分配利润。

思考与练习

1. 所有者权益与负债的区别是什么?
2. 哪些其他综合收益在以后会计期间可以重分类进损益?
3. 留存收益包括什么?
4. 为什么要提取一般风险准备?

第十六章　　收入、费用和利润

▎本章概要▎

本章主要介绍收入、费用和利润的构成、确认与核算,收入、费用和利润的关系,利润形成的核算,以及利润分配的内容与核算。在学习本章时,还应关注《企业会计准则第 14 号——收入》。

延伸阅读
收入准则

▎学习目标▎

1. 掌握保险公司收入的构成、确认与核算
2. 掌握保险公司费用的构成、确认与核算
3. 掌握保险公司利润的构成、确认与核算
4. 掌握利润分配的内容、程序与核算

第一节　保险公司收入的核算

一、保险公司收入的概述

收入是指公司在日常活动中形成的、会导致所有者权益增加的、与所有者投入资本无关的经济利益总流入。收入一般具有以下特征:(1)是公司从日常活动而不是从偶发交易或事项中获得的;(2)可能表现为公司资产的增加,也可能表现为负债的减少,或者两者兼而有之;(3)能导致公司所有者权益的增加;(4)只包括本公司经济利益的流入,不包括为第三方或客户代收的款项。

保险公司的收入包括销售保险产品获得的保费收入和分保费收入,运用保险资金获得的投资收益、利息收入、公允价值变动损益,以及其他业务收入、营业外收入和汇兑损益。其中,保费收入、分保费收入、投资收益、利息收入和公允价值变动损益已在其他章节中阐述,本章主要介绍其他业务收入、营业外收入和汇兑损益的核算。

二、其他业务收入的核算

其他业务收入是指保险公司确认的、与经常性活动相关的非主营业务的收入,即除销售保险产品外通过提供与保险业务相关的代理服务或其他服务获得的业务收入。其他业务收入主要包括租金收入、手续费收入、咨询服务收入、代勘查收入、代保管收入、担保收入、投资性房地产后续计量方式变更收益、账户管理费收入等。

为了核算其他业务收入,保险公司应设置"其他业务收入"科目。该科目属于损益类

科目,贷方登记其他业务收入的发生额,借方登记期末结转至"本年利润"科目的数额,结转后该科目没有余额。该科目应按照其他业务收入的种类设置明细科目,如"代理勘查""手续费收入""租金收入"等。

其他业务收入的账务处理为:取得其他业务收入时,借记"银行存款"等科目,贷记"其他业务收入"科目;期末应将"其他业务收入"科目余额结转至"本年利润",借记"其他业务收入"科目,贷记"本年利润"科目。

三、营业外收入的核算

营业外收入是指与保险公司的业务经营无直接关系的各项收入,包括非流动资产处置利得、非货币性资产交换利得、债务重组利得、政府补助、盘盈利得、捐赠利得和罚款收入等。其他章节中固定资产清理、固定资产处置、无形资产处置等的核算已经涉及营业外收入的核算。

为了核算营业外收入,保险公司应设置"营业外收入"科目。该科目属于损益类科目,贷方登记营业外收入的发生额,借方登记期末结转至"本年利润"的数额,结转后该科目没有余额。该科目应按照营业外收入的种类设置明细科目,如"政府补助""固定资产处置""罚款收入"等。

营业外收入的账务处理为:取得营业外收入时,借记"银行存款"等科目,贷记"营业外收入"科目;期末应将"营业外收入"科目余额结转至"本年利润",借记"营业外收入"科目,贷记"本年利润"科目。

例 16-1 B保险公司拖欠A保险公司分保账款为10 000 000元,由于B保险公司资金周转困难,两家公司通过债务重组方式达成协议:B保险公司使用持有的长期债券抵债,该长期债券的面值为10 000 000元,每年付息,不存在应计利息,市场评估的价值为12 000 000元,与其公允价值基本一致。经批准,A保险公司将该长期债券作为持有至到期投资。会计分录如下:

(1) 收到抵债的长期债券时

借:抵债资产——长期债券　　　　　　　　　　　12 000 000
　　贷:应收分保账款——B保险公司　　　　　　　　　10 000 000
　　　　营业外收入——债务重组收入　　　　　　　　　2 000 000

(2) 经批准,收到的长期债券作为持有至到期投资

借:持有至到期投资——成本　　　　　　　　　　10 000 000
　　　　　　　　　——利息调整　　　　　　　　　2 000 000
　　贷:抵债资产——长期债券　　　　　　　　　　　12 000 000

四、汇兑损益的核算

汇兑损益是指保险公司在发生外币交易时因汇率变动而产生的汇兑损益。保险公司外币业务的核算方法主要包括外币统账制和外币分账制。统账制是指保险公司在日常发生外币交易时即折算为记账本位币入账。分账制是指保险公司在日常核算时以分币种记账,在资产负债表日,按照资产负债表日即期汇率调整货币性项目,按交易日即期汇率调整非货币性项目。两种方法虽然账务处理顺序不同,但是结果相同,产生的汇兑

差额相同,均应计入当期损益。一般来说,对于外币业务量较大、发生频繁且涉及币种较多的保险公司,可以采用外币分账制核算;而其他保险公司多采用统账制进行外币业务的核算。本节主要介绍外币统账制下的核算方法。

(1) 发生外币交易时,保险公司应当采用即期汇率将外币金额折算为记账本位币金额。

(2) 对于货币性项目(如现金、银行存款、应收账款、应付账款、应付债券、长期借款、长期应付款等),期末或结算时,保险公司应按照资产负债表日的即期汇率进行折算,将因汇率波动带来的汇兑差额作为汇兑损益,计入当期损益。

(3) 对于非货币性项目(如长期股权投资、交易性金融资产、固定资产、无形资产等),期末保险公司应做如下处理:若以历史成本计量,则已在交易发生当日按即期汇率折算,资产负债表日不再调整;若以公允价值计量,则应按照确定公允价值时的即期汇率折算公允价值,与已经确定的账面价值的差额记为"公允价值变动损益"。

针对货币性项目,为了核算汇兑损益,保险公司应设置"汇兑损益"科目,属于损益类科目。按照期末汇率折算的记账本位币金额与原账面记账本位币金额之间的差额,如为汇兑收益,则借记有关科目,贷记本科目;如为汇兑损失,则做相反的会计分录。

例 16-2 2016 年 12 月 14 日,A 保险公司承保的出口货运险出险,须赔付 10 000 美元,当日即期汇率为 RMB 635.25/USD 100,A 保险公司确认为赔付支出;2016 年 12 月 31 日,保险公司尚未实际支付赔款,当日即期汇率为 RMB 630.25/USD 100。2017 年 1 月 10 日,保险公司使用银行存款进行实际赔付,当日即期汇率为 RMB 632.50/USD 100。会计分录如下:

(1) 确认赔付支出时

借:赔付支出——出口货运险	63 525
贷:应付赔款——出口货运险	63 525

(2) 2016 年 12 月 31 日

借:应付赔款——出口货运险	500
贷:汇兑损益	500

(3) 2017 年 1 月 10 日,实际支付赔款时

借:汇兑损益	225
应付赔款——出口货运险	63 025
贷:银行存款——美元	63 250

第二节 保险公司费用的核算

保险公司的费用主要包括赔付支出、保单红利支出、退保金、分出保费、分保账款、营业税金及附加、利息支出、手续费及佣金、提取未到期责任准备金、提取保险责任准备金、业务及管理费、其他业务成本、资产减值损失、营业外支出、所得税费用、以前年度损益调整等。本章主要介绍手续费及佣金、营业税金及附加、业务及管理费、其他业务成本、营业外支出的核算。

一、手续费及佣金

(一)手续费及佣金支出的内容

手续费及佣金支出作为保险公司向保险中介(包括营销员个人、银行等代理机构)支付的销售费用,是保险公司最主要的成本费用项目之一。

手续费支出是指保险公司向受其委托并在授权范围内代为办理保险业务的保险代理人支付的代理手续费。保险代理人包括专业代理人、兼业代理人和个人代理人。除机动车交通事故责任强制保险业务外,中国保监会对企业财产险、意外险等商业保险的代理手续费金额未做出最高上限等限制性规定,公司可以根据实际业务经营情况确定不同险种或不同形式代理人的代理手续费支付标准。

佣金支出是指保险公司向专门推销寿险业务的个人代理人支付的佣金支出。趸缴保费的直接佣金占保费的比例不得超过4%,期缴保费的直接佣金总额占保费佣金总额的比例不得超过5%,对直接佣金占各保单年度保费的比例也有相关上限规定,已支付佣金的业务不得再支付代理手续费。佣金分为直接佣金和附加佣金。直接佣金是指公司按代理合同及相关规定、按代理销售收入和直接佣金率计算得出的、直接支付给个人代理人的支出;附加佣金是指为满足个人代理人开展代理业务需要而发生的直接用于个人代理人队伍建设及与之直接相关的保障支出、教育培训支出和委托报酬,其中委托报酬包括津贴、补贴、奖励、业务推动支出等。另外,保险公司还应该以直接佣金和间接佣金为基础按照《税法》规定代扣代缴个人所得税、增值税及附加。

(二)手续费及佣金的摊销

《企业会计准则解释第2号》规定,中国内地保险公司的手续费及佣金不允许在保险合同期内进行摊销,而应该在发生的当期全部计入当期损益;在A股和H股同时上市的保险公司,H股报表应该与A股报表一致,也不能对手续费和佣金进行摊销。这种方法不是将保单的获得费用进行递延,而是将手续费和佣金在发生当期全部扣除,会低估保单首期的利润,较为保守。相比之下,中国香港会计准则和美国通用会计准则均规定,对于获得保单的手续费和佣金进行分期摊销,符合收支匹配的原则,平衡了各期利润,能够更客观地反映保险公司的经营情况。

(三)科目设置和账务处理

为了核算手续费和佣金支出,保险公司应设置"手续费及佣金支出""应付手续费及佣金"科目。

"手续费及佣金支出"科目用于核算保险公司按规定支付给代理保险业务的代理人的手续费和佣金(不包括分保手续费)。该科目属于损益类科目,借方登记手续费和佣金的支出额或计提应付未付的手续费及佣金,贷方登记期末结转至"本年利润"的数额,结转后该科目无余额。该科目应按照支出种类设置明细科目。

"应付手续费及佣金"科目用于核算保险公司因保险代理业务发生的、应付未付的手续费及佣金支出。该科目属于负债类科目,贷方登记应付未付手续费的发生额,借方登记实际支付的应付手续费的发生额,期末余额在贷方,反映公司尚未支付的手续费及佣金。该科目应按照代理人设置明细科目。

对于手续费及佣金支出的核算,有两种方式可供选择:一是每月初按估计计提当月的手续费及佣金支出,实际发生时冲减已经计提的应付金额;二是每月末计提当月累计应付未付手续费及佣金,次月初全额冲回,实际支付时计入当月收费及佣金支出。

手续费及佣金的账务处理为:计提手续费及佣金支出时,按照应计提的手续费及佣金的数额,借记"手续费及佣金支出"科目,贷记"应付手续费及佣金"科目;实际支付手续费时,按照支付手续费的数额,借记"应付手续费及佣金"科目,贷记"银行存款"等科目;实际支付佣金时,按照支付佣金的数额,借记"应付手续费及佣金"科目,按照代缴个人所得税和增值税及附加的数额,贷记"应交税费——应交个人所得税(应交增值税)"科目,按照应付手续费与佣金扣除代缴个人所得税和增值税及附加后的数额,贷记"银行存款"等科目。

(四)核算举例

例 16-3 2016 年 9 月 10 日,A 保险公司收到家财险保费 8 000 元,收到现金。A 保险公司须向 B 保险代理公司支付 5%的手续费。9 月 12 日,A 保险公司采用银行转账方式支付手续费。会计分录如下:

(1) 2016 年 9 月 10 日

借:现金	8 000
贷:保费收入——家财险	8 000
借:手续费及佣金支出——手续费——家财险	400
贷:应付手续费及佣金——B 保险代理公司	400

(2) 2016 年 9 月 12 日

借:应付手续费及佣金——B 保险代理公司	400
贷:银行存款	400

例 16-4 2016 年 8 月 15 日,A 保险公司收到年金保险保费收入 50 000 元,收到现金。A 保险公司须向保险代理人孙某支付佣金 15 000 元,并代扣个人所得税 1 500 元,代扣增值税 500 元。8 月 20 日,A 保险公司以银行存款方式支付了佣金。会计分录如下:

(1) 2016 年 8 月 15 日

借:现金	50 000
贷:保费收入——年金保险	50 000
借:手续费及佣金支出——直接佣金——年金保险	15 000
贷:应付手续费及佣金——孙某	15 000

(2) 2016 年 8 月 20 日

借:应付手续费及佣金——孙某	15 000
贷:应交税费——应交个人所得税	1 500
——应交增值税	500
银行存款	13 000

例 16-5　2016 年 9 月，A 保险公司为个人代理人张某支付参加养老保障及医疗、意外等保障的保险费 1 200 元，为个人代理人参加各类培训支付费用 1 000 元，发放补贴 1 500 元。会计分录如下：

(1) 计提附加佣金时

借：手续费及佣金支出——附加佣金——保障支出　　　　　1 200
　　　　　　　　　　　　　　　　——教育培训支出　　　　1 000
　　　　　　　　　　　　　　　　——委托报酬　　　　　　1 500
　　贷：应付手续费及佣金——张某　　　　　　　　　　　　　　　3 700

(2) 实际支付各项费用、发放补贴时

借：应付手续费及佣金——张某　　　　　　　　　　　　　　3 700
　　贷：银行存款　　　　　　　　　　　　　　　　　　　　　　　3 700

二、营业税金及附加

(一) 营业税金及附加的计算

保险公司的营业税金及附加主要包括城市维护建设税、教育费附加、水利建设基金等相关税费。

1. 城市维护建设税

城市维护建设税是为了加强城市维护建设、扩大和稳定城市维护建设资金的来源，面向有经济收入的单位和个人征收的一种税金。城市维护建设税的计税依据是保险公司的实际应纳增值税税额，税率则依据保险公司所处的不同地理位置（城市市区、县城或镇、县或镇以下），采用三档不同税率。具体计算公式为：

$$应纳城市维护建设税 = 应纳增值税税额 \times 适用税率$$

2. 教育费附加

教育费附加是为了发展教育事业、提高人民文化水平而由纳税人交纳的一种具有专门用途的附加费。需要注意的是，教育费附加不是一种税，而是一种费。教育费附加的计税依据是保险公司的实际应纳增值税税额，税率为 3%。具体计算公式为：

$$应交教育费附加 = 应纳增值税税额 \times 教育费附加征收率$$

3. 水利建设基金

水利建设基金是专项用于水利建设的政府性基金，是否征收、如何计算由地方税务机关确定。

(二) 科目设置及账务处理

为了核算营业税金及附加，保险公司应设置"营业税金及附加""应交税费"科目。

"营业税金及附加"科目用于核算企业经营活动发生的消费税、城市维护建设税、资源税和教育费附加等相关税费。该科目属于损益类科目，借方登记企业按规定计算的城市维护建设税、教育费附加等相关税费，贷方登记期末结转至"本年利润"科目的数额和公司收到的减免税金数额，结转后该科目无余额。

"应交税费"科目用于核算企业按照《税法》等规定计算应交的各种税费，包括增值税、消费税、所得税、资源税、土地增值税、城市维护建设税、房产税、土地使用税、车船税、教育费附加、矿产资源补偿费等。企业代扣代缴的个人所得税等,也通过本科目核算。该科目属于负债类科目,贷方登记按规定比例计算的应交税费和退回的多交税费,借方登记实际缴纳税费或按规定补缴税费,余额一般在贷方,表示公司应交纳但尚未缴纳的税费。如果余额在借方,则表示公司多交或尚未抵扣的税费。该科目按照应交的税费项目设置明细科目。

营业税金及附加的账务处理为:保险公司应按照应纳增值税税额确认增值税并计算应缴纳的营业税金及附加,借记"营业税金及附加"科目,贷记"应交税费——应交城市维护建设税、应交教育费附加"科目;实际缴纳税款时,应按照实际缴纳的金额,借记"应交税费"科目,贷记"银行存款"等科目;期末结转利润时,应将"营业税金及附加"科目余额转入"本年利润"科目,借记"本年利润"科目,贷记"营业税金及附加"科目。

(三)核算举例

例 16-6 A 保险公司 2016 年 6 月的增值税销项税额为 4 000 000 元,进项税额为 1 800 000 元。请计算营业税金及附加并进行会计处理,其中城市维护建设税税率为 7%,教育费附加征收率为 3%。会计分录如下:

$$应交增值税 = 4\,000\,000 - 1\,800\,000 = 2\,200\,000(元)$$
$$应交城市维护建设费 = 2\,200\,000 \times 7\% = 154\,000(元)$$
$$应交教育费附加 = 2\,200\,000 \times 3\% = 66\,000(元)$$

借:营业税金及附加	220 000
贷:应交税费——应交城市维护建设税	154 000
——应交教育费附加	66 000

三、业务及管理费

(一)业务及管理费的内容

业务及管理费是指保险公司在保险业务经营及管理过程中发生的各项费用,具体包括以下内容:

(1)勘查费。业务、理赔人员赴现场检验、调查、查勘、取证所支付的费用,以及聘请专家鉴定、咨询所支付的费用。赔案成立的,其勘查费应计入赔款支出。

(2)差旅费。按规定报销的差旅费用、市内交通费,以及因工作影响不能在单位或家中就餐,实际在餐馆就餐的误餐补贴等。

(3)技术转让费。反映公司接受技术转让等发生的费用,该技术的预计受益期限应当在 1 年以内或受让的金额很小,否则应作为无形资产。

(4)研究开发费。反映公司研究开发新条款、新险种、新软件系统(包括系统新增功能和上线推广费用)、新教育培训课程和非专利技术等发生的费用。

(5)保险保障基金。反映公司按规定提取的保险保障基金。

(6)低值易耗品摊销及修理费。按规定摊销的低值易耗品价值,以及保养、维护低值易耗品所发生的费用。

(7) 固定资产折旧费。反映公司按照有关规定提取的固定资产折旧费。

(8) 无形资产摊销。反映公司无形资产摊销的金额。

(9) 长期待摊费用摊销。反映公司长期待摊费用摊销的金额。

(10) 业务活动费。开展业务按规定所发生的活动经费。

(11) 宣传展业费。用于向社会宣传保险种类、费率、赔款等业务知识而设置的宣传栏、柜窗、板报,召开的对外宣传、座谈会,印制各种宣传材料,刊登各种广告,拍摄宣传性科教片,制作、购置实物宣传品,以及经国家批准的专项业务宣传事项所支付的费用。

(12) 广告费。反映公司通过中介媒体宣传公司品牌、产品、其他信息的广告费用支出,包括影视广告、户外广告、报刊广告、招聘广告等。

(13) 房租费。租用营业、办公性用房所支付的房租。

(14) 水电费。营业、办公用房所支付的水电费。

(15) 车船使用费。机动车船所支付的燃料、辅助油料、养路、牌照、车检费用。

(16) 电子设备运转费。为保证电子设备的正常运转所支付的水电费及耗用专用纸张、色带、微机软盘的费用。

(17) 租赁费。反映公司租用营业、办公性用房,以及其他设备和交通工具所支付的租金,不包括融资租赁费。

(18) 公杂费。购置办理业务所需材料、所用燃料,刻制业务专用图章、招牌,购置营业办公用品和清洁卫生用具费用。

(19) 银行结算费。按规定支付给银行的结算、汇兑费用。

(20) 职教费。反映公司提高职工业务素质、用于职工教育及职业技能培训的相关支出。

(21) 劳动保护费。按照国家规定的发放范围和标准所支付的劳动保护用品费。

(22) 职工工资。按国家规定支付给固定职工、合同制职工、临时工(含季节性临时锅炉工)的工资和各种工资性津贴。

(23) 职工福利费。按职工工资总额扣除各种价格补贴、奖金及落实政策补发工资后数额的11%提取用于职工福利的开支。

(24) 劳动保险费。反映公司离退休职工的离退休金、物价补贴、医疗费用(含离退休人员参加医疗保险的医疗保险金)、易地安家补助费、职工退职金、6个月以上病假人员工资、职工死亡丧葬补助费、抚恤金,按规定支付给离退休干部的各项经费,以及实行社会统筹办法的公司按规定提取的退休统筹基金。

(25) 社会统筹保险费。反映公司按国家规定缴纳的职工养老保险费、待业保险保障基金及残疾人就业金等。

(26) 住房公积金。反映公司按规定为职工缴纳的住房公积金。

(27) 工会经费。反映公司为了改善职工文化生活而用于开展工会工作的相关支出。

(28) 宣教费。用于职工学习,统一订购公用的书籍、报刊、资料费用。

(29) 外事费。经批准出国考察、访问、学习、进修的交通费、生活费、服装费,以及外宾来访等外事活动中按规定支付的接待费等。

(30) 会议费。各级公司召开的会议,按规定标准所支付的各种费用。

（31）印刷费。印制各项保险业务所需单证、账表、资料、信封、信纸等所支付的费用及附加的包装费。

（32）邮电费。办理各项业务所支付的邮费、电报、电传费、电话费、市内电话月租金及电话安装（不含初装）、线路租用费。

（33）取暖降温费。按规定在取暖期间开支的营业办公用房燃料费、运杂费，以及为了降温所支付的降温费用。

（34）保险费。参加保险所支付的费用。

（35）防灾（保护）费。主要用于增强保户及有关单位的防灾防损能力，减少或避免社会财产损失而采取各种预防措施、购置必要设施而开支的费用，以及用于安装营业网点的防护门窗、报警器、柜台栏杆、消防专用灭火器、水龙管费用及经国家财政部批准的专项费用。

（36）诉讼费。反映公司因诉讼而发生的费用。

（37）公证费。反映公司进行公证事务所发生的费用。

（38）律师、诉讼、咨询费。用于诉讼、公证、咨询、聘请律师等的费用。

（39）评估费。反映公司进行查账验资、资产评估等发生的各项费用。

（40）同业公会会费和学会会费。反映公司交纳的同业公会会费和学会会费。

（41）税款。按规定在费用中列支的印花税、房产税、车船使用税、土地使用税。

（42）其他费用。经国家财政部批准不属于上述费用的业务及管理性费用。

（二）业务及管理费的账务处理

为了核算各项业务及管理费，保险公司应设置"业务及管理费"科目。该科目属于损益类科目，借方登记业务及管理费的发生额，贷方登记期末结转至"本年利润"科目的数额，结转后该科目没有余额。该科目应按照费用项目设置明细科目。

1. 直接支付费用的核算

直接支付费用是指在本期发生、本期支付的应由本期负担的各项费用，如办公费、会议费、水电费、业务活动费等。

例 16-7　A 保险公司 2016 年 5 月 17 日以现金支付办公用品购置费 3 000 元，8 月 15 日以现金支付会议经费 2 500 元，9 月 9 日领用价值 500 000 元的公司纪念品作为业务活动费。会计分录如下：

(1) 2016 年 5 月 17 日

借：业务及管理费——公杂费　　　　　　　　　　　　3 000
　　贷：现金　　　　　　　　　　　　　　　　　　　　　　　3 000

(2) 2016 年 8 月 15 日

借：业务及管理费——会议费　　　　　　　　　　　　2 500
　　贷：现金　　　　　　　　　　　　　　　　　　　　　　　2 500

(3) 2016 年 9 月 9 日

借：业务及管理费——业务活动费　　　　　　　　　500 000
　　贷：低值易耗品——宣传用品　　　　　　　　　　　　500 000

(4) 2016 年 12 月 31 日

借：本年利润　　　　　　　　　　　　　　　　　　505 500
　　贷：业务及管理费——公杂费　　　　　　　　　　　3 000
　　　　　　　　　　——会议费　　　　　　　　　　　2 500
　　　　　　　　　　——业务活动费　　　　　　　　500 000

2. 转账摊销费用的核算

转账摊销费用是指通过转账形式列支的应由本期负担的各项费用，如应付职工薪酬、应交税费、保险保障基金的提取、固定资产的折旧、低值易耗品摊销、无形资产及长期待摊费用摊销等。本节主要介绍应付职工薪酬、应交税费、低值易耗品摊销的核算。

(1) 应付职工薪酬的核算。应付职工薪酬是指企业为获得职工提供的服务或解除劳动关系而应该支付的各种形式的报酬或补偿。企业提供给职工配偶、子女、受赠养人、已故员工遗属及其他受益人等的福利，也属于职工薪酬。职工薪酬主要包括短期薪酬、离职后福利、辞退福利和其他长期职工福利。

短期薪酬是指企业在职工提供相关服务的年度报告期间结束后 12 个月内应全部予以支付的职工薪酬，因解除与职工的劳动关系给予的补偿除外，具体包括职工工资、奖金、津贴和补贴，职工福利费，医疗保险费、工伤保险费和生育保险费等社会保险费，住房公积金，工会经费和职工教育经费，短期带薪缺勤，短期利润分享计划，非货币性福利及其他短期薪酬。离职后福利是指企业为获取职工提供的服务而在职工退休或与企业解除劳动关系后提供的各种形式的报酬和福利，短期薪酬和辞退福利除外。辞退福利是指企业在职工劳动合同到期之前解除与职工的劳动关系，或者为鼓励职工自愿接受裁减而给予职工的补偿。其他长期职工福利是指除短期薪酬、离职后福利、辞退福利外所有的职工薪酬，包括长期带薪缺勤、长期残疾福利、长期利润分享计划等。

应付职工薪酬应按照实际情况在各期成本费用中进行分摊，分别记入"业务及管理费""在建工程"等科目。

① 对于有明确计提标准的货币性薪酬，应按照以下方法计提应付职工薪酬：对于"五金一险"（医疗保险费、养老保险费、失业保险费、工伤保险费、生育保险费和住房公积金），企业应当按照国家有关部门规定的标准，计量应付职工薪酬义务和应相应地计入成本费用的薪酬金额；对于工会经费和职工教育经费，企业应当按照财务规则等相关规定，分别根据职工工资总额的 2% 和 1.5% 的计提标准，计量应付职工薪酬（工会经费、职工教育经费）义务金额和应相应地计入成本费用的薪酬金额；从业人员技术要求高、培训任务重、经济效益好的企业，可根据国家相关规定，按照职工工资总额的 2.5% 计量应计入成本费用的职工教育经费。

② 对于没有明确计提标准的货币性薪酬，企业应当根据历史经验数据和自身实际情况，计算确定应付职工薪酬金额和应计入成本费用的薪酬金额。

③ 对于非货币性薪酬，应按照以下方法计提应付职工薪酬：企业以产品作为非货币性福利提供给职工的，其成本的结转和相关税费的处理视同正常销售，按照产品的公允价值、根据受益对象直接计入成本费用；企业无偿向职工提供住房或租赁资产等，应计的折旧或支付租金按照受益对象分别计入各项成本费用。

④ 对于带薪缺勤，应按照以下方法计提应付职工薪酬：对于累积带薪缺勤，企业应当

在职工提供服务从而增加了其未来享有的带薪缺勤权利时,确认与累积带薪缺勤相关的职工薪酬,并以累积未行使权利而增加的预期支付金额计量;对于非累积带薪缺勤,企业应当在职工实际发生缺勤的会计期间确认相关的职工薪酬。

⑤ 对于短期利润分享计划,应按照以下方法计提应付职工薪酬:当企业因过去事项而导致现在具有支付职工薪酬的法定义务或推定义务,且利润分享计划所产生的应付职工薪酬义务金额能够可靠估计时,企业应该确认相关的应付职工薪酬。

⑥ 对于离职后福利,应按照以下方法计提应付职工薪酬:离职后福利可分为设定提存计划和设定受益计划,对于设定提存计划,企业应当在职工提供服务的会计期间,根据设定提存计划计算的应缴存金额确认为应付职工薪酬,并计入当期损益或相关资产成本;对于设定受益计划,企业应设置一定的精算假设,依次计算设定受益计划的现值和当期服务成本、净负债或净资产、应当计入当期损益的金额,以及应当计入其他综合收益的金额。

⑦ 对于辞退福利,应按照以下方法计提应付职工薪酬:企业应当在其不能单方面撤回因解除劳动关系计划或裁减建议所提供的辞退福利之时和企业确认与涉及支付辞退福利的重组相关的成本或费用之时两者中的较早时点,确认辞退福利产生的职工薪酬负债,并计入当期损益。

⑧ 对于其他长期职工福利,应按照以下方法计提应付职工薪酬:对于设定提存计划和设定受益计划,处理方式与离职后福利类似;对于长期残疾福利,福利水平取决于职工提供服务期间长短的,企业应当在职工提供服务期间确认长期残疾福利义务;福利水平与职工提供服务期间长短无关的,企业应当在导致职工长期残疾事件发生的当期确认应付长期残疾福利义务。

为了核算计入业务及管理费的职工薪酬,保险公司应设置"应付职工薪酬""业务及管理费"科目。"应付职工薪酬"科目属于负债类科目,贷方登记应付职工薪酬的发生额,借方登记实际支付的职工薪酬的数额,期末余额在贷方,反映公司尚未支付的应付职工薪酬。该科目应设置"工资""职工福利费""社会保险费""住房公积金""工会费用""职工教育经费""非货币性福利""辞退福利""股份支付""累积带薪缺勤""利润分享计划""设定受益计划义务""辞退福利"等明细科目。

应付职工薪酬的账务处理为:实际发生应付职工薪酬时,按照应计入业务及管理费的金额,借记"业务及管理费"科目,贷记"应付职工薪酬"的相关明细科目;实际支付应付职工薪酬时,借记"应付职工薪酬"的相关明细科目,贷记"银行存款"等科目。

例 16-8 2011年10月,A保险公司计算出当月应付工资为900 000元,其中经营及管理人员工资为500 000元,建造公司办公楼的员工工资为200 000元,内部开发业务流程系统的员工工资为200 000元(假设系统已处于开发阶段,符合资本化为无形资产的条件)。根据相关规定,A保险公司分别按照职工工资总额的10%、12%、2%和10%计提医疗保险费、养老保险费、失业保险费和住房公积金;依据历史经验,按照3%的比例计提职工福利费用;按照2%、2.5%分别计提工会经费、职工教育经费。另外,该月A保险公司向所有经营及管理人员免费提供本公司的1年期定期寿险,保费总计为3 000元,该月高级管理人员使用的汽车的折旧为1 000元。

(1) 应计入业务及管理费的职工薪酬

职工工资＝500 000(元)

社会统筹保险费＝500 000×(10％＋12％＋2％)＝120 000(元)

住房公积金＝500 000×10％＝50 000(元)

职工福利费＝500 000×3％＝15 000(元)

工会经费＝500 000×2％＝10 000(元)

职工教育经费＝500 000×2.5％＝12 500(元)

非货币性福利＝3 000＋1 000＝4 000(元)

借:业务及管理费——职工工资　　　　　　　　　　　500 000
　　　　　　　——社会统筹保险费　　　　　　　　　120 000
　　　　　　　——住房公积金　　　　　　　　　　　 50 000
　　　　　　　——职工福利费　　　　　　　　　　　 15 000
　　　　　　　——工会经费　　　　　　　　　　　　 10 000
　　　　　　　——职工教育费　　　　　　　　　　　 12 500
　　　　　　　——非货币性福利　　　　　　　　　　　4 000
　贷:应付职工薪酬——职工工资　　　　　　　　　　500 000
　　　　　　　——社会统筹保险费　　　　　　　　　120 000
　　　　　　　——住房公积金　　　　　　　　　　　 50 000
　　　　　　　——职工福利费　　　　　　　　　　　 15 000
　　　　　　　——工会经费　　　　　　　　　　　　 10 000
　　　　　　　——职工教育费　　　　　　　　　　　 12 500
　　　　　　　——非货币性福利　　　　　　　　　　　4 000

(2) 实际支付应付职工薪酬时

借:应付职工薪酬——职工工资　　　　　　　　　　　500 000
　　　　　　　——社会统筹保险费　　　　　　　　　120 000
　　　　　　　——住房公积金　　　　　　　　　　　 50 000
　　　　　　　——职工福利费　　　　　　　　　　　 15 000
　　　　　　　——工会经费　　　　　　　　　　　　 10 000
　　　　　　　——职工教育费　　　　　　　　　　　 12 500
　贷:银行存款　　　　　　　　　　　　　　　　　　707 500
借:应付职工薪酬——非货币性福利　　　　　　　　　　4 000
　贷:保费收入——定期寿险　　　　　　　　　　　　　3 000
　　　累计折旧　　　　　　　　　　　　　　　　　　1 000

(3) 建造公司办公楼的员工和内部开发业务流程系统的员工的职工薪酬核算与经营管理人员的核算一致

借:在建工程　　　　　　　　　　　　　　　　　　　283 000
　　研发支出——资本化支出　　　　　　　　　　　　283 000

贷:应付职工薪酬——职工工资		400 000
——社会统筹保险费		96 000
——住房公积金		40 000
——职工福利费		12 000
——工会经费		8 000
——职工教育费		10 000

（4）实际支付应付职工薪酬时

借:应付职工薪酬——职工工资		400 000
——社会统筹保险费		96 000
——住房公积金		40 000
——职工福利费		12 000
——工会经费		8 000
——职工教育费		10 000
贷:银行存款		566 000

在建工程完工后，余额全部转入固定资产；研究开发结束后，研发支出中的资本部分全部转入无形资产。

（2）应交税费的核算。计入业务及管理费的税金主要包括房产税、土地使用税、车船使用税和印花税。印花税在发生时直接计入业务及管理费，不通过"应交税费"科目核算，发生印花税费用时，借记"业务及管理费——印花税"科目，贷记"银行存款"科目。而房产税、土地使用税和车船使用税则与增值税等一样，通过"应交税费"科目核算，发生应交税费时，借记"业务及管理费"科目的相关明细科目，贷记"应交税费"科目；实际支付税费时，借记"应交税费"科目，贷记"银行存款"科目。

① 房产税是以房屋为征税对象，按照房屋的计税余值或租金收入，向产权所有人征收的一种财产税，征税范围限于城市、县城、建制镇和工矿区，不涉及农村。房产税的计税依据分为从价计征和从租计征：在从价计征形式下，按房产原值一次减除10%—30%后的余值计征，税率为1.2%；在从租计征形式下，按房产出租的租金收入计征，税率为12%。

② 土地使用税是以国有土地为征税对象，对拥有土地使用权的单位和个人征收的一种税，征税范围限于城市、县城、建制镇和工矿区内的国家所有与集体所有的土地。土地使用税以纳税人实际占用的土地面积为计税依据，采用定额税率，并按大中小城市和县城、建制镇、工矿区采用有幅度的差别税额。

③ 车船使用税是指在中华人民共和国境内的车辆、船舶的所有人或管理人按照《中华人民共和国车船税暂行条例》应缴纳的一种税。车船使用税实行定额税率，并按不同类型的车实行差别税额。

（3）低值易耗品摊销的核算。低值易耗品是单位价值在规定限额以下或使用年限比较短（一般在1年以内），因而不作为固定资产核算的用具物品。因为它价值低，使用期限短，所以采用简便的方法将其实际成本进行摊销。低值易耗品应按照实际情况在各成本费用中进行分摊，分别记入"业务及管理费""在建工程"等科目。

为了核算计入业务及管理费的低值易耗品摊销，保险公司应设置"周转材料——低值易耗品""业务及管理费"科目。"周转材料——低值易耗品"科目属于资产类科目,借方登记购入的低值易耗品的实际成本,贷方登记领用的低值易耗品的价值,期末余额在借方,反映企业库存的尚未领用的低值易耗品。该科目应按照低值易耗品的种类设置明细科目,如果采用五五摊销法,还应设置"在库""在用""摊销"明细科目。

低值易耗品摊销的账务处理为:购入低值易耗品时,按照实际成本,借记"周转材料——低值易耗品"科目,贷记"银行存款"等科目;领用低值易耗品时,应按照不同的摊销方法进行不同的核算,低值易耗品摊销的主要有以下方法:

① 一次摊销法是指领用低值易耗品时,将其价值一次全部转入相关成本费用。这种方法适用于价值低、使用期限短且各期领用比较均衡的低值易耗品。采用这种方法时,其最高单价和适用品种必须严格控制,否则会影响各期的成本负担。摊销低值易耗品时,借记"业务及管理费"等相关科目,贷记"周转材料——低值易耗品"科目。

② 分期摊销法是指根据领用低值易耗品的原值和预计使用期限计算的月平均摊销额,将其价值分月摊入成本。这种方法适用于期限较长、单位价值较高且使用情况相对稳定的低值易耗品。每月按照低值易耗品摊销额,借记"业务及管理费"等相关科目,贷记"周转材料——低值易耗品"科目。

③ 五五摊销法是指在低值易耗品领用时先摊销其价值的50%(五成),报废时再摊销其价值的50%(扣除残值)。这种方法适用于每月领用数和报废数比较均衡的低值易耗品。领用时,按照领用低值易耗品价值,借记"周转材料——低值易耗品——在用"科目,贷记"周转材料——低值易耗品——在库"科目;同时按照领用低值易耗品价值的50%,借记"业务及管理费"等相关科目,贷记"周转材料——低值易耗品——摊销"科目。报废时,按照领用低值易耗品价值的50%,借记"业务及管理费"等相关科目,贷记"周转材料——低值易耗品——摊销"科目;同时按照领用低值易耗品价值,借记"周转材料——低值易耗品——摊销"科目,贷记"周转材料——低值易耗品——在用"科目。

例 16-9　2016年6月1日,A保险公司购入一批办公用品,购入的实际成本为3 000元,现金支付。6月15日领用了一半,采用一次摊销法,会计分录如下:

(1) 2016年6月1日

借:周转材料——低值易耗品——办公用品　　　　　　3 000
　贷:现金　　　　　　　　　　　　　　　　　　　　　　　　3 000

(2) 2016年6月15日

借:业务及管理费——公杂费　　　　　　　　　　　　1 500
　贷:周转材料——低值易耗品——办公用品　　　　　　1 500

例 16-10　2016年7月1日,A保险公司购入一台点钞机,价值为1 200元,现金支付。7月2日领用,预计使用寿命为1年,采用分期摊销法,会计分录如下:

(1) 2016年7月1日

借:周转材料——低值易耗品——办公用品　　　　　　1 200
　贷:现金　　　　　　　　　　　　　　　　　　　　　　　　1 200

(2) 领用后,在寿命期内将成本分摊到每个月

借:业务及管理费——低值易耗品摊销　　　　　　　　100
　贷:周转材料——低值易耗品——办公用品　　　　　　100

例 16-11　承例 16-10,如果采用五五摊销法,会计分录如下:

(1) 2016 年 7 月 1 日

借:周转材料——低值易耗品——在库	1 200
贷:现金	1 200

(2) 领用时

借:周转材料——低值易耗品——在用	1 200
贷:周转材料——低值易耗品——在库	1 200
借:业务及管理费——低值易耗品摊销	600
贷:周转材料——低值易耗品——摊销	600

(3) 1 年后,点钞机报废时

借:业务及管理费——低值易耗品摊销	600
贷:周转材料——低值易耗品——摊销	600
借:周转材料——低值易耗品——摊销	1 200
贷:周转材料——低值易耗品——在用	1 200

四、其他业务成本

其他业务成本是指保险公司除主营业务活动以外的其他经营活动所发生的成本支出。例如,出租固定资产、出租投资性房地产、出租无形资产、投资性房地产后续计量方式变更、代理查勘等发生或结转的相关成本费用及增值税支出。

为了核算其他业务成本,保险公司应设置"其他业务成本"科目。该科目属于损益类科目,借方登记其他业务成本的发生额,贷方登记期末结转至"本年利润"科目的数额,结转后该科目没有余额。该科目应按照其他业务成本的种类设置明细科目。

例 16-12　2016 年,A 保险公司出租的固定资产、投资性房地产和无形资产分别收到租金收入为 1 000 000 元、2 000 000 元、500 000 元(含税),增值税税率为 6%。出租的固定资产、投资性房地产和无形资产应分别提取折旧为 500 000 元、800 000 元、200 000 元。会计分录如下:

(1) 收入的核算

借:银行存款	3 500 000
贷:其他业务收入——租金收入	3 301 886
应交税费——应交增值税(销项税费)	198 113

(2) 成本的核算,对相应的固定资产、投资性房地产、无形资产计提折旧和摊销并计算应交的增值税

借:其他业务成本——出租固定资产支出	500 000
贷:累计折旧	500 000
借:其他业务成本——出租投资性房地产支出	800 000
贷:投资性房地产累计折旧	800 000
借:其他业务成本——出租无形资产支出	200 000
贷:累计摊销	200 000

(3) 年末结转至本年利润

借:其他业务收入——租金收入	3 301 886
贷:本年利润	3 301 886
借:本年利润	1 500 000
贷:其他业务成本——出租固定资产支出	500 000
——出租投资性房地产支出	800 000
——出租无形资产支出	200 000

例 16-13 2016 年 6 月 25 日,A 保险公司收到代理查勘收入为 500 000 元(含税),以银行存款形式收款,增值税税率为 6%,共计发生查勘成本为 300 000 元。会计分录如下:

(1) 2016 年 6 月 25 日

借:银行存款	500 000
贷:其他业务收入——代理查勘收入	471 698
应交税费——应交增值税(销项税额)	28 302

(2) 成本的核算

借:其他业务成本——代查勘支出	300 000
贷:银行存款	300 000

(3) 年末结转至本年利润

借:其他业务收入——代理查勘收入	471 698
贷:本年利润	471 698
借:本年利润	300 000
贷:其他业务成本——代查勘支出	300 000

五、营业外支出

营业外支出是指保险公司发生的、与经营业务无直接关系的各项支出,包括非流动资产处置损失、非货币性资产交换损失、债务重组损失、公益性捐赠支出、非常损失和盘亏损失等。固定资产清理、固定资产处置、无形资产处置等的核算在其他章中已经涉及,本章不再详述。

为了核算营业外支出,保险公司应设置"营业外支出"科目。该科目属于损益类科目,借方登记营业外支出的发生额,贷方登记期末结转至"本年利润"科目的数额,结转后该科目没有余额。该科目应按照营业外支出的种类设置明细科目。

例 16-14 B 汽车生产公司拖欠 A 保险公司保费为 500 000 元,由于 B 公司资金周转困难,两家公司通过债务重组的方式达成协议:B 公司使用 2 台轿车抵偿,轿车的市场价格为 230 000 元。经批准,A 保险公司将两台轿车作为公司公务用车。会计分录如下:

(1) 收到抵债的轿车时

借:抵债资产——两台轿车	460 000
营业外支出——债务重组损失	40 000
贷:应收保费——B 公司	500 000

(2) 经批准,将两台轿车作为公务公车
借:固定资产——两台小轿车　　　　　　　　　　　　　　　　460 000
　　贷:抵债资产——两台轿车　　　　　　　　　　　　　　　　　　460 000

第三节　保险公司利润的核算

一、利润的内容和构成

(一) 利润的内容

保险公司利润是指保险公司在一定会计期间内,通过经营活动、以各项收入抵补各项支出后获得的最后成果。当保险公司的全部收入大于全部支出时,保险公司获得利润;反之则产生亏损。利润或亏损是衡量保险公司经营管理水平和市场竞争能力的重要综合指标。

(二) 利润的构成

利润的构成分为营业利润、利润总额和净利润三个层次。

1. 营业利润

营业利润是指保险公司通过整个经营活动获得的利润,是保险公司主要的利润来源,包括承保利润、保险资金投资收益、汇兑损益和其他业务利润。

(1) 承保利润。承保利润是指保险公司从事保险业务取得的利润,其计算公式为:
$$承保利润=保险业务收入-保险业务支出-准备金提转差$$

(2) 保险资金投资收益。保险资金投资收益是指保险公司将承保保险业务获得的资金投资于银行存款、股票、债券、保单质押贷款、资金拆借等渠道获得的投资收益,其计算公式为:
$$保险资金投资收益=投资收益+利息收入-利息支出+$$
$$买入返售证券收入-卖出回购证券支出$$

(3) 汇兑损益。汇兑损益是指保险公司因货币兑换、汇率变动等而实现的收益。

(4) 其他业务利润。其他业务利润是指保险公司通过承保业务和保险资金投资以外的其他经营活动取得的利润,其计算公式为:
$$其他业务利润=其他业务收入-其他业务支出$$

2. 利润总额

利润总额是指保险公司通过全部业务获得的利润,包括营业利润和营业外收支净额,其计算公式为:
$$利润总额=营业利润+营业外收入-营业外支出$$

(1) 营业外收入。营业外收入是指保险公司发生的、与其经营业务活动无直接关系的各项收入,包括处置固定资产净收益、处置无形资产净收益、处置抵债资产净收益等。

(2) 营业外支出。营业外支出是指保险公司发生的、与其经营业务活动无直接关系的各项支出,包括处置固定资产净损失、处置无形资产净损失、处置抵债资产净损失、债务重组损失、罚款支出、捐赠支出、非常损失等。

3. 净利润

净利润是指保险公司在一定会计期间内获得的利润净额,是在利润总额中扣除以利润总额为基础计算的所得税费用后得到的。所得税是以企业取得的经营所得和其他所得(转让财产收入、股息和红利等权益性投资收益、利息收入、租金收入、特许权使用费收入、接受捐赠收入等)为征税对象的一种税。保险公司所得税的核算方法包括应付税款法和纳税影响会计法。

应付税款法是指保险公司按照当期计算的应交所得税确认当期所得税费用,计算公式如下:

$$净利润 = 利润总额 - 当期所得税$$

纳税影响会计法是指在当期所得税费用的基础上,保险公司还要确认暂时性差异对所得税的影响(递延所得税费用),计算公式如下:

$$\begin{aligned}净利润 =& 利润总额 - (当期所得税 + 递延所得税) \\ =& 利润总额 - [当期所得税 + (期末递延所得税负债 - 期初递延所得税负债) - \\ & (期末递延所得税资产 - 期初递延所得税资产)]\end{aligned}$$

(1) 当期所得税。所得税的计税基础为保险公司在一定会计期间内实现的利润总额,但是由于税法对收入和费用的确认与会计上有所不同,因此按照税法确定的应纳税所得额并不直接等于利润总额,应予以调整。

$$应纳税所得额 = 利润总额 + 纳税调整增加额 - 纳税调整减少额$$

纳税调整增加额主要包括:会计准则规定列入费用或损失但税法规定不允许扣除或扣除金额较低的金额,如罚款损失、赞助支出、未经核定的准备金支出、税收滞纳金、超过税法规定标准的业务招待费、超过税法标准的保险保障基金、超过税法标准的折旧费等;会计准则规定不确认为收入但税法规定应作为应税收入的项目,如关联企业之间采用不合理定价减少利润总额、接受捐赠收入等。

纳税调整减少额主要包括:按税法规定允许弥补的亏损(前5年内的未弥补亏损);会计准则规定应确认收入、收益,但税法规定作为应纳税所得的准予免税项目,如公司购买国家财政部发行的国家公债所取得的利息收入等;会计准则规定不确认为费用或损失,但税法规定应作为费用或损失扣除。例如,公司为开发新技术、新产品、新工艺发生的研究开发费用,未形成无形资产的,计入当期损益,在据实扣除的基础上按照研究开发费用的150%加计扣除;形成无形资产的,按照无形资产成本的150%摊销。

保险公司应该在应纳税所得额的基础上计算当期应负担的所得税,计算公式为:

$$当期所得税 = 应纳税所得额 \times 适用所得税税率$$

(2) 递延所得税。因税法和会计制度不同所带来的纳税调整可以分为两类:暂时性差异和永久性差异。暂时性差异发生于某一会计期间,在以后一期或若干期能够转回;而永久性差异不会在以后各期转回。为了调整暂时性差异对所得税的影响,保险公司应使用递延所得税将暂时性差异递延和分配到以后各期。

保险公司应计算资产、负债的账面价值与其计税基础的差异,并根据该差异与所得税税率的乘积判断在未来收回资产或清偿负债期间应纳所得税额的增加和减少,进而确定递延所得税资产和递延所得税负债。使用递延所得税资产反映保险公司在确定未来回收资产或清偿负债期间的应纳所得税额时会带来的抵扣金额,使用递延所得税负债反映保险公司在确定未来回收资产或清偿负债期间的应纳所得税税额时会带来的增加金额。两者单独确认,不可相互抵销。最后,保险公司通过递延所得税资产和递延所得税负债的变化确定当期的递延所得税。

资产的计税基础是指企业收回资产账面价值过程中,计算应纳税所得额时按照税法规定可以自应税经济利益中抵扣的金额,也就是该项资产在未来使用或最终处置时,允许作为成本或费用于税前列支的金额。负债的计税基础是指负债的账面价值减去未来期间计算应纳税所得额时按照税法规定可予以抵扣的金额。

资产的计税基础 = 未来可税前列支的金额 = 成本 − 以前期间已税前列支的金额

负债的计税基础 = 账面价值 − 未来可税前列支的金额

① 若资产的账面价值大于其计税基础,说明该项资产未来期间产生的经济利益不能全部在税前抵扣,可以就账面价值与计税基础的差额,增加未来期间的应纳税所得额和应交所得税金额,产生应纳税暂时性差异。符合有关确认条件的情况时,保险公司应确认相关的递延所得税负债。

② 若负债的账面价值小于其计税基础,说明该项负债在未来期间可以税前抵扣的金额为负数,可以就账面价值与计税基础的差额,增加未来期间的应纳税所得额和应交所得税金额,产生应纳税暂时性差异。符合有关确认条件的情况时,保险公司应确认相关的递延所得税负债。

③ 若资产的账面价值小于其计税基础,资产在未来期间产生的经济利益少,按照税法规定允许税前扣除的金额多,可以就账面价值与计税基础之间的差额,减少未来期间的应纳税所得额和应交所得税金额,产生可抵扣暂时性差异。符合有关确认条件时,保险公司应确认相关的递延所得税资产。

④ 若负债的账面价值大于其计税基础,说明未来期间按照税法规定与该项负债相关的全部或部分支出可以自未来应税经济利益中扣除,可以就账面价值与计税基础之间的差额,减少未来期间的应纳税所得额和应交所得税金额,产生可抵扣暂时性差异。符合有关确认条件时,保险公司应确认相关的递延所得税资产。

二、科目设置

(1) 为了核算利润,保险公司应设置"本年利润"科目。该科目属于所有者权益类科目,贷方登记从各收入类科目转入的金额及结转利润分配的净亏损,借方登记从各成本费用类科目转入的金额及年终结转利润分配的净利润。在年终结转利润分配之前,该科目一般是有余额的。若该科目为贷方余额,则反映本年度自年初开始累计实现的净利润;若该科目为借方余额,则反映本年度自年初开始累计发生的净亏损。年终结转后,"本年利润"科目没有余额。

(2) 为了核算营业外收入,保险公司应设置"营业外收入"科目。该科目属于损益类科目,贷方登记取得的营业外收入,借方登记结转本年利润的数额,期末结转后,该科目无余额。"营业外收入"科目应按照收入种类设置明细账进行明细核算。

(3) 为了核算营业外支出,保险公司应设置"营业外支出"科目。该科目属于损益类科目,借方登记发生的营业外支出,贷方登记结转本年利润的数额,期末结转后,该科目无余额。"营业外支出"科目应按照支出种类设置明细账进行明细核算。

(4)为了核算保险公司的企业所得税,保险公司应设置"所得税费用""递延所得税资产""递延所得税负债"等科目。"所得税费用"属于损益类科目,借方登记按纳税所得计算的应交所得税,贷方登记结转本年利润的数额,期末结转后,该科目无余额。"递延所得税资产"用于核算企业确认的可抵扣暂时性差异产生的递延所得税资产,属于资产类科目,借方登记企业确认的递延所得税资产,贷方登记递延所得税资产的减少,期末余额在借方,反映企业已经确认的递延所得税资产。该科目应按照可抵扣暂时性差异的项目进行明细核算。"递延所得税负债"用于核算企业确认的应纳税暂时性差异产生的递延所得税负债,属于负债类科目,贷方登记企业确认的递延所得税负债,借方登记递延所得税负债的减少,期末余额在贷方,反映企业已经确认的递延所得税负债。该科目应按照应纳税暂时性差异的项目进行明细核算。

三、利润形成的核算

保险公司应按照会计年度核算企业利润,并依照利润构成的三个层次依次核算营业利润、利润总额和净利润。对于特殊险种(如长期工程险、再保险等)业务可以按照业务年度结算损益,非结算年度的收支差额全额作为长期责任准备金提存,不确认利润。

(一)营业利润的核算

每一会计核算期末,保险公司应该将与经营活动相关的所有损益类科目的余额结转至"本年利润"科目,包括"保费收入""分保费收入""摊回分保赔款""摊回分保费用""摊回未决赔款准备金""摊回未到期责任准备金""摊回长期责任准备金""摊回寿险责任准备金""利息收入""投资收益""汇兑损益""买入返售证券收入""赔款支出""满期给付""年金给付""分出保费""分保赔款支出""分保费用支出""佣金支出""手续费支出""营业税金及附加""业务及管理费""利息支出""卖出回购证券支出""其他支出""提取未决赔款准备金""提取未到期责任准备金""提取长期责任准备金""提取寿险责任准备金""提取长期健康险责任准备金"等科目。若上述损益类科目为借方余额,则按照科目余额贷记该科目,借记"本年利润"科目;若上述损益类科目为贷方余额,则按照科目余额借记该科目,贷记"本年利润"科目。

(二)利润总额的核算

在营业利润的基础上,将"营业外收入""营业外支出"科目的余额结转至"本年利润"科目,此时"本年利润"科目的余额为保险公司在该会计期间内的利润总额。保险公司应按照"营业外收入"科目的余额,借记"营业外收入"科目,贷记"本年利润"科目;按照"营业外支出"科目的余额,贷记"营业外支出"科目,借记"本年利润"科目。

(三)净利润的核算

在利润总额的基础上扣除所得税费用,将所得税费用结转至"本年利润"科目,此时"本年利润"科目的余额为保险公司在该会计期间内的净利润。保险公司应按照所得税费用科目余额,贷记"所得税费用"科目,借记"本年利润"科目。

（四）核算举例

例 16-15 A 保险公司所有损益类科目 2016 年的全部发生额如表 16-1 所示。

表 16-1 损益类科目全年发生额　　　　　　　　　　　　　　单位：元

科目名称	本期贷方发生额	科目名称	本期借方发生额
保费收入	368 000 000	赔款支出	210 370 000
分保费收入	27 000 000	分出保费	59 000 000
追偿款收入	600 000	分保赔款准备金	19 000 000
摊回分保赔款	97 000 000	分保费用支出	1 000 000
摊回分保费用	470 000	手续费支出	14 000 000
摊回保险责任准备金	29 000 000	营业税金及附加	103 480 000
摊回未到期责任准备金	14 580 000	业务及管理费	1 500 000
投资收益	260 050 000	提取保险责任准备金	69 000 000
汇兑损益	63 000	提取未到期责任准备金	47 000 000
其他收入	490 000	利息支出	830 000
营业外收入	1 560 000	其他支出	280 000
		营业外支出	1 800 000

（1）结转收入

借：保费收入　　　　　　　　　　　　　　　　　368 000 000
　　分保费收入　　　　　　　　　　　　　　　　 27 000 000
　　追偿款收入　　　　　　　　　　　　　　　　　　600 000
　　摊回分保赔款　　　　　　　　　　　　　　　 97 000 000
　　摊回分保费用　　　　　　　　　　　　　　　　　470 000
　　摊回保险责任准备金　　　　　　　　　　　　 29 000 000
　　摊回未到期责任准备金　　　　　　　　　　　 14 580 000
　　投资收益　　　　　　　　　　　　　　　　　260 050 000
　　汇兑损益　　　　　　　　　　　　　　　　　　　 63 000
　　其他收入　　　　　　　　　　　　　　　　　　　490 000
　　贷：本年利润　　　　　　　　　　　　　　　 797 253 000

（2）结转各项成本、费用、支出和准备金

借：本年利润　　　　　　　　　　　　　　　　　525 460 000
　　贷：赔款支出　　　　　　　　　　　　　　　 210 370 000
　　　　分出保费　　　　　　　　　　　　　　　　59 000 000
　　　　分保赔款准备金　　　　　　　　　　　　　19 000 000
　　　　分保费用支出　　　　　　　　　　　　　　 1 000 000
　　　　手续费支出　　　　　　　　　　　　　　　14 000 000
　　　　营业税金及附加　　　　　　　　　　　　 103 480 000
　　　　业务及管理费　　　　　　　　　　　　　　 1 500 000
　　　　提取保险责任准备金　　　　　　　　　　　69 000 000

提取未到期责任准备金		47 000 000
利息支出		830 000
其他支出		280 000

A 保险公司 2016 年营业利润 = 797 253 000 − 525 460 000 = 271 793 000(元)

(3) 在营业利润的基础上,核算利润总额

借:营业外收入　　　　　　　　　　　　　　　1 560 000
　　贷:本年利润　　　　　　　　　　　　　　　　　　1 560 000
借:本年利润　　　　　　　　　　　　　　　　1 800 000
　　贷:营业外支出　　　　　　　　　　　　　　　　　1 800 000

A 保险公司 2016 年利润总额 = 271 793 000 + 1 560 000 − 1 800 000 = 271 553 000(元)

例 16-16　承例 16-15,已知 A 保险公司的所得税税率为 25%,当期应交所得税为 72 500 000 元,2015 年年报显示递延所得税资产科目余额为 2 500 000 元,递延所得税负债科目余额为 1 900 000 元。2016 年资产负债表中各项资产负债的账面价值和计税基础如表 16-2 所示,除表中所列项目,其他资产、负债项目不存在账面价值和计税基础的差异。请计算 A 保险公司 2016 年的净利润。

表 16-2　2016 年资产负债表中各项资产负债的账面价值和计税基础　　　单位:元

项目	账面价值	计税基础	暂时性差异
固定资产:			
固定资产原价	15 000 000	15 000 000	
减:累计折旧	2 200 000	1 200 000	
减:固定资产减值准备	1 500 000	0	
固定资产账面价值	11 300 000	14 800 000	−3 500 000
交易性金融资产	48 000 000	37 000 000	11 000 000
预计负债	2 000 000	0	−2 000 000

2016 年期末递延所得税资产 = (3 500 000 + 2 000 000) × 25% = 1 375 000(元)
2016 年期末递延所得税负债 = 11 000 000 × 25% = 2 750 000(元)
净利润 = 利润总额 − [当期所得税 + (期末递延所得税负债 − 期初递延所得税负债) − (期末递延所得税资产 − 期初递延所得税资产)]
　　　= 271 553 000 − [72 500 000 + (2 750 000 − 1 900 000) − (1 375 000 − 2 500 000)]
　　　= 197 078 000(元)

第四节　利润分配的核算

一、利润分配的内容和程序

为了正确、合理地处理好保险公司、投资者及保险公司职工等各方面的利益关系,保险公司在一定时期经营活动过程中所获得的净利润应按照规定的项目和程序向相关方分配。保险公司应对可供分配的利润按照规定进行分配,除国家另有规定者外,利润分配的顺序如下:

（1）抵补保险公司已缴纳的在成本和营业外支出中无法列支的有关惩罚性或赞助性支出,如被没收的财物损失、延期交纳各项税款的滞纳金和罚款、保险监督管理部门对保险公司因少交或迟交保证金的加息。

（2）弥补公司以前年度的亏损。公司的亏损可以使用税前利润弥补,也可以使用税后利润弥补。对于以前年度的亏损,保险公司可以首先使用税前利润连续弥补,但连续弥补的最长期限为5年;5年内用税前利润未能弥补完的亏损,可继续使用税后利润弥补。

（3）提取法定盈余公积。根据《公司法》规定,保险公司应按照本年净利润扣除第（1）、(2)项后余额的10%提取法定盈余公积。保险公司提取的法定盈余公积累计额超过其注册资本50%以上的,可以不再提取。

（4）提取一般风险准备。保险公司应按照本年利润的10%提取一般风险准备,用于巨灾风险的补偿,不得用于转增资本和分红。一般风险准备在本质上是针对巨灾对各年利润影响的一种平滑准备金,属于利润而不是成本,因此不能作为成本项目在税前列支。

（5）提取储备基金、企业发展基金和职工奖励及福利基金。外商投资保险公司（包括中国香港、中国澳门和中国台湾）应按照法律、行政法规提取上述基金。

（6）保险公司首年发生亏损时,不得向投资者分配利润。以后年度发生亏损时,可以使用以前年度留存的未分配利润或提取的盈余公积、一般风险准备弥补,也可以使用以后年度实现的利润弥补。若使用以前年度留存的未分配利润弥补亏损后未分配利润仍有余额,则可以继续向投资者分配利润;若使用以前年度提取的盈余公积、一般风险准备弥补亏损,则弥补亏损后一般不得向投资者分配利润,但经股东会议特别决议,可以按不超过股票面值65%的比率使用盈余公积分配股利,分配股利后,保险公司的法定盈余公积不得低于注册资本的25%;若使用以后年度实现的利润弥补亏损,则以前年度亏损未弥补完不能提取上述项目,在提取上述项目以前,不得向投资者分配利润。需要注意的是,采用以前年度留存的未分配利润和以后年度的利润弥补亏损的,都直接通过未分配利润科目反映,不须做额外的分录;而使用盈余公积、一般风险准备弥补亏损的,须通过"利润分配——盈余公积补亏(一般风险准备补亏)"科目进行账务处理。

（7）向投资者分配利润。保险公司提取上述项目后,可以征得投资者同意不分配本年度利润,而作为本年度未分配利润留存,也可以按公司章程或董事会、股东大会或有控制权单位的决定向投资者分配利润。可供分配的利润包括本年度利润及以前年度的未分配利润,股份有限公司按以下顺序分配:

① 支付优先股股利;

② 提取任意盈余公积,保险公司应根据公司章程或股东大会的决议提取任意盈余公积;

③ 支付普通股股利,包括现金股利、股票股利等。

二、科目设置

为了核算利润的分配或亏损的弥补和历史分配或弥补后的积存余额,保险公司应设置"利润分配"科目。该科目属于所有者权益类科目,借方登记从"本年利润"科目转入的净亏损、分配的净利润、将已分配的净利润转入"未分配利润"的数额,贷方登记从"本年利润"转入的净利润,用盈余公积和一般风险准备弥补亏损而转入的数额以及将盈余公积和一般风险准备弥补亏损转入"未分配利润"的数额。该科目年末如为贷方余额,则反映保险公司历年积存未分配的利润;如为借方余额,则反映保险公司累计的尚未弥补的亏损。"利润分配"科目应设置以下明细科目:

(1)"盈余公积转入"明细科目,核算保险公司用盈余公积弥补的亏损;

(2)"提取法定盈余公积"明细科目,核算保险公司按规定提取的法定盈余公积;

(3)"提取一般风险准备"明细科目,核算保险公司按规定提取的一般风险准备;

(4)"提取储备基金""提取企业发展基金""提取职工奖励及福利基金"明细科目,核算外商投资保险公司按规定提取的上述基金;

(5)"提取任意盈余公积"明细科目,核算保险公司按规定提取的任意盈余公积;

(6)"应付现金股利或利润"明细科目,核算保险公司向公司所有者分配的现金股利和利润;

(7)"转作股本的股利"明细科目,核算保险公司向公司所有者分配的股票股利;

(8)"未分配利润"明细科目,核算保险公司全年实现的净利润或净亏损、利润分配和尚未分配的利润或尚未弥补的亏损;

(9)"盈余公积补亏"明细科目,核算保险公司使用盈余公积弥补亏损的金额;

(10)"一般风险准备补亏"明细科目,核算保险公司使用一般风险准备弥补亏损的金额。

三、利润分配的核算

为了使"本年利润"科目能够完整地反映保险公司全年累计实现的净利润或亏损,便于检查保险公司利润计划的执行情况,利润的分配不能直接冲减"本年利润"科目数额,而应使用"利润分配"科目反映利润分配的情况。

会计年度终了,保险公司应进行以下账务处理:

1. 若保险公司该年度净利润为正

(1)按规定从净利润中提取法定盈余公积,借记"利润分配——提取法定盈余公积"科目,贷记"盈余公积——法定盈余公积"科目;

(2)按规定从净利润中提取一般风险准备,借记"利润分配——提取一般风险准备"科目,贷记"一般风险准备"科目;

(3)外商投资保险公司应按照规定提取储备基金、企业发展基金和职工奖励及福利基金,借记"利润分配——提取储备基金、企业发展基金和职工奖励及福利基金"科目,贷记"盈余公积——储备基金、企业发展基金和职工奖励及福利基金"科目;

(4)按照股东大会或类似机构决议分配给股东或投资者现金股利或利润,借记"利润分配——应付现金股利或利润"科目,贷记"应付股利"科目;

(5)按照股东大会或类似机构决议分配给股东或投资者的股票股利,借记"利润分配——转作股本的股利"科目,贷记"股本"科目;

(6)按照股东大会或类似机构决议提取任意盈余公积,借记"利润分配——提取任意盈余公积"科目,贷记"盈余公积——任意盈余公积"科目;

（7）将该年度净利润结转至"利润分配"科目，按"本年利润"科目余额，借记"本年利润"科目，贷记"利润分配——未分配利润"科目；

（8）将上述"利润分配"明细科目的余额结转至"利润分配——未分配利润"科目，借记"利润分配——未分配利润"科目，贷记上述科目，结转后"利润分配"科目除"未分配利润"外其他明细科目均无余额。

2. 若保险公司该年度净利润为正，但以前年度仍有需要弥补的亏损

保险公司应当首先使用本年度净利润弥补亏损，会计上，只要将本年利润结转至"利润分配——未分配利润"科目就可以自动完成弥补亏损。如有余额则按照上述过程进行利润分配。

3. 若保险公司该年度的净利润为负

（1）保险公司可以使用以前年度累计的未分配利润弥补亏损，将净亏损结转至"利润分配——未分配利润"科目后自动完成补亏，贷记"本年利润"科目，借记"利润分配——未分配利润"科目。

（2）保险公司可以使用盈余公积或一般风险准备弥补亏损，借记"盈余公积——法定盈余公积、任意盈余公积"科目或"一般风险准备"科目，贷记"利润分配——盈余公积补亏"科目或"利润分配——一般风险准备补亏"；同时，保险公司应将净亏损结转至"利润分配——未分配利润"科目，借记"利润分配——未分配利润"科目，贷记"本年利润"科目。

（3）保险公司可以使用未来年度的净利润弥补亏损，在本年度只需将净亏损结转至"利润分配——未分配利润"科目。

四、核算举例

例 16-17 A 保险公司 2016 年的税后净利润为 150 000 000 元，以前年度仍有不能税前弥补的亏损为 20 000 000 元，A 保险公司为外商投资，应分别以净利润 1.5% 的比例提取储备基金、企业发展基金和职工奖励及福利基金。对于可供分配的利润，经过股东大会决议，将 30% 以现金股利的形式发放给投资者，将 20% 以股票股利的形式发放给投资者，同时提取 30% 为任意盈余公积。会计分录如下：

（1）将税后净利润结转至利润分配

借：本年利润　　　　　　　　　　　　　　　　　150 000 000
　　贷：利润分配——未分配利润　　　　　　　　　　　　150 000 000

弥补以前年度亏损后的利润总额 = 150 000 000 - 20 000 000 = 130 000 000（元）

（2）按规定提取各种准备金和公积金

借：利润分配——法定盈余公积　　　　　　　　　　13 000 000
　　　　　　——提取储备基金　　　　　　　　　　　1 950 000
　　　　　　——提取企业发展基金　　　　　　　　　1 950 000
　　　　　　——提取职工奖励及福利基金　　　　　　1 950 000
　　贷：盈余公积——法定盈余公积　　　　　　　　　13 000 000
　　　　　　　——提取储备基金　　　　　　　　　　1 950 000
　　　　　　　——提取企业发展基金　　　　　　　　1 950 000
　　　　　　　——提取职工奖励及福利基金　　　　　1 950 000

借:利润分配——一般风险准备　　　　　　　　　　　　　13 000 000
　　贷:一般风险准备　　　　　　　　　　　　　　　　　　　　13 000 000

可供分配利润=130 000 000-13 000 000×2-1 950 000×3=98 150 000(元)

(3) 按股东大会决议分配可供分配利润

借:利润分配——应付现金股利或利润　　　　　　　　　29 445 000
　　贷:应付股利　　　　　　　　　　　　　　　　　　　　　　29 445 000
借:利润分配——转作股本的股利　　　　　　　　　　　　19 630 000
　　贷:股本　　　　　　　　　　　　　　　　　　　　　　　　19 630 000
借:利润分配——任意盈余公积　　　　　　　　　　　　　29 445 000
　　贷:盈余公积——任意盈余公积　　　　　　　　　　　　　　29 445 000

(4) 利润分配的清算

借:利润分配——未分配利润　　　　　　　　　　　　　110 370 000
　　贷:利润分配——法定盈余公积　　　　　　　　　　　　　　13 000 000
　　　　　　　　——储备基金　　　　　　　　　　　　　　　　1 950 000
　　　　　　　　——企业发展基金　　　　　　　　　　　　　　1 950 000
　　　　　　　　——职工奖励及福利基金　　　　　　　　　　　1 950 000
　　　　　　　　——一般风险准备　　　　　　　　　　　　　　13 000 000
　　　　　　　　——应付现金股利或利润　　　　　　　　　　　29 445 000
　　　　　　　　——转作股本的股利　　　　　　　　　　　　　19 630 000
　　　　　　　　——任意盈余公积　　　　　　　　　　　　　　29 445 000

"利润分配——未分配利润"科目余额为 19 630 000 元(130 000 000-110 370 000),"利润分配"科目的其他明细科目没有余额。

例 16-18 A 保险公司 2016 年发生 2 000 000 元的净亏损,"利润分配——未分配利润"明细科目上期末无余额,A 保险公司股东大会决议使用任意盈余公积补亏 1 000 000元,一般风险准备补亏 1 000 000 元。会计分录如下:

借:盈余公积——任意盈余公积　　　　　　　　　　　　　1 000 000
　　贷:利润分配——盈余公积补亏　　　　　　　　　　　　　　1 000 000
借:一般风险准备　　　　　　　　　　　　　　　　　　　　1 000 000
　　贷:利润分配——一般风险准备补亏　　　　　　　　　　　　1 000 000
借:利润分配——未分配利润　　　　　　　　　　　　　　2 000 000
　　贷:本年利润　　　　　　　　　　　　　　　　　　　　　　2 000 000
借:利润分配——盈余公积补亏　　　　　　　　　　　　　1 000 000
　　　　　　——一般风险准备补亏　　　　　　　　　　　　　　1 000 000
　　贷:利润分配——未分配利润　　　　　　　　　　　　　　　2 000 000

关键词

保险公司收入　其他业务收入　营业外收入　汇兑损益　手续费及佣金
营业税金及附加　业务及管理费　其他业务成本　营业外支出　营业利润
利润总额　净利润　利润分配

本章小结

1. 收入是指公司在日常活动中形成的、会导致所有者权益增加的、与所有者投入资本无关的经济利益总流入。保险公司的收入包括销售保险产品获得的保费收入和分保费收入，运用保险资金获得的投资收益、利息收入、公允价值变动损益，以及其他业务收入、营业外收入和汇兑损益。

2. 保险公司的费用主要包括赔付支出、保单红利支出、退保金、分出保费、分保账款、营业税金及附加、利息支出、手续费及佣金、提取未到期责任准备金、提取保险责任准备金、业务及管理费、其他业务成本、资产减值损失、营业外支出、所得税费用、以前年度损益调整等。

3. 保险公司的利润是指保险公司在一定会计期间内，通过经营活动、以各项收入抵补各项支出后获得的最后成果。利润的构成分为营业利润、利润总额和净利润三个层次。

思考与练习

1. 什么情形下会产生汇兑损益？如何核算汇兑损益？
2. 保险公司的营业利润主要包括什么内容？
3. 利润分配一般按照怎样的顺序进行分配？

第十七章　　财务会计报告编制

▮本章概要▮

本章围绕保险公司财务会计报告展开。第一节简要阐述财务会计报告的概念、目的、构成及编制要求。第二至第五节详细地展示资产负债表、利润表、现金流量表及所有者权益变动表的列报要求、列报格式和填列方法。第六节介绍财务报表附注的主要内容。

▮学习目标▮

1. 理解编制财务会计报告的缘由
2. 了解资产负债表、利润表、现金流量表及所有者权益变动表的编制方法
3. 了解财务报表附注的主要内容

第一节　保险公司财务会计报告概述

一、财务会计报告的概念和目的

（一）财务会计报告的概念

财务会计报告是指保险公司提供的反映公司某一特定日期财务状况和某一会计期间经营成果、现金流量的文件，是保险公司会计信息的主要载体。保险公司应当按照保险公司财务会计报告有关条例的规定，编制并对外提供真实、完整的财务会计报告。

（二）财务会计报告的目的

保险公司财务会计报告主要是为了向保险公司现在和潜在的投资者、债权人、投保人、管理层及保险监管机构提供各种信息，帮助他们做出合理的决策。基于财务会计报告的主要使用者，财务会计报告的编制目的主要体现在以下几个方面：

1. 帮助投资者和债权人进行正确的投资决策，保护投资者和债权人的合法权益

保险公司的投资者和债权人通过财务会计报告提供的会计信息，可以了解保险公司的财务状况、经营成果和现金流量，进而了解保险公司的盈利能力、偿债能力、资金状况和经营状况，做出正确的投资决策和信贷决策。同时，投资者还可以使用这些信息评估管理层对受托资源经营管理责任的履行情况，判断保险公司资产是否完好、资本能否保全，从而维护自己在保险公司中的经济利益。

2. 为投保人和被保险人提供财务信息,保障投保人和被保险人的利益

广大投保人和被保险人通过财务会计报告提供的会计信息,可以全面了解保险公司的财务状况和偿付能力,从而做出正确的投保决策。对于分红保险,保险公司必须向每位客户寄送分红业绩报告,说明该类分红保险的投资收益状况、费用支出及费用分摊方法、当年度盈余和可分配盈余,以及该客户应得红利金额及其计算基础和计算方法。

3. 帮助保险公司管理层强化管理,提高经营业绩

保险公司的管理层通过财务会计报告提供的会计信息,可以全面掌握本公司的财务状况、经营成果和现金流量等情况,据以考核和分析公司的经营情况、经济效益及存在的问题,从而进一步改善经营管理,推动公司发展。

4. 为保险监督管理机构提供监管依据

保险监督管理机构通过财务会计报告提供的会计信息,可以了解和掌握保险公司的偿付能力与经营合规性,从而采取相应监管措施,保护投保人及被保险人的利益,促进保险公司提高会计信息质量、增大会计信息透明度,支持保险市场的健康发展。

二、财务会计报告的构成

保险公司的财务会计报告主要包括会计报表、会计报表附注和财务情况说明书。

(一)会计报表

1. 会计报表的构成

会计报表即财务报表,包括以下七种报表:

(1)资产负债表。资产负债表是反映保险公司在某一特定日期财务状况的会计报表,即反映某一特定日期保险公司的资产、负债、所有者权益及其相互关系。

(2)利润表。利润表是反映保险公司在一定会计期间内经营成果的会计报表,能够充分反映保险公司经营业绩的主要来源和构成,有助于报表使用者判断净利润的质量、风险,并预测净利润的持续性。

(3)现金流量表。现金流量表是反映保险公司在一定会计期间内现金和现金等价物流入与流出的会计报表,有助于报表使用者了解与评价保险公司获取现金和现金等价物的能力。

(4)利润分配表。利润分配表是反映保险公司一定期间对实现净利润的分配或亏损弥补的会计报表,是利润表的附表,说明利润表中反映的净利润的分配方式。

(5)所有者权益变动表。所有者权益变动表是反映构成保险公司所有者权益各组成部分当期的增减变动情况的报表,不仅包括所有者权益的增减变动,还包括所有者权益增减变动的重要结构性信息,特别要反映直接计入所有者权益的利得和损失。

(6)分部报表。分部报表是反映保险公司各业务、各地区的收入、成本、费用、营业利润、资产总额及负债总额的报表。

(7)其他有关附表。其他有关附表包括利润分配明细表等,应按照国家有关规定及公司的实际需要设置编报。

2. 会计报表的分类

一般来说,会计报表可以从以下四个方面进行分类:

(1) 按照会计报表反映经济内容的不同,可以将会计报表分为静态会计报表和动态会计报表。静态会计报表是指总括反映特定时点保险公司的资产、负债和所有者权益的报表,从资产总量的角度综合反映公司的财务状况、变现能力及偿债能力,主要包括资产负债表。动态会计报表是指反映一定时期内保险公司的收入、费用、利润及现金收支情况的报表,从资产变动的角度综合反映保险公司一定时期内经营成果和现金流量的会计报表,主要包括利润表和现金流量表。

(2) 按照会计报表编报期间的不同,可以将会计报表分为中期会计报表和年度会计报表。中期会计报表是以短于一个完整会计年度的报告期间为基础编制的会计报表,包括月报、季报和半年报等。中期会计报表至少应当包括资产负债表、利润表、现金流量表和报表附注。

(3) 按照会计信息使用者的不同,可以将会计报表分为内部会计报表和外部会计报表。内部会计报表是指为保险公司管理层进行经营决策、优化保险公司经营管理而编制的会计报表,它涉及保险公司的经营机密,一般不对外公开。内部会计报表一般不须按照统一规定的格式,也没有统一的指标体系。外部会计报表是指保险公司向外部的利益相关者(包括投资者、债权人、投保人、监管者)提供的报表,必须按照规定的统一格式进行编制。

(4) 按照会计报表编制主体的不同,可以将会计报表分为个别会计报表和合并会计报表。个别会计报表是根据各分公司或基层单位的经济活动,通过整理加工会计账簿资料而编制的会计报表,是合并会计报表的基础。合并会计报表是以母公司和子公司组成的保险公司集团为会计主体,根据母公司和所属子公司的会计报表,由母公司编制的、综合反映保险公司集团财务状况、经营成果及现金流量的会计报表。

(二) 会计报表附注

附注是财务报表不可或缺的组成部分,是对在资产负债表、利润表、现金流量表和所有者权益变动表等报表中列示项目的文字描述或明细资料,以及对未能在这些报表中列示项目的说明等,是为了便于会计报表使用者理解会计报表的内容而对会计报表的编制基础、编制依据、编制原则和方法及主要项目等所做的解释。会计报表附注至少应当包括以下内容:(1) 不符合基本会计假设的说明;(2) 重要会计政策和会计估计及其变更情况、变更原因及其对财务状况与经营成果的影响;(3) 或有事项和资产负债表日后事项的说明;(4) 关联方关系及其交易的说明;(5) 重要资产转让及其出售情况;(6) 保险公司合并、分立情况;(7) 重大投资、融资活动;(8) 会计报表中重要项目的明细资料;(9) 有助于理解和分析会计报表应说明的其他事项。

(三) 财务情况说明书

财务情况说明书是对保险公司在一定会计期间内生产经营、资金周转、利润实现及分配等情况的综合性分析报告,是年度财务会计报告的重要组成部分。财务情况说明书至少应当对以下情况做出说明:(1) 保险公司生产经营的基本情况;(2) 利润实现和分配情况;(3) 资金增减和周转情况;(4) 对保险公司财务状况、经营成果和现金流量有重大影响的其他事项。

三、财务会计报告的编制要求

保险公司应当根据真实的交易事项及完整、准确的账簿记录等资料,按照国家统一的会计制度规定编制财务会计报告,不得随意改变财务会计报告的编制基础、编制依据、编制原则和方法。

(一) 财务会计报告编制之前的准备工作

1. 全面财产清查

保险公司在编制年度财务会计报告前,应当按照以下规定全面清查资产、核实债务:

(1) 结算款项,包括应收款项、应付款项、应交税费等是否存在,与债务、债权单位的对应债务、债权金额是否一致。

(2) 各项投资是否存在,投资收益是否按照国家统一的会计制度规定进行确认和计量。

(3) 房屋建筑物、机器设备、运输工具等各项固定资产的实存数量与账面数量是否一致。

(4) 在建工程的实际发生额与账面记录是否一致。

(5) 需要清查、核实的其他内容。

保险公司应通过上述清查、核实,查明财产物资的实存数量与账面数量是否一致、各项结算款项的拖欠情况及其原因、各项投资是否达到预期目的、固定资产的使用情况及其完好程度等。清查、核实后,保险公司应当将清查、核实的结果及其处理办法向保险公司的董事会或者相应机构报告,并根据国家统一会计制度的规定进行相应的会计处理。

2. 检查会计事项的处理结果

保险公司在编制财务会计报告前,除应当全面清查资产、核实债务外,还应当完成以下工作:

(1) 核对各会计账簿记录与会计凭证的内容、金额等是否一致,记账方向是否相符。

(2) 依照规定的结账日进行结账,结出有关会计账簿的余额和发生额,并核对各会计账簿之间的余额。

(3) 检查相关的会计核算是否按照国家统一会计制度的规定进行。

(4) 对于国家统一的会计制度没有规定统一核算方式的交易、事项,检查其是否按照会计核算的一般原则进行确认和计量以及相关账务处理是否合理。

(5) 检查是否存在因会计差错、会计政策变更等需要调整的往期相关项目。

（二）财务会计报告的编制要求

1. 遵循各项会计准则进行确认和计量

保险公司应当根据实际发生的交易和事项，遵循各项具体会计准则的规定进行确认和计量，并在此基础上编制财务报表。保险公司应当在附注中声明财务会计报表的编制遵循企业会计准则，不得通过在附注中披露等其他形式更正其采用的不恰当会计政策。

2. 以持续经营作为列报基础

持续经营是会计的基本前提假设，是会计确认、计量及编制财务报表的基础。保险公司应当以持续经营为基础，按照企业会计准则的规定对实际发生的交易和事项进行确认与计量。若保险公司处于非持续经营状态，则应采用其他基础（如破产保险公司的资产采用可变现净值计量、负债按照其预计的结算金额计量等）编制财务报表，并在报表附注中进行披露。

3. 依据重要性原则确定列报项目

保险公司应当依据重要性原则判断各项目在财务报表中是单独列报还是合并列报。具体而言，应遵循以下几点：(1) 性质或功能不同的项目，一般应当在财务报表中单独列报，但不具重要性的可以合并列报；(2) 性质或功能类似的项目，一般可以合并列报，但是具有重要性的类别应当单独列报；(3) 项目单独列报的原则不仅适用于报表，还适用于报表附注；(4) 各会计准则中规定的单独列报的项目，保险公司应当予以单独列报。

4. 确保列报项目的一致性

可比性是会计信息质量的一项重要质量要求，目的是使同一保险公司不同时期和同一期间不同保险公司的财务报表互相可比，因此财务报表列报项目应保持一致性，不得随意变更。当会计准则要求改变或保险公司经营业务的性质发生重大变化，或者变更财务报表项目的列报能够提供更可靠、更相关的信息时，财务报表的列报项目是可以改变的。

5. 财务报表项目金额间不得相互抵销

财务报表项目应当以总额列报，资产、负债、收入和费用不能相互抵销（即不得以净额列报），从而提供完整的信息，提高会计信息之间的可比性，但企业会计准则另有规定的除外。以下两种情况不属于抵销，可以按净额列示：(1) 资产计提的减值准备，实质上意味着资产的价值确实发生了减损，资产项目应扣除资产减值准备以净额列示；(2) 偶然的非日常主要业务，保险公司可以以将其收入和费用抵销后以净额列示。

6. 财务报表应列报比较信息

保险公司在列报当期财务报表时，至少应当提供所有列报项目上一会计期间的比较数据，以及与理解当期财务报表相关的说明，进而提高会计信息在会计期间的可比性。当财务报表项目的列报发生变更时，保险公司应当对上期比较数据按照当期的列报要求进行调整，并在附注中披露调整原因和性质，以及调整的各项目金额。

7. 按规定在财务报表表首披露相关信息

财务报表一般分为表首、正表两部分。在表首部分，企业应当概括地说明以下基本信息：(1) 编报企业的名称，如企业名称在所属当期发生了变更的，则还应明确标明；(2) 资产负债表应披露资产负债表日、利润表、现金流量表、所有者权益变动表应披露报表涵盖的会计期间;(3)货币名称和单位,按照我国企业会计准则的规定,企业应当以人民币作为记账本位币列报并标明金额单位,如人民币元、人民币万元等;(4)财务报表是合并财务报表的,应当予以标明。

8. 合理确定报告期间

保险公司至少应当编制年度财务报表,会计年度自公历1月1日起至12月31日止,财务报表涵盖的期间短于1年的(比如保险公司在年中成立,其首年的财务报表),应当披露年度财务报表的实际涵盖期间及其短于1年的原因,并应当说明由此引起财务报表项目与比较数据不具可比性这一事实。

第二节 资产负债表

一、资产负债表概述

资产负债表是反映保险公司在某一特定日期的财务状况的会计报表,即某一特定日期关于保险公司资产、负债、所有者权益及其相互关系。资产负债表是根据"资产=负债+所有者权益"这一会计恒等式,按照权责发生制、一定的分类标准和顺序进行编制的,属于静态会计报表。资产负债表的主要作用包括:

(1)反映保险公司在某一日期的资产总额及其结构,表明保险公司拥有或控制的资源及其分布情况,便于报表使用者评价保险公司在某一特定日期的资产构成和变现能力。

(2)反映保险公司在某一日期的负债总额及其结构,表明保险公司未来需要多少资产或劳务清偿债务及清偿时间,便于报表使用者评价保险公司未来的偿付能力。

(3)反映所有者拥有的权益总额,便于报表使用者判断资本保值、增值的情况,以及对负债的保障程度。

(4)综合反映公司资产、负债、所有者权益的增减变动,便于报表使用者掌握保险公司财务状况的变动趋势。

二、资产负债表的列报要求、列报格式和填列方法

(一)资产负债表的列报要求

1. 分类列报

资产负债表列报最根本的目标就是应如实反映保险公司在资产负债表日所拥有的资源、所承担的负债,以及所有者所拥有的权益。因此,资产负债表应当按照资产、负债和所有者权益三大类别分类列报。

2. 资产和负债按流动性列报

流动性通常按资产的变现或耗用时间长短或者负债的偿还时间长短确定。资产、负债应当按照流动性分别划分为流动资产和非流动资产、流动负债和非流动负债列示,先列报流动性强的资产或负债,再列报流动性弱的资产或负债。对于保险公司来说,经营内容的特殊性导致个别资产和负债无法严格地区分流动性,在这种情况下,保险公司可以大体按照流动性顺序列示资产和负债。

3. 列报相关的合计、总计项目

资产负债表遵循"资产＝负债＋所有者权益"这一会计恒等式，因此资产负债表应当分别列示资产总计项目和负债与所有者权益之和的总计项目，并且两者的金额应当相等。同时，资产负债表中的资产类至少应当列示流动资产、非流动资产及资产的合计项目；负债类至少应当列示流动负债、非流动负债及负债的合计项目；所有者权益类应当列示所有者权益的合计项目。

4. 列示资产负债表的比较信息

根据财务报表列报准则的规定，保险公司应提供比较资产负债表，以便报表使用者通过比较不同时点资产负债表的数据，掌握保险公司财务状况的变动情况及发展趋势。所以，资产负债表应就各项目再分为"年初余额"和"期末余额"两栏分别填列。其中，"年初余额"根据上一年度年末资产负债表各项目名称和数字、按照本年度的规定进行调整填列，"期末余额"根据本期实际发生额进行填列。

5. 按账户式列报

资产负债表一般有两种列报格式——账户式和报告式。账户式资产负债表为左右结构，左边列示资产，右边列示负债和所有者权益；报告式资产负债表为上下结构，垂直列示资产、负债和所有者权益。账户式资产负债表能使资产和权益的恒等关系一目了然；而报告式资产负债表便于编制比较资产负债表，可在一张表内平行列示相邻若干期的资产负债表。根据我国财务报表列报准则的规定，资产负债表采用账户式的格式。

(二) 资产负债表的列报格式——账户式

账户式资产负债表是左右结构：左边列示资产，一般按资产的流动性大小排列；右边列示负债和所有者权益，一般按要求清偿时间的先后顺序排列。账户式资产负债表左右平衡，即资产各项目的合计等于负债和所有者权益各项目的合计，反映了"资产＝负债＋所有者权益"的内在关系。

(三) 资产负债表的填列方法

保险公司资产负债表如表 17-1 所示。

表 17-1　资产负债表

编制单位：　　　　　　　　　　　　年　月　日　　　　　　　　　　　　单位：元

资产	期末余额	年初余额	负债和所有者权益（或股东权益）	期末余额	年初余额
资产：			负债：		
货币资金			短期借款		
拆出资金			拆入资金		
交易性金融资产			交易性金融负债		
衍生金融资产			衍生金融负债		
买入返售金融资产			卖出回购金融资产款		
应收利息			预收保费		
应收保费			应付手续费及佣金		
应收代位追偿款			应付分保账款		

(续表)

资产	期末余额	年初余额	负债和所有者权益（或股东权益）	期末余额	年初余额
应收分保账款			应付职工薪酬		
应收分保未到期责任准备金			应交税费		
应收分保未决赔款准备金			应付赔付款		
应收分保寿险责任准备金			应付保单红利		
应收分保长期健康险责任准备金			保户储金及投资款		
保户质押贷款			未到期责任准备金		
定期存款			未决赔款准备金		
可供出售金融资产			寿险责任准备金		
持有至到期投资			长期健康险责任准备金		
长期应收款			长期借款		
长期股权投资			应付债券		
存出资本保证金			独立账户负债		
投资性房地产			递延所得税负债		
固定资产			其他负债		
无形资产			负债合计		
独立账户资产					
递延所得税资产			所有者权益（或股东权益）：		
其他非流动资产			实收资本（或股本）		
其他资产			资本公积		
			减：库存股		
			其他综合收益		
			盈余公积		
			一般风险准备		
			未分配利润		
			所有者权益（或股东权益）合计		
资产总计			负债和所有者权益（或股东权益）总计		

资产负债表各项目的填列方法如下：

1. 资产项目的列报说明

（1）"货币资金"项目，反映保险公司期末持有的现金、银行存款、其他货币资金等总额。本项目应根据"库存现金""银行存款""其他货币资金"等科目的期末余额合计填列。保险公司持有的原始存款期限在3个月以内的定期存款，也在本项目反映。

（2）"拆出资金"项目，反映保险公司拆借给境内、境外其他金融机构的款项。本项目应根据"拆出资金"科目的期末余额减去"贷款损失准备"科目所属相关明细科目期末余额后的金额分析计算填列。

（3）"交易性金融资产"项目，反映保险公司持有的、以公允价值计量且其变动计入当期损益的为交易目的而持有的债券投资、股票投资、基金投资、权证投资等金融资产。本项目应根据"交易性金融资产"科目的期末余额填列。

(4)"衍生金融资产"项目,反映保险公司期末持有的衍生工具、套期工具、被套期项目中属于衍生金融资产的金额。本项目应根据"衍生工具""套期工具""被套期项目"等科目的期末借方余额分析计算填列。

(5)"买入返售金融资产"项目,一般直接反映保险公司持有的相应资产的期末价值。本项目应根据"买入返售金融资产"科目的期末余额减去"坏账准备——买入返售金融资产"明细科目的期末余额填列。

(6)"应收利息"项目,反映保险公司应收取的债券投资等的利息。本项目应根据"应收利息"科目的期末余额减去"坏账准备"科目中有关应收利息计提的坏账准备期末余额后的金额填列。

(7)"应收保费"项目,反映保险公司按照原保险合同约定应向投保人收取但尚未收到的保费。本项目应根据"应收保费"科目的期末余额减去"坏账准备——应收保费"明细科目的期末余额填列。

(8)"应收代位追偿款"项目,反映保险公司按照原保险合同约定承担赔款保险金责任后确认的代位追偿款。本项目应根据"应收代位追偿款"科目的期末余额减去"坏账准备——应收代位追偿款"明细科目的期末余额填列。

(9)"应收分保账款"项目,反映保险公司从事再保险业务应收的款项。本项目应根据"应收分保账款"科目的期末余额减去"坏账准备——应收分保账款"明细科目的期末余额填列。

(10)"应收分保未到期责任准备金"项目,用于反映再保险人分出人从事再保险业务确认的应收分保未到期责任准备金。本项目应根据"应收分保合同准备金——应收分保未到期责任准备金"明细科目的期末余额减去"坏账准备——应收分保未到期责任准备金"明细科目的期末余额填列。

(11)"应收分保未决赔款准备金"项目,反映再保险分出人从事再保险业务应向再保险接受人摊回的未决赔款准备金。本项目应根据"应收分保合同准备金——应收分保未决赔款准备金"明细科目的期末余额减去"坏账准备——应收分保未决赔款准备金"明细科目的期末余额填列。

(12)"应收分保寿险责任准备金"项目,反映再保险分出人从事再保险业务应向再保险接受人摊回的寿险责任准备金。本项目应根据"应收分保合同准备金——应收分保寿险责任准备金"明细科目的期末余额减去"坏账准备——应收分保寿险责任准备金"明细科目的期末余额填列。

(13)"应收分保长期健康险责任准备金"项目,反映再保险分出人从事再保险业务应向再保险接受人摊回的长期健康险责任准备金。本项目应根据"应收分保合同准备金——应收分保长期健康险责任准备金"明细科目的期末余额减去"坏账准备——应收分保长期健康险责任准备金"明细科目的期末余额填列。

(14)"保户质押贷款"项目,用于核算保险公司在保单现金价值范围内向保户提供的贷款。本项目应根据"保户质押贷款"科目的期末余额减去"坏账准备——保户质押贷款"明细科目的期末余额列填。

(15)"定期存款"项目,反映保险公司银行存款中3个月以上定期存款部分。本项目应根据"银行存款——定期存款"明细科目的期末余额填列。

(16)"可供出售金融资产"项目,反映保险公司持有的以公允价值计量的可供出售的股票投资、债券投资等金融资产。本项目应根据"可供出售金融资产"科目的期末余额减去"可供出售金融资产减值准备"科目期末余额后的金额填列。

(17)"持有至到期投资"项目,反映保险公司持有的以摊余成本计量的持有至到期投资。本项目应根据"持有至到期投资"科目的期末余额减去"持有至到期投资减值准备"科目期末余额后的金额填列。

(18)"长期应收款"项目,反映保险公司融资租赁产生的应收款项,采用递延方式、具有融资性质的销售商品和提供劳务等产生的长期应收款项等。本项目应根据"长期应收款"科目的期末余额减去相应的"未实现融资收益"科目和"坏账准备"科目所属相关明细科目期末余额后的金额填列。

(19)"长期股权投资"项目,反映保险公司持有的对子公司、联营保险公司和合营保险公司的长期股权投资。本项目应根据"长期股权投资"科目的期末余额减去"长期股权投资减值准备"科目期末余额后的金额填列。

(20)"存出资本保证金"项目,反映保险公司按规定比例缴存的资本保证金。本项目应根据"存出资本保证金"科目的期末余额填列。

(21)"投资性房地产"项目,反映保险公司持有的投资性房地产。保险公司采用成本模式计量投资性房地产的,本项目应根据"投资性房地产"科目的期末余额减去"投资性房地产累计折旧(摊销)"和"投资性房地产减值准备"科目期末余额后的金额填列;保险公司采用公允价值模式计量投资性房地产的,本项目应根据"投资性房地产"科目的期末余额填列。

(22)"固定资产"项目,反映保险公司各种固定资产原价减去累计折旧和累计减值准备后的净额。本项目应根据"固定资产"科目的期末余额减去"累计折旧"和"固定资产减值准备"科目期末余额后的金额填列。

(23)"无形资产"项目,反映保险公司持有的无形资产,包括专利权、非专利技术、商标权、著作权、土地使用权等。本项目应根据"无形资产"科目的期末余额减去"累计摊销"和"无形资产减值准备"科目期末余额后的金额填列。

(24)"独立账户资产"项目,反映保险公司对分拆核算的投资连结产品不属于风险保障部分确认的独立账户资产价值。本项目应根据"独立账户资产"科目的期末余额填列。

(25)"递延所得税资产"项目,反映保险公司确认的可抵扣暂时性差异产生的递延所得税资产。本项目应根据"递延所得税资产"科目的期末余额填列。

(26)"其他非流动资产"项目,反映保险公司除长期股权投资、固定资产、在建工程、工程物资、无形资产等以外的其他非流动资产。本项目应根据有关科目的期末余额填列。

(27)"其他资产"项目,反映保险公司应收股利、应收代位追偿款、预付账款、存出保证金、其他应收款等资产的账面余额。本项目应根据"应收股利""预付赔付款""存出保证金""其他应收款""低值易耗品""在建工程""长期待摊费用""抵债资产""损余物资"等科目的期末余额填列。已计提减值准备的,还应扣减相应的减值准备。长期应收款账面余额扣减累计减值准备和未实现融资收益后的净额、抵债资产账面余额扣减累计跌价准备后的净额、损余物资账面余额扣减累计跌价准备后的净额,也在本项目反映。

2. 负债项目的列报说明

(1)"短期借款"项目,反映保险公司向银行或其他金融机构等借入的期限在 1 年以下(含 1 年)的借款。本项目应根据"短期借款"科目的期末余额填列。

(2)"拆入资金"科目,反映保险公司从境内、境外金融机构拆入的款项。本项目应根据"拆入资金"科目的期末余额填列。

(3)"交易性金融负债"项目,反映保险公司承担的、以公允价值计量且其变动计入当期损益的、以交易为目的所持有的金融负债。本项目应根据"交易性金融负债"科目的期末余额填列。

(4)"衍生金融负债"项目,反映衍生工具、套期项目、被套期项目中属于衍生金融负债的金额。本项目应根据"衍生工具""套期项目""被套期项目"等科目的期末贷方余额分析计算填列。

(5)"卖出回购金融资产款"项目,反映保险公司按回购协议先卖出再按固定价格买入票据、证券、贷款等金融资产所融入的资金。本项目应根据"卖出回购金融资产款"科目的期末余额填列。

(6)"预收保费"项目,反映保险公司收到的满足保费收入确认条件的保险费。本项目应根据"预收保费"科目的期末余额填列。

(7)"应付手续费及佣金"项目,反映保险公司应支付但尚未支付的手续费及佣金。本项目应根据"应付手续费及佣金"科目的期末余额填列。

(8)"应付分保账款"项目,反映保险公司从事再保险业务应付未付的款项。本项目应根据"应付分保账款"科目的期末余额填列。

(9)"应付职工薪酬"项目,反映保险公司根据有关规定应付给职工的工资、职工福利、社会保险费、住房公积金、工会经费、职工教育经费、非货币性福利、辞退福利等各种薪酬。外商投资保险公司按规定从净利润中提取的职工奖励及福利基金也在本项目列示。

(10)"应交税费"项目,反映保险公司按照税法规定计算应交纳的各种税费,包括增值税、消费税、营业税、所得税、资源税、土地增值税、城市维护建设税、房产税、土地使用税、车船使用税、教育费附加、矿产资源补偿费等。保险公司代扣代缴的个人所得税,也通过本项目列示。保险公司所缴纳的税金不需要预计应交数的(如印花税、耕地占用税等),不在本项目列示。本项目应根据"应交税费"科目的期末贷方余额填列;如"应交税费"科目期末为借方余额,应以"—"号填列。

(11)"应付赔付款"项目,反映保险公司应付未付的赔款。本项目应根据"应付赔款"科目的期末余额填列。

(12)"应付保单红利"项目,反映保险公司按原保险合同约定应付但未付给投保人的红利。本项目应根据"应付保单红利"科目的期末余额填列。

(13)"保户储金及投资款"项目,反映保险公司收到投保人以储金本金增值作为保费收入的储金。本项目应根据"保户储金及投资款"科目的期末余额填列。

(14)"未到期责任准备金"项目,反映保险公司为承担 1 年期以内(含 1 年)保险业务的未来保险责任而提存的准备金,即非寿险原保险合同未到期责任准备金,包括非寿险原保险合同中未到期责任准备金、长期责任准备金和保费不足准备金。再保险接受人提取的再保险合同分保未到期责任准备金也在本科目核算。本项目应根据"未到期责任准备金"科目的期末余额填列。

（15）"未决赔款准备金"项目，反映保险公司提取的原保险合同未决赔款准备金。本项目应根据"保险责任准备金——未决赔款准备金"明细科目的期末余额填列。

（16）"寿险责任准备金"项目，反映保险公司提取的原保险合同寿险责任准备金。本项目应根据"保险责任准备金——寿险责任准备金"明细科目的期末余额填列。

（17）"长期健康险责任准备金"项目，反映保险公司提取的原保险合同长期健康险责任准备金。本项目应根据"保险责任准备金——长期健康险责任准备金"明细科目的期末余额填列。

（18）"长期借款"项目，反映保险公司向银行或其他金融机构借入的期限在1年以上（不含1年）的各项借款。本项目应根据"长期借款"科目的期末余额填列。

（19）"应付债券"项目，反映保险公司为筹集长期资金而发行的债券本金和利息。本项目应根据"应付债券"科目的期末余额填列。

（20）"独立账户负债"项目，反映保险公司对分拆核算的投资连结产品中不属于风险保障部分确认的独立账户负债。本项目应根据"独立账户负债"科目的期末余额填列。

（21）"递延所得税负债"项目，反映保险公司确认的应纳税暂时性差异产生的所得税负债。本项目应根据"递延所得税负债"科目的期末余额填列。

（22）"其他负债"项目，反映保险公司"应付股利""应付利息""其他应付款""预收赔付款""存入保证金""预计负债""长期应付款""一年内到期的长期负债"等项目的内容。本项目应根据"应付股利""应付利息""其他应付款""预收赔付款""存入保证金""预计负债""长期应付款"等科目的余额减去将于1年内（含1年）到期偿还后的余额填列。

3. 所有者权益项目的列报说明

（1）"实收资本（或股本）"项目，反映保险公司各投资者实际投入的资本或股本总额。本项目应根据"实收资本"或"股本"科目的期末余额填列。

（2）"资本公积"项目，反映保险公司资本公积的期末余额。本项目应根据"资本公积"科目的期末余额填列。

（3）"库存股"项目，反映保险公司持有尚未转让或注销的本公司股份金额。本项目应根据"库存股"科目的期末余额填列。

（4）"其他综合收益"项目，反映保险公司根据企业会计准则规定未在损益中确认的各项利得和损失扣除所得税影响后的净额。本项目应根据"其他综合收益"科目的期末余额填列。

（5）"盈余公积"项目，反映保险公司盈余公积的期末余额。本项目应根据"盈余公积"科目的期末余额填列。

（6）"一般风险准备"项目，反映保险公司从净利润中提取的一般风险准备金。本项目应根据"一般风险准备"科目的期末余额填列。

（7）"未分配利润"项目，反映保险公司尚未分配的利润。本项目应根据"本年利润"和"利润分配"科目的余额计算填列，未弥补的亏损在本项目内以"－"号填列。

第三节 利 润 表

一、利润表的概念和作用

利润表是指反映保险公司在一定会计期间的经营成果的会计报表。利润表主要依据"收入-费用=利润"这一平衡公式,按照权责发生制进行编制。利润表可以反映保险公司在一定时期内的经营业绩及利润的主要来源和构成,属于动态会计报表。利润表的主要作用包括:

(1) 利润表能够反映保险公司一定会计期间收入的实现情况,如分别实现多少保费收入、投资收益、营业外收入等;利润表能够反映一定会计期间的支出耗费情况,如分别耗费多少赔款给付支出、营业税金及附加、业务及管理费、营业外支出等;利润表能够反映保险公司生产经营活动的成果,即净利润的实现情况。以上三方面的内容能够帮助报表使用者了解公司的收益能力、经营成果和获利能力。

(2) 将利润表中的信息与资产负债表中的信息相结合,还可以提供进行财务分析的基础资料和比率(如营业净利润率、业务及管理费率等),有助于报表使用者判断净利润的质量及其风险、预测净利润的持续性,并预测公司未来的现金流量和偿付能力。

(3) 利润表能够为政府监管提供信息。盈利情况是核准保险公司能否发行股票或债券的重要参考,也是保险公司依法缴纳所得税的主要依据。

二、利润表的列报要求、列报格式和填列方法

(一)利润表的列报要求

1. 费用采用"功能法"列报

对于费用的列报,保险公司应当采用"功能法",即按照费用在保险公司所发挥的功能进行分类列报,通常分为保险业务的赔付支出和提取的准备金、分保费用和提取的准备金、手续费及佣金、业务及管理费等。由于有关费用性质的信息有助于预测保险公司未来现金流量,保险公司可以在附注中披露费用按照性质分类的利润表补充资料,如职工薪酬费用、折旧费、摊销费等。

2. 列示利润表的比较信息

根据财务报表列报准则的规定,保险公司应提供比较利润表,帮助报表使用者比较不同期利润的实现情况,判断保险公司经营成果的未来发展趋势。所以,利润表应就各项目分为"本期金额"和"上期金额"两栏填列。其中,"上期金额"应按照上年利润表"本期金额"栏内所列数字填列,如果上年该期利润表规定的各个项目的名称和内容与本期不一致,应对上年该期利润表各项目的名称和数字按本期的规定进行调整;"本期金额"应按照各损益类科目的发生额分析填列。

3. 利润表采用多步式列报

利润表的列报格式包括多步式和单步式。单步式利润表是将当期所有的收入列在一起,然后将所有的费用列在一起,两者相减得出当期净损益。多步式利润表是通过对当期的收入、费用、支出项目按性质加以归类,按利润形成的主要环节列示一些中间性利

润指标,分步计算当期净损益。单步式利润表结构简单,但不能向报表使用者提供利润构成情况的详细信息;多步式利润表能够清晰地反映各类收入和成本费用项目之间的内在联系,有助于分析和比较各项目增减变动对利润的影响。

(二)利润表的列报格式——多步式

我国财务报表列报准则规定,保险公司应当采用多步式列报利润表,将不同性质的收入和费用进行对比,从而得出一些中间性的利润数据,便于报表使用者理解保险公司经营成果的不同来源。保险公司可以按以下五个步骤编制利润表:

(1)以保费收入为基础,加上投资收益(包括利息净收益)、公允价值变动收益(减去公允价值变动损失)、投资收益(减去投资损失)和其他业务收入,减去退保金、赔付支出、保单红利支出、各类准备金提转差、营业税金及附加、手续费及佣金支出、业务及管理费、其他业务成本、资产减值损失,计算出营业利润。

(2)以营业利润为基础,加上营业外收入,减去营业外支出,计算出利润总额。

(3)以利润总额为基础,减去所得税费用,计算出净利润或净亏损。

(4)以净利润或净亏损为基础,加上其他综合收益的税后净额,计算出综合收益总额。

(5)以综合收益总额为基础,计算出每股收益(包括基本每股收益和稀释每股收益)。

另外,还需要注意的是:

(6)普通股或潜在普通股已公开交易的保险公司,以及正处于公开发行普通股或潜在普通股过程的保险公司,应当在利润表中列示每股收益信息。

(7)保险公司的承保利润可由保险公司的营业利润扣除投资收益、公允价值变动收益、汇兑收益、资产减值损失和对应的营业税金及附加倒推得出。这是保险公司损益核算的一个重要特点。

(三)利润表的填列方法

保险公司利润表如表17-2所示。

表17-2 利润表

编制单位: 　　　　　　　　　　　年　月　日　　　　　　　　　　　单位:元

项　目	本期金额	上期金额
一、营业收入		
已赚保费		
保险业务收入		
其中:分保费收入		
减:分出保费		
提取未到期责任准备金		
投资收益(损失以"-"号填列)		
其中:对联营保险公司和合营保险公司的投资收益		
公允价值变动收益(损失以"-"号填列)		
汇兑收益(损失以"-"号填列)		
其他业务收入		

(续表)

项　目	本期金额	上期金额
二、营业支出		
退保金		
赔付支出		
减：摊回赔付支出		
提取保险责任准备金		
减：摊回保险责任准备金		
保单红利支出		
分保费用		
营业税金及附加		
手续费及佣金支出		
业务及管理费		
减：摊回分保费用		
其他业务成本		
资产减值损失		
三、营业利润（亏损以"－"号填列）		
加：营业外收入		
减：营业外支出		
四、利润总额（亏损总额以"－"号填列）		
减：所得税费用		
五、净利润（净亏损以"－"号填列）		
六、其他综合收益的税后净额		
（一）以后不能重分类进损益的其他综合收益		
（二）以后将重分类进损益的其他综合收益		
权益法下在被投资单位以后将重分类进损益的其他综合收益中享有的份额		
七、综合收益总额		
八、每股收益		
（一）基本每股收益		
（二）稀释每股收益		

利润表各项目的填列方法如下：

（1）"已赚保费"项目，反映"保险业务收入"项目金额减去"分出保费""提取未到期责任准备金"项目金额后的余额。本项目应根据"保险业务收入""分出保费""提取未到期责任准备金"科目的发生额分析填列。

（2）"保险业务收入"项目，反映保险公司从事保险业务确认的原保费收入和分保费收入。本项目应根据"保费收入"科目的发生额分析填列。

（3）"分出保费"项目，反映保险公司从事再保险业务分出的保费。本项目应根据"分出保费"科目的发生额分析填列。

（4）"提取未到期责任准备金"项目，反映保险公司提取的未到期责任准备金。本项目应根据"提取未到期责任准备金"科目的发生额分析填列。

(5)"投资收益"项目,反映保险公司以各种方式对外投资所取得的收益或损失,包括定期存款利息收入,公司根据投资性房地产准则确认的采用公允价值计量模式计量的投资性房地产的租金收入和处置损益,处置交易性金融资产、交易性金融负债、可供出售金融资产实现的损益,以及持有至到期投资和买入返售金融资产在持有期间取得的投资收益和处置损益。本项目应根据"投资收益"科目和"利息收入——定期存款"发生额分析填列。若为投资损失,则本项目以"一"号填列。

(6)"公允价值变动收益"项目,反映保险公司在初始确认时划分为以公允价值计量且其变动应当计入当期损益的金融资产或金融负债(包括交易性金融资产或负债和直接指定以公允价值计量且其变动计入当期损益的金融资产或金融负债),以及采用公允价值计量模式计量的投资性房地产、衍生工具和套期业务中公允价值变动形成的应计入当期损益的利得或损失。本项目应根据"公允价值变动损益"科目的发生额分析填列。若为净损失,则本项目以"一"号填列。

(7)"汇兑收益"项目,反映保险公司外币货币性项目因汇率变动形成的净收益。本项目应根据"汇兑损益"科目的发生额分析填列。若为净损失,则以"一"号填列。

(8)"其他业务收入"项目,反映保险公司确认的与经常性活动相关的其他活动收入和利息收入,第三方管理的收入也在此列报,但定期存款的利息收入不在此列报。本项目应根据"利息收入""其他业务收入"等科目的发生额分析填列。

(9)"退保金"项目,反映保险公司寿险原保险合同提前解除时按照约定退还投保人的保单现金价值。本项目应根据"退保金"科目的发生额分析填列。

(10)"赔付支出"项目,反映保险公司因保险业务发生的赔付支出,包括原保险合同赔付支出和再保险合同赔付支出。本项目应根据"赔付支出"科目的发生额分析填列。

(11)"提取保险责任准备金"项目,反映保险公司提取的保险责任准备金,包括未决赔款准备金、寿险责任准备金、长期健康险责任准备金。本项目应根据"提取保险责任准备金"科目的发生额分析填列。

(12)"保单红利支出"项目,反映保险公司按原保险合同约定支付给投保人的红利。本项目应根据"保单红利支出"科目的发生额分析填列。

(13)"分保费用"项目,反映保险公司从事再保险业务支付的分保费用。本项目应根据"分保费用"科目的发生额分析填列。

(14)"摊回赔付支出"项目,反映保险公司从事再保险分出业务向再保险接受人摊回的赔付支出。本项目应根据"摊回赔付支出"科目的发生额分析填列。

(15)"摊回保险责任准备金"等项目,反映保险公司从事再保险分出业务向再保险接受人摊回的保险责任准备金。本项目应根据"摊回保险责任准备金"科目的发生额分析填列。

(16)"摊回分保费用"项目,反映保险公司从事再保险分出业务向再保险接受人摊回的分保费用。本项目应根据"摊回分保费用"科目的发生额分析填列。

(17)"营业税金及附加"项目,反映保险公司经营业务应负担的消费税、营业税、城市建设维护税、资源税、土地增值税和教育费附加等。本项目应根据"营业税金及附加"科目的发生额分析填列。

(18)"手续费及佣金支出"项目,反映保险公司发生的手续费、佣金支出。本项目应根据"手续费及佣金支出"等科目的发生额分析填列。

(19)"业务及管理费"项目,反映保险公司在业务经营和管理过程中发生的电子设备运转费、安全防范费、物业管理费等。本项目应根据"业务及管理费"科目的发生额分析填列。

(20)"资产减值损失"项目,反映保险公司各项资产发生的减值损失。本项目应根据"资产减值损失"科目的发生额分析填列。

(21)"营业利润"项目,反映保险公司实现的营业利润。若为亏损,则本项目以"—"号填列。

(22)"营业外收入"项目,反映保险公司发生的、与经营业务无直接关系的各项收入。本项目应根据"营业外收入"科目的发生额分析填列。

(23)"营业外支出"项目,反映保险公司发生的、与经营业务无直接关系的各项支出。本项目应根据"营业外支出"科目的发生额分析填列。

(24)"利润总额"项目,反映保险公司实现的利润。若为亏损,则本项目以"—"号填列。

(25)"所得税费用"项目,反映保险公司应从当期利润总额中扣除的所得税费用。本项目应根据"所得税费用"科目的发生额分析填列。

(26)"净利润"项目,反映保险公司实现的净利润。若为亏损,则本项目以"—"号填列。

(27)"其他综合收益的税后净额"项目,反映保险公司根据企业会计准则未在损益中确认的各项利得和损失扣除所得税后的净额。本项目应根据"其他综合收益"科目的发生额分析填列。

(28)"以后不能重分类进损益的其他综合收益"项目,反映以后会计年度不能重分类进损益的其他综合收益。本项目应根据"其他综合收益"科目的发生额分析填列。

(29)"以后将重分类进损益的其他综合收益"项目,反映以后会计年度可以重分类进损益的其他综合收益。本项目应根据"其他综合收益"科目的发生额分析填列。

(30)"综合收益总额"项目,反映保险公司净利润与其他综合收益的合计金额。若为亏损,则本项目以"—"号填列。

(31)"基本每股收益"和"稀释每股收益"项目,适用于普通股或潜在普通股已公开交易的公司,以及正处于公开发行普通股或潜在普通股过程的公司。

第四节 现金流量表

一、现金流量表概述

(一)现金流量表的概念、编制基础和编制原则

1. 现金流量表的概念

现金流量表是指反映保险公司一定会计期间现金和现金等价物流入与流出的报表,对资产负债表和利润表具有重要的补充作用,属于动态会计报表。

2. 现金流量表的编制基础

现金流量表以现金及现金等价物为基础编制。

(1) 现金是指保险公司库存现金及可以随时用于支付的存款,不能随时用于支付的存款应列作投资。现金主要包括:① 库存现金,与"现金"科目的核算内容一致;② 银行存款,与"银行存款"科目核算内容基本一致,但不包括不能随时用于支付的存款(例如,不能随时支取的定期存款等不应作为现金,提前通知金融机构便可支取的定期存款则应包括在现金范围内);③ 其他货币资金,与"其他货币资金"科目核算内容一致。

(2) 现金等价物是指保险公司持有的期限短、流动性强、易于转换为已知金额现金、价值变动风险很小的投资。其中,"期限短"一般是指从购买日起3个月内到期。例如,可在证券市场上流通的3个月内到期的短期债券等。

在现金流量表的编制中,现金和现金等价物被视作一个整体,保险公司现金及现金等价物内部的形式转换并不会产生现金的流入与流出。

3. 现金流量表的编制原则

与资产负债表和利润表不同,现金流量表应按照收付实现制原则编制,将权责发生制下的盈利信息调整为收付实现制下的现金流量信息。

(二) 现金流量表的作用

现金流量表的作用有以下几个方面:

(1) 现金流量表能够更真实、准确地反映保险公司的支付能力、偿债能力和周转能力。现金流量表以现金为编制基础,现金流动性强、风险小,所以能够直接反映公司的现金是否能够偿还到期债务、支付赔款或给付和进行必要的投资。现金流量表以收付实现制为编制原则,只对当期的现金收支进行确认,有可靠的原始凭证,对公司整体财务状况的反映更加客观。同时,现金流量表结合资产负债表和利润表,能够全面反映保险公司的经营活动、投资活动和筹资活动的效率与质量。资产负债表和利润表是以权责发生制为编制原则的,可能出现利润表上的利润很高但是短期内现金不足、财务困难的情况;反之,也可能出现利润表上利润很低但是偿付能力充足的情况,因此结合以收付实现制为原则编制的现金流量表后,能够更全面地反映保险公司的支付能力、偿债能力和周转能力。

(2) 现金流量表有助于财务报表使用者了解与评价保险公司获取现金和现金等价物的能力,以及影响保险公司现金净流量的因素,并据以预测保险公司未来现金流量。现金流量表能够反映保险公司在一定时期内现金流入和流出的整体情况,反映保险公司运用、管理现金的能力,财务报表使用者可以通过某一时期或几个连续时期的现金流量,利用可靠且相关的历史现金流量信息对保险公司未来的现金流量进行预测。另外,财务报表使用者也可以分别分析经营活动、投资活动和筹资活动产生的现金流量,判断保险公司现金流量的来源和影响因素,从而预测保险公司未来的现金流量。

(3) 现金流量表有助于财务报表使用者分析保险公司收益的质量。结合现金流量表和利润表,财务报表使用者可以比较净现金流量和保险公司利润,从现金流量的角度了解净利润的质量。

(三) 现金流量的分类

现金流量指保险公司现金和现金等价物的流入与流出，有不同来源和用途。根据保险公司业务活动的性质和现金流量的来源，可以将保险公司一定期间产生的现金流量分为三类：经营活动现金流量、投资活动现金流量和筹资活动现金流量。

1. 经营活动现金流量

经营活动是指投资活动和筹资活动以外的所有交易与事项。对于保险公司而言，经营活动主要包括原保险业务和再保险业务等，保险公司通过销售原（再）保险产品、进行保险赔付、支付各类业务及管理费、支付保险公司所得税等活动引起的现金的流入与流出都属于经营活动现金流量。

2. 投资活动现金流量

投资活动是指保险公司长期资产的购建和不包括在现金等价物范围内的投资及其处置活动，包括对实物资产和金融资产的投资。其中，长期资产是指固定资产、无形资产、在建工程、其他资产等持有期限在一年或一个营业周期以上的资产。

3. 筹资活动现金流量

筹资活动是指导致保险公司资本及债务规模和构成发生变化的活动。这里所说的资本，既包括实收资本（股本），也包括资本溢价（股本溢价）；这里所说的债务，指对外举债，包括向银行借款、发行债券及偿还债务等。

二、现金流量表的列报要求、列报格式和填列方法

（一）现金流量表的列报要求

1. 现金流量表包括现金流量表正表和现金流量表补充资料两部分

现金流量表正表是现金流量表的主体，反映各项经济活动的现金流量，包括经营活动现金流量、投资活动现金流量、筹资活动现金流量；现金流量表补充资料（或附注）包括将净利润调节为经营活动现金流量、不涉及现金收支的重大投筹资活动、现金及现金等价物净变动情况。

2. 现金流量表正表采用直接法编制

按照现金流量表准则，现金流量表正表中列报的经营活动现金流量，应使用直接法进行编制。直接法是指按现金收入和现金支出的主要类别直接反映保险公司经营活动而产生的现金流量，如销售原保险产品、再保险产品等收到的现金保费收入，对原保险、再保险合同的赔付支出、购买劳务等支付的现金支出。在直接法下，保险公司一般按照现金收入和现金支出的类别列示，然后计算出经营活动产生的现金流量。采用直接法编报的现金流量表，便于分析保险公司经营活动产生的现金流量的来源和用途，预测保险公司现金流量的未来前景。

现金流量表中列报的投资活动现金流量和筹资活动现金流量，应参照经营活动现金流量，按照直接法进行编制。

3. 现金流量表补充资料中列示采用间接法编制的经营活动现金流量

按照现金流量表准则，现金流量表补充资料中应列示使用间接法编制的经营活动现

金流量。间接法是指以净利润为起算点,调整不涉及现金流入与流出的相关项目,实际上就是将按权责发生制原则确定的净利润调整为按收付实现制确定的现金净流入,再剔除投资活动、筹资活动对现金流量的影响,据此计算出经营活动产生的现金流量。采用间接法编报现金流量表,便于将净利润与经营活动产生的现金流量净额进行比较,了解净利润与经营活动产生的现金流量差异的原因,从现金流量的角度分析净利润的质量。

4. 列示现金流量表的比较信息

根据财务报表列报准则的规定,保险公司应提供比较现金流量表,以便报表使用者通过比较不同期间现金流量,判断保险公司经营成果的未来发展趋势。所以,现金流量表还应就各项目再分为"本期金额"和"上期金额"两栏填列。其中,"上期金额"应按照上年现金流量表"本期金额"栏内所列数字填列,如果上年该期现金流量表规定的各项目的名称和内容与本期不一致,应对上年该期现金流量表各项目的名称和数字按本期的规定进行调整;"本期金额"应按照各科目的发生额分析填列。

(二) 现金流量表的列报格式

1. 现金流量表正表

现金流量表正表应按照直接法进行编制,格式如表 17-3 所示。

表 17-3 现金流量表

编制单位:　　　　　　　　　　　年　月　日　　　　　　　　　　　单位:元

项 目	本期金额	上期金额
一、经营活动产生的现金流量		
收到原保险合同保费取得的现金		
收到再保业务现金净额		
保户储金及投资款净增加额		
收到其他与经营活动有关的现金		
经营活动现金流入小计		
支付原保险合同赔付款项的现金		
支付手续费及佣金的现金		
支付保单红利的现金		
支付给职工以及为职工支付的现金		
支付的各项税费		
支付其他与经营活动有关的现金		
经营活动现金流出小计		
经营活动产生的现金流量净额		
二、投资活动产生的现金流量		
收回投资收到的现金		
取得投资收益收到的现金		
收到其他与投资活动有关的现金		
投资活动现金流入小计		
投资支付的现金		
质押贷款净增加额		

(续表)

项　目	本期金额	上期金额
购置固定资产、无形资产和其他长期资产支付的现金		
支付其他与投资活动有关的现金		
投资活动现金流出小计		
投资活动产生的现金流量净额		
三、筹资活动产生的现金流量		
吸收投资收到的现金		
发行债券收到的现金		
收到其他与筹资活动有关的现金		
筹资活动现金流入小计		
偿还债务支付的现金		
分配股利、利润或偿付利息支付的现金		
支付其他与筹资活动有关的现金		
筹资活动现金流出小计		
筹资活动产生的现金流量净额		
四、汇率变动对现金及现金等价物的影响		
五、现金及现金等价物净增加额		
加：期初现金及现金等价物余额		
六、期末现金及现金等价物余额		

2. 现金流量表补充资料

现金流量表补充资料（或附注）包括将净利润调节为经营活动现金流量、不涉及现金收支的重大投筹资活动、现金及现金等价物净变动情况。

其中，将净利润调节为经营活动现金流量，应按照间接法，从净利润出发，按照以下原理进行调整，最后得出经营活动现金流量：

（1）净利润是按照权责发生制的原则确定的，其中一些收入、费用项目并没有实际发生现金的流入与流出，将权责发生制下的净利润转化为收付实现制下的现金净流量，就是要考虑这些在权责发生制下确认但没有实际发生的现金流动，剔除不增加现金的收入，并加回不减少现金的费用。

（2）净利润中不包括影响经营活动现金净流量的非现金流动资产和非现金流动负债项目，而将净利润调整为经营活动的现金净流量，就是要考虑这些在权责发生制下没有确认但确实发生了的现金流动，加回属于经营活动的非现金流动资产的减少和流动负债的增加，并减去属于经营活动的非现金流动资产的增加和流动负债的减少。

（3）净利润中不仅包括本期发生的经营活动的损益项目，还包括经营以外的投资活动和筹资活动的损益项目，将净利润调整为净现金流量，必须将投资活动和筹资活动的影响剔除。

经营活动现金净流量的计算公式如下：

经营活动现金净流量＝本期净利润＋不减少现金的费用－不增加现金的收入＋属于经营活动的非现金流动资产的减少和流动负债的增加－属于经营活动的非现金流动资产的增加和流动负债的减少－不属于经营活动的损益

按照以上原理,现金流量表补充资料的编制格式如表 17-4 所示。

表 17-4 现金流量表补充资料

编制单位:　　　　　　　　　　　　年　月　日　　　　　　　　　　　　单位:元

补充资料	本期金额	上期金额
1. 将净利润调节为经营活动现金流量		
净利润		
加:资产减值准备		
提取未到期责任准备金		
提取保险责任准备金		
固定资产折旧		
无形资产摊销		
长期待摊费用摊销		
处置固定资产、无形资产和其他长期资产的损失(收益以"—"号填列)		
固定资产报废损失(收益以"—"号填列)		
公允价值变动损失(收益以"—"号填列)		
利息支出(收入以"—"号填列)		
投资损失(收益以"—"号填列)		
递延所得税资产减少(增加以"—"号填列)		
递延所得税负债增加(减少以"—"号填列)		
存货的减少(增加以"—"号填列)		
经营性应收项目的减少(增加以"—"号填列)		
经营性应付项目的增加(减少以"—"号填列)		
其他		
经营活动产生的现金流量净额		
2. 不涉及现金收支的重大投资和筹资活动		
债务转为资本		
一年内到期的可转换公司债券		
融资租入固定资产		
3. 现金及现金等价物净变动情况		
现金的期末余额		
减:现金的期初余额		
加:现金等价物的期末余额		
减:现金等价物的期初余额		
现金及现金等价物净增加额		

(三)现金流量表正表的填列方法

1. 经营活动产生的现金流量

(1)"收到原保险合同保费取得的现金"项目,反映保险公司本期收到的原保险合同保费取得的现金净额,包括本期收到的原保险保费收入、本期收到的前期应收原保险保费、本期预收的原保险保费和本期代其他保险公司收取的原保险保费,扣除本期保险合同提前解除以现金支付的退保费。本项目应根据"库存现金""银行存款""应收账款""预收账款""保费收入"等科目的记录分析填列。

（2）"收到再保业务现金净额"项目，反映保险公司本期从事再保险业务实际收支的现金净额。本项目应根据"银行存款""应收分保账款""应付分保账款"等科目的记录分析填列。

（3）"保户储金及投资款净增加额"项目，反映保险公司向投保人收取的以储金利息作为保费收入的储金，以及以投资收益作为保费收入的投资保障型保险业务的投资本金，减去保险公司向投保人返还的储金和投资本金后的净额。本项目应根据"现金""银行存款""保户储金""应收保户储金"等科目的记录分析填列。

（4）"收到其他与经营活动有关的现金"项目，反映保险公司除上述项目外，收到的其他与经营活动有关的现金，如其他业务收入、捐赠的现金收入、罚款收入、存入保证金等。本项目应根据"库存现金""银行存款""其他业务收入""营业外收入""其他应付款""存入保证金"等科目的记录分析填列。

（5）"支付原保险合同赔付款项的现金"项目，反映保险公司本期实际支付原保险合同赔付的现金。本项目应根据"赔付支出"等科目的记录分析填列。

（6）"支付手续费及佣金的现金"项目，反映保险公司本期实际支付手续费及佣金等现金。本项目应根据"应付账款""手续费及佣金支出"等科目的记录分析填列。

（7）"支付保单红利的现金"项目，反映保险公司按合同约定以现金支付的保单红利。本项目应根据"库存现金""银行存款""应付保单红利""保单红利支出"等科目的记录分析填列。

（8）"支付给职工以及为职工支付的现金"项目，反映保险公司实际支付给职工的现金以及为职工支付的现金，包括保险公司为获得职工提供的服务，本期实际给予各种形式的报酬以及其他相关支出，如支付给职工的工资、奖金、各种津贴和补贴等，以及为职工支付的其他费用；不包括支付给在建工程人员的工资。保险公司为职工支付社会保险基金、补充养老保险、住房公积金，保险公司为职工交纳的商业保险金，因解除与职工劳动关系给予的补偿，现金结算的股份支付，以及保险公司支付给职工或为职工支付的其他福利费用等，应根据职工的工作性质和服务对象，分别在"购建固定资产、无形资产和其他长期资产所支付的现金"和"支付给职工以及为职工支付的现金"项目中反映。本项目应根据"库存现金""银行存款""应付职工薪酬"等科目的记录分析填列。

（9）"支付的各项税费"项目，反映保险公司按规定支付的各项税费，包括本期发生并支付的税费，以及本期支付以前各期发生的税费和预交的税金，如支付的营业税、增值税、消费税、教育费附加、印花税、房产税、土地增值税、车船使用税、所得税等；不包括本期退回的增值税、所得税。本期退回的增值税、所得税等，在"收到税费返还"项目中反映。本项目应根据"应交税费""库存现金""银行存款"等科目的记录分析填列。

（10）"支付其他与经营活动有关的现金"项目，反映保险公司除上述各项外，支付的其他与经营活动有关的现金，如罚款支出、支付的差旅费、业务招待费、经营租赁支付的现金、其他业务支出、捐赠的现金支出、购买低值易耗品支出、存出资本保证金等。其他与经营活动有关的现金，如果金额较大的，应单列项目反映。本项目应根据有关科目的记录分析填列。

2. 投资活动产生的现金流量

(1)"收回投资收到的现金"项目,反映保险公司出售、转让或到期收回除现金等价物以外的交易性金融资产、持有至到期投资、可供出售金融资产、长期股权投资、投资性房地产等而收到的现金,不包括债权性投资收回的利息、收回的非现金资产,以及处置子公司及其他营业单位收到的现金净额。债权性投资收回的本金,在本项目反映;债权性投资收回的利息,不在本项目反映,而在"取得投资收益收到的现金"项目中反映。处置子公司及其他营业单位收到的现金净额,单设项目反映。本项目应根据"交易性金融资产""持有至到期投资""可供出售金融资产""长期股权投资""投资性房地产""库存现金""银行存款"等科目的记录分析填列。

(2)"取得投资收益收到的现金"项目,反映保险公司因股权性投资而分得的现金股利,从子公司、联营保险公司或合营保险公司分回利润而收到的现金,因债权性投资而取得的现金利息收入。股票股利由于不产生现金流量,不在本项目反映;包括在现金等价物范围内的债券性投资,其利息收入在本项目反映。本项目应根据"应收股利""应收利息""投资收益""库存现金""银行存款"等科目的记录分析填列。

(3)"收到其他与投资活动有关的现金"项目,反映保险公司除上述各项外,收到的其他与投资活动有关的现金。比如,处置固定资产、无形资产和其他长期资产收回的现金净额,返售证券收到的现金,处置子公司及其他营业单位收到的现金净额,收到购买股票和债券时支付的已宣告但尚未领取的现金股利或已到付息期但尚未领取的债券利息。其他与投资活动有关的现金流入,如果价值较大的,应单列项目反映。本项目应根据"固定资产清理""长期股权投资""买入返售金融资产""应收股利""应收利息""银行存款""库存现金"等科目分析填列。

(4)"投资支付的现金"项目,反映保险公司进行权益性投资和债权性投资所支付的现金,包括保险公司取得的除现金等价物以外的交易性金融资产、持有至到期投资、可供出售金融资产而支付的现金,以及支付的佣金、手续费等交易费用。保险公司购买债券的价款中含有债券利息及溢价或折价购入的,均按实际支付的金额反映。本项目应根据"交易性金融资产""持有至到期投资""可供出售金融资产""投资性房地产""长期股权投资""库存现金""银行存款"等科目的记录分析填列。

(5)"质押贷款净增加额"项目,反映保险公司本期发放保户质押贷款的现金净额。本项目应根据"贷款""银行存款"等科目的记录分析填列。

(6)"购置固定资产、无形资产和其他长期资产支付的现金"项目,反映保险公司购建固定资产,取得无形资产和其他长期资产(如投资性房地产)支付的现金,用现金支付的应由在建工程和无形资产负担的职工薪酬,不包括为购建固定资产、无形资产和其他长期资产而发生的借款利息资本化部分,以及融资租入固定资产所支付的租赁费。为购建固定资产、无形资产和其他长期资产而发生的借款利息资本化部分,在"分配股利、利润或偿付利息支付的现金"项目中反映;融资租入固定资产所支付的租赁费,在"支付的其他与筹资活动有关的现金"项目中反映,不在本项目反映。本项目应根据"固定资产""在建工程""工程物资""无形资产""库存现金""银行存款"等科目的记录分析填列。

(7)"支付其他与投资活动有关的现金"项目,反映除上述各项目外所支付的其他与投资活动有关的现金流出,如取得子公司及其他营业单位支付的现金净额;买入返售证券所支付的现金;拆出资金净额;公司购买股票时实际支付的价款中包含的已宣告但尚未领取的现金股利,购买债券时支付的价款中包含的已到期但尚未领取的债券利息等。如某项其他与投资活动有关的现金流出金额较大,应单列项目反映。本项目应根据"长期股权投资""买入返售金融资产""拆出资金""应收股利""应收利息""银行存款""库存现金"等科目的记录分析填列。

3. 筹资活动产生的现金流量

(1)"吸收投资收到的现金"项目,反映保险公司以发行股票、债券等方式筹集资金实际收到的款项净额。以发行股票等方式筹集资金而由保险公司直接支付的审计、咨询等费用,不在本项目反映,而在"支付的其他与筹资活动有关的现金"项目中反映;由金融保险公司直接支付的手续费、宣传费、咨询费、印刷费等,从发行股票、债券取得的现金收入中扣除,以净额列示。本项目应根据"实收资本(或股本)""资本公积""库存现金""银行存款"等科目的记录分析填列。

(2)"发行债券收到的现金"项目,反映公司以发行债券方式筹集资金实际收到的款项,减去直接支付的佣金、手续费、宣传费、咨询费、印刷费等发行费用后的净额。本项目应根据"应付债券""库存现金""银行存款"等科目的记录分析填列。

(3)"收到其他与筹资活动有关的现金"项目,反映保险公司除上述各项目外,收到的其他与筹资活动有关的现金。其他与筹资活动有关的现金,如果价值较大的,应单列项目反映。本项目应根据"库存现金""银行存款""短期借款""长期借款""卖出回购金融资产款""拆入资金""营业外收入"等科目的记录分析填列。

(4)"偿还债务支付的现金"项目,反映保险公司以现金偿还债务的本金,包括归还金融保险公司的借款本金、偿付保险公司到期的债券本金等。保险公司偿还的借款利息、债券利息,在"分配股利、利润或偿付利息支付的现金"项目中反映,不在本项目反映。本项目应根据"短期借款""长期借款""交易性金融负债""应付债券""库存现金""银行存款"等科目的记录分析填列。

(5)"分配股利、利润或偿付利息支付的现金"项目,反映保险公司实际支付的现金股利,支付给其他投资单位的利润或用现金支付的借款利息、债券利息。不同用途的借款,其利息的开支渠道不一样,均在本项目中反映。本项目应根据"应付股利""应付利息""利润分配""财务费用""在建工程""制造费用""研发支出""库存现金""银行存款"等科目的记录分析填列。

(6)"支付的其他与筹资活动有关的现金"项目,反映保险公司除上述各项目外,支付的其他与筹资活动有关的现金,如以发行股票、债券等方式筹集资金而由保险公司直接支付的审计、咨询等费用,融资租赁各期支付的现金,以分期付款方式购建固定资产以后各期支付的现金等,无形资产等各期支付的现金。其他与筹资活动有关的现金,若价值较大的,则应单列项目反映。本项目应根据"库存现金""银行存款""卖出回购金融资产款""营业外支出""长期应付款"等科目的记录分析填列。

4."汇率变动对现金及现金等价物的影响"项目的内容和填列方法

汇率变动对现金的影响,是指保险公司外币现金流量及境外子公司的现金流量折算成记账本位币时,所采用的是现金流量发生日的汇率或按照系统合理的方法确定的、与现金流量发生日即期汇率近似的汇率,而现金流量表"现金及现金等价物净增加额"项目中外币现金净增加额是按资产负债表日的即期汇率折算,两者的差额即为汇率变动对现金的影响。

编制现金流量表时,应当将保险公司外币现金流量以及境外子公司的现金流量折算成记账本位币。汇率变动对现金的影响额应当作为调节项目,在现金流量表中单独列报。

（四）现金流量表补充资料的填列方法

1. "将净利润调节为经营活动现金流量"项目的填列

（1）"资产减值准备"项目,反映保险公司本期实际各项资产减值准备,包括坏账准备、低值易耗品跌价准备、损余物资跌价准备、长期股权投资减值准备金、持有至到期投资减值准备、投资性房地产减值准备、固定资产减值准备、在建工程减值准备、无形资产减值准备、抵债资产减值准备、商誉减值准备等。本项目应根据"资产减值损失"科目的记录分析填列。

（2）"提取未到期责任准备金"项目,反映保险公司本期提取的未到期责任准备金。本项目应根据"提取未到期责任准备金"科目的记录分析填列。

（3）"提取保险责任准备金"项目,反映保险公司本期提取的保险责任准备金。本项目应根据"提取保险责任准备金"科目的记录分析填列。

（4）"固定资产折旧"项目,反映保险公司本期累计计提的固定资产折旧。本项目应根据"累计折旧"科目贷方发生额的记录分析填列。

（5）"无形资产摊销"项目,反映保险公司本期累计计提的无形资产摊销。本项目应根据"无形资产摊销"贷方发生额的记录分析填列。

（6）"长期待摊费用摊销"项目,反映保险公司本期累计摊入成本费用的长期待摊费用。本项目应根据"长期待摊费用"贷方发生额的记录分析填列。

（7）"处置固定资产、无形资产和其他长期资产的损失"项目,反映保险公司本期处置固定资产、无形资产和其他长期资产发生的净损失（或净收益）。若为净收益,则以"—"号填列。本项目应根据"营业外收入""营业外支出"等科目所属明细科目的记录分析填列。

（8）"固定资产报废损失"项目,反映保险公司本期发生的固定资产盘亏净损失。本项目应根据"营业外支出""营业外收入"科目所属明细科目的记录分析填列。

（9）"公允价值变动损失"项目,反映保险公司持有的交易性金融资产、交易性金融负债、采用公允价值模式计量的投资性房地产等公允价值变动形成的净损失。若为净收益,则以"—"号填列。本项目应根据"公允价值变动损益"科目所属明细科目的记录分析填列。

（10）"利息支出"项目,反映保险公司本期实际发生的属于投资活动或筹资活动的利息支出净额。本项目应根据"利息支出"本期借方发生额和"利息收入"本期贷方发生额的记录分析填列;若为收入,则以"—"号填列。

（11）"投资损失"项目,反映保险公司对外投资实际发生的投资损失减去收益后的净损失。本项目应根据利润表"投资收益"的数字填列;若为投资收益,则以"—"号填列。

(12)"递延所得税资产减少"项目,反映保险公司资产负债表"递延所得税资产"项目的期初、期末余额的差额。本项目应根据"递延所得税资产"科目发生额的记录分析填列。

(13)"递延所得税负债增加"项目,反映保险公司资产负债表"递延所得税负债"项目的期初、期末余额的差额。本项目应根据"递延所得税负债"科目发生额的记录分析填列。

(14)"存货的减少"项目,反映保险公司资产负债表"低值易耗品""损余物资""抵债资产"等存货期初、期末的差额;期末数大于期初数的差额,以"—"号填列。

(15)"经营性应收项目的减少"项目,反映保险公司本期经营性应收项目(包括应收保费、应收利息、预付赔付款、应收代位追偿款、应收分保账款、应收分保合同准备金、其他应收款、存出保证金等经营性应收项目中与经营活动有关的部分)期初、期末余额的差额;期末数大于期初数的差额,以"—"号填列。

(16)"经营性应付项目的增加"项目,反映保险公司本期经营性应付项目(包括应付手续费及佣金、应付赔付款、预付保费、应付职工薪酬、应交税费、应付保单红利、其他应付款、存入保证金等经营性应付项目中与经营活动有关的部分)期初、期末余额的差额;期末数大于期初数的差额,以"—"号填列。

2."不涉及现金收支的重大投资和筹资活动"项目

"不涉及现金收支的重大投资和筹资活动"项目用于反映保险公司一定会计期间内影响资产或负债,但不形成该期现金收支的所有重大投资和筹资活动的信息。这些投资和筹资活动是保险公司的重大理财活动,虽然不涉及现金收支,但对以后各期的现金流量会产生重大影响。不涉及现金收支的重大投资和筹资活动项目主要有以下几项:

(1)"债务转为资本"项目,反映保险公司本期转为资本的债务金额。

(2)"一年内到期的可转换公司债券"项目,反映保险公司本期一年内到期的可转换公司债券的本息。

(3)"融资租入固定资产"项目,反映保险公司本期融资租入固定资产的最低租赁付款额扣除应分期计入利息费用的未确认融资费用的净额。

3."现金及现金等价物净变动情况"项目

"现金及现金等价物净增加额"项目,反映一定会计期间现金及现金等价物的期末余额减去期初余额后的净增加额(或净减少额),是对现金流量表正表中"现金及现金等价物"项目的补充说明。该项目的金额应与正表中"现金及现金等价物净增加额"项目核对相符。

第五节 所有者权益变动表

一、所有者权益变动表的概念和作用

所有者权益变动表是指反映构成所有者权益各组成部分当期增减变动情况的报表。保险公司所有者权益的变动,反映了保险公司当期净资产的增加或减少,综合体现了保险公司当期经营活动、资本投入、回购及股利分配对保险公司净资产的影响,属于动态会计报表。所有者权益变动表具有以下主要作用:

（1）所有者权益变动表能够反映保险公司的综合收益,包括净利润和直接计入所有者权益的利得和损失。其中,前者是保险公司已实现并已确认的收益,后者是保险公司未实现但根据会计准则的规定已确认的收益,且两者单独列示。因此,所有者权益变动表能够帮助报表使用者了解保险公司实现的综合收益及其构成情况。

（2）所有者权益变动表能够全面反映一定时期所有者权益变动的情况,不仅包括所有者权益总量的增减变动,还包括所有者权益增减变动的重要结构性信息。因此,所有者权益变动表能够使报表使用者了解所有者权益各项目的变化和原因。例如,实收资本（或股本）的本年增加数,其中来自资本公积转入、盈余公积转入、利润分配转入和增发新股的数额分别为多少。

结合上述两个作用,所有者权益变动表能够帮助报表使用者准确把握所有者权益的增减变动及变动的根源,从而判断出所有者权益增长的质量和未来的趋势。

二、所有者权益变动表的列报要求、列报格式和填列方法

（一）所有者权益变动表的列报要求

1. 采用矩阵形式列报

为了清楚地表明构成所有者权益的各组成部分当期的增减变动情况,所有者权益变动表应以矩阵形式列示。一方面,列示导致所有者权益变动的交易或事项,按所有者权益变动的来源对一定时期所有者权益变动情况进行全面反映,而非仅仅按照所有者权益的各组成部分反映所有者权益变动情况;另一方面,按照所有者权益各组成部分（包括实收资本、资本公积、盈余公积、未分配利润和库存股）及其总额列示交易或事项对所有者权益的影响。

2. 列示所有者权益变动的比较信息

根据财务报表列报准则的规定,保险公司应提供比较所有者权益变动表,因此所有者权益变动表还应就各项目再分为"本年金额"和"上年金额"两栏填列。其中,"上年金额"栏内各项数字,应根据上年度所有者权益变动表"本年金额"栏内所列数字填列,如果上年度所有者权益变动表规定的各项目的名称和内容与本年度不一致,应对上年度所有者权益变动表各项目的名称和数字按本年度的规定进行调整;"本年金额"栏内各项目的数字一般应根据"实收资本（或股本）""资本公积""盈余公积""利润分配""库存股""以前年度损益调整"等科目的发生额分析填列。

3. 使用"会计政策变更""前期差错更正"项目反映会计政策变更和前期差错更正的影响

为了体现会计政策变更和前期差错更正的影响,保险公司应当在上期期末所有者权益余额的基础上调整得出本期期初所有者权益。为了分别反映保险公司采用追溯调整法处理的会计政策变更的累积影响金额和采用追溯重述法处理的会计差错更正的累积影响金额,保险公司应设置"会计政策变更"和"前期差错更正"项目,根据"盈余公积""利润分配""以前年度损益调整"等科目发生额的记录分析填列。

（二）所有者权益变动表的列报格式——矩阵形式

保险公司所有者权益变动表如表 17-5 所示。

表 17-5　所有者权益变动表

编制单位：　　　　　　　　　　　　　　　年　月　日　　　　　　　　　　　　　　　单位：元

项　目	本年金额								上年金额							
	实收资本（或股本）	其他权益工具	资本公积	减：库存股	其他综合收益	盈余公积	一般风险准备	未分配利润	所有者权益合计	实收资本（或股本）	其他权益工具	资本公积	减：库存股	其他综合收益	盈余公积	一般风险准备	未分配利润	所有者权益合计
一、上年年末余额																	
加：会计政策变更																	
前期差错更正																	
二、本年年初余额																	
三、本年增减变动额（减少以"-"号填列）																	
（一）综合收益总额																	
（二）所有者投入和减少资本																	
1. 所有者投入资本（或股本）																	
2. 其他权益工具持有者投入资本																	
3. 股份支付计入所有者权益的金额																	
4. 其他																	
（三）利润分配																	
1. 提取盈余公积																	
2. 提取一般风险准备																	
3. 对所有者（或股东）的分配																	
4. 其他																	
（四）所有者权益内部结转																	
1. 资本公积转增资本（或股本）																	
2. 盈余公积转增资本（或股本）																	
3. 盈余公积弥补亏损																	
4. 一般风险准备弥补亏损																	
5. 其他																	
四、本年年末余额																	

(三) 所有者权益变动表的填列方法

所有者权益变动表各项目的填列方法如下：

1. "上年年末余额"项目

该项目反映保险公司上年资产负债表中实收资本（或股本）、资本公积、盈余公积、未分配利润的年末余额。

2. "会计政策变更"和"前期差错更正"项目

该项目分别反映保险公司采用追溯调整法处理的会计政策变更的累积影响金额和采用追溯重述法处理的会计差错更正的累积影响金额。

为了体现会计政策变更和前期差错更正的影响，保险公司应当在上期期末所有者权益余额的基础上调整得出本期期初所有者权益，根据"盈余公积""利润分配""以前年度损益调整"等科目的发生额分析填列。

3. "本年增减变动额"项目

该项目分别反映如下内容：

（1）"综合收益总额"项目，反映保险公司当年实现的净利润（或净亏损）与其他综合收益的合计金额，并对应列在"其他综合收益"和"未分配利润"栏，按照利润表的"其他综合收益"和"综合收益总额"科目的记录分析填列。

（2）"所有者投入和减少资本"项目，反映保险公司当年所有者投入的资本和减少的资本。其中，

① "所有者投入资本"项目，反映保险公司接受投资者投入形成的实收资本（或股本）和资本溢价或股本溢价，并对应列在"实收资本"和"资本公积"栏，按照"实收资本（或股本）"和"资本公积"账簿的记录分析填列。

② "其他权益工具持有者投入资本"项目，反映保险公司发行的除普通股外的分类为权益工具的金融工具的账面价值，并对应列在"其他权益工具"栏，按照"其他权益工具"账簿的记录分析填列。

③ "股份支付计入所有者权益的金额"项目，反映保险公司处于等待期中的权益结算的股份支付当年计入资本公积的金额，并对应列在"资本公积"栏，按照"资本公积"账簿的记录分析填列。

（3）"利润分配"下各项目，反映保险公司当年对所有者（或股东）分配的利润（或股利）金额和按照规定提取的盈余公积、一般风险准备的金额。其中，

① "提取盈余公积"项目，反映保险公司按照规定提取的盈余公积，按照"利润分配"账簿的记录分析填列。

② "提取一般风险准备"项目，反映保险公司按照规定提取的一般风险准备，并对应列在"未分配利润"和"一般风险准备"栏，按照"利润分配"账簿的记录分析填列。

③ "对所有者（或股东）的分配"项目，反映对所有者（或股东）分配的利润（或股利）金额，并对应列在"未分配利润"栏，按照"利润分配"账簿的记录分析填列。

（4）"所有者权益内部结转"下各项目，反映不影响当年所有者权益总额的所有者权益各组成部分之间当年的增减变动，包括资本公积转增资本（或股本）、盈余公积转增资本（或股本）、盈余公积弥补亏损和一般风险准备补亏等金额。为了全面反映所有者权益

各组成部分的增减变动情况,所有者权益内部结转也是所有者权益变动表的重要组成部分,主要指不影响所有者权益总额、所有者权益各组成部分当期的增减变动。其中,

① "资本公积转增资本(或股本)"项目,反映保险公司以资本公积转增资本或股本的金额,并对应列在"实收资本(或股本)"和"资本公积"栏,按照"实收资本(或股本)"和"资本公积"账簿的记录分析填列。

② "盈余公积转增资本(或股本)"项目,反映保险公司以盈余公积转增资本或股本的金额,并对应列在"实收资本(或股本)"和"盈余公积"栏,按照"实收资本(或股本)"和"盈余公积"账簿的记录分析填列。

③ "盈余公积弥补亏损"项目,反映保险公司以盈余公积弥补亏损的金额,并对应列在"未分配利润"和"盈余公积"栏,按照"利润分配"和"盈余公积"账簿的记录分析填列。

④ "一般风险准备弥补亏损"项目,反映保险公司以一般风险准备弥补亏损的金额,并对应列在"未分配利润"和"一般风险准备"栏,按照"利润分配"和"一般风险准备"账簿的记录分析填列。

第六节 财务报表附注

一、财务报表附注的概念和作用

附注是财务报表不可或缺的组成部分,是对在资产负债表、利润表、现金流量表和所有者权益变动表等报表中列示项目的文字描述或明细资料,以及对未能在这些报表中列示项目的说明等。财务报表附注的作用有以下两个方面:

(1)有利于提高会计信息的相关性、可靠性、完整性和可比性,有助于报表使用者做出最佳的投资、投保决策。财务报表附注为报表使用者提供了针对财务报表各项目的更详尽的说明等,提高了财务报表的相关性;财务报表附注为报表使用者提供了财务报表遵守的会计政策和会计估计的说明,加强了财务报表的可靠性;财务报表附注为报表使用者提供了公司经营的更详细资料(包括或有事项、资产负债表日后事项、关联方交易等),保证了财务报表的完整性;财务报表附注为报表使用者提供了会计政策的变更说明等,提高了财务会计信息的可比性。

(2)有利于协调相互矛盾的会计信息质量要求。财务会计信息质量要求之间存在矛盾,很难全部达到,而财务报表附注对报表外信息的披露,在一定程度上解决了这一矛盾。例如,出于会计信息可靠性的考虑,财务报表是基于已经发生的经济活动进行编制的,但相关性又要求财务报表提供企业未来财务状况和经营成果的信息,帮助报表使用者做出各项决策,财务报表附注则通过披露或有事项等进一步帮助报表使用者进行预测。

附注与资产负债表、利润表、现金流量表、所有者权益变动表等报表具有同等的重要性,是财务报表的重要组成部分,报表使用者应当全面阅读附注。

二、财务报表附注的披露要求

(1)附注披露的信息应是定量、定性信息的结合,进而能从量和质两个角度完整地反映保险公司的经济事项,全面满足信息使用者的决策需求。

(2) 附注应当按照一定的结构进行系统、合理的排列和分类,有顺序地披露信息。由于附注的内容繁多,因此更应按照逻辑顺序排列、分类披露、条理清晰、具有一定的组织结构,才能更好地实现财务报表的可比性,便于使用者理解和掌握。

(3) 附注相关信息应当与资产负债表、利润表、现金流量表和所有者权益变动表等报表中列示的项目相互参照,从而帮助报表使用者联系相关联的信息,从整体上更好地理解财务报表信息。

(4) 附注披露要兼顾充分性和适当性。会计报表附注既要使投资者、潜在投资者、投保人、监管者能够了解保险公司的经营、财务状况,同时也要保护保险公司的商业机密,所以附注的披露要注意兼顾充分性和适当性。

三、财务报表附注的主要内容

财务报表附注是财务报表的重要组成部分,应当按照以下顺序披露有关内容:

(一) 保险公司的基本情况

(1) 保险公司注册地、组织形式和总部地址。

(2) 保险公司的业务性质和主要经营活动,如保险公司所处的行业、所提供的主要产品或服务、客户的性质、销售策略、监管环境的性质等。

(3) 母公司,以及集团最终母公司的名称。

(4) 财务会计报告批准报出者和财务会计报告批准报出日。

(二) 财务报表的编制基础

略。

(三) 遵循企业会计准则的声明

保险公司应当声明编制的财务报表符合企业会计准则的要求,真实、完整地反映了保险公司的财务状况、经营成果和现金流量等有关信息。如果保险公司编制的财务报表只是部分地遵循了企业会计准则,附注中不得做出这种表述。

(四) 重要会计政策和会计估计

根据财务报表列报准则的规定,保险公司应当披露采用的重要会计政策和会计估计,可以不披露不重要的会计政策和会计估计。

1. 重要会计政策的说明

会计政策是指保险公司在会计核算时所遵循的具体原则,以及保险公司所采用的具体会计处理方法。例如,固定资产的折旧,可以有平均年限法、工作量法、双倍余额递减法、年数总和法等。企业在发生某项经济业务时,必须从允许的会计处理方法中选择适合本企业特点的会计政策,选择的会计政策不同,编制的财务报表就会不同,甚至可能极大地影响企业的财务状况和经营成果。为了帮助报表使用者理解,有必要对这些会计政策加以披露。

需要特别指出的是,说明会计政策时还应披露下列内容:

(1) 财务报表项目的计量基础。会计计量属性包括历史成本、重置成本、可变现净值、现值和公允价值,这项披露要求便于报表使用者了解企业财务报表中的项目是按何种计量基础予以计量的。例如,固定资产是按照历史成本法计量,可供出售金融资产是按照公允价值计量等。

(2) 会计政策的确定依据。这主要是指企业在运用会计政策过程中对报表中确认项目金额所做的最具影响的判断。例如,企业如何判断持有的金融资产是持有至到期的投资而不是交易性投资,企业如何判断房产是固定资产还是投资性房地产等。这项披露要求有助于使用者理解企业选择和运用会计政策的背景,提高财务报表的可理解性。

2. 重要会计估计的说明

会计估计是指保险公司对其结果不能确定的交易或事项、以最近可利用的信息为基础所做的判断。例如,固定资产预计使用年限、预计净残值和精算假设(包括利率、死亡率、发病率等的估计)等。这些假设的变动对这些资产和负债项目金额的影响很大,有可能在下一个会计年度内做出重大调整。因此,强调这一披露要求,有助于提高财务报表的可理解性。

(五) 会计政策、会计估计变更和差错更正的说明

保险公司应当按照《公司会计准则第 28 号——会计政策、会计估计变更和差错更正》及其应用指南的规定,披露会计政策、会计估计变更和差错更正的有关情况。

1. 会计政策变更和会计估计变更的区分

企业应当以变更事项的会计确认、计量基础和列报项目是否发生变更作为该变更是会计政策变更还是会计估计变更的划分基础。具体来说,企业可以分析并判断该事项是否涉及会计确认、计量基础选择或列报项目的变更。若该事项至少涉及上述一项划分基础变更,则应划分为会计政策变更;若该事项不涉及上述划分基础变更,则应划分为会计估计变更。

企业通过判断会计政策变更和会计估计变更划分基础仍然难以对某项变更进行区分的,应当将其作为会计估计变更处理。

2. 会计政策变更

会计政策变更是指企业对相同的交易或者事项由原来采用的会计政策改用另一会计政策的行为。为了保证会计信息的可比性,企业采用的会计政策不得随意变更。满足下列条件之一的,可以变更会计政策:(1) 法律、行政法规或者国家统一的会计制度等要求变更;(2) 会计政策变更能够提供更可靠、更相关的会计信息。需要注意的是,以下情况不属于会计政策变更:(1) 本期发生的交易或者事项与以前相比具有本质差别而采用新的会计政策;(2) 对初次发生的或不重要的交易或者事项采用新的会计政策。

会计政策的变更一般采用追溯调整法。追溯调整法是指对某项交易或事项变更会计政策,视同该项交易或者事项初次发生时即采用变更后的会计政策,并以此对财务报表相关项目进行调整,计算累积影响数并编制相关分录调整列报前期最早的期初留存收益,不计入当期损益。但是如果不能合理确定会计政策变更的累积影响数,则会计政策变更应采用未来适用法。未来适用法是指将变更后的会计政策应用于变更日及以后发

生的交易或者事项,或者在会计估计变更当期和未来期间确认会计估计变更影响数的方法。在未来适用法下,不须计算会计政策变更产生的累积影响数,也无须重编以前年度的财务报表,只需在现有金额的基础上再按新的会计政策进行核算。

企业应当在附注中披露与会计政策变更有关的下列信息:(1)会计政策变更的性质、内容和原因;(2)当期和各个列报前期财务报表中受影响的项目名称和调整金额;(3)无法进行追溯调整的,说明该事实和原因,以及开始应用变更后的会计政策的时点、具体应用情况。

3. 会计估计变更

会计估计变更是指由于资产和负债的当前状况及预期经济利益与义务发生了变化,从而对资产或负债的账面价值或者资产的定期消耗金额进行调整。会计估计变更并不意味着以前期间会计估计是错误的,只是由于会计基础发生变化或者掌握了新的信息和经验,使得变更会计估计能够更好地反映企业的财务状况和经营成果。因此,会计估计的变更应当采用未来适用法处理,并确认该变更在当期和未来期的影响数;如果不能确认的,则需要特别进行披露。

企业应当在附注中披露与会计估计变更有关的下列信息:(1)会计估计变更的内容和原因;(2)会计估计变更对当期和未来期间的影响数;(3)若会计估计变更的影响数不能确定的,则应披露这一事实和原因。

4. 差错更正说明

会计差错产生于财务报表项目的确认、计量、列报或披露的会计处理过程中。在当期发现的当期差错,应当在财务报表发布之前予以更正;若重要差错直到下一期间才被发现,就形成了前期差错。

企业应当采用追溯重述法更正重要的前期差错,但确定前期差错累积影响数不切实可行的除外。对于不重要的前期差错,企业不须调整财务报表相关项目的期初数,但应调整发现当期与前期相同的相关项目:属于影响损益的,应直接计入本期与上期相同的净损益项目;属于不影响损益的,应调整本期与前期相同的相关项目。对于重要的前期差错,企业应当在发现当期的财务报表中,调整前期比较数据:属于影响损益的,应将其对损益的影响数调整发现当期的期初留存收益,财务报表其他相关项目的期初数也应一并调整;属于不影响损益的,应调整财务报表相关项目的期初数。

企业应当在附注中披露与前期差错更正有关的下列信息:(1)前期差错的性质;(2)各个列报前期财务报表中受影响的项目名称和更正金额;(3)无法进行追溯重述的,说明该事实和原因,以及对前期差错开始进行更正的时点、具体更正情况。

(六)报表重要项目的说明

保险公司应当以文字和数字描述相结合、尽可能以列表形式披露报表重要项目的构成或当期增减变动情况,且报表重要项目的明细金额合计应当与报表项目金额相衔接。在披露顺序上,一般应当按照资产负债表、利润表、现金流量表、所有者权益变动表的顺序及其项目列示的顺序(见表17-6至表17-25)。

表 17-6　货币资金的披露格式

项目	期末余额	年初余额
库存现金		
银行存款		
其他货币资金		
合计		

表 17-7　应收保费账龄结构的披露格式

账龄	期末账面价值	年初账面价值
3个月以内(含3个月)		
3个月至1年(含1年)		
1年以上		
合计		

表 17-8　应收代位追偿款账龄结构的披露格式

账龄	期末账面价值	年初账面价值
1个月以内(含1个月)		
1个月至3个月(含3个月)		
3个月至1年(含1年)		
1年以上		
合计		

表 17-9　应收分保账款账龄结构的披露格式

账龄	期末账面价值	年初账面价值
3个月以内(含3个月)		
3个月至6个月(含6个月)		
6个月至1年(含1年)		
1年以上		
合计		

表 17-10　定期存款账龄结构的披露格式

账龄	期末账面价值	年初账面价值
1年以内(含1年)		
1年至2年(含2年)		
2年至3年(含3年)		
3年至4年(含4年)		
4年至5年(含5年)		
5年以上		
合计		

表 17-11　其他资产的披露格式

项目	期末账面价值	年初账面价值
应收股利		
应收利息		
⋮		
其他		
合计		

表 17-12　资产减值准备的披露格式

项目	年初余额	本年计提额	本年减少额		期末余额
			转回额	转出额	
一、坏账准备					
其中:应收保费					
应收分保账款					
应收分保未决赔款准备金					
应收分保寿险责任准备金					
应收分保长期健康险责任准备金					
二、抵债资产跌价准备					
三、损余物资跌价准备					
四、贷款损失准备					
五、持有至到期投资减值准备					
六、长期股权投资减值准备					
其中:对子公司股权投资					
对联营企业股权投资					
对合营企业股权投资					
七、固定资产减值准备					
其中:房屋、建筑物					
八、在建工程减值准备					
九、无形资产减值准备					
十、商誉减值准备					

表 17-13　保户储金(或保户投资款)到期期限结构的披露格式

项目	期末余额	年初余额
1年以内(含1年)		
1年至3年(含3年)		
3年至5年(含5年)		
5年以上		
合计		

表 17-14　保险合同准备金增减变动情况的披露格式

项目	年初余额	本年增加数	本年减少数				期末余额
			赔付款项	提前解除	其他	合计	
未到期责任准备金 　其中:原保险合同 　　　再保险合同							
未决赔款准备金 　其中:原保险合同 　　　再保险合同							
寿险责任准备金 　其中:原保险合同 　　　再保险合同							
长期健康险责任准备金 　其中:原保险合同 　　　再保险合同							
合计							

表 17-15　保险合同准备金未到期期限的披露格式

项目	期末余额		年初余额	
	1年以下(含1年)	1年以上	1年以下(含1年)	1年以上
未到期责任准备金 　其中:原保险合同 　　　再保险合同				
未决赔款准备金 　其中:原保险合同 　　　再保险合同				
寿险责任准备金 　其中:原保险合同 　　　再保险合同				
长期健康险责任准备金 　其中:原保险合同 　　　再保险合同				
合计				

表 17-16　未决赔款准备金构成内容的披露格式

未决赔款准备金	期末余额	年初余额
已发生已报案未决赔款准备金		
已发生未报案未决赔款准备金		
理赔费用准备金		
合计		

表 17-17 其他负债的披露格式

项目	期末余额	年初余额
应收股利		
应收利息		
⋮		
合计		

表 17-18 提取未到期责任准备金的披露格式

项目	本年发生额	上年发生额
原保险合同		
再保险合同		
合计		

表 17-19 赔付总支出按保险合同列示的披露格式

项目	本年发生额	上年发生额
原保险合同		
再保险合同		
合计		

表 17-20 赔付支出按内容列示的披露格式

项目	本年发生额	上年发生额
赔款支出		
满期给付		
年金给付		
死伤医疗给付		
⋮		
合计		

表 17-21 提取保险责任准备金按保险合同列示的披露格式

项目	本年发生额	上年发生额
提取未决赔款准备金		
其中:原保险合同		
再保险合同		
提取寿险责任准备金		
其中:原保险合同		
再保险合同		
提取长期健康险责任准备金		
其中:原保险合同		
再保险合同		
合计		

表 17-22 提取未决赔款准备金按构成内容列示的披露格式

提取未决赔款准备金	本年发生额	上年发生额
已发生已报案未决赔款准备金		
已发生未报案未决赔款准备金		
理赔费用准备金		
合计		

表 17-23 摊回保险责任准备金的披露格式

项目	本年发生额	上年发生额
摊回未决赔款准备金		
摊回寿险责任准备金		
摊回长期健康险责任准备金		
合计		

表 17-24 资产减值准备的披露格式

项目	本年发生额	上年发生额
应收款项减值损失		
抵债资产减值损失		
损余物资减值损失		
保户质押贷款减值损失		
可供出售金融资产减值损失		
长期股权投资减值损失		
持有至到期投资减值损失		
固定资产减值损失		
在建工程减值损失		
无形资产减值损失		
其他资产减值损失		
合计		

表 17-25 分部信息的列报格式如下

项 目	××业务/地区		××业务/地区		...	其他		抵销		合计	
	本年	上年	本年	上年		本年	上年	本年	上年	本年	上年
一、营业收入											
已赚保费											
保险业务收入											
减:分出保费											
提取未到期责任准备金											
投资收益(损失以"—"号填列)											
公允价值变动收益(损失以"—"号填列)											
汇兑收益(损失以"—"号填列)											
其他业务收入											

(续表)

项　目	××业务/地区		××业务/地区		...	其他		抵销		合计	
	本年	上年	本年	上年		本年	上年	本年	上年	本年	上年
二、营业支出											
退保金											
赔付支出											
减:摊回赔付支出											
提取保险责任准备金											
减:摊回保险责任准备金											
保单红利支出											
分保费用											
营业税金及附加											
手续费及佣金支出											
业务及管理费											
减:摊回分保费用											
其他业务成本											
资产减值损失											
三、营业利润(亏损以"—"号填列)											
四、未分摊的费用											
五、所得税费用											
六、净利润											
七、资产总额											
1．分部资产											
2．未分配资产											
八、负债总额											
1．分部负债											
2．未分配负债											
九、补充信息											
1．折旧摊销费用											
2．资本性支出											
3．折旧和摊销以外的非现金费用											

(七) 或有事项

或有事项是指过去的交易或事项形成的一种状况,其结果应通过未来不确定事项的发生或不发生予以证实,如未决诉讼、债务担保等。财务报表附注应当披露以下内容:

(1) 预计负债的种类、形成原因,以及经济利益流出不确定性的说明。

(2) 与预计负债有关的预期补偿金额和本期已确认的预期补偿金额。

(3) 或有负债的种类、形成原因,以及经济利益流出不确定性的说明。

(4) 或有负债预计产生的财务影响,以及获得补偿的可能性;无法预计的,应当说明原因。

(5) 或有资产很可能给企业带来经济利益的,其形成原因、预计产生的财务影响等。

(6) 在涉及未决诉讼、未决仲裁的情形下,披露全部或部分信息预期对企业造成重大不利影响的,披露该未决诉讼、未决仲裁的性质,以及未披露这些信息的事实和原因。

(八) 资产负债表日后事项

(1) 每项重要的资产负债表日后非调整事项的性质、内容及其对财务状况和经营成果的影响;无法做出估计的,应当说明原因。

(2) 资产负债表日后,公司利润分配方案中拟分配的、经审议批准宣告发放的股利或利润。

(九) 关联方关系及其交易

(1) 母公司、子公司、合营企业、联营企业的名称。母公司不是本企业最终控制方的,说明最终控制方名称。母公司和最终控制方均不对外提供财务报表的,说明母公司之上与其最相近的对外提供财务报表的母公司名称。

(2) 母公司、子公司、合营企业、联营企业的业务性质、注册地、注册资本(或实收资本、股本)及其当期发生的变化。

(3) 母公司对本企业,或者本企业对子公司、合营企业、联营企业的持股比例和表决权比例。

(4) 企业与关联方发生关联方交易的,该关联方关系的性质、交易类型和交易要素。交易要素至少应当包括以下内容:(1) 交易的金额;(2) 未结算项目的金额、条款和条件,以及有关提供或取得担保的信息;(3) 未结算应收项目的坏账准备金额;(4) 定价政策。

(5) 企业应当分别按关联方及交易类型披露关联方交易。

(十) 风险管理

1. 保险风险

(1) 风险管理目标和减轻风险的政策包括:① 管理资产负债的技术,包括保持偿付能力的方法等;② 选择和接受可承保保险风险的政策,包括确定可接受风险的范围和水平等;③ 评估和监控保险风险的方法,包括内部风险计量模型、敏感性分析等;④ 限制和转移保险风险的方法,包括共同保险、再保险等。

(2) 保险风险的类型包括:① 保险风险的内容;② 减轻保险风险的因素及程度,包括再保险等;③ 可能引起现金流量发生变动的因素。

(3) 保险风险集中度包括:① 保险风险集中的险种;② 保险风险集中的地域。

(4) 索赔进展信息如表 17-26 所示。

表 17-26 不考虑分出业务的索赔进展信息的披露格式

项目	前四年	前三年	前二年	前一年	本年	合计
本年末累计赔付款项估计额						
一年后累计赔付款项估计额						
两年后累计赔付款项估计额						
三年后累计赔付款项估计额						

(续表)

项目	前四年	前三年	前二年	前一年	本年	合计
四年后累计赔付款项估计额						
累计赔付款项估计额						
累计支付的赔付款项						
以前期间调整额						
尚未支付的赔付款项						

扣除分出业务后的索赔进展信息,比照不考虑分出业务的索赔进展信息的格式。

（5）与保险合同有关的重大假设包括：① 重大假设,包括死亡率、发病率、退保率、投资收益率等；② 对假设具有重大影响的数据的来源；③ 假设变动的影响及敏感性分析；④ 影响假设不确定性的事项和程度；⑤ 不同假设之间的关系；⑥ 描述过去经验和当前情况；⑦ 假设与可观察到的市场价格或其他公开信息的符合程度。

2. 除保险风险外的其他风险

除保险风险外的其他风险包括市场风险（外汇风险、价格风险、利率风险）、信用风险、流动性风险、资产与负债失配风险、运营风险等。其中,市场风险应披露敏感性分析结果及相关方法和假设；信用风险应披露最大信用风险敞口、已逾期或发生减值的各类金融资产的信息、有关担保物和其他信用增级等信息；流动性风险应披露金融资产和金融负债剩余到期日结构情况,以及管理这些金融资产和金融负债流动性风险的方法；资产与负债失配风险应披露保险公司目前的资产负债期限匹配情况及未来方向；运营风险应披露由于缺乏足够的针对业务流程、人员和系统的内部控制或内部控制失效,或者由于不可控制的外部事件而引起损失的风险。

关键词

财务会计报告　资产负债表　利润表　现金流量表　所有者权益变动表
财务报表附注

本章小结

1. 财务会计报告是指保险公司提供的反映公司某一特定日期财务状况和某一会计期间经营成果、现金流量的文件,是保险公司会计信息的主要载体。财务会计报告由会计报表、会计报表附注和财务情况说明书组成。

2. 资产负债表是反映保险公司在某一特定日期的财务状况的会计报表,即某一特定日期关于保险公司资产、负债、所有者权益及其相互关系,属于静态会计报表。

3. 利润表是反映保险公司在一定会计期间的经营成果的会计报表。利润表可以反映保险公司在一定时期内的经营业绩及利润的主要来源和构成,属于动态会计报表。

4. 现金流量表是指反映保险公司一定会计期间现金和现金等价物流入与流出的报表,对资产负债表和利润表具有重要的补充作用,属于动态会计报表。

5. 所有者权益变动表是指反映构成所有者权益各组成部分当期增减变动情况的报表。保险公司所有者权益的变动,反映了保险公司当期净资产的增加或减少,综合体现了保险公司当期经营活动、资本投入、回购及股利分配对保险公司净资产的影响,属于动态会计报表。

6. 附注是财务报表不可或缺的组成部分,是对在资产负债表、利润表、现金流量表和所有者权益变动表等报表中列示项目的文字描述或明细资料,以及对未能在这些报表中列示项目的说明等。

思考与练习

1. 简述保险公司财务会计报告的作用及构成。
2. 简述保险公司资产负债表的结构和排列顺序。
3. 简述保险公司利润表的结构。
4. 简述保险公司现金流量表的特点和作用。
5. 简述保险公司所有者权益变动表的特点和作用。
6. 保险公司财务报表附注主要包括哪些内容?

第十八章　财务会计报告分析

▮本章概要▮

本章主要向读者介绍几种用来分析保险公司财务会计报告的方法。保险公司财务会计报告的分析技术有比率分析法、比较分析法和结构分析法。保险公司的财务状况分析可以从偿付能力和资产质量着手。保险公司的经营成果分析可以从经营状况和盈利能力角度展开。保险公司财务会计报告的综合分析有杜邦分析法、因素分析法和沃尔评分法。

▮学习目标▮

1. 了解保险公司财务会计报告分析的技术方法
2. 掌握分析保险公司财务状况及经营成果的角度和方法
3. 了解保险公司财务会计报告的综合分析方法

第一节　保险公司财务会计报告分析概述

一、保险公司财务会计报告分析的目的和意义

保险公司财务会计报告分析,就是运用保险公司财务报表的数据及其他相关资料,使用专门方法,对保险公司的财务状况和经营成果进行分析与评价,整理出有用的信息,提供给决策者使用的全过程。

保险公司财务会计报告分析的目的主要在于:通过加工财务会计报告中的财务数据,把历史会计信息转化为能够对公司未来的偿付能力、盈余、股利、现金流量及风险进行预测的有用信息,帮助决策者做出经营决策、投资决策和投保决策。具体来说,财务会计报告分析能够帮助保险公司的经营管理层正确评价公司经营的各个环节和措施,进而促进保险公司合理利用现有资源和条件,充分挖掘经营潜力;财务会计报告分析能够帮助投资者和投保人了解保险公司的获利能力、运营能力与偿付能力,进而做出正确的投资决策和投保决定;财务会计报告分析能够帮助监管者实时动态地了解保险公司的偿付能力和财务状况,进而对保险业实施及时、准确的监管,促进保险业的健康发展。

二、保险公司财务会计报告分析的程序

保险公司财务会计报告分析需要一套较为完整、高效的程序,将定量分析和定性分析相结合,完整、全面、系统、准确地揭示保险公司的财务状况和经营成果。保险公司财

务会计报告分析的程序主要有以下四个步骤：

1. 明确财务会计报告分析的主体和目的

财务会计报告分析的主体和目的决定了财务报告分析的方向与侧重点，财务会计报告的分析主体和分析目的不同，分析使用的资料、分析方法也会有所不同，明确分析的主体和目的能够帮助我们提高分析效率，获得有用的信息。

2. 搜集相关财务信息并进行整理和审查

财务分析需要的资料主要为本期及历史的财务会计报告。在分析财务会计报告时，分析者应特别关注报表附注，包括财务会计报告编制的基础、重要的会计政策、会计估计、会计政策的变更、关联方交易、重要资产转让出售、重大投融资活动，以及会计报表各重要项目的详细说明等。另外，分析者进行财务会计报告分析时，还应考虑保险市场变动趋势、员工积极性、公司发展战略等非计量性的信息，以及注册会计师协会、保险协会、行业协会等第三方机构提供的相关资料。

资料收集后，分析者应对相关数据和资料进行确认、审查与整理，确定其真实可靠、与分析目标相关，并进行初步的归类整理。

3. 选择具体分析方法，综合得出结论

分析者应针对分析目的，选择适当的分析工具和分析方法，对所收集的财务信息进行分析处理，以此评价公司的财务状况和经营成果。一般来讲，分析者应先使用比较分析和比率分析等，发现公司财务和经营上的问题；然后使用因素分析法，进一步深入分析所发现的问题，掌握各种因素的影响程度，从而对公司未来的财务和经营做出预测，形成对决策者有用的信息，得出财务会计报告的分析结论。

4. 撰写财务会计报告分析报告

最后，分析者应将财务会计报告分析编制为分析报告，供决策者使用。按照分析报告使用对象的不同，可以将分析报告分为概括性报告和技术性报告。概括性报告的使用对象主要为非财务人员或高层决策者，一般使用非完全财务性语言对报表分析的结论进行阐述，形成高层次财务会计信息。技术性报告的使用对象主要为财务专业人员，一般采用大量财务术语、大量数据、公式和图表详细论证分析结论。

三、保险公司财务会计报告分析的技术方法

（一）比率分析法

比率分析法是财务分析中运用最广泛、最重要的，是将同一期会计报表的有关数据加以比较求得各种比率，以说明各项目之间的关系，进而评价公司的财务状况和经营成果的分析方法。

1. 比率指标的分类

比率指标分为构成比率、效率比率和相关比率。

（1）构成比率又称结构比率，是某项经济指标的各个组成部分与总体的比率，反映部分与总体的关系，如应收保费率、保费收现比率等。利用构成比率，可以分析总体的来源和形成原因，进而分析未来的可持续性以及可能出现的问题。

(2) 效率比率是某项经济活动中付出与收获的比率，反映投入与产出的比例关系，如资本利润率、投资收益率等。利用效率比率，可以反映经济活动的经济效益和公司的经营效率。

(3) 相关比率是以某个项目和与其有关但性质不同的项目进行对比所得出的比率，反映有关经济活动的相互关系，如流动比率、速动比率等。利用相关比率，可以反映相关业务的比例是否合理，对未来发展方向进行预测。

2. 比率分析法的特点

比率是相对数，采用这种方法能够把某些条件下不可比的指标变为可比指标，利于分析；另外，比率分析非常直接简便，为我们了解公司的财务状况和经营成果提供了直观、易于理解的方法。但是，比率指标的计算和分析过程内含了一些不容忽视的局限。

(1) 不同行业、不同经营方针和发展阶段等方面的特性会使不同企业之间的同一比率指标缺乏可比性。例如，保险公司是高杠杆性的企业，其资产负债率与一般制造企业就不具有可比性。

(2) 同一公司、不同时期选用不同的财务会计政策和会计估计，会导致不同时期的比率指标之间无法直接进行简单的比较。

(3) 一些用于计算财务比率的数据经过了简单的加总处理，总额的大小只能反映数据所代表科目的数据特征，而不能反映其质量特点，所以依赖这些数据计算出的比率指标也并不能很好地反映企业财务状况和经营成果的本质。

3. 运用比率分析法的注意事项

基于比率分析法的特点，我们在具体运用比率分析时应注意以下问题：

(1) 在运用比率分析法时，相互对比的项目之间应存在某种关系，对不相关项目的对比是不存在任何意义的。

(2) 在运用比率分析法时，要充分考虑分析对象所处行业和发展阶段的特点，不能简单、武断地进行比较。例如，刚成立的寿险公司会连续几年亏损后才能转为盈利，不能简单地将其盈利能力与成立多年的保险公司相比。

(3) 在运用比率分析法时，应注意会计政策、会计估计的一致性和统一性，如果不同期间发生了会计政策和会计估计的变化，则不能简单地比较比率指标，而应进行深入的分析。

(4) 比率分析法只是一种分析手段，不能只凭比率评价公司财务状况和经营成果，应将比率分析法与其他分析方法相结合，才能全面地了解公司的现状，并对未来做出合理预测。

(二) 比较分析法

比较分析法包括横向比较分析法、纵向比较分析法和差异比较分析法。

1. 横向比较分析法

横向比较分析法是将公司财务会计报告中的主要项目或财务指标与同行业公司进行比较，包括同行业的平均水平、先进水平或竞争公司水平，从而评价公司的财务状况和经营成果的优劣。应用横向比较分析法时，分析者应注意比较指标的可比性，应针对不同的分析目的选择不同的比较对象。

2. 纵向比较分析法

纵向比较分析法又称趋势分析法,是将两期或连续数期的财务会计报告中的相同指标进行对比,确定其增减变动的方向、数额和幅度,说明公司财务状况和经营成果的变动趋势。纵向比较分析法利于分析保险公司财务状况和经营成果的变化规律及原因,并对未来的发展前景进行预测。

趋势分析法的主要形式有:

(1) 绝对金额式趋势分析,以连续多期同一指标的绝对金额或变动额为依据,观察分析其变化趋势。这种以绝对金额为基础的趋势分析法无法剔除初始金额对增长绝对金额的影响,因此应与环比式趋势分析和定基增长率趋势分析相结合。

(2) 环比式趋势分析,以环比增长率为依据,分析观察其变化趋势。其计算公式为:

$$环比增长率 = \frac{(本期实际数 - 上期实际数)}{上期实际数} \times 100\%$$

(3) 定基增长率趋势分析,以某一期为基期,计算各期的定基增长率,观察分析其变化趋势。其计算公式为:

$$定基增长率 = \frac{某期实际数}{基期实际数} \times 100\%$$

在运用趋势分析法进行趋势分析时,分析者应注意以下各项:

(1) 在运用趋势分析法时,应该同时对各相关项目进行趋势分析,从而对变化速度和变化原因做出准确的判断。

(2) 在运用趋势分析法时,要求各期之间会计政策、会计估计具有一致性和统一性,否则应该在深入分析、调节的基础上再进行趋势分析。

(3) 在运用趋势分析法时,由于所涉及的时间跨度长,分析者应充分考虑通货膨胀率对财务信息的影响,以确保各期会计信息具有可比性。

3. 差异比较分析法

差异比较分析法是将公司的财务会计报告及相关数据与本期的计划或预算进行比较,或者将一些财务指标与行业经验绝对指标进行比较。

将公司的财务会计报告及相关数据与本期的计划或预算进行比较,有利于确定实际同计划的差距,反映公司计划的完成情况。例如,我国上市公司的年度报告中,要求企业管理当局在业务报告中分析说明本年度的主要财务数据与计划(预测)数的差异及原因。

将一些财务指标与行业经验绝对值指标进行比较,即与公认指标进行比较,最为常见的如流动比率为2.0、速动比率为1.0等。

4. 比较分析法的应用原则

应用比较分析法时,分析者应针对分析目的选择合理的比较对象,并注意对比指标的可比性,包括会计政策、会计估计、计价标准、时间跨度等的一致性。同时,分析者应将各种比较分析法结合使用,既将公司财务会计报告中的主要项目或财务指标与同业公司比较,与本公司连续数期的相同指标进行对比,又与公司的计划或预算或行业经验绝对指标对比,进而全面分析公司的财务状况和经营成果。

(三) 结构分析法

结构分析法是分析各项目在总体中所占的比重,从比重构成中掌握各经济项目的特点、分析总体构成和形成原因、预测未来发展趋势。

财务会计报告的结构百分比分析,是以百分比的形式表述公司在一个特定期间内其财务会计报告项目与某一共同项目之间的关系,反映财务会计报告各项目间的纵向关系和各项的结构变化,有助于分析者充分了解公司各项结构内容的动态配置。以资产负债表来说,结构百分比资产负债表是以总资产项目金额作为100%,再将其余资产、负债项目的金额换算为对资产总额的百分比,以揭示资产负债表中各项目的相对地位和资产负债表的总体结构动态关系。

分析者需要注意的是,在使用结构百分比财务会计报告时,仍要结合绝对数字的增减变动才能更全面地了解公司的实际情况。

第二节 保险公司财务状况的分析

一、保险公司偿付能力分析

(一)保险公司偿付能力分析的内容和意义

保险公司的偿付能力是指保险公司对其所承担的保险责任的经济补偿能力。一般来说,只要费率合理,保险资金运用得当,宏观经济环境稳定,保险公司就不会出现偿付能力问题。但实际中,巨灾风险的不确定性、精算假设和经验数据的局限性、利率的波动等,保费收入和资金运用收益可能不足以弥补赔偿或给付,这就是保险公司应保证一定的最低偿付能力的原因。保险公司的偿付能力是保单所有人利益的基本保证,是公司财务稳定、信誉良好的支柱,是整个保险业稳健、持续发展的基础,也是保险公司提高竞争力的重要手段。

偿付能力监管也是保险监管的核心内容之一。为了完善我国保险监管体系,改进和加强偿付能力监管,深化保险业市场化改革,转变行业增长方式,更好地保护保险消费者的权益,中国保监会于2012年启动"中国风险导向偿付能力体系"(简称"偿二代")建设工作,并于2015年2月发布《保险公司偿付能力监管规则(1—17号)》。保险公司应按照这些规定定期编制偿付能力报告,出现偿付能力不足的保险公司,保监会将实施相应的监管措施。

分析保险公司的偿付能力,可以从财务状况和偿付能力充足率两个方面入手。前者是以一般公认会计准则下的会计报表为出发点,分析保险公司的短期、长期偿债能力;后者是以中国保监会要求的偿付能力报告为出发点,分析保险公司的最低偿付能力和偿付能力充足率。需要注意的是,偿付能力不足并不意味着保险公司会在短期内出现偿付能力问题,也不意味着保险公司资不抵债,更不意味着保险公司会破产。偿付能力是一个动态变化过程。某些保险公司在发展过程中由于业务发展较快、未及时补充资本等,可能会出现偿付能力不足的现象,只要保险监管部门及时采取监管措施、保险公司迅速整改、各项措施到位,偿付能力不足的状况就会得到有效解决。

(二)从财务状况的角度分析保险公司偿付能力

以一般公认会计准则为出发点,保险公司的偿付能力可以通过公司的短期偿债能力和长期偿债能力来反映。

1. 短期偿债能力

由于产险公司短期保险业务较多，一旦发生理赔，其数额就比较高；相反，寿险公司业务期限长，给付金额预测性强，因此产险公司更注重短期偿债能力。此处列举的短期偿债能力分析法主要针对产险公司。

对于一般制造业企业，短期偿债能力可使用流动比率、速动比率或现金比率等指标进行评估。基于产险公司负债以准备金为主的特殊性，产险公司应使用未决赔款准备金和未到期责任准备金之和替代流动负债进行修正。修正后的流动比率、速动比率、现金比率能够反映产险公司资产近期产生现金的能力或履行短期债务的能力。

(1) 流动比率。流动比率反映了产险公司的流动资产是否足以归还未到期保费并支付赔款损失，其计算公式为：

$$流动比率 = \frac{流动资产}{未到期责任准备金 + 未决赔款准备金}$$

其中，流动资产包括库存现金、活期存款、短期投资性金融资产、应收款项、预付款项等。

(2) 速动比率。速动比率反映了产险公司易于变现的资产是否足以归还未到期保费并支付赔款损失，其计算公式为：

$$速动比率 = \frac{速动资产}{未到期责任准备金 + 未决赔款准备金}$$

其中，速动资产是指易于变现的资产，等于流动资产减去无法变现的预付款项、存出保证金、存出分保准备金、待摊费用和待处理流动资产净损失等。但是在实务中，一部分速动资产（如长期挂账的各种应收款项或交易性金融资产）可能已经沉淀而无法收回，此类资产会造成较高短期偿债能力的假象，分析者应特别注意。

(3) 现金比率。现金比率反映了产险公司的现金及现金等价物是否足以归还未到期保费并支付赔款损失，其计算公式为：

$$现金比率 = \frac{现金 + 现金等价物}{未到期责任准备金 + 未决赔款准备金}$$

其中，现金包括库存现金和活期存款；现金等价物是指随时可以转换为现金的有价证券等投资。现金比率是保险公司即刻偿付能力最可靠、谨慎的评价指标。但需要注意的是，如果这一比率过高，说明公司资产中持有了过多现金及现金等价物，这会使得公司资产的整体收益率下降，反映该公司资产利用率较低、现金运营能力较差，因此现金比率也不是越高越好，稳定在有足够偿付能力的区间内即可。

2. 长期偿债能力

长期偿债能力主要受资本结构和获利能力的影响，本节主要考虑资本结构对长期偿债能力的影响。长期偿债能力的评价指标主要包括资产负债率和负债经营率。由于保险公司为高负债经营，因此该类指标只适用于作为约束性指标，并不适用于作为比较分析的指标。

(1) 资产负债率。资产负债率反映了保险公司资产负债的比率，其计算公式为：

$$资产负债率 = \frac{负债总额}{资产总额}$$

该指标衡量了资产中有多大比例是通过负债筹集的，反映了清算时对债权人、保单所有人利益的保障程度，可以近似反映保险公司在一定时期内总的偿付能力。资产负债率越低,说明赔偿和给付的保证程度越高,偿付能力越强;相反,资产负债率越高,说明偿付能力越低。但是需要注意的是,资产负债率并不是越低越好。因为负债经营是保险行业的重要特点,如果资产负债率过低,说明公司的资产没有得到充分利用,从行业发展的角度来说,保险公司在保证偿付能力充足的基础上,应尽量选择较高的资产负债率。

由于保险公司属于高负债的经营机构,因此资产负债率会明显高于一般制造业公司;在保险行业内部,由于寿险公司的保险产品期限较长、积累的保险资金较多,因此寿险公司的资产负债率一般高于产险公司。一般来说,寿险公司的资产负债率要低于90%,产险公司的资产负债率要低于85%。

在使用资产负债率指标时,分析者应注意考虑资产中的不良资产和虚资产,它们会导致保险公司的偿付能力被夸大。因此,保险公司在计算资产负债率时,可以从资产中剔除长期待摊费用等虚资产和不良资产,从而更真实地反映保险公司的偿付能力。

(2)负债经营率。负债经营率又称产权比率,是负债与所有者权益的比率,用以衡量企业的基本财务结构,本质上与资产负债率指标一致,其计算公式为:

$$负债经营率 = \frac{负债}{所有者权益}$$

(三)从偿付能力充足率角度分析保险公司偿付能力

偿付能力充足率又称资本充足率,是指保险公司的实际资本与最低资本的比率,是判断保险公司偿付能力的重要监管指标。保险公司应按照监管机构的相关监管规定计算出保险公司的实际资本和最低资本,进而计算出保险公司的偿付能力充足率,编制偿付能力报告。

1. 实际资本

保险公司应根据中国保监会的相关规定计算实际资本。保险公司的实际资本是指保险公司在持续经营或破产清算状态下可以抵补损失的财务资源,等于认可资产与认可负债的差额,因此实际资本的计算关键在于确认认可资产和认可负债。

认可资产是指处置不受限制,并可用于履行对保单持有人赔付义务的资产。不符合前述条件的资产为非认可资产。保险公司认可资产的具体内容如下:

(1)现金及流动性管理工具是指保险公司持有的现金以及通常可用于现金管理的金融工具。其中,现金包括库存现金、活期存款等,流动性管理工具包括货币市场基金、短期融资券、买入返售证券、央行票据、商业银行票据和拆出资金等。

(2)投资资产是指保险公司资金运用形成的资产,包括定期存款、协议存款、政府债券、金融债券、企业债券、资产证券化产品、信托资产、基础设施投资、权益投资、投资性房地产、衍生金融资产、其他投资资产等。

(3)长期股权投资是指保险公司对被投资单位实施控制、具有重大影响的权益性投资,以及对其合营企业的权益性投资。

(4)再保险资产包括应收分保准备金、应收分保账款和存出分保保证金等。

(5)应收及预付款项包括应收保费、应收利息、保单质押贷款、应收股利、预付赔款、存出保证金、其他应收和暂付款项等。

(6)固定资产包括自用房屋、机器设备、交通运输设备、在建工程、办公家具等。

(7)独立账户资产是指投资连结保险等各投资账户中的投资资产。

(8) 其他认可资产包括递延所得税资产(由经营性亏损引起的递延所得税资产除外)、应急资本等。

保险公司非认可资产的具体内容如下:

(1) 无形资产(土地使用权除外)。

(2) 由经营性亏损引起的递延所得税资产。

(3) 长期待摊费用。

(4) 有迹象表明保险公司到期不能处置或者对其处置受到限制的资产,包括:① 被依法冻结的资产;② 为他人担保而被质押或抵押的资产(为自身担保的抵押物和质押物除外);③ 由于交易对手出现财务危机、被接管、被宣告破产等事项而导致保险公司对其处置受到限制的资产;④ 由于当地的管制、政治动乱、战争、金融危机等导致保险公司对其处置受到限制的境外资产;⑤ 其他到期不能处置或处置受限的资产。

(5) 中国保监会规定的其他非认可资产。

在偿付能力监管目的下,保险公司的负债分为认可负债和非认可负债。认可负债是指保险公司无论是在持续经营状态下还是在破产清算状态下均须偿还的债务,以及超过监管限额的资本工具。不符合前述条件的负债为非认可负债。保险公司认可负债的具体内容如下:

(1) 保险合同负债包括未到期责任准备金和未决赔款责任准备金。

(2) 金融负债包括卖出回购证券、应付返售证券、保户储金及投资款、衍生金融负债等。

(3) 应付及预收款项包括应付保单红利、应付赔付款、预收保费、应付分保账款、应付手续费及佣金、应付职工薪酬、应交税费、存入分保保证金等。

(4) 预计负债是指按照企业会计准则确认、计量的或有事项的有关负债。

(5) 独立账户负债包括保险公司对投资连结保险等提取的投资账户负债。

(6) 资本性负债是指保险公司发行的资本工具按照中国保监会有关规定不能计入资本的部分。

(7) 其他认可负债包括递延所得税负债、现金价值保证、所得税准备等。

保险公司非认可负债的具体内容如下:

(1) 保险公司根据国家财政部有关规定对农业保险业务提取的大灾风险保费准备金。

(2) 保险公司发行的符合核心资本或附属资本标准、用于补充实际资本且符合计入资本相关条件的长期债务,包括次级定期债务、资本补充债券、次级可转换债券等。

保险公司发行的次级可转换债券、没有赎回条款的次级定期债务和资本补充债券,按照以下标准确定认可价值:① 剩余期限在 2 年以上(含 2 年)的,认可价值为 0;② 剩余期限在 1 年以上(含 1 年)、2 年以内的,以账面价值的 50% 作为其认可价值;③ 剩余期限在 1 年以内的,以账面价值的 80% 作为其认可价值。

保险公司发行的具有赎回条款的次级定期债务和资本补充债券,按照以下标准确定认可价值:① 剩余期限在 4 年以上(含 4 年)的,认可价值为 0;② 剩余期限在 3 年以上(含 3 年)、4 年以内的,以账面价值的 20% 作为其认可价值;③ 剩余期限在 2 年以上(含 2 年)、3 年以内的,以账面价值的 40% 作为其认可价值;④ 剩余期限在 1 年以上(含 1

年)、2年以内的,以账面价值的60%作为其认可价值;⑤ 剩余期限在1年以内的,以账面价值的80%作为其认可价值。

(3) 中国保监会规定的其他非认可负债。

2. 最低资本

保险公司的最低资本是指基于审慎监管目的,为了使保险公司具备适当的财务资源,以应对各类可量化为资本所要求的风险对偿付能力的不利影响,中国保监会要求保险公司应当具备的资本数额。

保险公司偿付能力风险由固有风险和控制风险组成。固有风险是指在现有的、正常的保险行业物质技术条件和生产组织方式下,保险公司在经营和管理活动中必然存在的、客观的偿付能力相关风险。固有风险由可量化为最低资本的风险(简称"量化风险")和难以量化为最低资本的风险(简称"难以量化风险")组成。量化风险包括保险风险、市场风险和信用风险,难以量化风险包括操作风险、战略风险、声誉风险和流动性风险。

控制风险是指因保险公司内部管理和控制不完善或无效,导致固有风险未被及时识别和控制的偿付能力相关风险。

对应保险公司偿付能力风险,保险公司的最低资本由三部分组成:

(1) 量化风险最低资本即保险风险、市场风险、信用风险对应的最低资本。

(2) 控制风险最低资本即控制风险对应的最低资本。

(3) 附加资本包括逆周期附加资本、国内系统重要性保险机构的附加资本、全球系统重要性保险机构的附加资本及其他附加资本。

3. 风险综合评级

在偿二代体系中,可量化的固有风险和控制风险以最低资本进行计量,难以量化的固有风险纳入风险综合评级予以评估。

中国保监会按照偿付能力风险大小,将保险公司分为以下四个监管类别:

(1) A类公司:偿付能力充足率达标,且操作风险、战略风险、声誉风险和流动性风险小的公司。

(2) B类公司:偿付能力充足率达标,且操作风险、战略风险、声誉风险和流动性风险较小的公司。

(3) C类公司:偿付能力充足率不达标,或者偿付能力充足率虽达标但操作风险、战略风险、声誉风险和流动性风险中某一类或几类风险较大的公司。

(4) D类公司:偿付能力充足率不达标,或者偿付能力充足率虽达标但操作风险、战略风险、声誉风险和流动性风险中某一类或几类风险严重的公司。

4. 偿付能力充足率分析

对于保险公司的偿付能力充足率,分析者只有深入分析实际资本和最低资本的变动及变动原因,才能对偿付能力充足率的高低和变动原因做出综合判断。

一般来说,导致保险公司实际资本变动的原因主要有以下两种:一种是资本交易,是指保险公司与实际资本出资人之间发生的、导致实际资本总额增减变动的经济活动,包括增资、减资、募集或偿还资本性负债、分配红利、盈余公积转增资本等;另一种是非资本交易和事项,是指保险公司在经营活动中发生的各类交易和事项。

一般来说,导致保险公司最低资本变动的原因主要有以下两种:一种是保险公司业务类型的转变;另一种是保险公司业务规模发生较大变化,这种情况常出现于高速发展的保险市场或新成立的保险公司。

二、保险公司资产质量分析

资产的质量是影响会计信息质量的重要因素,但是传统的资产负债表着重体现了资产的"量"而忽视了资产的"质"。为了分析资产的质量,分析者应分别分析资产的变现能力和运营能力。前者反映了资产的周转速度,后者反映了资产的增值能力和使用效率。

(一) 资产变现能力分析

1. 应收保费率

应收保费率是指应收保费余额与保费收入的比率,其计算公式为:

$$应收保费率 = \frac{本期应收保费余额}{本期保费收入}$$

该项指标主要反映保险公司本期保费中有多少保费尚未收回。如果该比率较高,可能影响公司的现金流量和财务的稳定性,因此应控制在一定范围内。近年来,随着"见费出单"制度的不断完善,大部分保险公司的应收保费较低。

2. 不良资产比率

不良资产比率是指不良资产平均余额与总资产平均余额的比率,其计算公式为:

$$不良资产比率 = \frac{本期不良资产平均余额}{本期总资产平均余额}$$

该项指标反映保险公司的资产质量和投资效果,是衡量资产质量的核心指标。该指标越高,反映保险公司的资产质量越差,将影响公司的赔付能力和经营效果。需要注意的是,某些公司为了粉饰不良资产带来的亏损,将不良资产剥离为母公司或母公司控制的子公司,或者母公司将优质资产低价卖给本公司或与本公司的不良资产进行不等价交换,以此实现较低的不良资产比率。因此,分析者应着重关注关联方交易中的长期投资买卖和置换等,从而准确判断保险公司的不良资产状况。

保险公司可以根据自身实际情况确定不良资产的确认标准,以下为参考标准:(1) 最近3个月市价最高值从未达到成本50%的股票可以确认为不良资产;(2) 逾期2年(含2年)以上因被投资企业经营亏损而没有分红的法人投资资产,以及被投资单位已停业、关闭或破产的其他股权投资可以确认为不良资产;(3) 发行企业已破产,或虽未破产但已逾期2年(含2年)以上不能兑现本息的企业(公司)债券可以确认为不良资产;(4) 保险公司在《保险法》颁布以前有关信贷业务形成的不良资产;(5) 账龄2年(含2年)以上的应收保费,以及账龄虽然未超过2年(不含2年)但已确认不能收回的应收保费应确认为不良资产;(6) 账龄2年(含2年)以上的应收款项,以及账龄虽然未超过2年(不含2年)但已确认不能收回的应收款项应确认为不良资产;(7) 除"股权"类不良资产和"债券"类不良资产外,由于技术陈旧、损害、长期闲置、停建、技术更新、市价大幅度下跌等导致某项资产预计可收回金额明显低于其账面净值的资产应确认为不良资产。

3. 固定资本比率

固定资本比率是指固定资产净值和在建工程余额之和与保险公司净资产的比值,其计算公式为:

$$固定资本比率 = \frac{固定资产净值 + 在建工程余额}{净资产}$$

固定资本比率主要反映保险公司固定资产占资本金的比重,是衡量资产质量的辅助指标。因为固定资产流动性差、风险较大,固定资产规模过大会影响资产的合理配置,所以采用固定资本比率限制保险公司实物资本的占比。该指标为约束性指标,按照我国《保险公司财务制度》的规定,固定资产净值占资本金的比重最高不得超过50%。

4. 非认可资产与认可资产比

非认可资产与认可资产比的计算公式为:

$$非认可资产与认可资产比 = \frac{非认可资产}{认可资产}$$

其中,认可资产、非认可资产按照监管机构的具体要求进行确认。该指标反映了保险公司在准清算假设下不具有清算价值或变现会遭到损失的资产与具有清算价值或变现不会遭到损失的资产之比,是衡量资产质量的辅助指标。该指标越高,说明保险公司的非认可资产越多,资产的变现能力越弱。

5. 资产减值准备率

资产减值准备率是指资产减值准备与资产总额的比率,具体包括综合资产减值准备率和单项资产减值准备率,其计算公式为:

$$综合资产减值准备率 = \frac{期末各项资产减值准备余额}{期末资产总额}$$

$$单项资产减值准备率 = \frac{期末该项资产减值准备余额}{期末该项资产总额}$$

保险公司的资产减值准备主要包括贷款损失准备、坏账准备、可供出售金融资产减值准备、持有至到期投资减值准备、长期股权投资减值准备、投资性房地产减值准备、固定资产减值准备、无形资产减值准备、抵债资产减值准备、低值易耗品减值准备及损余物资减值准备等。分析者可以通过资产减值准备明细表获得相关的数据。

资产减值准备率高,说明保险公司抵御各类资产持有风险的能力强,但也说明保险公司的资产质量可能较差,不良资产较多。因此,分析者应详细分析保险公司针对各类资产提取的减值准备,判断资产减值准备提取的充足率及保险公司的资产质量。

另外,当某项资产完全丧失使用价值和转让价值时,应将其从账面上全额转销,直接计入当期损益。这类资产一般是质量最差、失去真实性的资产,其资产数量越多,说明保险公司在资产负债表上所披露的资产质量信息的真实度就越低,报表使用者在分析资产减值准备提取情况时应予以适当的关注。

6. 资产的公允价值变动贡献率

资产的公允价值变动贡献率是指资产的公允价值变动与期末资产账面价值的比率,其计算公式为:

$$资产的公允价值变动贡献率 = \frac{公允价值变动}{期末资产账面价值}$$

其中,公允价值变动的数据可以从"公允价值变动"明细科目中获得,或者根据所有者权益变动表和利润表中的相关数据分析得出。

该指标反映了资产账面价值受市场影响的程度,主要适用于以公允价值计量的金融资产,包括交易性金融资产、直接指定以公允价值计量且其变动计入当期损益的金融资产,以及采用公允价值计量模式计量的投资性房地产等,反映了金融资产价值的波动性。

(二)资产运营能力分析

1. 资产周转率

资产周转率是指保费收入与资产平均余额的比率,反映了保险公司运用总资产获取收益的能力,其计算公式为:

$$资产周转率 = \frac{保费收入}{资产平均余额}$$

该指标用于考察公司全部资产的综合运营效率。该比率越高,说明公司资产的利用效率越高。需要注意的是,该指标会受到资产计价方法的影响,在横向比较时,分析者应注意各公司的资产计价方法是否一致;在纵向比较时,分析者应注意公司各期的资产计价方法是否一致。

2. 资金运用率

资金运用率是指资金运用总额与应运用资金总额的比率,反映了保险公司实际运用保险资金的比例,其计算公式为:

$$资金运用率 = \frac{资金运用总额}{应运用资金总额}$$

其中,应运用资金总额为各项准备金和保户储金之和。虽然保险公司的可运用资金还包括所有者权益中的资金和其他借入资金,但是各项准备金和保户储金是保险公司对保单持有人的负债,应投资于非固定资产、能产生收益的投资形式。若该指标大于100%,则说明保险公司运用了所有者权益中的资金和其他借入资金;若该指标小于100%,则说明保险公司应运用资金被投资于未增值的项目(如现金、活期存款等)。

第三节 保险公司经营成果的分析

一、保险公司经营状况分析

(一)保费收入分析

保费收入是保险公司的直接收入来源,因此保费收入分析是保险公司收入分析的重点,其他收入分析可以比照保费收入分析进行。

1. 保费收入的趋势分析

对保费收入进行趋势分析是指将分析期的保费收入与前期各期的保费收入进行比较,计算保费收入增长率,从而反映保险公司业务的增长情况。其中,保费收入是指没有考虑分保的毛保费收入,对毛保费收入进行趋势分析更能反映公司的业务拓展能力。

对保费收入进行趋势分析,主要使用保费收入增长率这一指标。保费收入增长率是指保费收入与上年同期相比的增长率,具体的计算公式为:

$$保费收入增长率 = \frac{本期保费收入 - 上年同期保费收入}{上年同期保费收入}$$

对保费收入进行趋势分析,应进行保费收入总额趋势分析和分险种趋势分析。通过连续计算各年的保费收入增长率,分析者能够了解保险公司业务发展的速度以及经营的稳定性;通过计算各险种的保费收入增长率,分析者能够了解保险公司业务发展的特点和均衡性,发现公司的业务增长点。分析者需要注意的是,不能片面地追求高保费增长率而忽视保险公司的效益,因为盲目扩大保费规模而不考虑承保业务的质量会导致公司未来的赔付、退保大量增加,从而降低保险公司的利润。

2. 保费收入的结构分析

保费收入的结构分析是指分别计算各险种的保费收入在总保费收入中的比重。保费收入结构可以使用主要险种保费收入率进行衡量,其计算公式为:

$$主要险种保费收入率 = \frac{单类险种保费收入}{本年保费收入}$$

对于长期寿险业务,每期的保费收入中的很大一部分是由既有的期缴保单带来的,主要险种保费收入率无法准确地反映保险公司在本期拓展新业务的情况,因此对于寿险业务还应计算各险种新契约保费收入率,其计算公式为:

$$主要险种新契约保费收入率 = \frac{单类险种新契约保费收入}{本年新契约保费收入}$$

通过上述指标的计算,分析者可以了解保险公司在分析期的业务结构和业务重点;进一步对各期的保费收入结构进行趋势分析,分析者可以了解保险公司的业务政策、险种开发重点及业务发展趋势。

3. 净保费收入分析

净保费收入又称自留保费,是指保险公司承保并收取保费后,扣除因分保而支付的再保险费所剩余的保费。原保险人通过再保险可以分散责任风险、提高承保能力、保证业务经营的稳定性。对保险公司的净保费收入进行趋势分析,更能够反映保险公司实际承担的业务风险。

对净保费收入进行趋势分析,主要使用净保费收入增长率指标,其计算公式为:

$$净保费收入增长率 = \frac{本期净保费收入 - 上年同期净保费收入}{上年同期净保费收入}$$

一般来说,若净保费收入增长率过高且超过毛保费收入增长率,则说明随着业务的增长,保险公司的分保率在下降,自留保费的比例在提高,公司承担的经营风险和保险风险在上升,分析者应关注保险公司的偿付能力和承保能力等。

另外,对于财产保险公司,分析者还应注意分析其自留保费的相对规模,主要使用自留保费率指标,其计算公式为:

$$自留保费率 = \frac{本期自留保费}{实收资本 + 公积金 - 未分配利润}$$

自留保费率反映了财产保险公司对自留风险的保障能力。该指标越高,反映保险公司自留风险越大,最终抵御风险的能力就越弱。《保险法》规定,经营财产保险业务的保险公司当年自留保费,不得超过其资本金加资本公积总和的 4 倍。

(二)保险赔付分析

保险公司的赔付主要包括保险赔款、保险给付和退保金。其中,保险赔款主要针对短险业务,包括财产保险、意外伤害险和短期健康险等;保险给付主要针对长险业务,包括寿险和长期健康保险;退保金同样针对寿险和长期健康险,主要原因是短险业务的退保支出与当年保费收入具有可比性,直接冲减了当期的保费收入,只有长险业务的退保支出是通过退保金反映的。

分析者可以参照保费收入的分析方法对保险赔款、保险给付和退保金进行趋势分析与结构分析。这里重点介绍的是比率分析法中的相关比率,将赔款支出、给付支出和退保金支出分别与保费收入加以对比,分析者可以对这些比率进行趋势分析和横向对比分析。

1. 保险赔款率

保险赔款率是指一定时期的赔款支出与保费收入的比率,其计算公式为:

$$\text{保险赔款率} = \frac{\text{本期净赔款支出} - \text{追偿款收入} + \text{本期未决赔款准备金}}{\text{本期净保费收入} + \text{上期未到期责任准备金}}$$

$$= \frac{(\text{本期原保险赔款支出} + \text{本期再保险赔款支出} - \text{摊回分保赔款}) - \text{追偿款收入} + \text{本期未决赔款准备金}}{(\text{本期已赚保费} + \text{分入保费} - \text{分出保费}) + \text{上期未到期责任准备金}}$$

$$= \frac{(\text{赔款支出} - \text{上期未决赔款准备金}) - \text{摊回分保赔款} - \text{追偿款收入} + \text{本期未决赔款准备金}}{(\text{本期保费收入} - \text{当期未到期责任准备金}) + \text{分入保费} - \text{分出保费} + \text{上期未到期责任准备金}}$$

其中,分子中的赔款支出包括原保险合同赔款支出和再保险分保赔款支出,分子计算出的是保险公司当期总的赔款支出,包括未决赔款。基于相关比率的相关原则,分母中的保费收入应使用与当期赔款对应的当期已赚净保费和上期未赚保费。当期已赚净保费等于保费收入与当期未到期责任准备金之差,再加上分入保费减去分出保费;上期未赚保费即为上期未到期责任准备金。

保险赔款率反映了保险公司短险业务的赔款情况。该指标越低,说明保险公司承保风险的出现率越低,保险公司的承保质量和理赔质量都较高。但是分析者需要注意的是,保险赔款率并非越低越好,赔款率过低可能是保险公司惜赔或保险公司的承保标准过于严格,会损害被保险人的利益并影响保险公司的业务拓展。因此,保险公司的赔款率应该保持在一个较为合理的区间内。

2. 保险给付率

保险给付率是指一定时期的保险给付与保费收入的比率,其计算公式为:

$$\text{保险给付率} = \frac{(\text{满期给付} + \text{死亡给付} + \text{伤残给付} + \text{医疗给付} + \text{年金给付}) - (\text{摊回满期给付} + \text{摊回死亡给付} + \text{摊回伤残给付} + \text{摊回医疗给付} + \text{摊回年金给付})}{\text{寿险、长期健康险期初责任准备金余额} + \text{当期寿险、长期健康险保费收入} + \text{分入保费} - \text{分出保费}}$$

由于寿险和长期健康险的保险期很长,某一年度的保险给付与当年的净保费收入不是对应可比的,应该在净保费收入的基础上加上期初准备金余额进行调整。

保险给付率反映了保险公司长险业务的给付情况。该指标越低,说明保险公司的给付率越低,效益越好;但给付率也不宜过低,应保持在一个较为合理的区间内。另外,分析者还可以分别计算各险种或各项目的给付率。例如,满期给付率的计算公式为:

$$\text{满期给付率} = \frac{\text{满期给付} - \text{摊回满期给付}}{\text{期初寿险责任准备金余额} + \text{当期寿险保费收入} + \text{分入保费} - \text{分出保费}}$$

3. 退保率

退保率是指一定时期的退保金支出与保费收入的比率,其计算公式为:

$$\text{退保率} = \frac{\text{当期退保金支出}}{\text{寿险、长期健康险期初责任准备金余额} + \text{当期寿险、长期健康险保费收入} + \text{分入保费} - \text{分出保费}}$$

在寿险业务中,由于前端费用很高,因此如果投保人在投保的前几年退保就会给保险公司带来较大的损失。另外,由逆选择引起的退保还会影响整个风险池分散风险的能力,所以寿险公司的退保率不宜过高,一般应控制在5%以下。退保率过高,说明公司可能存在销售误导、后期服务不佳、虚增保费等问题。

(三) 费用分析

保险公司的费用主要包括业务及管理费、手续费及佣金、分保费用和营业税金及附加等。分析者可以参照保费收入的分析方法对保险公司费用进行趋势分析和结构分析。这里重点介绍比率分析法中的相关比率,如综合费用率、业务及管理费率。分析者还可以对这些比率进行趋势分析和横向对比分析。

保险公司的综合费用率是指一定时期的费用支出与保费收入的比率,其计算公式为:

$$综合费用率 = \frac{业务及管理费 + 手续费及佣金 + 营业税金及附加 + 分保费用 - 摊回分保费用}{保费收入}$$

综合费用率反映了保险公司的经营管理效率。该指标越高,说明保险公司的费用支出越高,相应要求的产品价格越高,市场竞争力越弱。分析者需要注意的是,一般来讲,原有大型保险公司市场相对稳定,综合费用会低于新成立的保险公司,不能进行简单的对比。

深入分析保险公司的费用可以发现,手续费及佣金、分保费用、营业税金及附加都是按规定的费率支付的,较为固定;而业务及管理费包含的具体项目较多,具有一定的伸缩性,能够突出体现保险公司的费用控制管理能力,因此分析者可以进一步使用业务及管理费率指标对其进行单独考察,其计算公式为:

$$业务及管理费率 = \frac{业务及管理费 - 摊回分保费用}{保费收入}$$

二、保险公司获利能力分析

(一) 盈利能力分析

保险公司盈利能力的高低通过对利润的分析得出。保险公司的利润表包括了营业利润、利润总额和净利润三类利润指标,承保利润也是保险公司非常重要的一个指标。上述四个指标的计算方法和关系如下:承保利润是指保险公司通过承保业务获得的利润,可以由保险公司营业利润扣除投资收益、公允价值变动损益、汇兑损益及其他业务收支倒推得出;营业利润加上营业外收支净额即为保险公司的利润总额;利润总额减去企业所得税即为保险公司的净利润。

分析者可以参照保费收入的分析,对上述利润率指标进行趋势分析和结构分析。这里重点介绍比率分析法中的相关比率,将各利润指标分别与保费收入、资产净值等指标加以对比,分析者可以对这些比率进行趋势分析和横向对比分析。

1. 承保利润率、营业利润率、营业净利润率

承保利润率是指承保利润与对应保费收入的比率,与承保利润对应的保费收入的计算方法与赔款率和给付率指标中保费收入的计算方法相同。

寿险业务承保利润率的计算公式为：

$$承保利润率 = \frac{承保利润}{本期寿险、长期健康险保费收入+分入保费-分出保费+寿险长期健康险期初责任准备金}$$

产险业务承保利润率的计算公式为：

$$承保利润率 = \frac{承保利润}{当期保费收入-当期未到期责任准备金+分入保费-分出保费+上期未到期责任准备金}$$

营业利润率是指营业利润与对应保费收入的比率。

寿险业务营业利润率的计算公式为：

$$营业利润率 = \frac{营业利润}{本期寿险、长期健康险保费收入+分入保费-分出保费+寿险长期健康险期初责任准备金}$$

产险业务营业利润率的计算公式为：

$$营业利润率 = \frac{营业利润}{当期保费收入-当期未到期责任准备金+分入保费-分出保费+上期未到期责任准备金}$$

营业净利润率是指净利润与对应保费收入的比率。

寿险业务营业净利润率的计算公式为：

$$营业净利润率 = \frac{净利润}{本期寿险、长期健康险保费收入+分入保费-分出保费+寿险长期健康险期初责任准备金}$$

产险业务营业净利润率的计算公式为：

$$营业净利润率 = \frac{净利润}{当期保费收入-当期未到期责任准备金+分入保费-分出保费+上期未到期责任准备金}$$

承保利润率反映了保险公司通过承保保险业务而获得的利润。由于保险公司可以通过投资保险资金获得利润，保险市场的竞争会使得保险公司不断降低保费，因此一般情况下承保利润接近于零或者为负。通过比较承保利润率，分析者可以了解保险公司的承保业务质量和承保获利能力。承保利润率越高，保险公司的获利能力越强。

营业利润率指标反映了保险公司通过保费收入获得利润的能力。该指标与承保利润率的差额则反映了保险公司对保险资金进行投资获得收益的能力，差额越大说明保险公司的投资能力越强。

营业净利润率指标反映了保险公司通过保费收入获得净利润的能力。该指标与营业利润率的差额则反映了企业所得税对保险公司营业利润的影响，差额越大说明保险公司的企业所得税负担越大。

2. 净资产收益率

净资产收益率是指净利润与净资产的比值，其计算公式为：

$$净资产收益率 = \frac{净利润}{净资产平均余额}$$

净资产收益率反映了保险公司运用投资者投入资本获得收益的能力，是站在股东角度评价保险公司盈利能力的核心指标。该指标越高，保险公司为股东创造利润的能力越强。另外,该指标也反映了保险公司负债的资本成本,如果净资产收益率高于贷款利率,则适度负债能够提高保险公司股东的利润;反之,负债会降低股东的利润。

3. 全面收益率

全面收益率是指保险公司的综合利润与净资产的比值,其计算公式为:

$$全面收益率 = \frac{净利润 + 计入所有者权益的利得 - 计入所有者权益的损失}{净资产平均余额}$$

该指标反映了保险公司全部的投资回报率,包括未实现的收益,是站在股东角度评价保险公司盈利能力的辅助指标。

(二) 上市公司盈利能力分析

上市公司的盈利能力还可以通过每股收益、市盈率、每股股利、股票获利率、股利支付率及留存比率等指标进行分析。我们重点介绍每股收益和市盈率。

1. 每股收益

每股收益是反映公司普通股股东持有一股能享有的公司利润的指标。衡量每股收益的指标包括基本每股收益和稀释每股收益,上市保险公司或处于公开发行普通股过程中的保险公司应按照企业会计准则的规定披露这两个指标。

基本每股收益是指在某个会计期内每股普通股获得的收益,反映了股东原始投资的获利水平。其计算公式为:

$$基本每股收益 = \frac{当期净利润 - 优先股股利}{发行在外普通股的加权平均数}$$

其中,发行在外普通股的加权平均数是将普通股股数按时间加权获得的。

稀释每股收益是指由于保险公司发行了除普通股外的潜在股而对基本每股收益稀释后的每股利润,潜在股包括可转换公司债券、认股权证、股份期权等。其计算公式为:

$$稀释每股收益 = \frac{当期净利润 - 优先股股利}{发行在外普通股的加权平均数 + 普通股当量}$$

其中,普通股当量又称约当普通股,是指全部具有稀释性潜在普通股转换成普通股时所发行的普通股的加权平均数。

2. 市盈率

市盈率是指普通股每股市价与每股收益的比值,其计算公式为:

$$市盈率 = \frac{普通股每股市价}{普通股每股收益}$$

该指标用于反映市场投资者对保险公司普通股每股收益所愿意支付的价格。其中,普通股每股收益使用的是历史数据,因此该指标反映了市场对保险公司未来经营情况的整体预期。一般来说,稳定增长公司的市盈率较低,高速增长公司的市盈率较高,但是如果市场总体对公司未来的发展前景预测不准确,用市盈率衡量公司股票的质量就不是准确的。认为低市盈率股票值得投资或者高市盈率股票值得投资的观点都不是完全正确的,分析者应先认真分析公司的财务信息,并结合宏观经济和行业发展情况,对公司未来的发展做出判断;然后判断公司市盈率的合理区间,或者说通过市盈率衡量在当前的市场价格下该股票的投资价值。需要注意的是,在利用市盈率比较不同股票的投资价值时,要求这些公司具有可比性;比较不同行业、不同国家、不同时点的市盈率,其意义是不大的。

(三) 资金运用效益分析

保险公司的利润由承保利润和投资收益组成,承保利润在一般情况下为负,较高的资金运用收益率是保险公司盈利的重要保证。随着近年来保险行业竞争的不断加剧,保险资金投资渠道的不断放开,承保利润进一步压缩,因此保险资金的运用效益对保险公司盈利能力的意义是重大的。

保险公司的资金运用收益包括投资收益、利息收入、公允价值变动收益。分析者可以参照保费收入的分析,对资金运用收益进行趋势分析和结构分析。这里重点介绍比率分析法中的相关比率,将资金运用收益(包括投资收益、利息收入、公允价值变动收益)与产生这些收益的投入额指标加以对比,分析者可以对这些比率进行趋势分析和横向对比分析。

1. 资金运用率

资金运用率是指资金运用总额占应运用资金总额的比例,反映了实际运用保险资金的比例,已在"资产运营能力分析"一节中介绍,此处不再详述。

2. 投资收益率

投资收益率是指保险公司的投资收益与产生投资收益的资金总额的比值,其计算公式为:

$$投资收益率 = \frac{投资收益 + 直接计入所有者权益的浮盈(-浮亏) - 各项投资减值准备}{交易性金融资产平均余额 + 定期存款平均余额 + 持有至到期投资平均余额 + 可供出售金融资产平均余额 + 长期股权投资平均余额}$$

其中,分子反映了保险公司资金运用的综合收益,投资收益包括定期存款的利息收入;分母反映了保险公司用于投资的资产总额。投资收益率指标反映了保险公司的投资能力,其他条件一致。该指标越高,说明公司的投资能力越强,盈利能力、竞争能力越强。但是分析者需要注意的是,不能孤立地看待保险公司的资金运用收益率,而应将其与保险公司承担的投资风险结合考虑,确保保险公司资产的安全性。另外,由于寿险资金的期限一般长于非寿险资金,因此寿险公司的资金运用收益率一般大于产险公司。

(四) 资本增值能力分析

资本增值是指所有者权益的增加,分析资本增值能力也就是站在股东的角度上分析公司所有者权益的变动,可以一定程度地反映保险公司的获利能力。分析者可以通过资本保值增值率和所有者权益变动率对资本增值能力进行分析。

资本保值增值率是指公司本期期末所有者权益与期初所有者权益的百分比,其计算公式为:

$$资本保值增值率 = \frac{期末所有者权益总额}{期初所有者权益总额}$$

所有者权益变动率是指公司本期所有者权益的增加率,其计算公式为:

$$所有者权益变动率 = \frac{期末所有者权益总额 - 期初所有者权益总额}{期初所有者权益总额}$$

$$= 资本保值增值率 - 1$$

这两个指标本质上是一致的,反映了保险公司的资本在当期变动的情况。影响保险公司资本变动的因素主要包括净利润、直接计入所有者权益的利得和损失、所有者权益投入和资本减少等。因此,在没有所有者投入资本或减少资本的情形下,该指标越高,反映保险公司的获利能力越强。

第四节 保险公司财务会计报告综合分析

保险公司财务会计报告综合分析是指将保险公司视作一个完整的、不可分割的整体,对公司财务状况和经营成果进行全方位的综合分析。因为各财务会计报告和财务会计指标是相互联系、相互影响的,所以任何一个指标只能从某一角度或侧面反映公司的财务状况,难以起到综合评价的作用,分析者应该全面分析整个财务指标体系,使用综合分析法对保险公司的财务状况做出完整的分析。

财务会计报告的综合分析方法很多,此处重点介绍杜邦分析法、因素分析法和沃尔评分法。

一、杜邦分析法

杜邦分析法是指利用几种主要的财务比率之间的关系综合分析企业的财务状况和经营效益的一种方法,其基本思想是以企业净资产收益率(ROE)为核心,将其逐级分解为营业净利润率、总资产周转率、权益乘数的乘积,进而分析企业盈利的来源。杜邦分析法是评价企业盈利能力和股东权益回报水平、从财务角度评价企业绩效的一种经典方法,有助于从全局的角度深入分析比较企业的经营业绩。

杜邦分析法的分析体系为:

$$
\begin{aligned}
\text{净资产收益率} &= \frac{\text{净利润}}{\text{所有者权益}} = \frac{\text{净利润}}{\text{资产总额}} \times \frac{\text{资产总额}}{\text{所有者权益总额}} \\
&= \text{资产净利润率} \times \text{权益成数} \\
&= \frac{\text{净利润}}{\text{营业收入}} \times \frac{\text{营业收入}}{\text{资产总额}} \times \frac{\text{资产总额}}{\text{所有者权益总额}} \\
&= \text{营业净利润率} \times \text{总资产周转率} \times \text{权益乘数} \\
&= \frac{\text{净利润}}{\text{营业收入}} \times \frac{\text{营业收入}}{\text{资产总额}} \times \frac{1}{1-\frac{\text{所有者权益总额}}{\text{资产总额}}} \\
&= \text{营业净利润率} \times \text{总资产周转率} \times \frac{1}{1-\text{资产负债率}}
\end{aligned}
$$

杜邦分析法是从净资产收益率这一关键指标出发。净资产收益率是反映公司财务管理目标的最核心指标,即公司为投资者创造的收益。通过简单的变化,分析者可以将净资产收益率变成营业净利润率、总资产周转率和权益乘数的乘积,从盈利能力、资产运营能力和杠杆获利能力全面地反映公司的利润来源。分析者可以对这三个指标分别进行横向对比分析和趋势分析,从而了解保险公司的利润来源和竞争优势。另外,分析者也可以进一步分解各个指标以了解利润来源。例如,营业净利润率可以拆分为承保利润、投资收益和企业所得税负担,其中承保利润又由保费收入和费用支出决定,分析者可以分析各项以深入了解公司的财务状况和经营成果,并对公司未来的盈利能力和偿付能力进行预测。

二、因素分析法

(一) 因素分析法概述

因素分析法又称因素替换法、连环替代法,是指当若干个因素对分析对象发生作用时,假定其他各因素不变,顺序改变各因素的数量,进而计算出各因素的变动对总体经济指标的影响程度。具体来说,就是依次分析第一个因素在其他因素不变条件下变动对分析对象的影响,第二个因素在第一个因素变动及其他因素不变条件下变动对分析对象的影响,以此类推。因素分析法既可以全面分析各因素对某一经济指标的影响,又可以单独分析某因素对经济指标的影响,应用颇为广泛。

因素的替换顺序对分析结果会产生很大的影响,因此在使用因素分析分析法时,分析者必须按照各因素对某项指标影响的内在联系确定替换顺序,不可随意颠倒。一般来说,分析者应遵循以下四个原则:

(1) 当总体指标被分解为多个因素指标时,应先分析统计量指标,再分析在已知统计量指标基础上的计算性指标。具体来说,数量指标一般表现为统计量指标,而质量指标一般表现为计算性指标,因此应先分析数量指标,即先替代数量指标;实物量指标一般为统计量指标,价值量指标一般为计算性指标,因此应先分析实物量指标,即先替代实物量指标。

(2) 当单一因素又有复合因素时,应先进行单一因素分析,再进行复合因素分析。

(3) 当分子与分母因素并存时,一般应先分析分子因素,再分析分母因素。

(4) 当多因素指标中存在两个以上同类指标时,应依据实务先后与主次依存关系确定各指标对总体指标的影响顺序。

(二) 因素分析法具体操作方法

因素分析法主要包括连环替代法和差额计算法。

1. 连环替代法

连环替代法是指将一项综合指标分解为各项构成因素,顺序用各项因素的实际数替换基数,分析各项因素影响综合指标的程度的一种方法。

连环替代法的程序如下:(1) 分解某项综合指标的各项构成因素;(2) 确定各因素与某项综合指标的关系,如加减关系、乘除关系等;(3) 确定各因素的排列顺序,按一定的顺序将各因素加以替代,具体测算各因素对综合指标变动的影响方向和程度。

连环替代法应该注意如下问题:(1) 因素分解的关联性,即指标与因素之间应存在因果关系;(2) 因素替代的顺序性,替代因素时,必须按照各因素的依存关系,排列成一定的顺序并依次替代,不可随意加以颠倒,否则就会得出不同的计算结果;(3) 顺序替代的连环性,即每次替代是在上一次的基础上进行的;(4) 计算结果的假定性,即分析结果是建立在一定假定条件上的,分析者应力求假定合乎逻辑、具有实际经济意义,这样才不至于妨碍分析的有效性。

连环替代法的具体计算方法如下:

(1) 设某一经济指标 P 是由相互联系的 A、B、C 三个因素组成,基准指标和实际指标的公式为：

基准指标 $P_0 = A_0 \times B_0 \times C_0$

实际指标 $P_1 = A_1 \times B_1 \times C_1$

(2) 实际指标偏离基准指标的差异 ($P_1 - P_0 = \Delta$)，可能同时是上列三因素变动的影响。在测定各因素的变动对指标 P 的影响程度时，可顺序计算如下：

基准指标 $P_0 = A_0 \times B_0 \times C_0$ (1)

第一项替代 $P_2 = A_1 \times B_0 \times C_0$ (2)

第二项替代 $P_3 = A_1 \times B_1 \times C_0$ (3)

第三项替代 $P_1 = A_1 \times B_1 \times C_1$ (4)

(3) 据此测定的结果如下：

A 因素变动的影响 (2)-(1)= $P_2 - P_0$

B 因素变动的影响 (3)-(2)= $P_3 - P_2$

C 因素变动的影响 (4)-(3)= $P_1 - P_3$

(4) 把各因素变动的影响程度综合起来，则

$$(P_1 - P_3) + (P_3 - P_2) + (P_2 - P_0) = P_1 - P_0 = \Delta$$

2. 差额计算法

差额计算法是连环替代法的一种简化形式，具体计算方法如下：

A 因素变动的影响 $= (A_1 - A_0) \times B_0 \times C_0$

B 因素变动的影响 $= A_1 \times (B_1 - B_0) \times C_0$

C 因素变动的影响 $= A_1 \times B_1 \times (C_1 - C_0)$

3. 计算举例

例 18-1 A 寿险公司 2015 年、2016 年年金保险新契约的退保支出情况如表 18-1 所示。

表 18-1 A 寿险公司年金保险新契约的退保支出

项目	2015 年	2016 年
年金保险新契约数(起)	80 000	120 000
退保契约数(起)	1 600	2 640
退保金支出总额(元)	800 000	1 188 000

请根据上述资料确定各因素的变动对退保金支出总额的影响程度。

(1) 分析退保金支出

$$\text{退保金支出} = \text{承保新契约数量} \times \frac{\text{退保契约数}}{\text{承保新契约数量}} \times \frac{\text{退保金支出}}{\text{退保契约数}}$$

$$= \text{承保新契约数量} \times \text{退保率} \times \text{案均退保额}$$

根据上述数据，计算表 18-2 中的指标：

表 18-2 A 寿险公司年金保险新契约的退保状况

项目	2015 年	2016 年
年金保险新契约数(起)	80 000	120 000
退保率(%)	2	2.2
案均退保额(元)	500	450

(2) 使用连环替代法

上期指标＝80 000×2‰×500＝800 000(元)

本期指标＝120 000×2.2‰×450＝1 188 000(元)

该指标两期的差异为 388 000 元(1 188 000－800 000)。现在测定各因素变动对退保金支出的影响程度，顺序计算如下：

上期指标＝80 000×2‰×500＝800 000(元)　　　　　　　　　　　　(1)

第一项替代＝120 000×2‰×500＝1 200 000(元) 　　　　　　　　　(2)

第二项替代＝120 000×2.2‰×500＝1 320 000(元) 　　　　　　　　(3)

第三项替代＝120 000×2.2‰×450＝1 188 000(元) 　　　　　　　　(4)

据此测定的结果如下：

(2)－(1)＝1 200 000－800 000＝400 000(元)……年金保险新契约数增加带来退保金支出的增加

(3)－(2)＝1 320 000－1 200 000＝120 000(元)……退保率上升带来退保金支出的增加

(4)－(3)＝1 188 000－1 320 000＝－132 000(元)……案均退保额下降带来退保金支出的减少

(3) 使用差额计算法

年金保险新契约数增加带来退保金支出的增加

　　　＝(1 200 000－800 000)×2‰×500＝400 000(元)

退保率上升带来退保金支出的增加＝1 200 000×(2.2‰－2‰)×500＝120 000(元)

案均退保额下降带来退保金支出的减少＝120 000×2.2‰×(450－500)＝－132 000(元)

三、沃尔评分法

1928 年，亚历山大·沃尔出版的《信用晴雨表研究》和《财务报表比率分析》提出了信用能力指数的概念，选择了流动比率、产权比率、固定资产比率、存货周转率、应收账款周转率、固定资产周转率和自有资金周转率七个财务比率，分别给定各指标的比重；然后确定标准比率(以行业平均数为基础)，将实际比率与标准比率相比，得出相对比率；最后将此相对比率与各指标比重相乘，得出总评分。沃尔评分法经过不断的修订，目前主要使用盈利能力、偿债能力和成长能力三类指标，包括资产净利润率、销售净利润率、净值报酬率、自有资本比率、流动比率、应收账款周转率、存货周转率、销售增长率、净利增长率和人均净利增长率等。

沃尔评分法的重要优点在于提出了将若干个财务比率以线性关系结合起来的综合比率评价体系，其主要缺点在于无法从理论上论证应选用哪些指标、各指标应选择的权重大小，以及某些指标异动时应如何处理。

▍关键词▍

　　财务会计报告分析　　比率分析法　　比较分析法　　结构分析法　　偿付能力

　　偿付能力充足率　　变现能力　　运营能力　　获利能力　　杜邦分析法

　　因素分析法　　沃尔评分法

本章小结

1. 保险公司财务会计报告分析,就是运用保险公司财务报表的数据及其他相关资料,使用专门方法,对保险公司的财务状况和经营成果进行分析与评价,整理出有用的信息,提供给决策者使用的全过程。

2. 保险公司财务状况的分析分为保险公司偿付能力分析及资产质量分析。保险公司的偿付能力分析可以从财务状况角度和偿付能力充足率角度展开。保险公司资产质量分析主要考察资产的变现能力和运营能力。

3. 保险公司经营成果的分析分为保险公司经营状况分析和获利能力分析。经营状况主要看保费收入、保险赔付和费用控制,获利能力主要看盈利能力、资金运用效益和资本增值能力。

4. 保险公司财务会计报告综合分析是指将保险公司视作一个完整的、不可分割的整体,对公司财务状况和经营成果进行全方位的综合分析。

思考与练习

1. 保险公司财务会计报告的分析技术方法有哪些?
2. 保险公司财务状况、经营成果分析可以从哪些角度展开?
3. 保险公司财务会计报告综合分析方法有哪些?

第十九章 资产负债表日后事项

┃本章概要┃

本章主要介绍资产负债表日后事项的定义、涵盖期间、调整事项和非调整事项的内容与处理原则。在学习本章时,还应关注《企业会计准则第 29 号——资产负债表日后事项》及相关解释。

延伸阅读
资产负债表日后
事项准则

┃学习目标┃

1. 了解核算资产负债表日后事项的意义
2. 掌握调整事项和非调整事项的内容与处理原则

第一节 资产负债表日后事项概述

一、资产负债表日后事项的意义

我国的会计年度采用公历年度,即从每年的 1 月 1 日起至同年 12 月 31 日止,年度财务报告必须综合反映企业整年的财务状况、经营成果和现金流量。但是,由于在年度资产负债表日(12 月 31 日)和财务报告批准报出日之间须经历财务报告的编制、审计,以及董事会或类似机构的批准,这之间会有比较长的一段时间,而在此期间,企业仍会发生很多交易或事项。在这些交易或事项中,有些对报告期的财务状况和经营成果会产生重要影响,需要调整相关年度报表上的数字;有些虽然对报告期的事项不产生影响,不需要调整报表数字,但对财务报告使用者的决策具有重要意义,应给予披露,以便能够更加准确地评估和判断企业的整体状况。

二、资产负债表日后事项的定义

资产负债表日后事项是指资产负债表日至财务报告批准报出日发生的有利或不利事项。

1. 涵盖期间

资产负债表日一般是指年度资产负债表日,即每年的 12 月 31 日。

财务报告批准报出日是指董事会或类似机构批准财务报告报出的日期。具体而言,对于公司制企业,财务报告批准报出日是指董事会批准财务报告报出的日期;对于非公司制企业,财务报告批准报出日是指经理(厂长)会议或类似机构批准财务报告报出的日期。

资产负债表日后事项涵盖的期间就是资产负债表日到财务报告批准报出日,不在此时间范围内的不属于资产负债表日后事项。如果财务报告批准报出之后、实际报出之前又发生与资产负债表日后事项有关的事项,则应再次通过董事会或类似机构批准,重新拟定财务报告批准报出日。在这种情形下,资产负债表日后事项涵盖的期间就是资产负债表日至重新批准的财务报告批准报出日。

例19-1 2017年2月10日,A保险公司完成2016年度财务报告的编制;2017年3月20日,注册会计师完成年度财务报告审计工作并签发审计报告;2017年3月21日,董事会批准财务报告对外公布,实际公布日期为2017年3月30日。

根据资产负债表日后事项的定义,A保险公司2016年度资产负债表日后事项涵盖的期间是2017年1月1日至2017年3月21日。如果在财务报告批准报出日2017年3月21日和实际报出日2017年3月30日之间又发生了重大事项,必须调整报告期资产负债表或者进行相关披露;调整后财务报告又经董事会批准报出日期是2017年3月26日,实际报出日期是2017年4月2日,则资产负债表日后事项涵盖的期间变为2017年1月1日至2017年3月26日。

2. 有利或不利事项

资产负债表日后事项是有利或不利事项,即对企业财务状况和经营成果产生一定影响的事项。如果某些事项的发生对企业经营等方面均没有影响,那么就不属于资产负债表日后事项。

此类有利或不利事项一般包括以下两种情形:一是与资产负债表日已经存在的状况有关;二是与资产负债表日已经存在的状况无关,但对企业财务状况或经营成果有重要影响。

三、资产负债表日后事项的内容

资产负债表日后事项包括资产负债表日后调整事项和资产负债表日后非调整事项。资产负债表日后调整事项,是指对资产负债表日已经存在的情况提供新的或进一步证据的事项。资产负债表日后非调整事项,是指表明资产负债表日后发生的情况的事项。

调整事项和非调整事项的区别在于:该事项在资产负债表日或资产负债表日之前是否已经存在。若存在,则为调整事项;若不存在,则为非调整事项。

第二节 调整事项的会计处理

一、调整事项的内容

企业发生的资产负债表日后调整事项,通常包括以下各项:

(1)资产负债表日后诉讼案件结案,法院判决证实了企业在资产负债表日已经存在的现时义务,必须调整原先确认的、与该诉讼案件相关的预计负债或确认一项新负债。

(2)资产负债表日后取得确凿证据,表明某项资产在资产负债表日发生了减值或者需要调整该项资产原先确认的减值金额。

(3)资产负债表日后进一步确认资产负债表日前购入资产的成本或售出资产的收入。

(4)资产负债表日后发现了财务报表舞弊或差错。

二、调整事项的处理原则

对于企业发生的资产负债表日后调整事项,应当做出相关账务处理并调整资产负债表日已经编制的财务报表的相关数据。这里的财务报表包括资产负债表、利润表及所有者权益变动表,不包括现金流量表。

对资产负债表日后调整事项的财务处理如下:

(1) 涉及损益的事项,通过"以前年度损益调整"科目核算。调整增加以前年度利润或者调整减少以前年度亏损的事项,贷记"以前年度损益调整"科目;调整减少以前年度利润或者调整增加以前年度亏损的事项,借记"以前年度损益调整"科目。

因以前年度损益调整而增加的所得税费用,借记"以前年度损益调整"科目,贷记"应交税费——应交所得税"等科目;因以前年度损益调整而减少的所得税费用,贷记"以前年度损益调整"科目,借记"应交税费——应交所得税"等科目。

最后,将"以前年度损益调整"科目的贷方或者借方余额转入"利润分配——未分配利润"科目。

(2) 涉及利润分配调整的事项,直接在"利润分配——未分配利润"科目核算。

(3) 不涉及损益和利润分配调整的事项,直接调整相关科目。

进行上述账务处理的同时,还应调整财务报表相关项目的数字。例如,资产负债表日编制的财务报表相关项目的期末数和本年发生数,当期编制的财务报表相关项目的期初数或上年数及涉及的附注调整内容。

三、调整事项的会计处理举例

例 19-2 A 保险公司与 B 公司发生重大经济纠纷,2016 年 12 月 4 日,B 公司将 A 保险公司告上法庭,要求 A 保险公司赔偿 500 万元。到 2016 年 12 月 31 日,法院尚未判决,A 保险公司对该项诉讼确认预计负债 400 万元。2017 年 2 月 20 日,法院判决 A 保险公司赔偿 B 公司 450 万元,双方均服从判决,判决当日 A 保险公司即向 B 公司支付赔款 450 万元。假设 A 保险公司 2016 年度的所得税汇算清缴要在 2017 年 3 月 30 日完成,企业所得税税率为 25%,法定盈余公积按照净利润的 10% 提取。A 保险公司的会计分录如下:

(1) 2017 年 2 月 20 日,A 保险公司支付赔款

借:以前年度损益调整　　　　　　　　　　　　　　　　　　　　　500 000
　　贷:其他应付款　　　　　　　　　　　　　　　　　　　　　　　　500 000

(2) 根据法院判决,应调减以前年度利润,相应调减应交所得税

应交所得税 = 500 000 × 25% = 125 000(元)

借:应交税费——应交所得税　　　　　　　　　　　　　　　　　　125 000
　　贷:以前年度损益调整　　　　　　　　　　　　　　　　　　　　　125 000

(3) 该诉讼涉及的 400 万元预计负债实际支付,相应调减应交所得税,并冲减原始确认的递延所得税资产

递延所得税资产 = 4 000 000 × 25% = 1 000 000(元)

借:应交税费——应交所得税 1 000 000
    贷:以前年度损益调整 1 000 000
借:以前年度损益调整 1 000 000
    贷:递延所得税资产 1 000 000
(4) 冲减原始确认的预计负债并支付赔款
借:预计负债 4 000 000
    贷:其他应付款 4 000 000
借:其他应付款 4 500 000
    贷:银行存款 4 500 000
(5) 根据以上分录,"以前年度损益调整"科目借方余额为375 000元,将"以前年度损益调整"科目余额转入"未分配利润"科目
借:利润分配——未分配利润 375 000
    贷:以前年度损益调整 375 000
(6) 因净利润减少,调减法定盈余公积
    法定盈余公积＝375 000×10％＝37 500(元)
借:法定盈余公积 37 500
    贷:利润分配——未分配利润 37 500
(7) 对于以上所有会计处理,应相应调整财务报表数据
① 资产负债表项目年末数应调减递延所得税资产100万元,调增其他应付款450万元,调减应交税费112.5万元,调减预计负债400万元,调减法定盈余公积3.75万元,调减未分配利润33.75万元。
② 利润表项目应调增营业外支出50万元,调减所得税费用12.5万元,调减净利润37.5万元。
③ 所有者权益变动表项目应调减净利润37.5万元,调减盈余公积3.75万元,调减未分配利润33.75万元。

第三节 非调整事项的会计处理

一、非调整事项的内容

企业发生的资产负债表日后非调整事项,通常包括以下各项:
(1) 资产负债表日后发生的重大诉讼、仲裁、承诺。
(2) 资产负债表日后资产价格、税收政策、外汇汇率发生重大变化。
(3) 资产负债表日后因自然灾害导致资产发生重大损失。
(4) 资产负债表日后发行股票和债券及其他巨额举债。
(5) 资产负债表日后资本公积转增资本。
(6) 资产负债表日后发生巨额亏损。
(7) 资产负债表日后发生企业合并或处置子公司。

二、非调整事项的处理原则

企业发生的资产负债表日后非调整事项,由于是在资产负债表日之后发生的、不影响报告期的财务状况和经营成果,不须调整资产负债表日的财务报表;但每项重要的资产负债表日后非调整事项的性质、内容及其对财务状况和经营成果的影响,均应当在报表附注中披露,无法做出估计的,应当说明原因。

关键词

资产负债表日后事项　调整事项　非调整事项

本章小结

1. 资产负债表日后事项是指资产负债表日至财务报告批准报出日发生的有利或不利事项。

2. 资产负债表日后事项包括资产负债表日后调整事项和资产负债表日后非调整事项。调整事项和非调整事项的区别在于该事项在资产负债表日或资产负债表日之前是否已经存在。

3. 对于企业发生的资产负债表日后调整事项,应当做出相关账务处理并调整资产负债表日已经编制的财务报表的相关数据。非调整事项不须调整资产负债表日的财务报表,但重要的非调整事项应当在报表附注中披露。

思考与练习

1. 为什么要对资产负债表日后事项进行处理?
2. 资产负债表日后调整事项和非调整事项的主要区别是什么?
3. 如何处理资产负债表日后事项?

第二十章 会计政策、会计估计变更和差错更正

┃本章概要┃

本章主要介绍会计政策、会计估计变更和差错更正在实务中的会计处理方法。会计政策变更的会计处理方法有追溯调整法和未来适用法。会计估计变更直接采用未来适用法进行处理。前期差错的更正方法区分不重要的前期差错和重要的前期差错。深入学习本章还应关注《企业会计准则第28号——会计政策、会计估计变更和差错更正》。

延伸阅读
会计政策、会计估计变更和差错更正准则

┃学习目标┃

1. 掌握会计政策的概念及其变更的会计处理方法
2. 掌握会计估计的概念及其变更的会计处理方法
3. 掌握前期差错更正的会计处理方法

第一节 会计政策及其变更

一、会计政策概述

会计政策是指企业在会计确认、计量和报告中采用的原则、基础与会计处理方法。其中,原则是指按照《企业会计准则》规定的、适合企业会计核算的具体会计原则,如实质重于形式原则等;基础是指为了将会计原则应用于交易或者事项而采用的基础,主要指计量基础(计量属性),包括历史成本、重置成本、可变现净值、现值和公允价值等;会计处理方法是指企业按照法律、行政法规或者国家统一的会计制度等规定在会计核算中采用或者选择的、适合本企业的会计处理方法,如企业对被投资单位的长期股权投资是采用成本法还是采用权益法进行后续计量等。保险公司根据其经营特点确定具体的会计政策,包括保险业务收入确认原则、保险合同准备金提取方法等。

会计政策具有以下特点:企业必须在法规允许的范围内选择适合本企业实际情况的会计政策,所以会计政策的实施既具有强制性也具有灵活性;会计原则、计量基础及会计处理方法形成会计政策的三个层次,会计政策的实施必须依靠这个具有严密逻辑性的整体;由于企业经济业务的复杂性和多样化,在进行会计核算时,不同会计政策的选择往往

影响企业的财务状况和经营成果等，出于会计信息可靠性、可理解性等质量要求，重要会计政策应披露。

二、会计政策变更概述

会计政策变更是指企业对相同的交易或者事项由原来采用的会计政策改用另一会计政策的行为。出于会计信息可比性的质量要求，一般情况下，企业采用的会计政策在每一会计期间和前后各期应当保持一致，不得随意变更。但满足下述情况之一的，企业可以变更会计政策：

(1) 法律、行政法规或者国家统一的会计制度等要求变更。这种情况是指按照法律、行政法规或者国家统一的会计制度的规定，要求企业采用新的会计政策，则企业应当遵照执行。例如，2014年《企业会计准则》进行大规模修订，《企业会计准则第2号——长期股权投资》由之前的四种分类（子公司、合营企业、联营企业、不是以上三种且不以公允价值计量的长期投资）改为三种分类，将"不是以上三种且不以公允价值计量的长期投资"归入"可供出售金融资产"类别，则执行企业就必须将原第四类长期股权投资的相关会计核算方法变更为可供出售金融资产的核算方法。

(2) 会计政策变更能够提供更可靠、更相关的会计信息。这种情况是指由于经济状况等客观条件的改变，企业原采用的会计政策虽然在之前各个会计期间是正确且合适的，但目前已不能恰当地反映企业的财务状况和经营成果等。此时企业应当改变原有的会计政策而采用更适宜的会计政策，以符合会计信息的质量要求。例如，原先房地产市场交易不发达，企业无法对投资性房地产的公允价值做出合理估计，因此一直采用成本模式进行后续计量。随着房地产市场的飞速发展，企业能够充分地获得同类或类似房地产的市场价格及相关信息，此时企业可以将后续计量方法变更为公允价值模式。

需要注意的是，以下两种情况不属于会计政策变更：

(1) 本期发生的交易或者事项与以前相比具有本质差别而采用新的会计政策。会计政策针对的是特定类型的交易或者事项，如果本期发生的交易或者事项与之前相比有本质的差别，那么企业实质上是对新的交易或者事项采用会计政策，而不是变更原有的会计政策。例如，企业之前都是因临时需要而租入设备，采用经营租赁的会计处理方法；但本年度租入的设备采用融资租赁的方式，由于融资租赁和经营租赁有着本质的差别，企业本年度对新租入的设备采用融资租赁的会计处理方法就不属于会计政策变更。

(2) 对初次发生或不重要的交易或者事项采用新的会计政策。对初次发生的交易或者事项采用合适的会计政策不属于会计政策变更。例如，企业之前没有非货币性资产交换业务，本年度企业以一项资产换入多项资产，对换入资产的成本采用公允价值作为计量基础，这不属于会计政策变更。至于不重要的交易或者事项，如某企业低值易耗品在生产经营中所占费用比例很小，改变低值易耗品的处理方法对损益几乎没有影响，这种不按会计变更进行处理也不影响会计信息质量的情况也不属于会计政策变更。

三、会计政策变更的会计处理

发生会计政策变更有追溯调整法和未来适用法，分别适用于不同情形。

(一)追溯调整法

1. 追溯调整法概述

追溯调整法是指对某项交易或者事项变更会计政策,视同该项交易或者事项初次发生时即采用变更后的会计政策,并以此对财务报表相关项目进行调整。

追溯调整法通常有以下几个步骤:

(1) 计算会计政策变更的累积影响数[①];

(2) 编制相关项目的调整分录;

(3) 调整列报前期最早期初财务报表相关项目及其金额;

(4) 附注说明。

2. 核算举例

例 20-1 甲公司 2015 年、2016 年分别以 100 万元和 200 万元的价格从股市购入 A、B 两只以交易为目的的股票。市价一直高于购入成本,公司采用成本与市价孰低法对购入股票进行计量。公司从 2017 年开始对以交易为目的购入的股票采用公允价值进行计量。假设所得税税率为 25%,按净利润的 10% 提取法定盈余公积,按净利润的 5% 提取任意盈余公积。不考虑购入股票时发生的交易费用,公司发行普通股 1 000 万股,未发行任何稀释性潜在股票。公司保存的会计资料比较齐全,可以通过会计资料追溯计算。两种方法计量的交易性金融资产账面价值如表 20-1 所示。

表 20-1 两种方法计量的交易性金融资产账面价值   单位:元

股票 \ 会计政策	成本与市价孰低	2015 年年末公允价值	2016 年年末公允价值
A	1 000 000	1 100 000	1 500 000
B	2 000 000	—	2 400 000

根据上述资料,甲公司的会计处理如下:

(1) 计算改变交易性金融资产计量方法后的累积影响数(见表 20-2)

表 20-2 改变交易性金融资产计量方法后的累积影响数   单位:元

时间	公允价值	成本与市价孰低	税前差异	所得税影响	税后差异
2015 年年末	1 100 000	1 000 000	100 000	25 000	75 000
2016 年年末	2 800 000	2 000 000	800 000	200 000	600 000
合计	3 900 000	3 000 000	900 000	225 000	675 000

甲公司在 2017 年 12 月 31 日的比较财务报表列报前期最早期初为 2016 年 1 月 1 日。

甲公司在 2015 年年末按公允价值计量的账面价值为 1 100 000 元,按成本与市价孰低法计量的账面价值为 1 000 000 元,两者之差的税后净影响额为:

税后净影响额 = (1 100 000 − 1 000 000) × (1 − 25%) = 75 000(元)

[①] 会计政策变更的累积影响数是指按照变更后的会计政策对以前各期追溯计算的列报前期最早期初留存收益应有的金额与现有金额的差额。其中,留存收益金额包括法定盈余公积、任意盈余公积及未分配利润,不包括由于损益的变化而应当补充的利润或股利。

其中,75 000元即为甲公司2016年期初由成本与市价孰低法改为公允价值计量的累积影响数。

甲公司在2016年年末按公允价值计量的账面价值为3 900 000元,按成本与市价孰低法计量的账面价值为3 000 000元,两者之差的税后净影响额为675 000元,其中75 000元是调整2016年的累积影响数,600 000元是调整2016年当期金额。

甲公司按照公允价值重新计量2016年年末A、B股票账面价值,结果为公允价值变动收益少计800 000元,所得税费用少计200 000元,净利润少计600 000元。

(2) 对2015年有关事项的调整分录

① 调整会计政策变更累积影响数

借:交易性金融资产——公允价值变动　　　　　　　　　100 000
　　贷:利润分配——未分配利润　　　　　　　　　　　　75 000
　　　　递延所得税负债　　　　　　　　　　　　　　　　25 000

② 调整利润分配

按照净利润10%提取法定盈余公积,5%提取任意盈余公积,共计提盈余公积11 250元(75 000×15%)。

借:利润分配——未分配利润　　　　　　　　　　　　　11 250
　　贷:盈余公积　　　　　　　　　　　　　　　　　　　11 250

(3) 对2016年有关事项的调整分录

① 调整交易性金融资产

借:交易性金融资产——公允价值变动　　　　　　　　　800 000
　　贷:利润分配——未分配利润　　　　　　　　　　　600 000
　　　　递延所得税负债　　　　　　　　　　　　　　　200 000

② 调整利润分配

按照净利润10%提取法定盈余公积,5%提取任意盈余公积,共计提盈余公积90 000元(600 000×15%)。

借:利润分配——未分配利润　　　　　　　　　　　　　90 000
　　贷:盈余公积　　　　　　　　　　　　　　　　　　　90 000

(4) 调整财务报表相关项目及其金额

甲公司在列报2017年财务报表时,应调整2017年资产负债表有关项目的年初余额、利润表有关项目的上年金额及所有者权益变动表有关项目的上年金额和本年金额。

① 资产负债表项目的调整:增加交易性金融资产年初余额900 000元,增加递延所得税负债年初余额225 000元,增加盈余公积年初余额101 250元,增加未分配利润年初余额573 750元。

② 利润表项目的调整:增加公允价值变动收益上年金额800 000元,增加所得税费用上年金额200 000元,增加净利润上年金额600 000元,增加基本每股收益上年金额0.06元。

③ 所有者权益变动表项目的调整:增加会计政策变更项目中盈余公积上年金额11 250元,增加未分配利润上年金额63 750元,增加所有者权益合计上年金额75 000元。

增加会计政策变更项目中盈余公积本年金额90 000元,增加未分配利润本年金额510 000元,增加所有者权益合计本年金额600 000元。

（二）未来适用法

1. 未来适用法概述

未来适用法是指将变更后的会计政策应用于变更日及以后发生的交易或者事项，或者在会计估计变更当期和未来期间确认会计估计变更影响数。在未来适用法下，无须计算会计政策变更产生的累积影响数，也无须重编以前年度的财务报表，只需在现有金额的基础上按新的会计政策进行核算。

2. 核算举例

例 20-2 甲公司原先对发出存货采用后进先出的计量方法，由于新准则的规定，2016 年 1 月 1 日起改用先进先出法。公司 2016 年 1 月 1 日存货的价值为 200 万元，当年购入存货的实际成本为 500 万元，2016 年 12 月 31 日按先进先出法计算确定的存货价值为 400 万元，按后进先出法计算确定的存货价值为 450 万元。当年销售额为 800 万元。假设 2016 年其他费用为 100 万元，所得税税率为 25%。由于无法确定甲公司变更发出存货成本的计量方法对列报前期的影响数，从而采用未来适用法进行会计处理。计算确定会计政策变更对当期净利润的影响数如表 20-3 所示。

表 20-3 当期净利润的影响数计算表　　　　　　　　　　　　　　单位：元

项目	先进先出法	后进先出法
营业收入	8 000 000	8 000 000
减：营业成本	3 000 000	2 500 000
减：其他费用	1 000 000	1 000 000
利润总额	4 000 000	4 500 000
减：所得税	1 000 000	1 125 000
净利润	3 000 000	3 375 000
差额	－375 000	

甲公司由于会计政策变更使当期净利润减少了 375 000 元。其中，采用先进先出法的销售成本为：

期初存货＋购入存货实际成本－期末存货＝2 000 000＋5 000 000－4 000 000
　　　　　　　　　　　　　　　　　　＝3 000 000（元）

采用后进先出法的销售成本为：

期初存货＋购入存货实际成本－期末存货＝2 000 000＋5 000 000－4 500 000
　　　　　　　　　　　　　　　　　　＝2 500 000（元）

（三）会计政策变更会计处理方法的选择

对于会计政策变更，企业应当根据具体情况，分别采用不同的会计处理方法：

（1）在法律、行政法规或者国家统一的会计制度等要求变更的情形下，企业应当分别按以下情况进行处理：① 国家发布相关的会计处理办法，则按照国家发布的相关会计处理规定进行处理；② 国家没有发布相关的会计处理办法，则采用追溯调整法。

（2）在会计政策变更能够提供更可靠、更相关的会计信息的情形下，企业应当采用追溯调整法，计算累积影响数并调整列报前期最早期初留存收益及其他相关项目的数据。

如果无法确定会计政策变更对列报前期影响数,则应从可追溯调整的最早期间期初开始运用变更后的会计政策;在当期期初确定会计政策变更对以前各期累积影响数不切实可行的,采用未来适用法处理。

四、会计政策变更披露

企业应当在附注中披露与会计政策变更有关的下列信息:

(1) 会计政策变更的性质、内容和原因;

(2) 当期和各个列报前期财务报表中受影响的项目名称与调整金额;

(3) 无法进行追溯调整的,说明该事实和原因,以及开始应用变更后会计政策的时点、具体应用情况。

需要注意的是,在以后期间的财务报表中,不必重复披露在以前期间的附注中已披露的会计政策变更的信息。

例 20-3 国家财政部于 2014 年颁布《企业会计准则第 39 号——公允价值计量》《企业会计准则第 40 号——合营安排》《企业会计准则第 41 号——在其他主体中权益的披露》,以及修订后的《企业会计准则第 9 号——职工薪酬》《企业会计准则第 30 号——财务报表列报》和《企业会计准则第 33 号——合并财务报表》。本集团在编制 2013 年度财务报表时已提前采用上述准则,并已在 2013 年度财务报告中予以相关披露。

国家财政部于 2014 年颁布修订后的《企业会计准则第 2 号——长期股权投资》。本集团采用修订后的《企业会计准则第 2 号——长期股权投资》。该准则要求将对被投资单位不具有实施控制、共同控制或重大影响且原以成本法核算的长期股权投资重分类至可供出售金融资产。本集团已根据准则要求将比较期间的资产负债表进行重分类调整,该变更对所有者权益、净利润无影响,对本集团合并财务报表影响如表 20-4 所示。

表 20-4 长期股权投资会计政策变更对合并财务报表的影响　　　　单位:百万元

项目	2013 年 12 月 31 日			2013 年 1 月 1 日		
	调整后	调整前	影响金额	调整后	调整前	影响金额
长期股权投资	12 081	18 138	(6 057)	9 960	15 895	(5 935)
可供出售金融资产	236 863	230 806	6 057	301 911	295 976	5 935

国家财政部于 2014 年颁布修订后的《企业会计准则第 30 号应用指南——财务报表列报》。本集团采用修订后的《企业会计准则第 30 号应用指南——财务报表列报》,并已根据指南要求将比较期间的资产负债表进行重分类调整,该变更对本集团合并财务报表的影响如表 20-5 所示。

表 20-5 财务报表列报会计政策变更对合并财务报表的影响　　　　单位:百万元

项目	2013 年 12 月 31 日			2013 年 1 月 1 日		
	调整后	调整前	影响金额	调整后	调整前	影响金额
资本公积	87 544	83 006	4 538	83 424	84 121	(697)
外币报表折算金额	—	111	(111)	—	100	(100)
其他综合收益	(4 427)	—	(4 427)	797	—	797

国家财政部于 2014 年颁布修订后的《企业会计准则第 33 号应用指南——合并财务报表》。本集团采用修订后的《企业会计准则第 33 号应用指南——合并财务报表》,并已根据指南要求将比较期间的资产负债表进行重分类调整,该变更对本集团合并财务报表的影响如表 20-6 所示。

表 20-6　合并财务报表会计政策变更对合并财务报表的影响　　　　单位:百万元

项目	2013 年 12 月 31 日			2013 年 1 月 1 日		
	调整后	调整前	影响金额	调整后	调整前	影响金额
一般风险准备	14 680	395	14 285	10 861	395	10 466
未分配利润	70 014	84 299	(14 285)	49 637	60 103	(10 466)

国家财政部于 2014 年颁布了修订后的《企业会计准则第 37 号——金融工具列报》,自 2014 年度财务报表起实施。这一会计准则的采用对本集团的财务状况、经营成果及现金流量未产生重大影响。

除上述会计政策变更外,本财务报表所采用的会计政策与本集团编制 2013 年度财务报表所采用的会计政策一致。

第二节　会计估计及其变更

一、会计估计概述

会计估计是指企业对结果不确定的交易或者事项以最近可利用的信息为基础所做出的判断,如精算假设(包括利率、死亡率、发病率等的估计)和或有损失等。

(一) 会计估计的特点

一般来说,会计估计具有以下特点:

1. 会计估计通常不可避免

会计估计的存在受到经济活动中内在不确定性因素的影响,并不是企业不想保持会计核算的准确性,而是某些经济业务本身具有不确定性。例如,固定资产的折旧年限、无形资产的摊销年限及金融资产公允价值的确定等,都应根据经验做出估计。

2. 进行会计估计所依据的基础时常发生变化

进行会计估计时,往往以最近可利用的信息或资料为基础。由于经济活动中内在的不确定性,企业须经常做出估计,随着时间的推移、环境的变化,信息和资料都会不断更新,企业所依据的会计估计基础便会时常发生变化,所做出的估计也会不同。例如,保险公司对保险事故发生率的估计(死亡发生率、疾病发生率和伤残率等)建立在《中国人寿保险业经验生命表(2000—2003)》等资料的基础上,而随着国民生活方式改变、社会进步和医疗技术水平提高等因素的变化,经验数据会发生变化,对保险事故发生率的估计自然也会与之前不同。

3. 会计估计不会削弱会计确认和计量的可靠性,合理的会计估计是会计核算的基础

在会计分期的情形下,许多企业的交易跨越若干会计年度。进行合理的会计估计有利于企业定期、及时地提供有用的会计信息,较为公正地评判每一年的业绩。例如,对于

企业某一年度购入固定资产产生的开支的会计处理,由于固定资产在之后的很多年都会带来收益,且折损情况也各有差异,合理地估计使用年限和净残值、根据折损情况选择折旧方法是进行固定资产后续计量的基础。

4. 会计估计影响企业的财务状况和经营成果

不同的会计估计可能在很大程度上影响企业的财务状况和经营成果。例如,保险公司的利润就受到公司对折现率和投资收益率等指标估计的影响。出于会计信息可靠性、可理解性的质量要求,重要会计估计应披露。

（二）会计估计的内容

通常情况下,保险公司会计估计包括(但不限于)以下内容:
(1) 存货可变现净值的确定。
(2) 采用公允价值模式下的投资性房地产公允价值的确定。
(3) 固定资产的使用寿命、预计净残值和折旧方法、弃置费用的确定。
(4) 使用寿命有限的无形资产的预计使用寿命、残值及摊销方法。
(5) 权益工具公允价值的确定。
(6) 与债务重组相关的公允价值的确定。
(7) 预计负债初始计量最佳估计数的确定。
(8) 金融资产公允价值的确定。
(9) 与政府补助相关的公允价值的确定。
(10) 租赁资产公允价值的确定、最低租赁付款额现值的确定、承租人融资租赁折现率的确定、融资费用和融资收入的确定及未担保余值的确定。
(11) 保险合同准备金的计算及充足性测试。

二、会计估计变更

会计估计变更是指由于资产和负债的当前状况及预期经济利益与义务发生了变化,从而对资产或负债的账面价值或者资产的定期消耗金额进行调整。

会计估计变更并不意味着以前期间的会计估计是错误的,只是由于情况发生了变化、掌握了更多信息或者积累了更多经验,使得变更会计估计能更好地反映公司的财务状况和经营成果。会计估计变更的情形包括以下方面:

1. 赖以进行估计的基础发生了变化

企业进行会计估计依赖于一定的基础,如果基础发生了变化,会计估计也会随之产生变化。例如,企业某项固定资产的折旧年限原为10年,后来因技术进步而加速了该固定资产的淘汰,资产的受益年限已不足10年,则应该相应地缩短折旧年限。

2. 获得了新信息、积累了更多经验

企业进行会计估计是就现有资料对未来做出判断,如果获得了新信息、积累了更多经验,就应该对原来的会计估计进行修订。例如,企业根据当时掌握的信息,对某家合作企业的应收账款计提5%的坏账准备,但根据最新消息,该合作企业因失信已被列入国家失信被执行人名单,判定不能收回的应收账款比例已达95%,则企业应改按95%的比例计提坏账准备。

三、会计估计变更的会计处理

企业对会计估计变更应当采用未来适用法处理,即以前期间的会计估计和报告结果都不必改变,只要在变更当期和以后期间采用新的会计估计。

会计估计变更仅影响变更当期的,影响数应当在变更当期予以确认。例如,企业原先对某家合作企业的应收账款计提5%的坏账准备,后来判定不能收回的应收账款比例已达95%,则企业应改按95%的比例计提坏账准备。这类会计估计变更只影响当期,只需在变更当期确认。

会计估计变更既影响当期又影响未来期间的,影响数应当在变更当期及未来期间予以确认。例如,企业固定资产有效使用年限的估计的变化,通常影响变更当期及未来使用年限内各个期间的折旧费用。这类会计估计的变更,既要在当期确认,也要在以后各期确认。

出于会计信息质量的可比性要求,会计估计变更的影响数应计入变更当期与前期相同的项目中。例如,企业以前期间的会计估计变更的影响数计入日常经营活动损益,那么以后期间的也应计入日常经营活动损益。

四、会计估计变更的披露

企业应当在附注中披露与会计估计变更有关的下列信息:
(1)会计估计变更的内容和原因。
(2)会计估计变更对当期和未来期间的影响数。
(3)会计估计变更的影响数不能确定的,披露这一事实和原因。

例20-4 A保险公司有一项管理用资产,原始价值为100 000元,预计使用寿命为10年,净残值为5 000元,自2014年1月1日起按直线法计提折旧。2017年1月1日,由于技术进步加速了该项资产的淘汰,A保险公司应对原预计使用寿命和净残值做出修正,修正后的预计使用寿命为7年,净残值为2 000元。A保险公司所得税税率为25%,税法允许按变更后的折旧额在税前扣除。A保险公司对上述会计估计变更的会计处理如下:

(1)不调整以前各期折旧,也不计算累积影响数
(2)变更日以后发生的经济业务改按新估计使用寿命、净残值计提折旧

按原估计,每年折旧额为9 500元,已计提折旧3年,共计提28 500元,固定资产净值为71 500元,则第4年相关科目期初余额为:

固定资产	100 000
减:累计折旧	28 500
固定资产净值	71 500

变更预计使用寿命和净残值后,2017年1月1日起每年应计提的折旧为17 375元[(71 500−2 000)÷(7−3)]。2017年不必对以前年度已计提折旧进行调整,只需按重新预计的使用寿命和净残值计算确定年折旧,当年编制会计分录如下:

借:管理费用	17 375	
贷:累计折旧		17 375

(3) 附注说明

本公司的一项管理用资产,原始价值为 100 000 元,原预计使用寿命为 10 年,预计净残值为 5 000 元,按直线法计提折旧。由于技术进步,该设备已不能按原预计使用寿命计提折旧。本公司于 2017 年 1 月 1 日起变更该设备的使用寿命为 7 年,预计净残值为 2 000 元,以反映该设备的真实耐用寿命和净残值。此会计估计变更影响本年度净利润为减少 5 906.25 元[(17 375－9 500)×(1－25%)]。

第三节　前期差错及其更正

一、前期差错概述

前期差错是指由于没有运用或错误运用下列两种信息,而对前期财务报表造成省略或错报:

(1) 编报前期财务报表时预期能够取得并加以考虑的可靠信息。

(2) 前期财务报告批准报出时能够取得的可靠信息。

前期差错通常包括计算错误、会计政策的运用错误、疏漏或曲解事实及舞弊产生的影响等。具体情形主要有以下方面:

(1) 计算及账户分类错误。例如,企业购入的金融资产在是计入交易性金融资产还是持有至到期投资时产生错误。

(2) 采用法律、行政法规或者国家统一的会计制度等不允许的会计政策。例如,《企业会计准则第 1 号——存货》对发出存货实际成本的计价排除了后进先出法,如果企业在之后的会计期间仍使用后进先出法进行发出存货成本的计量,则属于前期差错。

(3) 对事实的疏漏或曲解及舞弊。例如,企业在尚未销售商品或提供服务时就确认收入,或者对发出商品及委托代销等业务提前确认商品销售收入等。

这里再次强调,会计政策变更与会计估计变更不属于前期差错更正。

二、前期差错更正的会计处理

对于重要性不同的前期差错,会计处理有所差别。一般来说,前期差错所影响的财务报表项目的金额越大、性质越严重,其重要程度越高。重要的前期差错足以影响财务报表使用者对企业财务状况和经营成果做出的判断及经济决策。

(一) 不重要的前期差错的处理

对于不重要的前期差错,企业不必调整财务报表相关项目的期初数,但应调整发现当期与前期相同的相关项目。例如,企业在本期发现上期在计算利息收入时出现了小额的计算错误,则调整本期利息收入即可。

(二) 重要的前期差错的处理

1. 处理方式

对于重要的前期差错,企业应当采用追溯重述法进行更正,但确定前期差错累积影响数不切实可行的除外。追溯重述法是指在发现前期差错时,视同该项前期差错从未发

生,从而对财务报表相关项目进行更正。其具体操作步骤如下:

(1) 追溯重述差错发生期间列报的前期比较金额。

(2) 如果前期差错发生在列报的最早前期之前,则追溯重述列报最早前期的资产、负债和所有者权益相关项目的期初余额。

发生的重要的前期差错如果影响损益,应就影响数调整发现当期的期初留存收益及其他相关项目的期初数;如果不影响损益的,则调整相关项目期初数即可。

确定前期差错影响数不切实可行时,可以从可追溯重述的最早期间开始调整。实在无法向前追溯重述的,也可以采用未来适用法。

2. 核算举例

例 20-5 A 保险公司在 2017 年发现其在 2016 年漏记一项固定资产的折旧费为 200 万元,所得税申报表中未扣除该项费用。已知 2016 年 A 保险公司所得税税率为 25%,并且无其他纳税调整事项。A 保险公司按净利润的 10%、5%分别提取法定盈余公积和任意盈余公积,A 保险公司发行在外的股票为 1 000 万股,税法允许调整应交所得税。

(1) 计算前期差错的影响数

2016 年少提折旧费为 2 000 000 元,多计所得税费为 500 000 元(2 000 000×25%),多计净利润为 1 500 000 元,多计应交税费为 500 000 元,多提法定盈余公积为 150 000 元(1 500 000×10%),多提任意盈余公积为 75 000 元(1 500 000×5%)。

(2) 编制有关项目的调整分录

① 补提折旧

借:以前年度损益调整	2 000 000	
贷:累计折旧		2 000 000

② 调整应交所得税

借:应交税费——应交所得税	500 000	
贷:以前年度损益调整		500 000

③ 将"以前年度损益调整"科目余额转入利润分配

借:利润分配——未分配利润	1 500 000	
贷:以前年度损益调整		1 500 000

④ 调整利润分配有关数值

借:盈余公积	225 000	
贷:利润分配——未分配利润		225 000

(3) 财务报表的调整和重述

A 公司在列报 2017 年财务报表时,应调整 2016 年资产负债表有关项目的年初余额、利润表有关项目的上年金额、所有者权益变动表有关项目的上年金额。

① 资产负债表项目的调整:增加累计折旧 2 000 000 元,减少应交税费 500 000 元,减少未分配利润 1 275 000 元,减少盈余公积 225 000 元。

② 利润表项目的调整:增加营业成本上年金额 2 000 000 元,减少所得税费用上年金额 500 000 元,减少净利润上年金额 1 500 000 元,减少基本每股收益上年金额 0.15 元。

③ 所有者权益变动表项目的调整：减少前期差错更正项目中盈余公积上年金额 225 000 元，减少未分配利润上年金额 1 275 000 元，减少所有者权益合计上年金额 1 500 000 元。

三、前期差错更正的披露

企业应当在附注中披露与前期差错更正有关的下列信息：
（1）前期差错的性质。
（2）各个列报前期财务报表中受影响的项目名称和更正金额。
（3）无法进行追溯重述的，说明该事实和原因，以及对前期差错开始进行更正的时点、具体更正情况。

在以后期间的财务报表中，不必重复披露在以前期间的附注中已披露的前期差错更正信息。

▌关键词▌

会计政策　　会计估计　　追溯调整法　　未来适用法　　前期差错更正

本章小结▷

1. 会计政策是指企业在会计确认、计量和报告中采用的原则、基础与会计处理方法。会计政策变更是指企业对相同的交易或者事项由原来采用的会计政策改用另一会计政策的行为。

2. 会计估计是指企业对结果不确定的交易或者事项以最近可利用的信息为基础做出的判断。会计估计变更是指由于资产和负债的当前状况及预期经济利益与义务发生了变化，从而对资产或负债的账面价值或者资产的定期消耗金额进行调整。

3. 对于重要性不同的前期差错，会计处理有所差别。一般来说，前期差错所影响的财务报表项目的金额越大、性质越严重，其重要程度越高。重要的前期差错足以影响财务报表使用者对企业财务状况和经营成果做出的判断及经济决策。

思考与练习▷

1. 会计政策与会计估计的区别是什么？
2. 简述追溯调整法和未来适用法具体是如何操作的。它们分别适用于哪种情形？
3. 不重要的前期差错与重要的前期差错分别是如何更正的？

参考文献

1. 财政部:《企业会计准则》,立信会计出版社,2015年版。
2. 财政部:财税〔2016〕36号,2016年3月。
3. 财政部:《保险合同相关会计处理规定》,2009年12月。
4. 戴德明、林钢、赵西卜:《财务会计学》,中国人民大学出版社,2015年版。
5. 会计准则编委会:《企业会计准则——应用准则》,立信会计出版社,2015年版。
6. 会计准则编委会:《企业会计准则讲解》,立信会计出版社,2015年版。
7. 中国注册会计师协会:《会计》,中国财政经济出版社,2015年版。
8. 中国保监会新会计准则实施领导小组:《保险行业新会计准则实施指南》,2006年。
9. 中国保监会:《保险公司偿付能力监管规则(1—17号)》,2015年2月。
10. 侯旭华:《保险公司会计》,复旦大学出版社,2016年版。
11. 侯旭华:《保险公司财务会计报告精析——新会计准则下的解读》,中国金融出版社,2009年版。
12. 沈东:《财产保险公司财务会计》,首都经济贸易大学出版社,2014年版。
13. IASB(International Accounting Standards Board):International Financial Report Standards No. 4—Insurance Contract.
14. IASB(International Accounting Standards Board):International Accounting Standards Board Framework.